◎中国文化传媒投资蓝皮书◎

中国文化传媒投资发展报告

（2019）

中央财经大学新闻系　投中研究院◎联合策划组织

China's Cultural Media Investment Development Report

谭云明　国立波／主编

中国经济出版社
CHINA ECONOMIC PUBLISHING HOUSE
·北京·

图书在版编目（CIP）数据

中国文化传媒投资发展报告. 2019 / 谭云明，国立波主编.
—北京：中国经济出版社，2019. 4
ISBN 978 - 7 - 5136 - 5613 - 9
Ⅰ. ①中… Ⅱ. ①谭…②国… Ⅲ. ①文化产业—投资—研究报告—中国 Ⅳ. ①G124
中国版本图书馆 CIP 数据核字（2019）第 052043 号

选题策划　伏建全
责任编辑　赵立颖
责任印制　马小宾
封面设计　任燕飞设计工作室

出版发行　中国经济出版社
印 刷 者　北京艾普海德印刷有限公司
经 销 者　各地新华书店
开　　本　710mm × 1000mm　1/16
印　　张　26. 5
字　　数　410 千字
版　　次　2019 年 4 月第 1 版
印　　次　2019 年 4 月第 1 次
定　　价　158. 00 元
广告经营许可证　京西工商广字第 8179 号

中国经济出版社　**网址** www. economyph. com　**社址** 北京市西城区百万庄北街 3 号　**邮编** 100037
本版图书如存在印装质量问题，请与本社发行中心联系调换（联系电话：010 - 68330607）

目 录

总论篇

传媒篇

文旅篇

专题篇

案例篇

中文摘要

第一章　中国文化艺术类投资现状与前瞻报告

摘要：全球文化产业发展进入新时期，中国文化经济发展环境发生变化，文化金融发展成为新突破口。2018 年政府持续投入文化产业，文化产业专项资金进入调整期，特色文化信贷产品和服务涌现，并购市场遭遇严格审查持续低迷，新兴文化金融支持体系进入转型摸索期。从趋势看，亟待加强监管协调回归文化金融价值本源，推进文化金融服务中心建设，挖掘文化产业债券资本市场潜力，审慎推进文化产业资产证券化特别是数字资产证券化，关注金融科技迅猛发展与文旅融合带来的文化金融创新促进。

关键词：文化金融；文化经济；文化资产证券化

第二章　中国文化传媒类投资现状与前瞻报告

摘要：本章结合 2018 年中国宏观经济环境、文化传媒产业与政策环境、产业关键致变因素、产业内在发展逻辑等，对当前中国文化传媒产业变革和投融资格局变动进行系统化、全面化的扫描和分析，并对未来发展态势作出前瞻性预测。

关键词：产业环境；产业政策；产业致变因素；产业逻辑；产业态势

第三章　中国报刊业投资发展报告

摘要：2018 年，中国报刊业的主要投资环境表现为：报业广告总体依然下滑，但党报广告稳步增长；新闻纸的供应持续紧张，呈现小幅缓慢下降趋势；地市级都市报停刊休刊，市场结构进一步优化；合并重组成年度主流，媒体整合进一步加强。主要投资机遇有：实行多元产业模式，拓展媒体产业空间；抢抓媒体融合机遇，开发融媒产品系统；打造媒体智库，提供决策服务；内容收费将成趋势，重点在于内容质量。

关键词：报刊投资；投资环境；投资机遇

第四章　中国广电与网络视听产业投资报告

摘要：2018 年，在广电体制重大调整背景下，广电与网络视听产业呈现加强监管与有序发展并重局面。总局加强艺人薪酬、影视税收、广告、内容等方面的监管。广播电视台加速转型升级，推进媒体融合发展，加速布局超高清业务和 5G 业务。网络视听服务积极上市融资，强化自制内容，巩固会员业务，实现快速发展；短视频快速发展。电视剧、综艺节目、网络视听为代表的内容产业持续繁荣。

关键词：广播电视；网络视听；监管；产业

第五章　中国出版业投资报告

摘要：2017 年，中国出版业发展特点为：出版产业总规模和效益稳步提升；产品结构不断优化，主流媒体影响力持续彰显；出版传媒集团整体规模进一步扩大，行业集中度有所提高；对外版权输出提速，对“一带一路”沿线国家版权贸易增长显著；出版传媒企业上市步伐加快，出版核心主业地位更趋稳固。2019 年，中国出版业发展趋势为：深化体制机制改革，社会效益为首位的两个效益日益凸现；完善公共服务体系，数字全民阅读成为社会常态；全面发力供给侧改革，高质量出版是出版业的不二选择；积极利用新技术，融合发展打造全媒体；建设全产业链，图书发行与印刷朝智能化推进；加大出版基金资助力度，走出去迎来新高潮。把握好这些发展趋势，投资机会将会更多地给予理性资本。

关键词：出版业；特点；趋势；投资机会

第六章　中国网络媒体投资报告

摘要：本文旨在通过对网络媒体投融资事件的总结、分析、归纳，来探索网络媒体2018年的整体状况、发展趋势、自身特点。从投融资视角看网络媒体发展情况不仅可以为网络文化传媒投资破解难题、梳理战略和选择路径提供智力支持。为文化传媒行业转型创新发展提供新思路、新方法、新成果，更可以窥探网络媒体一年的整体规模、行业重点、趋势走向并为今后的网络媒体投融资提供建议及参考。经过分析，本文发现，由于十八大后金融领域的深入改革、互联网经济本身的流量红利、新IP、新细分、新技术等原因，2018年网络媒体投融资存在5个特点：①媒体类、社交类天使轮投资数量回升，视频类媒体进入回稳期。②网络媒体投资回暖，稳中求进。③互联网IPO爆发增长，3家网络媒体上市。④并购、收购数量飞速上涨。⑤传统网络媒体投融金额高，垂直细分领域投融数量繁荣。此外，还总结出：存量增长、垂直细分、下沉求稳、区块链四大关键词。最后，根据数据统计和总结分析，为2019年网络媒体投融提供了趋势预测和风险预测。

关键字：互联网；网络媒体；投融资状况；网络媒体发展趋势

第七章　中国移动媒体投资报告

摘要：伴随移动互联网的发展，移动媒体成为近年中国传媒投资的重要关注点。在网民人口红利逐渐消退的背景下，2018年国内移动互联网与手机在用户规模、终端数量和投资金额上回归平稳增长。移动媒体围绕移动社交、资讯类APP、手机支付等行业持续投入。伴随物联网智能融合时代的到来，短视频、手机游戏、网络新零售等创新业务也成为2018年移动媒体投资的热点领域。在技术、政策与用户需求共同作用下，我国移动媒体投资类型与趋势呈现出部分差异化特征，移动媒体投资效能有待进一步提升。

关键词：移动媒体投资；移动互联网；手机媒体

第八章　互联网金融投资发展报告

摘要：2018年，经济持续稳中向好、经济结构进一步优化、发展质量再次提升，我国互联网金融行业发展由野蛮增长走向有序发展。与此同时，我国互联网金融行业波澜起伏、热点不间断。大量巨头入局消费金融领域、境外上市潮仍然延续、备付金集中存管促进行业进一步规范化发展、互金巨头纷纷去“金融化”，从C端市场转向B端发力。2019年互联网金融领域将会被更多的纳入宏观审慎政策框架之外，区块链领域应用可能加速落地。

关键词：互联网金融；投融资；金融监管；消费金融；区块链

第九章　中国电视剧投资报告

摘要：现如今中国电视剧行业正面临转型发展的新阶段，电视剧的投资和制作有待进一步优化和升级，相应的监管领域也有待进一步的明确和加强。2018年作为中国电视剧发展的一个寒冬期，众多流量巨制的口碑都陷入了低谷，大量影视集团的投资也都进入了僵局，唯有依靠更优质的剧本和更精良的制作才能帮助电视剧投资市场渡过难关。本文通过分析2018年中国电视剧市场的发展现状以及电视剧市场的投资环境，探究其在转型时期难以突破的困境，提出一些有利于未来电视剧投资市场发展的建议。

关键词：发展现状；投资环境；未来趋势

第十章　中国电影业投资报告

摘要：2018年，即使电影行业正在转型，中国电影市场依然保持快速增长。2018年中国电影票房同比增长9.06%，虽然这一增速低于2010年至2017年的平均增速，但对比北美比较成熟的市场，中国电影票房的增长速度依然可观，且中国电影在票房增长的同时，观影人次也保持了5.9%的增速，成为全球唯一在票房规模及增速都有较快增长的电影市场。

关键词：中国电影；增速；电影票房

第十一章　中国游戏产业投资报告

摘要：2018年中国游戏产业发展增速放缓，行业监管趋于严格化、规范化。独立游戏受到关注，迎来较快发展。电子竞技进入高速发展阶段，移动电竞收入迅速提升，以赛事为核心的电子竞技产业链基本形成。区块链等新技术的发展和应用给电子竞技与游戏产业的发展带来更多的可能性。

关键词：游戏产业；独立游戏；电子竞技

第十二章　中国书店零售业投资报告

摘要：2018 年，中国经济持续发展、人均收入增长、对出版业及实体书店的政策扶持都推动了书店零售业的进一步发展。总体而言，2018 年，图书产业和图书零售市场都保持了较快增长，特别是实体书店进入了开店扩张期，在这一轮开店热潮中的实体书店基本上都采取了复合业态的经营模式，咖啡餐饮、文创文具已经不是实体书店的趋势和潮流，而成为了标准配置。但从投资角度而言，2018 年书店零售行业相关的投融资活动仍不活跃，言几又过亿元的 B + 轮融资是最突出的一笔。2019 年，结合国际发展情况和我国居民的阅读习惯来看，纸质书和实体书店依然有发展空间，实体书店应该通过深度应用新技术和差异化等途径，在扩张之余提升盈利能力，同时，应该借鉴国外的相关经验，积极利用社交媒体平台进行营销，更好地发挥其文化生活空间的定位。

关键词：书店零售业；实体书店；复合业态；智能书店

第十三章　中国文化创意产业投资报告

摘要：文化创意产业作为文化产业的一部分，近年来始终保持着非常强劲的发展势头。2018 年的资本寒冬并没有遏制住资本市场对文创产业的青睐，尽管这一年中的“上市潮”与新三板“摘牌潮”以及 BAT 对文创产业的整体投资布局并没有收获一个满意的答案。但是 2019 年的文创产业在政策利好和资本复苏的双重加持下，将走向一个步伐更加稳健的征程。

本章以文化产业的发展特点为基础，以文化旅游产业为补充，对整个文化创意产业指明了方向。以 2018 年文创产业的投融资大事件为出发点，深入剖析了当前文创产业的区域优势、龙头企业、细分领域及其发展前景，以此透视 2019 年文创产业的发展趋势。从社会、政策、科技、经济四大方面来看，政策利好毋庸置疑，而除了文创产业的本体——文化的内容本身面临着变革与爆发，5G 和人工智能的持续推进也将在文创产业的发展中推波助澜，智能文创成为现实指日可待。其中文旅产业作为文创产业的一大潜力股，在消费升级的大环境下将以全新的面貌实现更优质的产业转型。

不过，尽管文创产业未来发展形势向好，但资本市场瞬息万变，也要注意防范投资本身带来的风险。

关键词：文化创意；内容变革；投资报告

第十四章 中国文博产业投资报告

摘要：近年来，我国经济的高速发展使得人民群众的生活水平不断提高，物质生活不断丰富。出于对美好生活的向往，人们开始越来越关注精神和文化生活，而对文化消费需求的不断增长，致使各类文化产业高速发展。文博产业是以博物馆丰富的馆藏文物资源为基础，结合当代消费习惯加以开发利用的一类特殊文化产业。文博产业让文物"活起来"，注重在传播文物中蕴含的中华民族优秀传统文化的同时，让文博融入现代经济体系发展的潮流中，共同实现中华民族伟大复兴。因此，对于文博产业的投资既是时代发展的需要，也是文化产业发展中新的发展契机。目前对于博物馆文化创意产品的开发、营销正如火如荼，国家政策大力倡导博物馆与文化旅游结合形成生态化产业链，互联网技术与博物馆的结合开创出"智慧博物馆"、VR 博物馆等新文博体验方式，文博产业投资已经初见成效。但由于文博产业的发展时间较短，发展不够全面，还存在一些问题与不足，在未来的文博产业投资中需要予以调整。本章从 2018 年中国文博产业发展及其投资的基本情况，观察 2018 年文博产业的发展状况，以此对今后文博产业投资的发展提供借鉴。

关键词：文化产业；文博产业；文博产业投资；文化消费；文化创意产品

第十五章 中国文旅地产投资报告

摘要：文旅地产是依托周边丰富的文化和自然资源而建的、有别于传统住宅项目的融旅游、休闲、度假、居住为一体的置业项目。除了一般意义的居住和投资功能外，它还包含额外的观光和娱乐价值，同时与旅游市场密切相关，因此可作为一种特殊的房地产投资类型进行分析。当前，我国文旅地产市场仍处于高速发展期，总体上风险与机遇并存，个体上具有各自的特色和问题，本章将从我国文旅地产的发展、现状和趋势等方面进行介绍，通过案例分析总结文旅地产的开发模式，并归纳投资时应当注意的要素。

关键词：文化产业；文旅地产；旅游资源；开发模式；投资影响因素

第十六章　中国文化类主题公园投资报告

摘要：与其他类主题公园相比，文化类主题公园在实现公众日常休闲、娱乐的同时，还承载着文化传承与教育的功能，以文化的物理空间展示换取时间的教益，用文化复制、文化移植、文化再现、文化陈列等方式，利用各种技术手段，将抽象的文化符号与思想转换成具体的场域体验。与此同时，文化类主题公园的建设与投资，除了要注重实现经济利益的回报与产出，更应该注重深层次的社会、生态以及历史文化价值的实现。文化主题公园承载着讲好中国故事，也是促进经济增长的一个基点，对于其投资需要综合考虑文化、经济、环境生态与历史等各种因素。本章围绕文化类主题公园开发与设计的独特性，公众旅游休闲消费特征、宏观与微观投资环境，总结以往开发建设与投资的经验，对现存文化主题公园设计与运营、公众体验与反馈等进行得失分析，并对新一年的投资与建设进行预测。

关键词：文化类主题公园；中国故事；投资环境；消费体验

第十七章　中国文旅特色小镇投资报告

摘要：在培育旅游特色小镇中，文化占据重要地位。本章细致的描述了中国文化旅游特色小镇的特征、发展历程、发展背景以及产业链结构、开发流程等。分析全国旅游投资基本情况、文化旅游产业投资模式，据此总结中国文化旅游特色小镇的开发投资格局，展望中国文化旅游特色小镇投资新趋势。

关键词：特色小镇；文化旅游；旅游投资

第十八章　中国传媒上市报告

摘要：2018 年，供给侧结构性改革深化、新动能持续壮大，经济发展环境不断优化；以促进传媒业创新融合与规范发展为取向的管理机构调整、相关政策的出台，在其合力推动下，我国传媒上市公司整体上保持着持续增长的发展水平，不过市场分化格局加剧，一方面，互联网产业、网络广告发展迅速，游戏市场、电影业及广告业发展态势良好，报刊、广电行业继续下行行情，出版发行、营销、教育服务等行业发展平稳；另一方面，龙头企业越来越强势，所占市场份额保持扩大之势。同时，一业为主、多业并进或融合推进的发展，成为更多传媒上市公司的选择。

关键词：传媒业；上市公司；持续增长；分化格局

第十九章　中国传媒产业并购报告

摘要：2018 年中国传媒业并购市场颓势依旧，与 2017 年一样持续降温，并购市场进入重塑洗牌阶段。具体来说，2018 年中国影视并购数量下滑，市场布局渐趋完整；游戏与动漫聚拢，争夺移动端口；广告出版蓝海变红海，结构持续优化；互联网龙头并购加码，传统媒体持续收缩，头部效应明显。由此形成了 2018 年中国传媒产业并购的四大特点：一是监管政策持续落地，商誉减值恐有爆雷风险；二是互联网龙头战加剧，“TOB”临近与行业洗牌；三是影视游戏遭遇寒冬，ACG 表现亮眼；四是供给侧结构性改革促进行业理性，跨境并购成未来趋势。在经济泡沫带来的资本挣扎与产业寒冬中，传媒业并购将经历漫长的修复整合期。

关键词：传媒业；并购；监管

第二十章　中国海外传媒投资报告

摘要：2018 年，外部投资环境较为复杂严峻，但在中国“走出去”战略的引导下，中国海外传媒投资仍保持稳步前行。中国企业逐步融入“一带一路”的建设中，对“一带一路”沿线地区的投资规模持续扩大，国际化程度逐步提高。本章对 2018 年中国企业海外传媒投资情况和在海外面临的问题进行了分析，并提出了相应的对策建议。

关键词：海外传媒投资；走出去；“一带一路”

第二十一章　中国文化产业园区投资报告

摘要：2018 年，文化产业园区发展主要表现为：省级文化产业示范园区数量众多，整体呈东高西低、南高北低态势；直辖市文化产业园区建设突出，管理体制健全；国家级文化产业园区发展成熟。同时，文化产业园区面临着各省发展不平衡，发展模式亟待提升；园区定位不清晰，同质化现象严重；

集聚效应较弱，产业链不完善等方面的困境。随着发展，文化产业园区开始呈现出重视品牌建设，融合聚集模式，增强人文关怀，衔接城乡发展等趋势。

关键词：文化产业园；投资环境；投资困境；发展趋势

第二十二章　中国会展业投资与消费报告

摘要：本章在梳理 2018 年我国会展业发展的基本态势、基本特征的基础上，展望 2019 年我国会展业的总体前景与投资机会。2018 年我国会展业整体态势发展良好，会展业市场规模和经济产值持续稳定增长；一些二三线城市抓紧布局会展产业，并相继出台了资金、人才和政策扶持措施。同时，我国会展产业集中化程度明显、地区发展不均衡的格局仍然没有根本改变。这与国家 2020 年建成“布局合理，结构平衡”的展览业体系目标仍存在差距。解决这一“痛点”可能是新的投资机会所在。

报告预测 2019 年我国会展业发展仍将保持目前的良好态势，会展业将迎来政策和市场叠加利好的一年。2019 年 2 月《粤港澳大湾区发展规划纲要》出台，为粤港澳大湾区的会展业深度合作提供了千载难逢的机遇。尤其是香港、澳门作为著名的会展城市，在会展人才和管理上具有特殊优势，大湾区发展规划纲要的出台，将为这些人才“北上”提供更加便利的机会。人工智能上升为国家战略，一方面将会在包括 2019 年在内的未来很长一段时间内为我国会展行业发展提供新题材，一方面，人工智能也将为会展业插上技术和智能的翅膀，全面助力会展产业转型升级。另一方面，随着“一带一路”战略向纵深推进，预计 2019 年“一带一路”沿线国家将继续成为出国参办展的热点和重点地区之一。同时，受中美贸易摩擦的影响，2019 年赴美参办展有可能微降。当然，这也取决于未来一年中美贸易谈判的成果。

关键词：会展；人工智能；粤港澳大湾区；一带一路

第二十三章　芒果 TV：新时代媒体融合的主力军 成功登陆 A 股开启资本新路

摘要：媒体融合是近年来传媒领域发生的一场革命，在移动互联网和用户消费习惯变化的共同作用下，催生了新媒体和传统媒体进一步融合。芒果 TV 以视听互动为核心，融网络特色与电视特色于一体，实现“多屏合一”独播、跨屏、自制，成为新媒体视听综合传播服务的全新平台，也是湖南广电旗下唯一的互联网视频平台。2017 年，芒果 TV 扭亏为盈，率先实现中国视频行业盈利 4. 89 亿。2018 年 6 月，芒果 TV 登陆 A 股，成为首家国有控股的视频平台，开启其在资本市场的全新征程。芒果 TV 把握新时代媒体融合带来的重大机遇，坚持以青春为平台定位，秉承主流媒体责任，战略布局全球，构建开放共赢的生态矩阵，走出一条聚焦用户需求的差异化创新道路。

关键词： 芒果 TV；媒体融合；资本新路

English Abstract

Chapter 1 Current Situation and Prospect of Chinese Cultural and Artistic Investment

Abstract: The development of global cultural industry has entered a new era, the context of China's cultural economic development has changed, and cultural and financial development has become a new breakthrough. In 2018, the government continued to invest in the cultural industry. The special funds for the cultural industry entered an adjustment period. Characteristic cultural credit products and services emerged. The M&A market suffered from severe review and continued sluggishness. The emerging cultural financial support system entered a period of transformation and exploration. From the trend point of view, it is urgent to strengthen supervision and coordination to return to the origin of cultural and financial value, promote the construction of cultural and financial service centers, tap the potential of cultural industry bond capital market, prudently promote the asset securitization of cultural industries, especially digital asset securitization, and pay attention to the rapid development of financial technology and literature. The promotion of cultural finance innovation brought by brigade integration.

Key words: Cultural finance; Cultural economy; Cultural asset securitization

Chapter 2 Current Situation and Prospect of Chinese Cultural Media Investment

Abstract: This chapter systematically and comprehensively scans and analyzes the current changes in China's cultural media industry and the changes in investment and financing patterns in combination with 2018 China's macro-economic environment, cultural media industry and policy environment, key factors causing changes in the industry, and internal development logic of the industry, and makes forward-looking predictions on the future development trend.

Key words: Industrial environment; Industrial policy; Industrial change factors; Industrial logic and industrial situation

Chapter 3 China's Newspaper Industry Investment Development Report

Abstract: In 2018, the main investment environment of China's newspaper industry is as follows: newspaper advertisements are still declining, but party newspaper advertisements are growing steadily; the supply of newsprint is continuing to be tight, showing a slightly slow downward trend; the city newspapers are closed, the market structure is further optimized; the mainstream of adult merger and reorganization is further strengthened, and the media integration is further strengthened. The main investment opportunities include: implementing multi-industry model, expanding media industry space; seizing the opportunity of media convergence, developing financial media product system; building media think tanks, providing decision-making services; content fees will become a trend, with emphasis on content quality.

Key words: Newspaper investment; Investment environment; Investment opportunities

Chapter 4 China Audiovisual Industry Investment Report: Radio, Television and Internet

Abstract: In 2018, under the background of the considerable adjustment of the broadcasting and television system, the audio-visual industry of broadcasting, television and internet showed a situation of strengthening supervision and orderly development. The National Radio and Television Administration strengthened supervision of actors' salaries, film and television taxation, advertising, and content. Radio and television accelerated transformation and upgrading, promoted the development of media convergence, and accelerated the deployment of ultra-high-definition business and 5G business. The online audiovisual service is actively listed and financed, emphasizing self-made content, consolidating VIP business and achieving rapid development; short video is developing rapidly. The content industry represented by TV dramas, variety shows, and online audiovisuals continues to prosper.

Key words: Radio and television; Online audiovisual; Supervision; Industry

Chapter 5 China Publishing Industry Investment Report

Abstract: In 2017, the development characteristics of Chinese publishing industry were: the total scale and efficiency of publishing industry increased steadily; the product structure was continuously optimized, the mainstream media continues to reveal its influence; the overall scale of the publishing group was further expanded, and the concentration of industry was improved; the export of copyright accelerated, and the copyright trade of countries along the "The Belt And Road" grew significantly; the publishing media companies speeded up the pace of listing, and the status of publishing core business has become more stable. In 2019, the development trend of Chinese publishing industry was: deepening the reform of the system and mechanism, and the two benefits with social benefits as the top priority are becoming more prominent; perfect the public service system, the digital reading of the whole people becomes a social norm; all-round supply-side reform, high-quality publishing is the best choice for the publishing industry; actively use new technologies, integrated development to create all-media; build a full industrial chain, promote the publishing and printing of books towards intelligence; increase publishing fund support, going global ushers in a new climax. Grasp these development trends, rational capital will get more investment opportunities.

Key words: Publishing industry; Characteristic; Trend; Investment opportunity

Chapter 6 China Internet Media Investment Report

Abstract: This paper aims to explore the overall situation, development trend and characteristics of online media in 2018 through the analysis of online media investment and financing events. From the perspective of investment and financing, the development of online media can not only provide intellectual support for network culture media investment cracking and selection path, Provide new ideas and new methods for the transformation and innovation of the cultural media industry, but also possible to spy on the overall scale, industry focus and trend of the network media for one year and provide suggestions and references for future online media investment and financing. After analysis, this paper found: There are five characteristics of online media investment and financing in 2018. 1. The number of angel round investment in media and social enterprises has rebounded, and video media has entered a period of stabilization. 2. Online media investment is picking up, striving for stability. 3. Internet IPO broke out and 3 online media listed. 4. The number of mergers and acquisitions and acquisitions has risen rapidly. 5. The traditional online media has a high amount of investment, and the number of vertical segments is prosperous. In addition, it also summarizes four key words: stock growth, vertical subdivision, sinking and stabilizing, blockchain. Finally, based on data statistics and summary analysis, it provides trend prediction and risk prediction for online media investment in 2019.

Key words: Internet; Internet media; Investment and financing situation; Media development trend

Chapter 7 The Investment Report of China's Mobile Media

Abstract: With the mobile Internet developed, mobile media has become an important focus of Chinese media investment in recent years. Domestic mobile Internet and mobile phones return to steady growth, as the demographic dividend of Internet users gradually fades in 2018. The mobile media industry continues to concentrate on applications such as mobile social networking, mobile payment and information. With the advent of the Internet of Things era of intelligent convergence, innovative businesses involving instant music video, mobile phone games, new online retailing, etc. have become hot spots for mobile media investment in 2018. Under the joint action of technology, policy and user demand, the types and trends of China's mobile media investment increasingly show some differences; nevertheless, the investment efficiency will need to be further improved.

Key words: Mobile media investment; Mobile internet; Mobile media

Chapter 8 The Report on Internet Finance Investment Development

Abstract: In 2018, the economy will continue to grow steadily, the economic structure will be further optimized, and the quality of development will be improved again. At the same time, China's Internet financial industry hot spot uninterrupted. A large number of giants entered the consumer finance field, the wave of overseas listing continued, the centralized deposit of reserves promoted the further standardized development of the industry, and the mutual finance giants de-financialized one after another, making efforts to shift from the C-end market to the B-end market. In 2019, the Internet finance sector will be more included in the macro-prudential policy framework, and the implementation of blockchain applications may accelerate.

Key words: Internet finance; Investment and financing; Financial supervision; Consumer finance; Blockchain

Chapter 9 Investment Report On Chinese Teleplays

Abstract: Nowadays, China's TV drama industry is facing a new stage of transformation and development. The investment and production of TV teleplays need to be further optimized and upgraded, and the corresponding regulatory areas need to be further clarified and strengthened. In 2018, as a cold winter period of the development of Chinese TV teleplays, the reputation of many TV teleplays has fallen into a tough, and the investment of a large number of film and television groups has reached an impasse. Only relying on better scripts and better production can help the investment market of TV teleplays overcome the difficulties. By analyzing the current situation of Chinese TV drama market in 2018, this paper explores the dilemma that it is difficult to break through during the transitional period, and puts forward some suggestions that will be beneficial to the development of future TV drama investment market.

Key words: Development status; Investment environment; Future trend

Chapter 10 China Film Investment Report

Abstract: In 2018, even if the film industry is undergoing transformation, the Chinese film market is still growing rapidly. In 2018, the box office of Chinese movies increased by 9.06% year-on-year. Although this growth rate is lower than the average growth rate from 2010 to 2017, compared with the more mature markets in North America, the growth rate of Chinese movie box office is still considerable, and Chinese movies are growing at the box office. At the same time, the number of people watching the film has also maintained a growth rate of 5.9%, becoming the world's only film market with a relatively fast growth in box office size.

Key words: Chinese film; Speed increase; Movie box office

Chapter 11 China's Game Industry Investment Report

Abstract: China's game industry growth slowed down in 2018. Industry regulation tends to be stricter and more standardized. Indie games have received attention and has attained fast development. E-sports entered a stage of rapid development, and the revenue of mobile e-sports increased rapidly. The e-sports industry chain with the core of the event has basically taken shape. The development and application of new technologies such as blockchain brings more possibilities to the development of the e-sports and gaming industry.

Key words: Game industry; Indie game; E-sports

Chapter 12 Annual Report on 2018 Chinese Bookstore Retailing Industry Investment

Abstract: In 2018, the continuous development of economy, the growth of per capita income and the continued policy support for the publishing and bookstores industry all contributed to the further development of bookstore retailing industry. Overall, in 2018, the entire book industry and bookstore retailing industry have kept rapid growth. In particular, brick-and-mortar bookstores have embraced its expansion by opening new branches in 2018 and most of them have adopted an integrated business model, which means they have included catering service and stationery products as standard features. However, the investment and financing activities in this industry in 2018 are still not quite active. In 2019, considering the development of bookstore retailing industry worldwide and the current reading habits of Chinese, sales of printed books and brick-and-mortar bookstores industry are still promising. By working on their adoption of new technologies and social media marketing, book retailing industry would increase their profitability and act as common space of culture life.

Key words: Bookstore retailing industry; Brick-and-mortar bookstores; Integrated business model; Intelligence-powered bookstores

Chapter 13 China's Cultural and Creative Industry Investment Report

Abstract: As a part of the cultural industry, cultural and creative industries have maintained a very strong momentum of development in recent years. The cold winter of capital in 2018 has not stopped the capital market from favoring the literary and creative industries, although the "listing tide" and the "delisting tide" of the new three boards in this year and BAT's overall investment layout of the literary and creative industries have not yielded a satisfactory answer. But in 2019, under the dual support of good policy and capital recovery, the creative industry will move towards a more robust journey.

Based on the development characteristics of cultural industry and cultural tourism industry as a supplement, this chapter determines the orientation of the whole cultural creative industry. Starting from the big event of investment and financing in the literary and creative industries in 2018, this chapter deeply analyses the regional advantages, leading enterprises, subdividing fields and their development prospects of the current literary and creative industries, in order to perspective the development trend of the literary and creative industries in 2019. From the four aspects of society, policy, science and technology, and economy, there is no doubt that the policy is good. Besides the change and outbreak of cultural content, the ontology of literary and creative industries, the sustained promotion of 5G and AI will also boost the development of literary and creative industries. Intelligent literary creation will become a reality in the near future. As a potential share of the literary industry, the Chinese tourism industry will achieve a better industrial transformation with a new look under the environment of consumption upgrading.

Nevertheless, although the future development of the literary and creative industries is better, the capital market is changing rapidly. We should also pay attention to the risks brought by investment itself.

Key words: Cultural and creative; Content change; Investment report

Chapter 14 Report on Investment in China's Cultural and Expo Industry

Abstract: In recent years, with the rapid development of our country's economy, the people's living standards have been continuously improved and the material life has been continuously enriched. Out of yearning for a better life, people have begun to pay more and more attention to spiritual and cultural life. As a result, the growing demand for cultural consumption has spawned the rapid development of all kinds of cultural industries. The cultural and expo industry is a kind of special cultural industry, which is based on the rich cultural relics resources in the museum and combined with the modern and contemporary consumption habits. The cultural and expo industry makes the cultural relics "live", pays attention to spreading the excellent traditional culture of the Chinese nation contained in the cultural relics, at the same time, let the cultural expo integrate into the trend of the development of the modern economic system, and realize the great rejuvenation of the Chinese nation together. Therefore, the investment in the cultural industry is not only the need of the development of the times, but also a new development opportunity in the development of the cultural industry. At present, the development of museum cultural and creative products, marketing is in full swing, the national policy strongly advocates the combination of museum and cultural tourism to form an ecological industry chain, the combination of Internet technology and museum to create a "museum of wisdom," VR museum and other new experience, Expo industry investment has been beginning to achieve results. However, due to the short development time and the lack of comprehensive development of Expo industry, there are still some problems and deficiencies, which need to be adjusted in the future investment of Expo industry. This chapter from the 2018 China Expo industry development and the basic situation of investment, to observe the 2018 Expo industry development situation, in order to provide reference for the future development of Expo industry investment.

Key words: Culture industry; Cultural and expo industry; Cultural and expo industry investment; Cultural consumption; Cultural and creative products

Chapter 15 China Travel Real Estate Investment Report

Abstracts: The real estate is based on the rich cultural and natural resources surrounding the building, different from the traditional residential projects of the integration of tourism, leisure, vacation, residential as one of the real estate projects. In addition to the general meaning of residential and investment functions, it also contains additional sightseeing and entertainment value, at the same time closely related to the tourism market, so it can be used as a special type of real estate investment analysis. At present, China's tourism real estate market is still in a period of rapid development, the overall risk and opportunity coexist, individuals have their own characteristics and problems, this chapter will be from China's tourism real estate development, the status quo and trends and other aspects of the introduction, through case analysis summed up the development model of the real estate, and summed up the elements that should be paid attention.

Key words: Cultural industry; Tourist real estate; Tourism resources; Development mode; Investment influencing factors

Chapter 16 The Investment Report of Chinese Cultural Theme Park

Abstract: Compared with other theme parks, cultural theme parks inherit and deliver culture and history while realizing the daily leisure and entertainment of the public. Cultural theme parks use the space to exhibit historical ideas with methods such as cultural transplantation, cultural reproduction, and cultural display used to transform abstract cultural symbols and ideas into specific field experiences. At the same time, the construction and investment of cultural theme parks should focus on economic benefits, as well as the realization of deeper social, ecological and historical and cultural values. The cultural theme park tells the good story about China to the visitors and is also a valuable way for promoting economic growth. From the investors' standpoint, they need to consider various factors such as culture, economy, environment ecology and history. This chapter focuses on the uniqueness of the development and design of cultural theme parks, the characteristics of public tourism and leisure consumption, macro and micro investment environment, summing up the experience of previous development and construction, the design and operation of existing cultural theme parks, public experience and feedback, etc. In addition, the chapter may analyze the success and loss of operating the existing cultural theme parks and forecast the investment and construction in the year of 2019.

Key words: Cultural theme park; Chinese story; Investment environment; Consumer experience

Chapter 17 Investment Report of Small Towns with Chinese Cultural Tourism Characteristics

Absrtact: Culture plays an important role in fostering small towns with tourism characteristics. This chapter describes in detail the characteristics, development process, development background, industrial chain structure and development process of small towns with Chinese cultural tourism characteristics. Based on the analysis of the basic situation of national tourism investment and the investment mode of cultural tourism industry, this chapter summarizes the development and investment pattern of small towns with Chinese cultural tourism characteristics, and looks forward to the new investment trend of small towns with Chinese cultural tourism characteristics.

Key words: Characteristic towns; Cultural tourism; Tourism investment

Chapter 18 China Media Listing Report

Absrtact: In 2018, structural reforms on the supply side deepened, new momentum continued to grow, and the environment for economic development continued to be optimized. The adjustment of management institutions and the introduction of relevant policies oriented to promote the innovation and integration of the media industry and the normative development have, under the concerted efforts of them, kept the overall development level of China's media listed companies at a sustained growth level. However, the market differentiation pattern has intensified. On the one hand, the Internet industry and online advertising are developing rapidly, the game market, the film industry and the advertising industry are developing well, the newspaper, radio and television industry continue to decline, and the publishing, distribution, marketing, educational services and other industries are developing smoothly. On the other hand, leading enterprises are becoming more and more powerful, and their market share is keeping expanding. At the same time, the development with one industry as the main one and multiple industries moving forward or integrated has become the choice for more media listed companies.

Key words: Media industry; Listed companies; Sustained growth; Differentiation pattern

Chapter 19 China Media Industry Merger Report

Absrtact: The market for mergers and acquisitions in China's media industry will continue to decline in 2018, as it did in 2017. The market for mergers and acquisitions has entered the stage of reshuffling. Specifically, the number of China's film and television mergers and acquisitions declined in 2018, and the market layout became more complete. Games and animation gather to compete for mobile ports. Advertising publication changed from blue sea to red sea, and its structure continued to be optimized. The Internet's leading mergers and acquisitions have increased, the traditional media have continued to shrink, and the head effect is obvious. This has resulted in four major characteristics of China's media industry mergers and acquisitions in 2018: first, regulatory policies continue to fall to the ground, and goodwill impairment is likely to be a lightning strike risk; The second is the intensification of the leading war on the Internet, "TOB" is approaching and the industry is reshuffling. Third, the film and television games encountered a cold winter, ACG showed brilliant performance. Fourth, supply-side structural reforms promote industry rationality and cross-border mergers and acquisitions are the future trend. In the capital struggle and industrial winter brought by the economic bubble, the media merger and acquisition will go through a long period of repair and integration.

Key words: Media industry; Merger and acquisition; Supervision

Chapter 20 Report on China's Overseas Media Investment

Abstract: Although the external investment environment for China's enterprises was complex and severe in 2018, China's overseas media investment kept moving forward steadily under the guidance of the "going global" strategy. As Chinese enterprises gradually invovled in the "Belt and Road" initiative, they were in the pace of internationalization and their investment in countries along the "Belt and Road" route also increased. This chapter analyzes overseas media investment made by Chinese enterprises and the problems they encountered in 2018, based on which some possible solutions are then suggested.

Key words: Overseas media investment; Going global; Belt and road

Chapter 21 Investment Report of Chinese Cultural Industrial Park

Abstract: In 2018, the cultural industry parks are facing the difficulties of unbalanced development in various provinces, the development model needs to be improved urgently, park positioning is unclear, the homogeneity phenomenon is serious, the agglomeration effect is weak, and the industrial chain is not perfect. With the development, the cultural industry parks begin to show the trend of attaching importance to brand building, integrating the clustering model, enhancing humanistic care, and connecting urban and rural development.

Key words: Cultural industry parks; Investment environment; Investment dilemma; Development trend

Chapter 22 China's Exhibition Industry Investment and Consumption Report

Abstract: On the basis of combing the basic situation and characteristics of China's exhibition industry development in 2018, this chapter looks forward to the overall prospect and investment opportunities of China's exhibition industry in 2019. According to the chapter, the overall situation of China's exhibition industry will develop well in 2018, and the market scale and economic output value of the exhibition industry will continue to grow steadily. Some second-tier and third-tier cities have paid close attention to the layout of the exhibition industry and have successively introduced capital, talents and policy support measures. At the same time, there is still no fundamental change in the pattern of China's exhibition industry with obvious centralization and unbalanced regional development. This is still far from the country's goal of completing the exhibition industry system of "reasonable layout and balanced structure" by

2020. Addressing this "pain point" may be where new investment opportunities lie.

The chaprer predicts that the development of China's exhibition industry in 2019 will still maintain the current good situation, and the exhibition industry will usher in a year of favorable policy and market combination. In February 2019, " Guangdong, Hong Kong, Macao and the Great Bay Area Development Planning Outline" was issued, providing a once-in-a-lifetime opportunity for in-depth cooperation in exhibition industry in Guangdong, Hong Kong, Macao and the Great Bay Area. In particular, Hong Kong and Macao, as well-known exhibition cities, have special advantages in exhibition talents and management. The introduction of the development plan for the Bay Area will provide more convenient measures for these talents to " go north". Artificial intelligence has become a national strategy. On the one hand, it will provide new themes for the development of China's exhibition industry for a long time in the future, including 2019. On the other hand, artificial intelligence will also add the wings of technology and intelligence to the exhibition industry and help it transform and upgrade in an all-round way. In addition, as the " the belt and road initiative" strategy advances further, it is expected that the countries along the " the belt and road initiative" will continue to be one of the hot spots and key areas for overseas exhibitions in 2019. At the same time, due to the unpredictable influence of Sino – US trade, there is a possibility of slight decline in 2019 US participation in the exhibition. Of course, this also depends on the outcome of Sino – US trade negotiations in the coming year.

Key words: Exhibition; Artificial Intelligence; Dawan District, Guangdong, Hong Kong and Macao; Belt and Road

Chapter 23 Mango TV Case Analysis

Abstract: Media convergence is a revolution of media area in recent years. As the development of the mobile internet and the change of consumption habit, further integration phenomenon appears to the new media and traditional media. Mango TV takes audio-visual interaction as the core, integrates network features and TV features and realizes the "multi-screen integration" of exclusive broadcasting, cross-screen, and copyrighted contents becoming a new platform which provides comprehensive audio-visual services of new media. It is also the exclusive network video platform of Hunan Broadcasting System. In 2017, Mango TV turned profitable achieving a profit of 489 million yuan which becomes a precedent in China's video industry. In June 2018, Mango TV became a A-Share listed company as the first Chinese State-Holding video platform, starting its new journey in the capital market. Mango TV seizes the great opportunities of media convergence new era with the youth platform position, the mainstream media responsibility, the global strategy and the open win-win ecosystem, building a totally different and innovative path which focuses on the consumer demand.

Key words: Mango TV; Media convergence; New journey of capital

总论篇

第一章　中国文化艺术类投资现状与前瞻报告

戴俊骋

一、导语

在中国独特的文化体制与经济体制塑造下，目前基本形成了特定的以政府主导市场形成的多元多层次文化产业资本体系。其中，以银行为主体的间接融资体系是文化产业金融支持体系中规模最大、最为成熟稳定的部分，以各类证券市场为代表，辅之以产权交易、资产债券等资本市场，多层次直接融资体系是中国文化产业金融支持体系建设中最具战略价值的部分。同时以文化金融中介体系、互联网金融等新兴金融创新手段也日益增多。

随着国家对文化体制改革的推进日益深入，发展文化产业的思路也越来越清晰，文化产业投融资的机制和体制创新也出现了难得的机遇。逐渐改变了长期以来过分依赖政府的文化投融资体制，打破投资主体单一的局面，社会资本与外来资本在文化发展中的比重和作用越来越显著。但基于资本逐利偏好而形成的资本性文化创新泡沫不容忽视。汹涌而不知所向的资本可以成为中国文化经济快速腾飞的主要力量，也可以成为扭曲文化金融、激发文化创新泡沫的罪魁之一。第五次全国金融工作会议强调金融要回归本源，服务实体经济，以防范系统性金融风险为底线，谨防金融风险。

在此大背景下，“稳中求进”成为2018年乃至更长时间跨度上文化金融发展的基本格局。在“十九大”的总体布局下，引导金融业发展同文化产业发展相协调，在促进融资便利化、降低经济成本、提高资源配置效率的基础上，有力保障风险可控，推进文化产业的健康快速发展，最终形成多元多层次资本市场，既是中国文化金融成熟壮大的必由之路，又是文化产业创造中国特色体系的重要机遇。

二、文化投资发展宏观环境

（一）全球文化产业发展进入新时期，文化产业与金融结合日益紧密

新时期全球文化产业发展呈现规模化、平台化和科技化特征，对金融需求愈加强烈。

其一，在数字全球化背景下，跨地域、全球化的文化市场让企业提高收益并降低投资风险，同时对文化产业各领域的规模门槛也日益提高。尤其是互联网传媒领域，在内容制作、传输平台和播出平台间不断出现纵向整合。2018 年 6 月 28 日，美国司法部终于批准迪士尼收购 21 世纪福克斯多数资产的交易，对比 2017 年的 524 亿美元，2018 年为了力压半路杀出的程咬金康卡斯特，迪士尼现金加价至 713 亿美元，交易总额达 851 亿美元。即使如迪士尼这样的巨头，依旧寻求通过并购形式，在不断巩固内容城墙的同时，也希望可以成为直接触达终端用户的平台运营方。

其二，文化产业的长尾效应以及经济下行期的口红效应，无形中推动文化产业领域外的其他行业涉足文化领域，特别是互联网科技巨擘通过投资、并购等方式，构筑泛文化平台。最具代表性的是腾讯的泛娱乐布局。腾讯以 IP 为核心，通过互联网方式分发，由腾讯动漫和腾讯文学生产和孵化 IP，腾讯电影和腾讯动漫输出动画、电影、网剧网综内容，同时借助分发平台腾讯视频和腾讯影业将 IP 进一步孵化扩大，腾讯游戏和腾讯影业则负责 IP 变现，增加用户黏性，实现了从 IP 生产到孵化再到变现的一站式生态。其他如阿里、苏宁、京东等大文娱布局，均通过资本手段，抢占文化产业各领域风口。

其三，互联网、移动互联网，尤其是 5G 技术商用提供了更为多样化的传输渠道，大数据、物联网、人工智能、区块链等新技术又在不断着力提高优质内容价值。新科技意味着新变革，但新科技需要资本的不断投入孵化，文化科技高度融合，其背后离不开资本的全力支撑。同时，金融科技（Fintech）自身的发展又带来了金融的创新，能够为壮大文化企业规模和提升文化产业层次提供更为灵活的融资支撑，成为文化产业新时期发展的强大助推器。

（二）中国文化经济发展语境发生变化，文化金融发展成为新突破口

“十三五”时期，中国面临改革开放红利结束、经济增长模式转型、需

要寻找未来经济可持续增长点的重大挑战，已经进入一个转方式、调结构的重要窗口期。在这个机遇期，“十三五”时期文化经济的发展环境也随之发生了变化。文化产业不仅要作为国民经济调结构转方式的重要抓手，成为国家的支柱产业，而且要承担在市场经济条件下增强核心价值的吸引力、提升中国的文化软实力和国际竞争力的重要使命。根据国家统计局对全国规模以上文化及相关产业6.0万家企业的调查，2018年，上述企业实现营业收入89257亿元，比上年增长8.2%（按可比口径测算）。但从分行业类型看，文化及相关产业9个行业中，有7个行业的营业收入实现增长。其中，增速超过10%的行业有3个，分别是：新闻信息服务营业收入8099亿元，比上年增长24.0%；创意设计服务营业收入11069亿元，增长16.5%；文化传播渠道营业收入10193亿元，增长12.0%。增速为负的行业有2个，分别是：文化娱乐休闲服务营业收入1489亿元，下降1.9%；文化投资运营营业收入412亿元，下降0.2%。

党的十九大报告明确提出“健全现代文化产业体系和市场体系，创新生产经营机制，完善文化经济政策，培育新型文化业态”。从文化产业发展供给侧角度提出要求，要把文化产业打造成为国民经济支柱性产业，就不能缺少文化金融的支持。当前文化产业发展已经呈现与金融创新的融合对接平台增多、金融创新活力迸发、新型文化业态涌现的新态势。从消费需求角度看，文化产业承担着满足人民日益增长的美好生活需要的重要功能。从这个意义上说，文化产业的快速发展能够从激发服务意识、优化盈利模式、扩大市场份额、增强市场理性预期等方面为新时期金融创新提供实践舞台、拓宽发展空间。

（三）金融监管升级背景下资本迫切需要安全出口，文旅PPP模式亟需探索

在《关于金融支持文化产业振兴和发展繁荣的指导意见》（银发【2010】94号）与《关于深入推进文化金融合作的意见》（文产发【2014】14号）中国文化金融两大基础性文件基础上，2017年初，中办国办印发《国家“十三五”时期文化发展改革规划纲要》中提到“创新文化投融资体制，推动文化资源与金融资本有效对接”，并明确指出“发展文化金融，鼓励金融机构开发适合文化企业特点的文化金融产品。支持符合条件的文化企业直接融资，支

持上市文化企业利用资本市场并购重组。规范引导面向文化领域的互联网金融业务发展。完善文化金融中介服务体系，促进文化金融对接。探索开展无形资产抵押、质押贷款业务。鼓励开发文化消费信贷产品”。2017 年 2 月印发的《“十三五”时期文化发展改革规划》和 4 月后续印发的《文化部“十三五”时期文化产业发展规划》均提出“深化文化金融合作，发挥财政政策、金融政策、产业政策的协同效应，为社会资本进入文化产业提供金融支持”。这些对于中国文化产业金融支撑体系建设具有长远的指导意义。

2017 年 7 月 15 日闭幕的全国第五次金融工作会议，指出了未来中国金融业的发展方向，强调从服务实体经济、防控金融风险、深化金融改革几个方面对中国金融进行改革，拟设立国务院金融稳定发展委员会，提高金融监管协调的有效性及防范系统风险。伴随国家对金融风控强度升级，非理性对外投资倾向受限，热钱涌入文化产业的现象得到遏制，但相对于其他经济领域，文化产业整体金融风险防控意识仍较为薄弱，如何在有效吸纳多元资本进入文化产业领域的同时谨防金融风险，是新时期文化金融发展的核心命题。

2018 年出台的文化产业相关政策既保持政策制定的连贯性，又根据时代的变化进行更新与完善。据不完全统计，2018 年中央各部委直接或间接出台文化和旅游领域相关政策共 182 项，政策多数聚焦于旅游、乡村振兴、传统文化保护、新兴产业等领域。其中，对文化产业投融资政策集中在政府和社会资本合作（以下简称 PPP）模式的推广上。2018 年 4 月，文化和旅游部、财政部就联合发布《关于在旅游领域推广政府和社会资本合作模式的指导意见》，重点支持旅游景区、全域旅游、乡村旅游、自驾车旅居车营地等领域的项目。11 月，又联合印发《关于在文化领域推广政府和社会资本合作模式的指导意见》（以下简称《指导意见》），鼓励社会需求稳定、具有可经营性、能够实现按效付费、公共属性较强的 PPP 模式。两大政策对于促进文化和旅游深度融合具有重要的现实意义，对于形成文化领域 PPP 模式的基本规范与特定模式具有显著的推动作用。

三、中国文化投资概况和重点领域现状研判

（一）政府持续投入文化产业，文化产业专项资金进入调整期

由于历史和现实的原因，在中国，政府是文化产业发展的重要投融资主体。

政府作为出资人的国有文化企业是在中国文化产业中占主导地位的市场主体，政府还通过直接的财政投入或政策性金融支持对文化产业进行资助。近几年中央政府投入公共文化领域的力度不断加大，公共文化事业费占财政支出在2000年之后基本稳定在0.4%左右，但较2000年之前有所回落（见图1－1）。中央对地方文化项目补助资金逐步增长，2016年有了大幅度提升，比上年增长27.7%，为61.03亿元，但在2017年又回落至49.33亿元（见图1－2）。

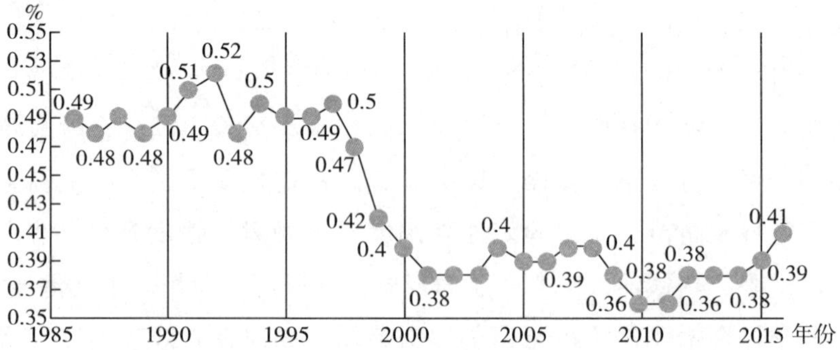

图1－1　1986—2016年全国文化事业费占财政总支出占比

数据来源：文化部：中华人民共和国文化部2017年文化发展统计公报，2018年6月

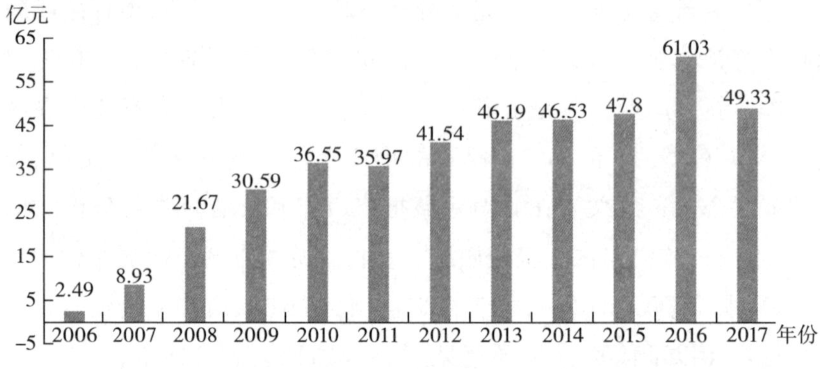

图1－2　2006—2017年中央对地方文化项目补助资金

数据来源：文化部：中华人民共和国文化部2017年文化发展统计公报，2018年6月

中央文化产业专项资金规模有所回缩，但是支持方式更加科学规范。2013年，中央财政下拨2013年度文化产业发展专项资金48亿元，比2012年增加41.18%。随后2014、2015年专项资金规模维持在50亿元，但2016年略有回落，为44.2亿元。到2017年文化产业发展专项资金总计32.56亿元，其中重大项目方面为18.65亿元，市场化配置方面为13.9亿元。项目逐年遴

选更严格规范，且提高陪同投资比例，降低项目直接补助比例，进一步提高了资金分配的科学性、规范性和合理性。但2018年，中央文化产业专项资金（重大项目）锐减至1.985亿元，更多资金用作市场化配置。同时，一些地区纷纷取消或缩减文化产业发展专项资金，并加快设立和扩大文化产业投资基金，文化产业发展专项资金“资金转基金”已成潮流，对此应谨慎对待。

《关于深入推进文化金融合作的意见》（文产发【2014】14号）中明确提出“建立完善文化金融中介服务体系，支持有条件的地区建设文化金融服务中心”。截至2018年底，北京、上海、陕西、黑龙江、安徽、南京、宁波、哈尔滨、西安等各省市共20多个地区建立了文化金融服务中心，通过政策引导、项目对接、信息服务、业务培训、信用增进、资金支持等方式，扶持骨干文化企业和小微文化企业，搭建文化金融中介服务平台。文化部联合财政部予以3100万的财政资金支持。从地方文化金融服务中心实践来看，南京文化金融服务中心效果最为显著，被文化部、财政部、人民银行称为“金融支持小微文化企业的南京模式”，全国30多个城市前来学习。北京于2017年正式上线北京市文创金融服务网络平台，搭建起集股权融资、债权融资、第三方服务、奖励资金申请等功能于一体的在线服务平台，构筑起“投贷奖”文化金融服务体系。2018年，北京投贷奖支持企业共701家，累计实现文化产业投融资对接25亿元。

（二）银行信贷成为文化产业融资主要渠道，特色文化信贷产品和服务涌现

银行业是一种典型的间接金融业态，中国的资本市场整体上是以银行业为主导的，一方面是因为证券、债券、私募基金等直接投融资市场相对银行信贷发育不充分，另一方面也和中国的社会信用不足及中国人的储蓄偏好有关。2011年，人民银行发布的年度社会融资规模统计数据报告，第一次发布了文化产业中长期贷款统计数据。2015年，文化类企业通过银行间债券市场累计融资5873.19亿元，文化、体育和娱乐业年末银行贷款余额约2458亿元，中长期贷款同比增长25.7%，高于总体增长率，2016年接近3000亿元。

在政府大力扶持发展文化产业的宏观政策背景下，政策性银行或大型国有商业银行纷纷推出针对文化产业的信贷产品，陆续开发了诸如知识产权质押贷款、应收账款质押、未来收益权质押、文化产业供应链融资、中小文化

企业联保贷、文化企业私募债券、中小文化企业集合票据等新型融资产品，建立了文化产业项目专营机构、文化产业基金托管、艺术品信托等新型服务方式。具有代表性的如国家开发银行与中国工商银行的文化产业信贷业务，固然有重视文化产业这样一个新兴战略产业的商业因素在其中，但更多的是对国家政策呼应的一种姿态。

与政策性银行和大型商业银行相比，中小商业银行在传统行业无法与之竞争，而文化产业是一个日益重要的蓝海，是获取新的业务增长点和新的竞争优势的重要战略领域。中小商业银行积极推动文化金融发展的专业化，建立专门的文化产业事业部门或研究机构，为文化企业提供个性化定制服务。在金融界率先打出文化金融大旗的北京银行，针对文创的服务与探索已超过10个年头，推出了一批为文创企业提供特色专属服务的梯队。北京银行有文化金融分类统计以来，其文化金融贷款市场份额始终位居北京市第一。北京银行不断加大金融对文化创意产业与文化建设的支持力度，积极推动北京市“全国文化中心”建设。通过打造“跨界合作窗口、创业孵化空间、资源共享引擎、成长共赢舞台”四位一体服务平台，为创业创新型文化企业提供多元化服务。截至2018年9月末，北京银行累计为6000余户文化企业提供贷款超过2000亿元。形成了15家文化创意特色支行，包括“软件贷”、“智权贷”、“文创信保贷”、“文创普惠贷”等在内的特色信贷产品。此外，各地方依托文化金融服务中心，采用招标手段设立地方特色文化银行。以南京文化金融服务中心为例，在文化企业大数据征信系统基础上，招标成立了文化银行，截至2018年，累计服务全市中小文化企业约4000批次，促成贷款超过130亿元。

（三）文化传媒领域VC/PE融资规模创新高，并购市场遭遇严格审查持续低迷

2018年全年文化传媒行业获得VC/PE融资案例共有485起，下滑19.16%，但融资规模不降反升，较2017年增长超2倍，为近5年来的规模最高值，达到111.22亿美元（见图1－3）。主要得益于今日头条完成25亿美元融资，是五年来媒体网站得到的最大融资；华人文化（15.06亿美元）、万达电影（12.39亿美元）、NewTV和快手也都获得了超过（含）10亿美元。从融资结构来看，2018年仍然维持着从2014年开始的架构，媒体网站、网络视

频和影视音乐仍然是吸引 VC/PE 融资规模最高的三个领域，2018 年共吸引了 84.97% 的资本（见图 1－4）。

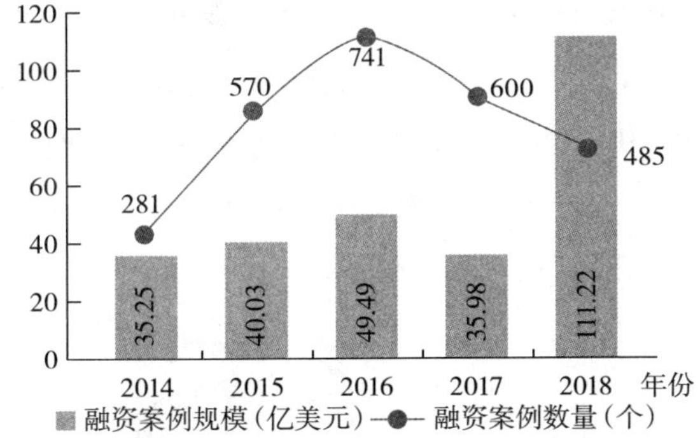

图 1－3　2014—2018 年文化传媒行业 VC/PE 融资情况

数据来源：CVSource 投中数据，投中研究院，2019. 01

图 1－4　2018 年文化传媒行业 VC/PE 各细分领域融资规模分布情况

数据来源：CVSource 投中数据，投中研究院，2019. 01

2013 年，被认为是文化产业的“并购元年”，自此开始文化产业并购市场一直较为活跃，在 2016 年达到峰值（见图 1－5）。但 2017 年作为证监会上市公司重大资产重组新规发布后的第一年，并购重组整体表现较前两年而言更为谨慎，出现一定程度降温。这与证券会日益严格监管资本市场有关，特别是龙薇传媒对万家文化的收购风波被视为对影视、文化、娱乐类上市公司特别限制的导火索。且随着近两年发行审核委员会持续加强对并购交易真实性、评估价值合理性等方面的审查，并购交易案例持续下滑。投中研究院的研究数据显示，2018 年宣布并购案例 186 个，宣布并购规模为 177. 99 亿美元；实际完成并购数量 99 个，完成并购规模 89. 80 亿美元，2018 年宣布并购案例中，已完成案例占比较2017年下降25.08%。并购代表案例如阿里巴巴战略入股分众传媒，并购交易金额达到22.53亿美元；阅文集团全资收购新丽传媒，交易金额为22.59亿美元。此外，阿里巴巴、腾讯和华人文化组成财团收购WPP中国20%股份、万达电影再提重组方案都是宣布并购值得重点关注的案例。而在IPO方面，文化传媒行业仅4家企业在海外实现IPO，案例数量同比下降66.67%，整体规模下降18.54%。主要包括腾讯分拆音乐业务独立上市，B站、趣头条、汇量科技等。

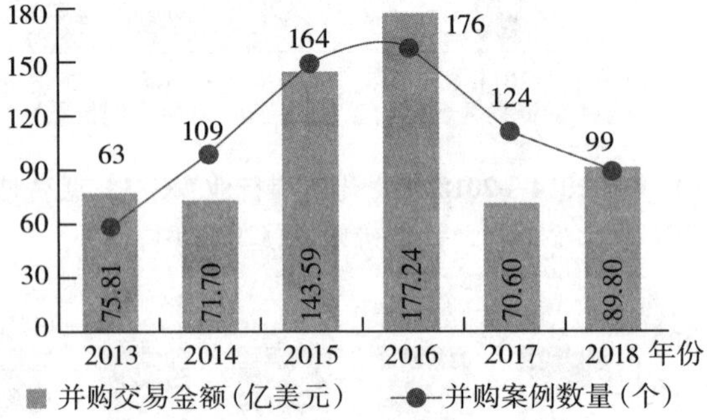

图1-5　2013-2018年文化传媒行业完成并购情况

数据来源：CVSource投中数据，投中研究院，2019.01

（四）新兴文化金融支持体系进入转型摸索期，个别领域呈现亮点

中国的文化金融合作创新进入了大发展时期，出现了文化产权交易所、文化众筹与互联网IP投资等各类文化金融创新形式，在金融监管趋严的背景下，伴随着不断的摸索调整实践。国务院出台《国务院关于清理整顿各类交易场所切实防范金融风险的决定》[国发（2011）38号]、《关于贯彻落实国务院决定加强文化产权交易和艺术品交易管理的意见》[中宣发（2011）49号]、《文化部关于加强艺术品市场管理工作的通知》[文市发（2011）55号]三个整顿文件，标志着文化产权交易平台从“乱象丛生”中开始逐渐规范发展。据不完全统计，截至2017年国内现有文交所90家左右。总体业务分化为两个方向：一是退回传统的招拍挂模式，有的开始与拍卖公司抢业务；二是围绕38号文重新创新交易模式，以东方雍和国际版权交易中心为代表推出的天然物权份额化的版画限量品种和南京文交所的邮币卡电子盘交易为代表，迅速成为各地文交所的主打品种。但在2015年的邮币卡狂潮后受到相关监管部门警示，进入了新的调整期。值得一提的是深圳文交所“文化产业

板”，截至2018年，“文化产业板”各类挂牌企业达1500余家，其中20%成功实现资本对接，有2家企业转板新三板和创业板上市，其他综合服务到达率达70%以上。

值得一提的是，虽然传统金融机构对文化产业依旧谨慎，但新兴的文化金融类机构正在崛起。2016年7月，中宣部、中央网信办、财政部等多部门出台《关于深化国有文化企业分类改革的意见》，其中关于五类企业中“投资运营类企业”的分类表述具有标志性意义，以管资产的方式管文化会成为新模式，一些国有文化企业将从内容制作者向资本运营者转型，成为文化金融市场重要的参与者。如北京文投、陕西文投、云南文投等企业。随着2018年国家新一版《文化及相关产业分类》发布，文化投资与管理类的纳入，使得金融资本不仅是文化产业的支撑要素，而且是文化产业的重要参与者。

（五）文化旅游融合开启新时代，旅游投资热度持续且方式日趋多元

2018年，文化和旅游部的成立，开启了文化和旅游的新时代。按照中央要求和部署，31个省（市）纷纷宣布文化和旅游厅（委）正式挂牌或宣布新的领导班子。在机构改革的背景下，各地按照“宜融则融，能融尽融，以文促旅，以旅彰文”的工作思路，统筹推动文化事业、文化产业和旅游业的融合发展，既促进了全域旅游新格局的构建，又加速了文化消费新业态的更迭发展。

2018年，旅游公共投资和社会投资持续增加，投资方式更加多元，兼并收购引人注目。在旅游发展基金方面，财政部明确2018年旅游发展基金补助地方项目资金预算为14.6亿元，较2017年的11.8亿元有明显增长。社会投资依然热度不减。例如：2018年山西省旅发大会期间，全省共签约35个旅游项目，总金额达1090.93亿元；“清新福建”旅游投融资合作与重大项目推介活动中推出旅游招商项目208个，总投资额超过3200亿元；重庆重大旅游招商项目集中签约仪式上共签约35个旅游项目，总投资2357亿元。从企业层面来看，知名互联网企业持续加大对旅游业的投入。由百度、阿里巴巴、腾讯（BAT）组成的第一梯队已于数年前加大对旅游行业的投入。2018年，由今日头条、美团点评、滴滴（TMD）组成的第二梯队也高调进入旅游业。其中，今日头条依靠其旅游频道、短视频APP等带动一批网红景点和城市；美

团点评自2013年进入酒店预订市场以来，目前业务已覆盖酒店、民宿、境内度假、境外度假和大交通等几乎所有品类；滴滴几年前与华住、洲际等品牌连锁酒店，猫途鹰、携程等OTA平台建立合作，2018年7月又与美国在线旅游巨头Booking Holdings达成战略合作，通过收购、投资等方式，布局印度、巴西、新加坡等地的出行市场。在投资方式上，PPP模式、产业基金、兼并收购等成为热点。2018年2月，财政部发布的第四批政府和社会资本合作（PPP）示范项目名单中，旅游类共27个，投资总额为349.17亿元，较第三批入选项目数量和投资额分别增长92.86%和54.2%。2018年，旅游业的兼并和收购也层出不穷。民营企业方面，最受瞩目的是融创中国收购万达文旅集团和13个文旅项目的设计、建设和管理公司，总价约为人民币62.81亿元。国有企业方面，中国旅游集团与海南省国资委资产深度整合，前者将其持有的公司部分股份无偿划转给后者持有，后者将其持有的海南省免税品有限公司51%的股权无偿划转给前者。共青团中央直属企业中国青旅集团公司、中国青年实业发展总公司国有产权100%划转至中国光大集团股份公司。

四、中国文化投资的前瞻建议

（一）加强监管协调回归文化金融价值本源

随着金融改革的深化和金融创新的发展，金融机构向综合化转型，金融结构更加复杂多元，各金融子行业之间的联系更加紧密。金融创新打破了金融子行业之间的藩篱，跨行业和跨市场的金融活动日益频繁，这一方面使金融市场展现出蓬勃活力，另一方面也使得跨行业、跨市场业务蕴含了风险隐患。第五次全国金融工作会议的核心是加强监管协调。这种良性协调互动不仅局限在金融系统内，而且是金融与包括文化在内的其他行业之间的相互补充、相互促进，更重要的是回归本源，实现金融行业与其服务的经济实体之间的良性循环，防止资金在金融系统空转。从2017年下半年，文化企业重组并购失败率居高不下，其原因就在于许多金融投资机构借助文化产业进行资金的腾挪套现，已经伤害了整个文化产业的健康有序发展。因此未来不仅要在理念上转变，还要通过金融监管部门与文化行业主管部门之间形成良性的监管协调制度构成硬约束，为中国文化金融转型升级提供有力支撑。

（二）有条不紊推进文化金融服务中心建设

在已建的文化金融服务中心，按照东、中、西，在不同规模城市中选择若干试点，采取整合资源、政策匹配、调整置换进行建设指导。并选择一些兴趣浓厚且已有待建、筹建计划的地方，进行新建文化金融服务中心试点工作，摸索中心在建设过程中遇到的问题，进而逐步在全国推广。探索政府与社会力量多方参与的建设模式，文化金融服务中心既可以由政府主导建立，也可以由文化产业的相关行业在发展的过程中因需求自发形成。目前来看，政府主导模式建立文化金融服务中心的效率更高，但仍需拓宽社会供给渠道，探索政府向社会力量购买文化金融服务力度，鼓励支持不同地方企业、社会组织和其他社会力量突破地域限制，面向全国参与文化金融服务中心建设。同时加强督促检查，对文化金融服务中心建设使用情况进行督促检查，及时协调解决工作中的各种问题。对文化金融服务中心建设、管理和使用中好的做法和经验及时总结、推广。

（三）文化产业债券资本市场方兴未艾，仍需挖掘潜力

中国的债券市场发展历史本身就不长，文化产业进入债券资本市场的时间更短，而且由于发行债券的门槛比较高，只有少数规模大、有信用保障的大型文化企业才可以通过发行企业债券融资，未来债券资本市场具有重要的增长潜力。2017 年，国家发展改革委印发了《社会领域产业专项债券发行指引》，首次对“文化产业专项债券”做了具体安排，主要用于新闻出版发行、广播电视电影、文化艺术服务、文化创意和设计服务等文化产品生产项目，以及直接为文化产品生产服务的文化产业园区等项目。此外政策中体育产业专项债券、旅游产业专项债券等其他五种专项债券也可以视为大文化领域的延伸。并且在相关手续齐备、偿债保障措施完善的基础上，文化产业专项债券可走国家发改委“加快和简化审核类”债券审核程序，提高审核效率。就此通过集合债、“债贷组合”等既有模式实践，更多符合条件的文化企业可以选择通过债券市场来解决资金难题，特别是那些已有一定资产规模和信用等级的企业更可以把债券这种直接融资作为解决资金瓶颈的主渠道。

（四）审慎推进文化产业资产证券化特别是数字资产证券化

国内外诸多案例已充分证明，资产证券化模式可有效地使文化产业金融化。对文化企业而言，它可增强文化资产的流动性、解决文化企业融资难的问题。对文化产业投资者而言，它是新型的金融投资方式，并为投资者提供

了更多投资文化产业的机会。对于中国文化企业而言，能够在未来产生稳定现金流的资产有很多，比如专利、商标、版权以及相应的各项权益，这些都可以通过证券化的方式帮助企业实现融资。但目前我国技术知识产权转化率不足10%，主要原因是传统融资方式的局限性，尤其是文化产业赖以为生的信贷融资。在国家大力推进数字创意经济发展背景下，数字资产是文化产业的创新蓝海，是互联网+文化产业的新业态，是“文化互联网+”的文化大产业下的商业模式创新。从域名、数字货币、特别账户号码等数字资产都是可以挖掘财富，相较于其他文化资产，数字资产估值更具可行性和可信性，在文化产业资产证券化逐步推进基础上，挖掘数字资产潜力，探索数字资产证券化模式，将对数字创意经济发展起到倍增作用。

（五）关注金融科技迅猛发展带来的文化金融创新

随着通信技术、互联网技术与信息处理技术的融合发展，围绕客户个性化需求和体验来创新设计文化金融产品，进一步提升互联化的手段与环境已经成为趋势。从未来发展趋势看，云计算、大数据、人工智能和区块链等新兴技术在金融科技应用过程中将越来越紧密，彼此的边界不断模糊，新一代信息技术的发展正在形成融合生态，推动金融科技发展进入新阶段。在金融科技应用推动金融行业转型发展的同时，金融业务发展变革也会不断衍生出新的技术应用需求，将实现对金融科技创新发展的反向驱动，也对文化金融领域有了新的驱动。未来文化金融领域，如何利用社会资源与公共资源进行行业的重构，从用户的角度重新产品设计与功能，积累流量与客户，整合服务项目，逐步形成产业平台与生态是重点问题。要抓住未来互联网金融发展的契机，重视向移动端迁移的产业发展方向，重视集成化、工具化、场景化、社会化的产品创新方向，在连通融合包括支付、征信、结算、评级、清算等产品过程与小贷、担保、资产管理等管理端体系的同时，打通包括第三方理财、中小银行等通道或链条，从而构建文化金融产业创新生态。

（六）热潮涌动的旅游投资机遇与风险隐患并存

2018年，旅游投资热度依然不减，投资体量继续向大投资、大企业、大项目集中。特别是随着旅游业的快速发展与特色小镇的加快推进，旅游小镇成为投资关注的重点。但是事实上，目前的一些特色小镇夹杂太多房地产的因素、逻辑和诉求，这既不利于旅游自身的发展，也会给投资乃至地方经济带来隐患。同时要特别关注《旅游绿皮书》中提到的系列问题：以大项目为主的投资结构和增长模式是否健康、能否持续，如何构建大中小旅游项目的生态体系，如何发挥重大项目对旅游产业体系的带动作用，如何实现相关领域投资与旅游投资的共振，如何兼顾旅游投资的长期效益与短期效益、经济效益和社会效益……在供给侧结构性改革的大背景下，这些问题都值得深思。尤其是要警惕避免一些旅游细分领域滑入过度投资—过度竞争—恶性竞争—行业受损的泥沼。

第二章　中国文化传媒类投资现状与前瞻报告

陈端①

一、2018 年中国文化传媒投融资整体格局扫描

（一）板块延续下行势头，自 2015 年以来的高估值泡沫被挤压消化

2015 年传媒并购大年以来，2016—2018 年文化传媒板块持续处于下跌通道，据天风证券研究报告披露，2016—2018 年传媒（中信）指数总跌幅 66.9，2018 年度传媒指数下跌 39.0，同期创业板指下跌 29.3，上证综指下跌 25.5，差距收窄。当前传媒板块整体动态估值不到 20 倍，相对上证估值差缩窄；2018 年年底开始随着各领域监管落地，2019 年虽不能预期放松，但边际改善明显；伴随资本市场和传媒领域自身的一系列风波事件如阴阳合同曝光行业整肃等，商誉减值在 2018 年集中释放，行业集中持续提升，缺乏核心竞争力的公司大势已去。2018 年消费互联网流量红利显著减弱，在用户总量突破 8 亿之际，三年复合增速已下滑至 6.3；与此同时，主要互联网平台变现效率逐步放缓，腾讯（3Q18A 11.9 vs. 3Q17A 44.4）等公司 ARPU 同比增速下滑明显，股价表现随之同步下跌。但考虑低线城市 9.5 亿人口与 5.9 亿设备数，渠道下沉仍孕育超 3 亿用户空间开发，2019 年预计渠道下沉继续成为主旋律。目前传媒板块高估值已经逐步消化，相对上证估值差缩窄；监管上，2018 年传媒领域经历严格政策监管，2019 年虽不能预期大幅放松，但可期待边际改善；业绩上，板块业绩风险提前释放，商誉大幅计提降低了 2019 年相关风险，成长标的有望重装上阵。

图 2－1 是天风证券研究所对 2018 年中国传媒指数（中信）、创业板指

---

① 陈端：中央财经大学新闻系副教授、博士、硕士研究生导师。

数、上证综指所做的对比分析，图 2－2 则更为清晰地从 2011 到 2019 年 2 月时间轴线演变上揭示出文化传媒资本市场板块的起落走势。从图中表现可见，2015－2016 年是中国传媒企业并购的一次高峰，也是通过并购实现商誉快速增长和市值大幅提升的一年，由于主板上市的传媒企业主要是出版、广电等偏传统类型的，传媒并购和商誉增长的热点主要集中在互联网信息服务类、新兴影视传媒类集中的创业板。

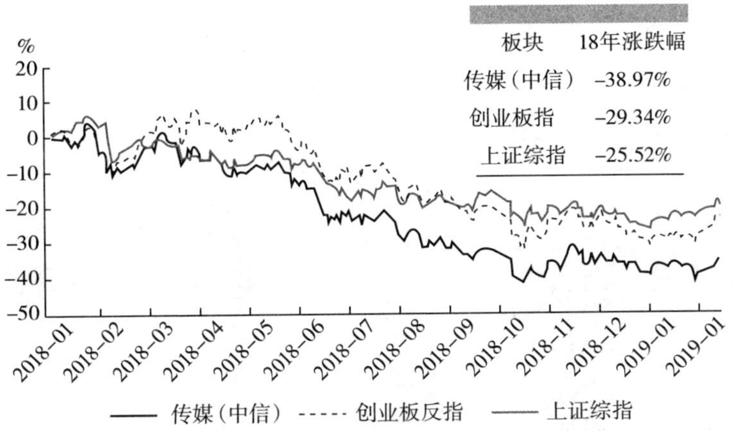

图 2－1　2018 年传媒指数（中信）、创业板指数、上证综指走势

数据来源：Wind，天风证券研究所

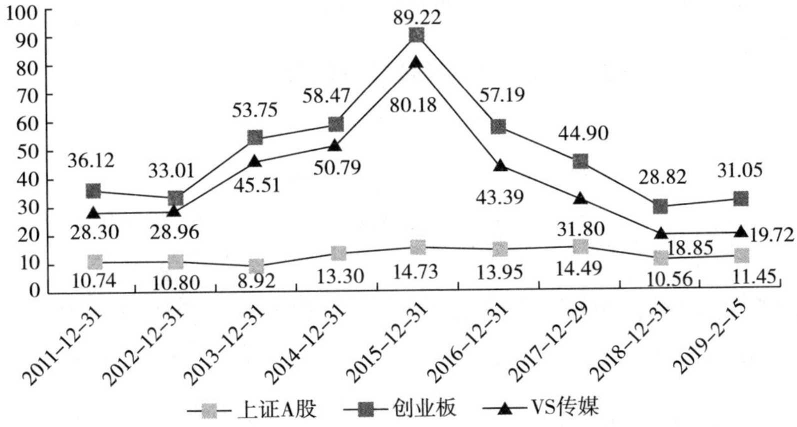

图 2－2　2011－2019. 2 传媒指数（中信）、创业指数、上证综指走势对比

数据来源：: Wind，天风证券研究所

(二)投融资集中度进一步提升，海外上市成为偏好性选择

据投中研究院披露信息显示，2018 年全年文化传媒行业获得 VC/PE 融资案例数量下滑 19.16%，但融资规模不降反升，比 2017 年增长超 2 倍，达到近 5 年来融资规模最高值。究其原因，资本流向马太效应越来越强，早期阶段创业公司融资机会变少，部分机构和战略投资者流向中后期阶段的头部企业。2018 年下半年，各种金融监管政策持续收紧，资本寒冬凛然而至，融资案例数量较上半年下降 24.9%，受多笔中后期大额融资推动，融资规模上涨 17.03%。2018 年下半年，融资案例数量较上半年下降 24.9%，受多笔中后期大额融资推动，融资规模上涨 17.03%。

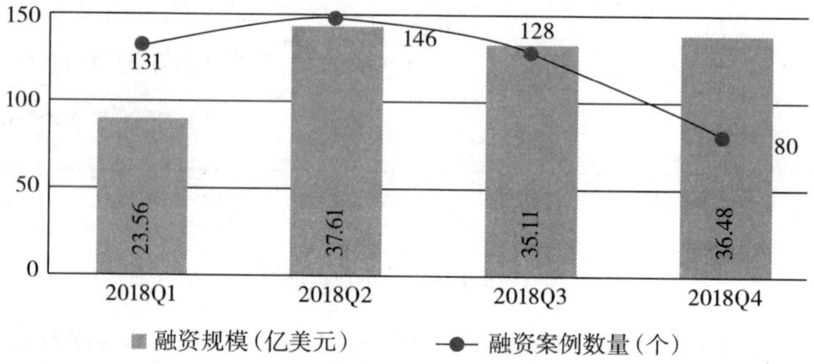

图 2-3　2018 年文化传媒行业 VC/PE 融资情况

数据来源：CVSource 投中数据，投中研究院，2019.01

2018 年天使轮到 A+轮的早期融资案例数量合计下滑 27.9%，中后期项目略涨 1.68%。从融资规模上看，2018 全年融资规模远超 2017 年，各轮次中涨幅 TOP3 为 Pre-IPO(今日头条完成 25 亿美元融资)、种子轮(NewTV 完成 10 亿美元天使轮融资)和战略融资(万达电影完成 12.39 亿美元战略融资)。

投中数据显示，近 5 年来文化传媒行业并购高峰发生在 2016 年，2017—2018 年完成并购案例和规模持续下滑，受两笔大额交易案例影响，2018 年完成并购规模不降反升。2018 年文化传媒行业仅 4 家企业实现 IPO 融资，从案例数量来看同比下降 66.67%，融资规模来看下滑幅度小于前者，同比 2017 年，整体规模下降 18.54%。从历年趋势来看，受行业政策和股票发行监管影响，IPO 融资案例数量波动较大，但受益于上市场所的多元化，2014—2017 年 IPO 融资规模持续上升。鉴于国内上市对盈利性的要求和国际化市场的定位不同，2018 年 IPO 企业均选择境外上市。其中腾讯分拆音乐业务独立上市，创近五年来单

笔 IPO 募资规模新高，B 站作为国内二次元文化领域的独角兽，在全球性交易市场上市，有助于其在境外市场打响品牌，趣头条从产品上线到上市仅用了两年时间，刷新纪录。细分领域来看，五年来传媒出版、动漫和影视音乐领域 IPO 募资情况较好。2018 年影视音乐和动漫企业募资规模占比全年 86.2%。

（三）商誉减值风险释放，新规助力行业优质公司甄别

与其他行业相比，传媒行业有着轻资产、高商誉的特点，传媒行业商誉余额在全部行业中排名第一，但内部各子行业及个股间分化明显。截至 2018 第三季度，传媒行业商誉共 1857.2 亿元，总资产的占比为 17.1%。其中，商誉绝对值和总资产占比排名前三的子行业分别为互联网（889.7 亿元，25.7%）、营销（454 亿元，26.1%）和影视动漫（386.4 亿元，21.6%），平面媒体（75.5 亿元，4%）和有线电视网络（18.7 亿元，1%）商誉较少。从历史减值情况看，2017 年各子行业商誉减值损失均较 2015 和 2016 年大幅增加，其中商誉减值损失排名前三的子行业分别为互联网（23.2 亿元）、营销（16.2 亿元）和其他文化传媒（15.4 亿元），而出版行业商誉余额较小，经营稳健。①

2018 年 11 月 16 日，证监会发布《会计监管风险提示第 8 号——商誉减值》，强化商誉减值的会计监管，进一步规范上市公司商誉减值的会计处理及信息披露，要求对因企业合并所形成的商誉，都应当至少在每年年度终了进行减值测试；政策中提及企业商誉的确认、减值时间点、减值细则均利于投资者透过年报等资料深入了解企业发展，商誉减值风险监管风险提示政策短期对文化传媒有所影响，中长期利于优质公司的甄别，对以并购抬升商誉和估值的操作模式则是一种冲击。过去几年，A 股市场上文化传媒板块总商誉经历了过山车一般的波动，从 2014 年 353.5 亿元增加至 2018 年三季报的 1583.1 亿元，2015 年增速高达 150%，2018 年三季报则下降为 12.1%，商誉泡沫遭到大幅挤压。

二、2018 年中国文化传媒产业发展宏观环境分析

2018 年是中国经济大江大河、风险叠加的艰难一年。受中美贸易摩擦等

---

① 参见《传媒行业：影视行业商誉减值风险整体可控》，www.eastmoney.com，2018 年 11 月 26 日，东方证券 邓文慧。

外部因素影响，经济发展外部不确定性因素增多，经济发展下行压力加大，居民消费支出预期略显悲观，在内外部风险加大的背景下，金融和内容领域的监管政策更加收紧，文化传媒产业发展的外部环境并不乐观。

中美贸易摩擦升级及全球经济减速会对我国出口增长及就业产生比较大的压力。美国关税措施的影响将会在2019年一季度开始显现，中美贸易摩擦升级首先会导致加征关税商品清单中的行业及企业就业减少，长期来看必然波及产业链上下游行业及企业的就业。此外，我国劳动密集型产业加速向外转移，可能导致较为密集的群体性失业，居民文化消费需求盘面缩水。

与此同时，在云计算、大数据、区块链、人工智能等新技术支撑下，社会生产的支撑要素及组合模式不断演进，新动能曙光初显，以00后为代表的消费新族群开始登上历史舞台，内容新物种持续蝶变，微短剧、微综艺、竖屏剧、电音电竞等新内容小荷才露尖尖角，而内容变现在定制营销、电商、知识付费、新零售、衍生等方面持续演进。

经济面临短周期下行的压力。在宏观调控政策作用下，近几年我国经济季节性波动减小，但经济周期性波动的基本规律很难改变。2016年中期我国经济进入周期性上升期，这一上升趋势（稳中向好）到2017年4季度或2018年一季度达到峰值，2018年中期后则进入周期性下行阶段，预计周期下行至少将延续到2019年，甚至要到2020年中期后才逐步结束。

各种风险因素和下行压力叠加，导致我国宏观经济将出现较前几年更显著的调整，前几年热议的居民消费升级带来的产业发展机遇遭遇挑战。国家正在采取逆周期的宏观调控政策，积极应对外部环境的重大变化，预计2019年我国GDP增速仍将维持在6%以上。受国内消费需求继续放慢及出口需求将出现较明显调整的影响，企业面临的需求压力将加大。需求放慢，价格将会走低，对于工业品的影响会更加明显，因为我国不少行业出口依存度较大，出口放慢将使企业销售收入下降，从而加剧市场价格竞争；需求放慢和价格走低，必然影响企业效益。

虽然一些较明显的内外压力，促使我国经济形势“稳中有变、变中有忧”，但我国经济发展长期向好的趋势没有变，仍处于并将长期处于重要战略机遇期，在行业间、区域间均有很大回旋余地。“稳中有变”不仅意味着风险挑战在加大，也意味着新的发展机遇，外部压力将会倒逼国内深化改革和扩大开放。以稳就业、激活力、扩大开放为主要抓手，稳经济增长预期、恢复社会各界和国内外对中国经济发展长期向好的信心，成为文化传媒产业在未来肩负的重要社会责任与使命。

三、2018 年中国文化传媒产业与政策环境分析

（一）国家机构改革与文化传媒体制调整重构管理格局

2018 年两会以后，党和国家机构进行了“系统性、整体性、重构性”的改革调整，文化部、国家旅游局的职责整合，组建为文化和旅游部作为国务院组成部门，组建国家广播电视总局，新闻出版署划归中宣部统一管理，电影局的工作划归中宣部管理，并组建中央广播电视总台，对外统一呼号“中国之声”，构建多媒体融合发展和加强国际传播能力建设的重要阵地。此次调整显示了中国在传媒体制改革方面的创新思路，也与 2017 年发布的《新闻出版广播影视“十三五”发展规划》相互关联。

（二）政策因素对传媒发展格局影响进一步增强

2017 年国家新闻出版广电总局颁布《新闻出版广播影视“十三五”发展规划》，提出到 2020 年争取实现舆论传播力、引导力、影响力、公信力大幅提升，公共文化服务全面升级，对经济的拉动作用显著增强，“智慧广电”战略和新闻出版数字化转型升级行动全面推进，保障国家文化安全的能力显著提高，传播中国声音、提升中国形象、产品服务走出去的成效和作用更加凸显等目标，对内强调“数字化、服务、安全”；对外强调“走出去”。对于传媒行业的政策调控原则是“线上线下统一标准，深化融合打造精品”，具体措施是扶持非娱乐类内容，培育精品娱乐内容。2018 年，各种细分领域政策陆续出台，规划中明确的方向、目标和任务被陆续落实。

回顾 2015 年至今传媒相关的主要政策与行情走势，不难发现，政策对于传媒板块走势影响明显。政策对传媒板块影响可分为两个阶段：①资本层面政策收紧。2016 年 5 月，互联网金融、游戏、影视、VR 四个行业跨界并购重组受限，传媒板块也在 2016 年出现向下重要拐点，并购驱动传媒高增长时代结束。②内容层面监管趋严。游戏领域，2018 年 3 月，国家机构改革，原广电总局的新闻出版管理职责及电影管理职责、游戏版号审批等职能划入中宣部，游戏版号申办业务暂停，其情绪影响了游戏巨头腾讯，8 月披露二季度

业绩不达预期后该政策对行业的悲观影响持续发酵。8 月，教育部提出要控制网络游戏总量。多重监管叠加下，游戏板块业绩及估值下行。影视领域：2018 年 6 月，明星“天价片酬”、“阴阳合同”、偷税漏税等问题集中浮出水面，并在下半年进入持续整顿，2018 年 9 月，国家税务总局下发通知，将影视工作室纳税方式由定额征收改为查账征收，2018 年 11 月，部分影视工作室接收到税务部门通知要求进行补税工作等。关于明星片酬及税务整顿，长期有利于行业规范发展，但短期由于影视制作方及艺人方面等待政策落地对行业产生一定负面影响。在线阅读领域：2018 年 10 月，全国“扫黄打非”办公室和国家新闻出版署就微信公众号传播低俗问题小说进行约谈。卫视领域：2018 年 11 月，湖南卫视因“娱乐过度”被中央巡视组点名，同时对于综艺监管从严，如涉及未成年人参与的综艺等上线延期。

作为对比，央视的文化益智节目《中国诗词大会》、文化情感类节目《朗读者》等多档文化类节目在开播后持续走红，也获得了舆论和管理层的肯定，这类促进社会和谐，承担着国家文化建设功能的内容得到扶持彰显了国家层面的政策导向，对内容生产方向将产生积极影响。

（三）技术创新成为驱动产业发展的关键力量

当前，人工智能技术重构新闻生产流程，推动以广告为主的盈利模式向内容付费模式转变；大数据和云计算大幅提高了新闻报道的深度和广度，虚拟现实技术将拓展媒体内容的呈现形式，为观众提供浸入式体验，在影视、社交、游戏等领域开拓出新的盈利模式。在新技术驱动下，产业新一轮整体迭代升级态势隐现。区块链基于加密技术的去中心化、透明、安全、可追溯的分布式数据库推动互联网数据记录、传播及存储管理方式变革，大大降低信用成本，简化业务流程，提高交易效率，对于社群激励模式形成底层重构力量，也对既有的社会管理模式和产业组织模式形成冲击，推动互联网从信息传播向价值转移的转变。从发展趋势看，未来传媒将向“媒介智能化、传播大众化、内容精品化、服务个性化、广告程序化、产业泛娱化、行业跨界化、市场集中化、运营国际化、监管自律化”的方向发展。①

---

① 相关观点参见《中国传媒产业发展报告（2018）》，崔保国主编，2018 年 7 月清华大学和社会科学文献出版社出版发行。

四、2018 年中国文化传媒产业关键致变因素分析

纵观 2018—2019 年中国文化传媒投资领域产业关键致变因素，5G、人工智能、区块链是重中之重，从 2C 为主的消费互联网时代向 2B 为主的产业互联网时代转型则成为文化传媒转型变革的纵深产业背景。

（一）5G 带来的不仅是通信技术的升级，更是面向未来全新业务、全新场景和智能化美好生活的整体重构。

产业底层关键能力变革直接导致应用场景和文化传媒消费模式的巨变，5G 的高速率海量传输能力、低时延海量连接能力有望推动新消费、新内容、新社交的一体化融合。

回顾过去，2G 时代移动新闻崛起，3G 时代内容形态越来越富媒体化，用户参与度、互动度、体验度不断提升，5G 时代则会推动 AR、VR 等应用从边缘走向主流，从低阶迈向高阶。同时基于云服务能力的提升，各种终端与后台之间的彼此支撑能力增强，流量生态进一步变化，服务、商品、内容之间产生新的重度链接与深度融合，更浸入式的体验、更实时化的互动、更快捷的触达、更广泛的链接为我们提供全新的创新想象空间。以电视为例，5G 或将改变电视的节目形态和传播生态，乃至其作为家庭媒体的定位。伴随内容云聚合、云分发、智能播控等创新业务开展，云计算技术对创新业务的提升和支撑力度凸显。大数据的互通互联和智能转化程度对媒体内容生产的精准度、影响力和公信力都将产生影响。与目前有些粗制滥造、以玩一时新鲜为卖点的 VR 游戏相比，5G 的高速度、低延时将让 VR 游戏真正能物如其名的游走于虚拟与现实之间，场景游戏未来可期。5G 也将推动车载娱乐进一步发展，进而对出行消费带来深远影响。

（二）区块链技术引发文化传媒内容激励体系及社群关系重构

移动互联下半场进入爆发式协同创新阶段，区块链、人工智能、大数据等技术叠加，未来几年一些垂直行业空间有望迅速打开，而区块链作为价值互联时代的技术载体，或将触发传媒产业新一轮周期性革命。区块链在文化传媒领域最本质的应用在于重塑社群生态。未来内容的生产越来越用户化、社交化、资产化，传媒产业生态与外部商业生态、社会生态之间呈现出更加无缝融合的态势。与 5G 相辅相成，全新的需求、全新的内容产出模式和全新

的赛道值得前瞻性关注和研判。

区块链分布式、去中心化的特点，解决了中介信用问题，不再需要中介机构参与交易、互动双方间的活动，可以省去中介环节的成本并提高互动双方沟通的效率。区块链的不可篡改性则保证链上的信息得以保存和识别，为溯源提供便利。结合区块链的这两个最主要的特点，区块链可以被应用在多种具体的传媒领域。新的技术手段和商业模式为传统人际交互、情感交互过程中的价值量化和价值变现创造了新的可能空间。情感与社交价值数据化、数据资产化、资产证券化互为支撑，为内容消费提供了全新的激励机制，对个体内容消费者而言，甚至可能出现"消费即生产"的模式，这一趋势与"通证经济"叠加，或为传媒产业发展提供新的动能引擎。所谓"通证经济"是指基于区块链加密技术和智能合约等底层支撑，任何个人、组织、机构都可以基于自己的资源和服务能力发行权益证明。以技术手段保障通证价值流转的安全性和可靠性，通过一整套动态激励体系设计让时间轴线上人们的很多行为得以确权和有机协同，社群系统在时间轴线上依托通证激励体系实现自组织、自生长，在高速生长和高频互动中为社群成员提供更具黏性也更为多元的价值回报、价值共享与价值互换。社群成员内部的互动价值开发与收益分享机制设计想象空间很大，而这恰恰可能成为突破传统媒体内容 IP 与用户之间黏性短板的重要抓手，通过稳定社群生态体系和共享价值平台的打造也可以对冲传媒投资单体项目风险加大的趋势。

区块链在文化传媒细分领域的典型应用包括以下几个方面。

1. 化解传媒行业发展众筹难题

区块链通过构建不可篡改的分布式数据密码学账本实现数据共享、数据可追溯和数据安全保障，可以解决众筹信息不对称的问题，实现了去中心化信任，构建起所谓"无信体系"。由于区块链自身的不可篡改性，第三方支付的信任问题也得到解决。提高了参与众筹的效率和市场透明度，也为股权众筹提供了一个有效的退出机制，解决了股权众筹项目不确定性带来的问题，缩短了退出周期，并拓宽了退出渠道。另外，通过区块链技术可以直接在网上完成所有股权登记或者进行股权的再次转让，并做好记录，从而无需费时费力地办理股权登记，也降低了人工操作可能存在的操作风险。

2. 强化数字版权保护

区块链技术能以数字签名和哈希算法对新闻作品版权进行精准跟踪，完整记录作品或产品版权流转过程中的确权、用权和维权环节。在互联网场景下，链上生成的版权登记证书拥有唯一且可追溯的定权哈希和符合《电子签名法》的时间戳，一旦完成存证即可产生永久有效且无法篡改的版权登记信息。整个存证过程成本为零，最快可以在15分钟之内完成。基于区块链的智能合约也使得版税结算和内容分发更为便利，作者可以对上链作品进行定价，使用者可以一键付费并转发。但是区块链版权存证尚处于发展初期，其在法律上的证明效力有限，虽然最近在北京与杭州的互联网法院审理中，都有案件认可了区块链存证的法律效力但是其法律效力仍不及国家版权局登记证书。想要使区块链技术在版权保护中发挥更大的作用，得到更广泛的认可，最重要的是扩展应用区块链版权存证的作品的范围，形成一定的规模，优先级自然会提高。

3. 助推内容付费的规范化和推广

首先，如上文所述，借助区块链技术可以很好地保护版权，降低维权的成本、有效追溯侵权者。区块链的这一功能抑制了内容付费行业中侵权行为泛滥的现象，防止抄袭之风进一步增长。因而区块链的应用有助于提高行业的内容质量，形成良好的行业生态。而区块链数据构成的不可篡改的时间戳对平台或者讲师任意篡改课程数据欺骗学员的行为能起到很好的防范作用，它形成的可信任的溯源途径也使得内容生产者在发布付费内容前“三思而后行”，减少内容付费行业中低质量甚至低俗内容的数量。从而让知识付费平台从“黑盒”状态转为“白盒”状态，让付费平台运作透明化，降低了监管成本。目前内容付费行业的销售额在不断增长，但是产品购买模式单一、支付模式复杂大大制约了内容付费的发展。但是区块链的使用可以记录用户的所有观看记录，自动依用户消费内容收费，避免了昂贵的中介支付平台费用和复杂的利润分配过程。通过追踪数字资产销售，可以实现一个“自动化、实时计费”的销售过程，降低消费成本，简化付费流程。使用户更乐于尝试新鲜的、符合自身兴趣的内容产品，凸显出付费内容销售的“长尾效应”。

4. 重构广告业生态系统

区块链模式下的数字广告业不再需要中间层环节，广告主可以直接对自己的广告出价，媒体根据自身情况和需求接受合适广告主的出价，省去了中介环节的中间费用。媒体将广告投递给用户，用户对广告的印象可以通过区块链的信息不可篡改地反馈给广告主。而由于区块链的匿名性，用户的隐私可以得到有效保护。广告主可通过实际搜集的反馈信息，对用户的喜好进行存档，方便下一次使用。这一举措可以使广告主获得更准确的数据，也能收获更好的回报。

由于目前网络广告生态系统的中间层操作不透明，造成广告商、第三方欺诈行为大量存在，但是区块链的应用可以有效改善这种欺诈问题。区块链使得批量生产篡改虚假 IP 地址极为困难，广告主可以通过检查观看者和点击者的数字身份来确定广告的真实投放点击，避免广告欺诈造成的损失。

5. 为游戏产业带来新的可能

准确来讲，将区块链应用于游戏界，可以分为区块链化游戏和区块链游戏。区块链化游戏主要目的是将区块链作为交易道具，将游戏纳入一个统一的经济体系，从而保障玩家资产。但是由于虚拟世界中的各种资源都可以通过代码人工创造出来，缺乏商人等强力的利益群体，无法迫使厂商应玩家的需求开发交易道具，本质上破坏了官方封闭经济系统。而且区块链化游戏并没有触及区块链去除中心服务器，建立真正可信机制的核心功能。

区块链游戏则很好地体现了区块链的核心功能，游戏的研发和运行完全在公链上，没有中心服务器，游戏的走向完全由玩家控制。在这种游戏中，玩家具有游戏的所有权，是一种真正的社区型网游。玩家可以通过打怪、活动获得代币，然后用代币进行投票决策，共同运营、发展游戏。因而玩家的投入具有正向反馈，即投入越多代币越多，贴现回报的可能性越大，有效带动了玩家的积极性。不过这种模式也存在着很多问题亟待解决，比如基于投票的民主型运作的全链网游势必导致效率低下，玩家由于缺乏专业知识和周全的考虑可能作出不利于游戏发展的决定。而且这种游戏模式的有效运行依赖于足够量级的基础用户，用户可以长久留存并保持积极的游戏投入。如果以上问题得不到解决，区块链游戏的发展不能取得较大幅度的进步。

（三）产业互联网时代来临：前端场景后端云化，数字化经济孕育传媒产业新机会

2018 年一个热议的话题就是消费互联向产业互联网的跨越，以及与之相伴的经济社会数字化转型。云服务成为迈入产业互联网的利器，互联网平台逐渐渗透传统行业，企业对于平台化云服务的需求逐步增加，成为互联网平

台与传统行业的接入口，云平台已经遍布金融、医疗、汽车等多个领域，推动传媒产业与其他产业更加深度融合。内容创业黄金期基本结束，内容商业崛起。内容产业正在融入消费升级大潮，回归本位，助力品牌升级体验。内容产业深度融入实体产业链和消费升级后，不再是独立和孤立的产业形态，网综、网剧、短视频、自媒体、游戏等内容领域纷纷成了商业企业纷纷抢占的营销阵地。内容商业化，商业 IP 化，品牌人格化反向倒逼内容形态变革。

《G20 数字经济发展与合作倡议》中将“数字经济”定义为：“以使用数字化的知识和信息作为关键生产要素、以现代信息网络作为重要载体、以信息通信技术的有效使用作为效率提升和经济结构优化的重要推动力的一系列经济活动。”数据成为与物质、能量并列的人类赖以利用的基本生产要素之一，在某种意义上，人们原来以新闻为核心的“媒体生活”，将全面进入以数据为基础支撑的数字化生活，智能思维取代传统互联网思维重塑媒体的发展模式，报道指挥系统、大宗新闻的写作系统、搜集创意系统、数据库的开发系统、智能纠错系统、用户体验系统、人机互动系统、内容分发系统、广告增值服务系统等领域都将发生深刻改变，但对于用户而言，关注的并非是海量数据的堆砌，而是通过知识化的梳理和智能化推送，将大数据变为更富指向性的小数据，用于解决特定的场景化需求。

五、2019 年中国文化传媒投融资态势前瞻

（一）习总书记关于“全程媒体、全息媒体、全员媒体、全效媒体”的论断指明方向，在大国复杂博弈背景下，国有媒体发展面临新机遇

2019 年 1 月，习近平带领中共中央政治局在人民日报社就全媒体时代和媒介融合发展举行集体学习，国有媒体或迎来新的历史发展机遇。习近平指出，当下伴随着互联网的发展，出现了全程媒体、全息媒体、全员媒体、全效媒体，信息无处不在、无所不及、无人不用，面对舆论生态、媒体格局、传播方式发生的深刻变化，如何在这一场前所未有的大变革中“破茧而出”，是主流媒体面对的重大课题。必须紧跟时代，大胆运用新技术、新机制、新模式，加快融合发展步伐，实现宣传效果的最大化和最优化，要因势而谋、应势而动、顺势而为，加快推动媒体融合发展，使主流媒体具有强大传播力、

引导力、影响力、公信力，形成网上网下同心圆，使全体人民在理想信念、价值理念、道德观念上紧紧团结在一起，让正能量更强劲、主旋律更高昂。

信息技术的快速发展和经济社会全方位的数字化转型让网络信息空间超越了简单的信息传递层面，与更为深远的社会生活生产深度融合，也成为大国博弈的重要战场。2018 年中美复杂博弈局面和华为、中兴事件也提醒我们，面向下一代的网络空间争夺战事关国家民族战略大局。在全媒体时代浪潮中，打造一个传播力、引导力、影响力、公信力不断提升的新型主流媒体矩阵成为大势所趋，国有媒体作为执政根基的地位进一步凸显，依托牌照和资本优势整合各类媒体传播资源，中间蕴藏着巨大的发展机遇。

（二）科创板细则盛大出台，为互联网信息服务类传媒企业投融资提供广阔新天地

2018 年 11 月 5 日首届中国国际进口博览会上，习近平总书记宣布将在上海证券交易所设立科创板并试点注册制，资本市场为之沸腾。据悉，科创板将参照拟实施的股票发行注册制改革有关要求，建立以信息披露为中心的挂牌审核机制。由挂牌企业和中介机构保证信息披露的真实性、准确性和完整性，信息披露审核的重点在于所披露信息的齐备性、一致性和可理解性。相较新三板 500 万元的投资门槛，科创板包括机构投资者和个人投资者 50 万金融资产的合格投资者门槛仅为其十分之一。科创板允许未盈利、存在未弥补亏损企业上市，明显增强了对创新企业的包容性和适应性。科创板《实施意见》指出，重点支持新一代信息技术、高端装备、新材料、新能源、节能环保以及生物医药等高新技术产业和战略性新兴产业，推动互联网、大数据、云计算、人工智能和制造业深度融合，引领中高端消费，推动质量变革、效率变革、动力变革。考虑到科创企业有其自身成长路径和发展规律，在入市条件方面引入“市值”等指标，制定 5 套差异化上市指标，允许非盈利优质企业和同股不同权的红筹企业上市。同时科创板试点注册制，企业上市由上交所审核、证监会注册。此外，在程序方面，科创板不再设置暂停上市、恢复上市和重新上市环节，退市程序更为简明、清晰。科创板的推出对于互联网信息企业的国内上市来说，无疑是利好，而上市意味着化身为公众型公司，社会能见度与媒体曝光率将大大提升，这对于互联网信息服务类企业用户知晓度和业务拓展都大有裨益。

（三）“获客—留存—变现”商业模式遭遇流量天花板，平台赋能能力成为企业竞争力和投融资估值重要维度

2018年，互联网渠道下沉过程继续，但逐步见顶的流量红利和增长日益放缓的ARPU值说明过去互联网基于“获客—留存—变现”的商业模式运转渐趋乏力，亟需寻找新的增长点。2018年，几个标志性的老牌互联网平台（成立于2007年之前，2015年前上市）的ARPU增速放缓明显，行业整体受制于新变现方式方面的创新乏力。以2018年第三季度数据为例，国内主要娱乐互联网平台人均ARPU增速均逐渐放缓，腾讯ARPU同比增速11.9%（vs. 去年同期44.4%），微博ARPU同比增速24.3%（vs. 去年同期47.8%），陌陌ARPU同比增速24.3%（vs. 去年同期80.9%），YY的ARPU同比增速9.9%（vs. 去年同期8.2%）；主要电商平台人均GMV逐渐平稳，阿里巴巴经历了从2007—2011年的PC端红利期、2012—2016年的移动互联网红利期后，2017年开始逐渐平稳，2018年第三季度估算人均GMV为8800元，同比持平；京东人均GMV为5100元，同比增长14.4%。[①]

2019年2月底，商务部等12部门联合印发《关于推进商品交易市场发展平台经济的指导意见》，“平台经济”成为继“共享经济”之后的又一热词。《指导意见》鼓励商品市场适应数字经济发展要求，建立新型组织方式和体系架构，搭建开放平台与中小商户共享，发挥平台企业“以大带小”作用，促进上下游企业协同发展，逐步形成集成服务、协同产业的平台经济生态。对于规模达到一定体量的企业而言，超越单纯的“获客—变现”模式，以平台生态优势充任垂直领域行业资源的连接器、转化仪、催化剂的能力或许成为下一阶段互联网信息服务类企业投融资估值的重要维度。

（四）2019年内容领域最大可能风口短视频遭遇严监管挑战，“变现”成为支撑发展关键词

2019年号称5G商用元年，原来传媒板块最被看好的5G投资风口短视频却持续遭遇监管挑战。2018年互联网领域曾有两大投资风口：区块链和短视频，而二者都经历了一波过山车式的行情。《2018中国网络视听发展研究报

---

① 数据参见天风证券行业研究报告《2019年度策略：至暗时刻已过，磨底中迎来新生》，行业分析员文浩，2019年2月21日。

告》显示，截至2018年6月，中国网络视频用户规模为6.09亿，占网民总数的76.0%，中国短视频用户规模达5.94亿，占网民总数的74.1%，19岁以下、20至29岁用户对短视频的使用比例均在80%以上。短视频的使用时长已经接近长视频，大有超越之势。

注意力战场在哪里，内容监管的利剑就指向哪里。2018年3月22日，国家新闻出版广电总局下发《关于进一步规范网络视听节目传播秩序的通知》，成为短视频行业内容监管的起点。之后的一系列监管措施大大加剧了该领域投资的政策风险。

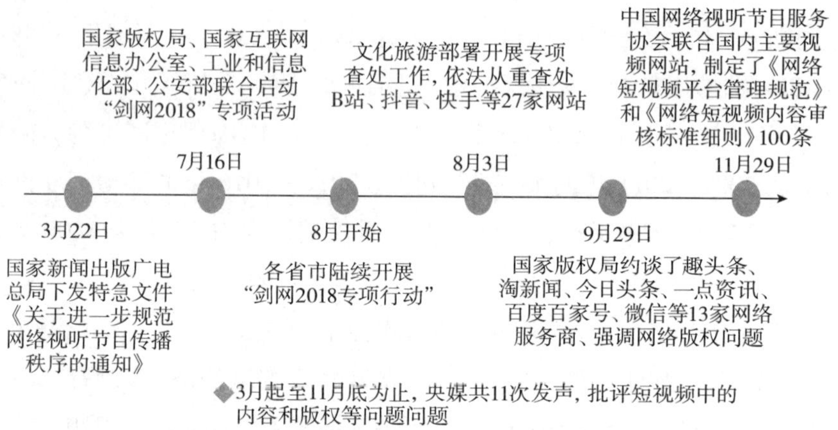

图2－4　2018年度短视频行业监管政策节点

如图2－4所示，各部委和央媒对于短视频领域的关注和监管贯穿了整个2018年，期间还穿插着腾讯系对头条系、快手等短视频APP在朋友圈分享的封杀事件，都降低了资本对短视频的投资热情。2018年，短视频相关领域共计披露49起投融资案例，其中平台类项目11起，内容生产类21起，短视频工具类17起。人民币投资37起，美元投资12起，涉及总金额折合成人民币超过140亿，参与投资的投资机构和个人投资者共计91家。从案例数看，获得融资更多的是内容生产型项目。整体看，资本市场对平台、工具和内容的关注度基本持平，平台融资金额普遍较高。从轮次看，中早期项目约占全年融资案例总数的66%，可以看出2018年资本对短视频领域态度还处于投入期。2018下半年，在监管趋严的大背景下，中早期的项目逐渐消失，还没有完成行业布局的资本重点布局了中后期项目。经过这一年的政策和资本的双重洗礼，短视频行业的资本结构已经成型，而接下来是各个企业的深度经营阶段，很多偏重中后期投资的资本都在关注企业的变现能力，从变现模型的构建、变现流程的打通到变现的尝试，资本在紧盯着短视频企业如何把流量换成钱。

特别是对于那些处在腰部的短视频从业者来说，如何快速变现或将成为能否在这个进入竞争深水区的市场中保留一席之地而不被淘汰的关键词。[①] 一些行业探索者如好看视频已重启了产品的新变化与新引擎——从商业变现、创作者服务到版权内容以及新视频搜索生态四个维度全面强化并提升了对内容创作者的赋能，其做法彰显了某些趋势性特征。

（五）知识付费领域渐趋分化，垂直深耕、“知识 + 社交 + 服务”复合运营成为方向

近几年来，知识付费领域一直是内容创业和投融资热点，但经历了两三年的发展和行业洗牌淘汰，单纯靠流量大 V 引流的粗放型内容或网红爆款模式已经逐渐失去买单市场，颗粒度更小、更垂直化、深度化的内容细分成为主流，未来或许会进一步强化用户深耕和多元服务，向上下游有机延展价值链条，内容的品类、调性、源头背书和价值伸张的多维性都成为成功者背后的支撑因素。

在流量枯竭的情况下如何做好内容和服务，这是知识付费领域面对的一些共同的问题。目前在知识付费领域也出现了流量交换的趋势，不同类型的流量入口分别基于自身用户黏性和品牌背书交叉导流，以更多维的服务来留存用户并深挖价值，复购率、完成率、打开率、平台黏性等指标获得更多关注。从营销方面，泛泛而谈缺乏个性、调性、针对性的内容产品会逐渐被淘汰出局，产品要有清晰的定义，要明了用户为什么付费，是否能够真正迎合用户深层需求并提供现实或心理上的解决方案，把知识付费和社群联结、后端服务深度糅合。从资本投资热度来说，目前也已经超越早期赛道布局阶段，更关注流量收割变现的有效性与可持续性。

---

① 参见《变现——2019 短视频行业关键词》，水母研究公众号“短视频智能营销”一文，https：//mp. weixin. qq. com/s.

传媒篇

第三章　中国报刊业投资发展报告

周根红　周亮

一、报刊业投资环境分析

（一）报业广告总体依然下滑，但党报广告稳步增长

2018 年，中国报业广告继续下滑。根据 CTR 媒介智讯的数据，2018 年中国传统媒体广告市场大体与上年持平（图 3－1），但报纸广告的下降趋势没有得到任何改观。2017 年，报纸广告刊例收入下降 32.5%，报纸广告面积下降 27.3%；2018 年，报纸广告刊例收入下降 30.3%，报纸广告面积下降 34.1%。2017 年，杂志广告刊例收入下降 18.9%，杂志广告面积下降 23.3%；2018 年，杂志广告刊例收入下降 8.6%，杂志广告面积下降 14.0%。

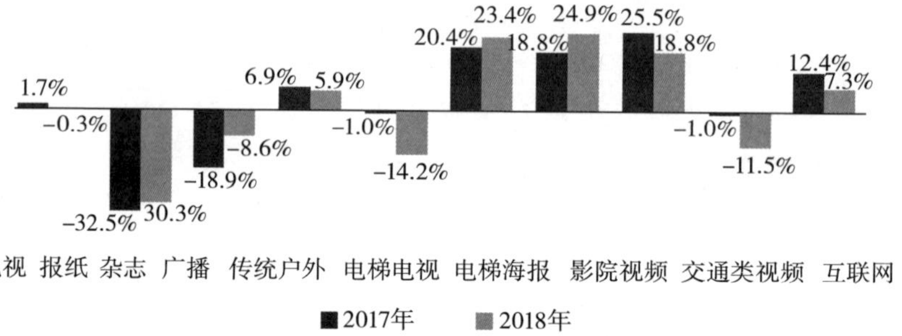

图 3－1　2017—2018 年各媒介广告刊例花费变化

数据来源：CTR 媒介智讯

其实，近年来广告刊例收入的下降是一个普遍现象，整个传统媒体都遭遇着广告下滑的冲击。传统媒体广告花费同比下滑 1.5%。其中，电视媒体的广告刊例收入下降 0.3%，2017 年则为增长 1.7%，广告时长下降了 8.1%，这表明电视广告也开始出现下降趋势。广播成为传统媒体广告上扬的主要拉

动力，同比上涨 5.9%，是传统媒体中表现最好的，但广告时长下降了 5.1%。因此，报纸和杂志的广告下降也是大势所趋。

但是，2018 年党政机关报和证券报纸广告收入出现了降幅减缓甚至反向增长的情况。有研究者调研后发现，2018 年 1—11 月省市级党报合计降幅为 10.2%，明显低于报纸整体降幅。《重庆日报》《新华日报》《湖北日报》《南方日报》《江西日报》等省级党报，《金华日报》《温州日报》《湖州日报》《荆州日报》等地市党报，广告都持续增长。不过，党报广告的增长，主要由于“专刊专版”等一些非市场化广告模式运作，依靠的部委办局的广告投放。证券报纸广告的增长主要源自信息披露的大幅增加，这是几家专业证券报纸营收的主要来源，证券类报纸营业收入和利润总额大幅增长。因此，从这些增量广告类型分析可以看出，报纸当前的广告模式已不是完全的市场化行为。

（二）新闻纸的供应持续紧张，呈现小幅缓慢下降趋势

2018 年，全国能够正常生产新闻纸的厂家数量继续减少，只剩下三家，总的产量相比去年大幅度下降。2018 年国内新闻纸总产量约为 133.6 万吨（根据各纸厂提供的数据：华泰纸业 68.8 万吨，广纸 43.8 万吨，山鹰 18.8 万吨，金海洋 2.2 万吨），比去年 150 万吨的产量减少 16.4 万吨，下降幅度为 10.9%。由于新闻纸市场供应紧张，造成新闻纸价格大幅度上涨，平均价格从 2017 年年底的 5500 元/吨上涨到 2018 年的 6350 元/吨。由于国内新闻纸供应紧张，国外新闻纸纷纷进入中国抢占市场，进口量远大于去年同期水平，为了应对“纸荒”，各报社纷纷选择了使用进口纸。据统计，2018 年新闻纸进口量约为 35 万吨左右，主要进口自瑞典、加拿大、俄罗斯、韩国、澳大利亚、比利时，进口量占总进口量的 85% 左右。进口 45 克新闻纸的平均价格在 6350 元/吨左右，某些规格的新闻纸因为市场短缺，价格在 6500 元/吨，进口纸与国产纸的价格持平。

从中国报协对全国 103 家用纸量大的报社 2017、2018 年用纸量的调查数据来看，2018 年比 2017 年用纸量增加的有 22 家，比例为 21.4%，减少的有 75 家，比例为 72.8%，其中 6 家持平，比例为 5.8%。这 103 家报社 2017 年总用纸量为 105.3 万吨，2018 年总用纸量为 98.5 万吨，2018 年比 2017 年用纸量减少 6.8 万吨，下降 6.5%。2017 年全国报业用纸量为 177.7 万吨，根据以上下降 6.5% 的幅度进行推算，2018 年全国报业用纸量约为 166.1 万吨，相

比2017年减少11.6万吨。从数据上看，2018年的下降幅度与2017年持平，相比于前几年每年两位数的大幅度下降，这两年下降幅度已经相对较小，中国报业进入小幅缓慢下降趋势。2018年国内新闻纸与进口新闻纸总供应量约为168.6万吨，需求总量约为166.1万吨，供需基本平衡。

（三）地市级都市报停刊休刊，市场结构进一步优化

随着《北京娱乐信报》《渤海早报》《球迷报》《大别山晨报》《皖南晨刊》《白银晚报》《台州商报》《湘潭晚报》等报刊在2018年1月1日正式休停刊，2018年全年宣布休停刊的报刊有近60家，是近年来休停刊数量最多的一年（表3－1）。这些休停刊的报刊，其发展主要有三种路径：一是正式休停刊。这类报刊占主要部分。如《广西少年报》《金色年华》《上海译报》《皖南晨刊》《汕头都市报》《赣西晚报》《球迷报》《假日100》《西部商报》《伊犁晚报》《申江服务导报》《法制晚报》等。二是业务划转与合并。如江苏淮安报业传媒集团旗下《淮海晚报》发布声明，为了整合资源，优化结构，更快推进媒体融合发展，《淮海商报》将与《淮海晚报》合并出版；《台州商报》自2018年1月1日起休刊，有关业务并入《台州日报》《台州晚报》等台州日报报业传媒集团所属媒体；12月29日下午，无锡日报报业集团领导向澎湃新闻记者证实，集团已决定将《无锡商报》整体并入《无锡日报》，不再单独发行；《生活周刊》也宣布休刊，内容并入《青年报》周日刊出版。三是纸媒消失，转型为新媒体。如解放军报社微信公号“中国民兵”12月31日消息，《环球军事》杂志自2018年开始停刊转型新媒体，每周一至周五以公众号的形式推送阅读；12月31日，隶属于汕头经济特区报社的《汕头特区晚报》也在其头版发表“休刊转型致读者”一文：经广东省新闻出版广电局批准，从2018年元旦起，《汕头特区晚报》转型休刊。原有品牌版面、著名栏目，以及深受读者喜爱的微博和公众号，将继续集结于汕头经济特区报社旗下全媒体。

表3－1　2018年宣布休停刊的报刊

时间顺序	报名	出版地	报纸类型	停休刊时间
1	晨报周刊	湖南	都市报	2018年1月1日
2	无锡商报	江苏	都市报	2018年1月1日

续表

时间顺序	报名	出版地	报纸类型	停休刊时间
3	北京娱乐信报	北京	地铁报	2018 年 1 月 1 日
4	渤海早报	天津	都市报	2018 年 1 月 1 日
5	汕头特区晚报	广东	都市报	2018 年 1 月 1 日
6	汕头都市报	广东	都市报	2018 年 1 月 1 日
7	湘潭晚报	湖南	都市报	2018 年 1 月 1 日
8	赣西晚报	江西	都市报	2018 年 1 月 1 日
9	上海译报	上海	专业报	2018 年 1 月 1 日
10	北部湾晨报	广西	都市报	2018 年 1 月 1 日
11	西部开发报	贵州	都市报	2018 年 1 月 1 日
12	白银晚报	甘肃	都市报	2018 年 1 月 1 日
13	西凉晚刊	甘肃	都市报	2018 年 1 月 1 日
14	皖南晨刊	安徽	都市报	2018 年 1 月 1 日
15	大别山晨刊	安徽	都市报	2018 年 1 月 1 日
16	台州商报	浙江	都市报	2018 年 1 月 1 日
17	球迷报	天津	专业报	2018 年 1 月 1 日
18	采风报	天津	文摘报	2018 年 1 月 1 日
19	假日 100	天津	都市报	2018 年 1 月 1 日
20	中国广播报	北京	行业报	2018 年 1 月 1 日
21	环球军事	北京	军事刊物	2018 年 1 月 1 日
22	I 时代报	上海	地铁报	2018 年 1 月 17 日
23	西部商报	甘肃	都市报	2018 年 6 月 23 日
24	新疆都市报	新疆	都市报	2018 年 7 月 1 日
25	广西少年报	广西	青少报	2018 年 8 月 13 日
26	金色年华	广西	青少刊	2018 年 8 月 13 日
27	淮海商报	江苏	都市报	2018 年 8 月 31 日
28	伊犁广播电视报	新疆	都市报	2018 年 9 月 1 日
29	地铁时报	辽宁	地铁报	2018 年 9 月 29 日
30	江西商报	江西	都市报	2018 年 11 月 1 日

续表

时间顺序	报名	出版地	报纸类型	停休刊时间
31	申江服务导报	上海	都市报	2018 年 11 月 21 日
32	羊城地铁报	广东	地铁报	2018 年 12 月 1 日
33	春城地铁报	云南	地铁报	2018 年 12 月 27 日
34	北京文摘	北京	文摘报	2018 年 12 月 27 日
35	黄山日报・黄山晨刊	安徽	都市报	2018 年 12 月 28 日
36	中国技术市场报	天津	行业报	2018 年 12 月 28 日
37	郴州新报	湖南	都市报	2018 年 12 月 28 日
38	四平晚报	吉林	都市报	2018 年 12 月 28 日
39	京郊日报	北京	都市报	2018 年 12 月 29 日
40	人民公安报・消防周刊	北京	行业报	2018 年 12 月 29 日
41	新商报	辽宁	都市报	2018 年 12 月 29 日
42	黑龙江晨报	黑龙江	都市报	2018 年 12 月 29 日
43	安阳晚报	河南	都市报	2018 年 12 月 29 日
44	新知讯报	宁夏	行业报	2018 年 12 月 31 日
45	北京晨报	北京	都市报	2018 年 12 月 31 日
46	赣州晚报	江西	都市报	2018 年 12 月 31 日
47	北方周末报	内蒙古	都市报（周报）	2018 年 12 月 31 日
48	今晨 6 点	山东	都市报	2018 年 12 月 31 日
49	新晨报	山东	都市报	2018 年 12 月 31 日
50	法制晚报	北京	都市报	2018 年 12 月 31 日
51	亳州新报	安徽	都市报	2018 年 12 月 31 日
52	哈密广播电视报	新疆	都市报	2018 年 12 月 31 日
53	中国测绘报	北京	行业报	2018 年 12 月 31 日
54	华商晨报	辽宁	都市报	2018 年 12 月 31 日
55	伊犁晚报	新疆	都市报	2018 年 12 月 31 日
56	重庆时报	重庆	都市报	2018 年 12 月 31 日
57	生活周刊	上海	休闲刊物	2019 年 1 月 1 日

不过，总体来看，这些停刊休刊的报刊，主要集中于地市级都市报或地

市级报纸的专刊，充分说明地市级报业发展的困境。此外，还有一类是各级报刊集团所创办的第二份、第三份子报刊，这些报刊在创办之初便是一种抢占内部资源的重复办报，这次的休停刊也是应对报刊业整体下滑后，集团内部业务的合理调整。

在报刊休停刊中，一些报刊业积极寻找出路，或缩减出版周期，或整合现有资源以应对纸媒寒冬。8 月 2 日，《重庆商报》、《重庆晚报》在头版登载“致读者”公开信，同时宣布调整出版周期，从 2018 年 8 月 4 日起，周六周日不再出版。8 月 3 日，《云南信息报》在封面发布刊期调整，经新闻出版管理部门批准，《云南信息报》刊期从每周七天出版发行调整为每周一至周六出版发行，即日起执行。济南日报报业集团旗下的《都市女报》2017 年 12 月 29 日发布消息称，自 2018 年元月起，该报改为逢周二、周五出版；江西《信息日报》改为每周四出版；湖北《荆门晚报》改为每周五出版；天津《城市快报》改为每周一至周五出版；湖北《武汉晨报》改为每周一至周五出版；江苏《扬州时报》改为每周两期的周刊。

（四）合并重组成年度主流，媒体整合进一步加强

2018 年，新闻行业最重要的现象是合并重组。2018 年，《国务院机构改革方案》在十三届全国人大一次会议获表决通过，标志着改革开放 40 年以来第八次政府机构改革序幕由此拉开。机构改革成为政府部门的主导行为。组建国家广播电视总局，不再保留国家新闻出版广电总局，国家新闻出版总署与中宣部合署办公，国家电影局归中宣部领导等。

2018 年 3 月，中央广播电视总台整合了原来的中央电视台、中央人民广播电台、中国国际广播电台三大中央台而成立。这是 2018 年影响最大的媒体合并。与此同时，报刊业的合并重组也成为年度重要现象。7 月 19 日，新组建的辽宁报刊传媒集团（辽宁日报社）、辽宁广播电视集团（辽宁广播电视台）挂牌。新成立的辽宁报刊传媒集团（辽宁日报社）合并了 17 家单位，为省委直属事业单位，实行企业化管理。而且，辽宁省所属 14 个市锦州、盘锦、葫芦岛、大连、营口、沈阳、抚顺、朝阳等，按照政事分开、事企分开、管办分离的要求，也相继出台各市的《市直公益性事业单位优化整合方案》，对市属媒体进行整合。2018 年 11 月 13 日，天津海河传媒中心正式宣布成立，根据天津市机构改革实施方案，将天津日报社（天津日报报业集团）、今晚报社（今晚传媒集

团)、天津广播电视台职责整合，组建天津海河传媒中心为市委直属事业单位。下设天津日报事业部、今晚报事业部、天津广播电视事业部，不再保留天津日报社（天津日报报业集团)、今晚报社（今晚传媒集团)、天津广播电视台、天津广播电视传媒集团有限公司、天津报业印务中心、中国技术市场报社。

2019 年初，贵州省委发布消息，贵州日报报业集团将与当代贵州期刊传媒集团整合。此外，8 月 13 日，《广西日报》刊登公告，原广西少年报社、金色年华杂志社整合为广西共青团融媒体中心。9 月 29 日，由芜湖日报报业集团、芜湖广播电视台组建而成的芜湖传媒集团成立，这是安徽首家由报业广电融合的传媒集团。

二、报刊业的投资机遇

（一）实行多元产业模式，拓展媒体产业空间

随着报刊业市场的不断挤压，报刊业的发展亟需拓展经济来源，实现“报刊+”经济模式，发挥自身特长和优势。各种报刊业积极探索自身的经营模式和经济来源，实行多元产业运营，如文化地产业务、会展业务、户外媒体业务、文化旅游业、养老业务、网络游戏、文化园区、教育等。

《半岛晨报》在原有“半岛车事儿”微信平台基础上，自主研发的“车事儿”养车优选 APP 是一款涵盖“养车服务、汽车资讯、专家问答、检车服务、违章定制”等多项实用功能的互联网汽车后市场综合服务平台。《半岛晨报》在多个领域进行产业布局，其控股的大连半岛看车传媒有限公司，2017 年完成 2000 万元 Pre－A 轮融资，吸引上海战略资本、大连钧诚集团有限公司等投资入股。河南商报经营逆势增长，2018 年前 8 个月收入同比增长 35%，利润同比翻了一番。截至 10 月份，河南商报的产业结构发生了根本性变化，报广收入只占总收入的 25% 左右。河南商报以“影响力+”为核心，整合资源，输出智慧，探索出了一条“以企养媒、以媒壮企”的转型之路。

河南日报报业集团一直是多元经营的代表性媒体，其多元产业成绩斐然。在教育产业投资方面：与河南大学共建并控股河南大学民生学院，年收入超 2 亿元，利润 6000 多万元；整合所属教育培训资源，引入社会资本创立专业性职业培训机构——大河商学院；签约清华大学在线教育，建设“河南省在线教育课程平台”；与《课堂内外》杂志社合作，承办创新作文大赛河南赛区赛

事、财经素养大赛、美术素养大赛、科学素养大赛；与西安美术学院合作开发美术教育培训产业；成立大河教育培训学校，聚焦少儿教育；2018 年集团涉足幼儿产业，建立幼儿园，更加丰富了多层次的教育产业体系。2018 年 6 月 27 日，总投资 20 多亿元的河南日报报业集团开封城市综合体项目在开封开工建设。开封城市综合体项目包含文化、商业、住宅三个子项目，将建成包括酒店、公寓、写字楼、文创、商住在内的多种业态，形成河南自贸试验区开封片区独具特色的文化交流中心、科技“双创空间”。湖南日报社设立全域旅游有限责任公司，通过策划定制精品研旅方案，促进旅游与研学深度结合，打造“走读湖湘”品牌。2018 年，该项目已发团逾百场，服务师生逾 30 万人，在 8 个市州设立了项目部。该公司整合报社教育资源，聚合传播、策划、旅游、教育界等行业人才成立研学旅行项目组，与教育行政部门、学校以及景区整体联动，探索“全域旅游 + 研学”模式。

（二）抢抓媒体融合机遇，开发融媒产品系统

传统媒体的融合转型成为未来的必然趋势，因此，报刊业的发展仍需要加大力度推进媒体融合。近年来，有不少纸媒在新媒体领域不断出新。那些逆势上行的纸媒，在内容层面，多是主打新媒体，比如网络快讯、快评，微博、微信公众号、手机客户端、音视频、融媒体等产品走在了前面，由过去单一的报纸产品发展为集多种传播手段为一体的“立体式”多媒体、全媒体。成立仅仅两年时间的新京报“我们视频”，目前已经交出了一份亮眼的成绩单：全网视频生产总数超过 20000 条，全网总播放量达 300 亿次，直播场次超过千场。新民晚报推出的视频新平台“上海时刻”，不仅为用户奉上各类新闻性、生活性、百姓喜闻乐见的专业新闻原创视频产品，同时也是用户和拍客视频展播的空间。

在 2018 年 8 月 21 日召开的全国宣传思想工作会议上，中共中央总书记、国家主席、中央军委主席习近平强调：“要扎实抓好县级融媒体中心建设，更好引导群众、服务群众。”此后，全国掀起县级融媒体中心建设热潮。9 月，中宣部在县级融媒体中心建设现场推进会做出部署，“要求 2020 年底基本实现在全国的全覆盖，2018 年先行启动 600 个县级融媒体中心建设。”11 月 14 日，中央全面深化改革委员会第五次会议审议通过的《关于加强县级融媒体中心建设的意见》指出，要深化机构、人事、财政、薪酬等方面改革，调整

优化媒体布局，推进融合发展，不断提高县级媒体传播力、引导力、影响力。

因此，在未来一段时间，县域融媒体产品和融媒体系统将会成为传统媒体突破的重要领域。这为地方媒体提供了重要的投资机遇。江西日报社2016年建立了“赣鄱云”智慧融媒体平台，2018年11月13日至14日，江西省委宣传部在分宜县召开了江西省县级融媒体中心现场推进会，会上提出2019年6月底前江西100个县（市区）全部完成融媒体中心建设的目标，目前，江西依托“赣鄱云”承建的市县融媒体中心有42个（其中市级融媒体中心有2个，县级融媒体有40个）。此外，湖南日报社的“新湖南云”，新华日报报业集团等，都在积极地涉及县级融媒体中心的解决方案。

（三）打造媒体智库，提供决策服务

2015年1月20日，中华人民共和国中央人民政府网公布中共中央办公厅、国务院办公厅印发的《关于加强中国特色新型智库建设的意见》。习近平总书记在十九大报告中明确指出：“加快构建中国特色哲学社会科学，加强中国特色新型智库建设。坚持正确舆论导向，高度重视传播手段建设和创新，提高新闻舆论传播力、引导力、影响力、公信力。”2018年3月，原国家新闻出版广电总局印发了《关于加快新闻出版行业智库建设的指导意见》（以下简称《指导意见》），其中提出要加快中国特色新闻出版行业智库建设。自习近平总书记提出加强中国特色新型智库建设的目标后，越来越多的媒体、企业、社会资本加入到智库建设大潮中。

以新华社《瞭望》杂志社、人民智库和光明日报《智库》版为代表的中央和主流媒体（党报党刊）都把智库概念作为发力的突破口，在媒体如何建设新型智库的理论探索和模式构建方面取得了重大进展，也产生了一定的政策影响力和公众影响力。光明日报社的智库化模式主要包括两方面：一是开发自己的特色智库产品，与南京大学中国智库研究与评价中心联合研发了“中国智库索引”（CTTI），通过CTTI来源智库目录遴选，团结了广大智库，推动了中国特色新型智库共同体建设；二是利用光明日报社的品牌优势和渠道优势，与著名高校举办各式智库论坛，如与南京大学合办的“中国智库治理论坛”，与复旦大学联合举办的大学智库论坛，与武汉大学联合举办的珞珈智库论坛等都是品牌智库论坛。人民日报旗下的人民智库拥有三刊（《人民论坛》《学术前沿》《国家治理》）、三网（人民论坛网、学术前沿网、国家治理

网）、一调查公司、一研究中心，是开展论坛会议、课题调研、视频演播、图书出版等多元业务的传媒企业。

南方报业传媒集团提出“媒体智库化”的转型方向，打造了南方传媒智库矩阵。旗下有十个智库机构，南方报业传媒集团的大的子报都建立了智库。2018 年 6 月 29 日，羊城晚报报业集团也成立了智库。羊城晚报传媒智库定位为“原创服务型媒体智库”：既是一个媒体智库，是传媒产品思想创新的源泉，也是一个智慧媒体产品的生产与执行机构，将在传统新闻业务之外，发展集纳高端定制化数据咨询、课题研究、主题论坛等原创高智力服务产品。羊城晚报传媒智库致力于成为各级党委政府以及各行各业的“耳目、尖兵和参谋”，将对接广东 21 个地市，为城市、乡村的发展提供智力支持。同时，借助专家顾问的智力支持强化现有产品的核心竞争力，在舆论应对、大数据报告、“Y 指数”评价体系等所有产品上，实现产品迭代。2017 年 11 月，国内 18 家新闻出版企业自愿联合发起成立了自律协作型产业创新智库群——新闻出版产业新型智库联盟，包括人民网舆情数据中心、四川日报报业集团封面传媒、华闻传媒研究院、南方舆情数据研究院、健康时报中国健康研究院等成员。唐磊撰写的专题研究论文《中国智库体系建设与民间智库发展》特别关注了媒体智库：“近年来表现抢眼的混合形态智库主要的依托方来自传媒业和高校，例如由大型国有传媒集团领衔发起的媒体智库——《南方都市报》与奥一网（南方报业传媒集团旗下网站）发起成立的南方民间智库（2012 年），南方报业传媒集团发起成立的南方舆情数据研究院（2014 年），湖北日报传媒集团发起成立的长江智库（2015 年），中国新闻社发起成立的‘国是百人会’（2017 年）等。这些媒体智库充分发挥了信息采集功能，在观民风、集民智方面做了不少的探索，形成了一定的信息产品。”

媒体智库成为近年来转型的一个重要方向，也是媒体发展的重要机遇。媒体智库在信息采集、宣传智库成果、扩大咨政影响力上拥有独特的优势。媒体智库属于新型社会智库，既能满足政府规范智库发展的要求，又体现出灵活的体制特点。传媒业和高校相较于民间智库，融资渠道更加丰富，在资金使用方面也比财政全额拨款的官方智库灵活。对于高校和传媒业而言，在人才集聚方面各有优势，还可以强强联合，例如南方民间智库就联合了国内一批高校和研究机构，江苏紫金传媒智库则是以南京大学优势学科为依托，整合江苏本地文化企业和传媒集团相关资源成立的。传媒企业的灵活性，可以更好地发挥其资源整合优势，在体制、机制上进行创新，更好地释放知识生产力，进一步推动智库规范化融合发展。随着新一轮政府机构改革的不断深化，政策决策咨询、产业战略研究、有效方案供给等政府知识服务购买需求将越来越多，这无疑会进一步促进我国智库行业特别是社会智库的发展。

（四）内容收费将成趋势，重点在于内容质量

2017 年 11 月 6 日起，财新网启动财经新闻全面收费，这也是中国第一家全面转型付费的传统媒体。众所周知，内容付费在目前也存在很大的困境。《人民日报》较早尝试了数字版付费，但在 2016 年底，《人民日报》宣布自 2017 年 1 月 1 日起，取消了自 2011 年 1 月 1 日开始的数字版收费。胡舒立曾说，“在中国，培育一个收费市场是非常难的事儿。首先，全世界的互联网读者都是免费的，中国亦然。其次，中国读者享受免费的幸福程度比很多国家更高。读者的阅读习惯是培训的产物。”社会普遍认为，中国媒体要建立起付费墙比欧美国家难度更大，这一方面是因为中国的知识产权保护比较差，另一方面是因为有门户网站等天量免费内容的平台存在，用户在资讯付费上几乎不可能取得什么作为。

然而，近年来的一些市场调查显示，受众对网络新闻付费的包容度越来越高。这意味着，网络新闻付费市场具有一定的成长潜力。在知识付费兴起的大背景下，内容消费也在升级，越来越多的人愿意为内容付费。“得到”和喜马拉雅 FM 在内容付费上的成功就是明证。因此，内容收费能否成功，重要的关键因素是内容质量、内容的稀缺性和读者的需求。

一些媒体也在坚持尝试内容收费，但收费范围相对较小。《新京报》是一家一直在坚定做付费墙的媒体，数字报是订阅模式，收费比报纸便宜一点，目前据说有两三万用户。借着微信小程序的兴起，也有不少的传统媒体开始发力小程序，尝试付费阅读服务。以广州日报 + 小程序举例，除了免费的本地新闻之外，也单独设置一个“付费阅读”频道，支持用户一键支付阅读。根据页面显示，每篇文章付费阅读人数平均 100 人左右，不算特别高的付费率。因此，传统媒体的内容收费，可以从部分内容、部分时段、部分版面进行尝试，并尽可能开发适合读者应用的新媒体程序进行收费，逐渐培养用户的收费习惯和市场。

第四章　中国广电与网络视听产业投资报告

朱新梅　唐琳

2018年，中国广电体制迎来重大调整。原国家新闻出版广电总局机构重组，新组建国家广播电视总局（以下简称总局），原中央三台合并为中央广播电视总台，电影业务划归中宣部直接管理。总局职能更加聚焦广播电视和网络视听，强化对全国广电和网络视听业务发展的政策支持力度和监管力度，保障行业健康有序发展。从地方来看，各省级广电行政管理部门完成了机构调整。广电机构面临巨大市场竞争压力，积极推进融合发展，加强内容创新。总的来看，2018年，广电与网络视听行业应对市场竞争，积极推进改革，艰难推进转型升级。

一、总局加强行业规范与监管

2018年，总局进一步加强行业规范，就长期困扰行业发展的明星片酬问题、广告问题、泛娱乐化问题等出台重要政策，与国家税务总局等部门联合治理影视行业税收问题，为促进广播电视和网络视听行业健康可持续发展提供了政策保障。

（一）加强艺人薪酬规范与管理

明星片酬直接影响着影视资源的分配以及影视节目质量。为解决长期困扰影视行业健康发展的明星片酬问题，2018年8月，总局推动有关机构出台《关于电视剧网络剧成本配置比例的意见》。《意见》规定，电影、电视剧、网络视听节目全部演员、嘉宾总片酬不超过总制作成本的40%；主要演员片酬不超过总片酬的70%；单个演员单集片酬不超过100万元人民币，总片酬（含税）不超过5000万。2018年8月11日，爱奇艺、腾讯、优酷三家网站联合正午阳光、华策影视、柠檬影业、慈文传媒、耀客传媒、新丽传媒六大影视制作公司发布《关于抵制不合理片酬、抵制行业不正之风的联合声明》，对采购或制作的所有影视剧的片酬进行了限定，其中，单个演员电视剧每集最高片酬为100万元，电视剧总片酬为5000万元。2018年4月，爱奇艺、优酷、腾讯视频曾联合倡议，抵制高片酬。

（二）加强影视行业税收监管

影视行业税收问题广受社会关注。"阴阳合同""大小合同"成为制约行业健康发展的毒瘤。2018年6月，国家税务总局开始对影视行业"阴阳合同"、"大小合同"问题进行调查。10月，国家税务总局下达《关于进一步规范影视行业税收秩序有关工作的通知》，并责令范冰冰按期缴纳税款、滞纳金、罚款8亿余元。目前看来，该项政策对行业的积极影响正在显现，影视行业保持稳定发展态势。

（三）加强广告治理

广告是广播电视重要业务和收入来源，也是总局治理的重点领域。针对广播电视广告中存在的问题，2018年9月，总局下发《关于开展广播电视广告专项整治工作的通知》，对广告违规违法问题进行规范。《通知》指出，当前广播电视广告存在导向，内容低俗、格调和品位低下，超时超量、不按规定播放，夸大夸张虚假宣传、误导受众，或者以节目形态变相发布医疗、药品、医疗器械、保健食品、化妆品、美容等广告。2018年12月19日，总局对江西广播电视台公共·农业频道广告严重违规问题进行通报。2019年1月4日，总局对延边卫视频道、宁夏广播电视台影视频道广告播出严重违规问题进行通报，强化对广告业务的监管与规范。

（四）加强对内容的监管

2018年，总局进一步加强对内容的监管。2018年11月，总局下发《关于进一步加强广播电视和网络视听文艺节目管理的通知》，主要包括四个方面的内容。一是牢牢把握正确的政治方向，强化价值引领。《通知》要求，把社会效益放在首位，力争社会效益与经济效益统一，当二者发生冲突时，经济效益要无条件服从社会效益。二是以人民为中心的创作导向，遏制追星炒星、泛娱乐化等不良倾向。《通知》要求，严格控制偶像养成类节目，严格控制影视明星子女参与的综艺娱乐和真人秀节目；减少影视明星参与的娱乐游戏、真人秀、歌唱类选拔等节目播出量。三是坚持同一标准、同一尺度，维护广播电视与网络视听节目的健康有序发展。《通知》要求，广播与电视、上星频道与地面频道、网上与网下要坚持统筹管理、统一标准，建立网台联动的有效管理机制，严把文艺节目的内容关、导向关、人员关、片酬关，存在问题的节目，网上网下均不得播出。违反薪酬等方面规定的，视情况依法采取暂停直至永久取消剧目播出、制作资质等处罚措施。四是加强收视率（点击率）调查数据使用管理，坚决打击收视率（点击率）造假行为。《通知》要求，严禁播出机构对制作机构提出收视率承诺要求，严禁签订收视对赌协议，严禁任何机构和个人干扰、造假收视率（点击率）数据。2018 年 12 月 26 日，国家广播电视总局在北京举行新闻发布会，宣布国家广播电视总局广播电视节目收视综合评价大数据系统基本建成并开通试运行，为行业监管提供了有力支撑。

二、广播电视台加快加速转型升级

互联网技术不仅催生了一批具有强大竞争实力的网络视听节目服务机构，而且推动了视听服务业务模式、用户收听习惯的改变，视听服务网络化、移动化、社交化发展趋势不可逆转。面对这一发展态势，广电媒体加快改革步伐，通过媒体融合、内容创新、发展超高清业务提高竞争力。

（一）广电播出机构精简精办频道

传统的广播电视机构规模庞大，拥有大量的频率频道，节目编排尚未实现专业化。在互联网新兴媒体的竞争下，难以保持竞争优势，一些省级广电机构出现经营困难，精简频率频道已是大势所趋。2018 年 4 月 19 日，中央广播电视总台 19 日上午正式揭牌亮相。根据《深化党和国家机构改革方案》，整合中央电视台（中国国际电视台）、中央人民广播电台、中国国际广播电台，组建中央广播电视总台，作为国务院直属事业单位，归口中宣部领导。对内保留原呼号，对外统一呼号为“中国之声”。2018 年 12 月 27 日，上海广播电视台发布公告，东方卫视将在新一年进行重大改版；原娱乐频道及星尚频道，将整合为全新的家庭频道“都市频道”；原炫动卡通频道和哈哈少儿频道，将合并为全新的少儿频道“哈哈炫动卫视”。此前，已有一些县级广播电视台因缺乏财政资金支持，开办困难，而停播关闭。随着媒体融合进程的深入，传统广电媒体精办频率频道将更为普遍。

（二）推进媒体融合发展

十八大以来，以习近平同志为核心的党中央高度重视传统媒体和新兴媒体的融合发展，出台了一系列政策推动媒体融合发展。2019 年 2 月 25 日，媒体深度融合工作推进会在京召开。中共中央政治局委员、中宣部部长黄坤明出席会议并讲话，再一次强调要深入学习贯彻习近平总书记关于推动媒体融合发展、做大做强主流舆论的重要论述，积极适应全媒体时代发展大势，推进媒体融合向纵深发展，牢牢掌握新闻舆论工作的战略主动，不断巩固全党全国人民团结奋斗的共同思想基础。总局积极贯彻中央政策，强力推进媒体融合发展。

2018 年，总局新成立了媒体融合发展司，大力推进媒体融合发展。一是积极推进智慧广电建设，以智慧广电为抓手，推进广电媒体转型升级。二是各级广电深入推进媒体融合发展。三是积极推进县级融媒体中心建设。

1. 加快推进智慧广电建设

2018 年 11 月，总局在贵州召开现场会，推进“智慧广电”建设。总局局长聂辰席在会上指出，智慧广电建设要有利于推动内容生产、传输接入、终端服务、安全监管等融合创新，实现全业务、全流程、全网络从数字化向智能化的战略转型，抢占新一轮发展制高点，并就智慧广电发展提出四方面的要求。一是要在打造“智慧广电”媒体上发力，提升智慧内容制播能力、融合一体化发展水平、高清超高清电视发展水平，努力让广电主流媒体强起来。二是要在发展“智慧广电”网络上发力，把广电网络最大限度地延伸下去，尽快把有线网络整合起来，加快有线无线卫星协同承载网建设，进一步增强广播电视传播能力。三是要在培育“智慧广电”生态上发力，重点打造家庭信息终端，引导新供给、新消费、新业态，充分运用和拓展行业大数据资源，进一步增强广播电视服务能力。四是要在加强“智慧广电”监管上发力，强化业务安全、系统安全、监管安全，进一步增强广播电视安全保障能力。

2018 年，各级广电加快推进智慧广电建设。如，贵州省有线网络公司以满足政用、民用、商用需求为导向，全面拓展和深化各类功能应用，构建“智慧广电”生态链，推出新时代学习大讲堂、雪亮工程、智慧城市、智慧旅游等融合创新型业务。其中，“广电云” + “医疗健康云”，推动远程问诊巡诊向农村延伸，现已完成全省健康医疗平台及200个县级以上医疗机构专线建设，完成1500个乡镇卫生院和社区卫生服务机构线路建设，10000个村级卫生室线路建设等项目。济南广播电视台构建了矩阵式融合媒体生态，实现了一次采集、多种生成、移动首发、多元传播，小屏带大屏、多屏联受众，较好地推动了媒体融合发展，其业务覆盖济南广电旗下7个广播频率、7个电视频，PC端“济南网”和移动端“天下泉城”“无线济南”“叮咚FM”、“1031车主服务”及广电微博、微信等新媒体。江苏广电旗下荔枝新闻上线“随身听新服务”，与蜻蜓FM开展深度合作，实现对广电音频内容的深度开发。

2. 加快媒体融合发展

2018年，各级广电媒体积极推进媒体融合发展，并取得一定成效。新组建的中央广播电视总台围绕建设国际一流的国家级现代传媒航母的战略目标，按照“台网并重、先网后台”的思路，持续推动“三台三网”加速融合，建立总台新媒体“一键触发”机制，三台移动端共同推送总台重要评论和精品报道，实现传播效果最大化。总台下设25个中心，其中新媒体中心有3个，分别为融合发展中心、新闻新媒体中心、视听新媒体中心。中央广播电视总台台长慎海雄表示，总台将持续探索媒体智能化应用，以大数据、人工智能技术为5G新媒体平台建设和业务生产赋能，形成“4K+5G+AI”的战略布局，努力打造自主可控、具有强大影响力的国家级5G新媒体平台。上海广播电视台要求把最优秀的采编队伍、最优质的资源放到最具活力的互联网生产线上，确保战斗力量全部进入“主战场”，重点打造看看新闻Knews、阿基米德APP、第一财经新媒体矩阵和BesTV 4个融媒体产品。湖北台打造长江云平台，集所有传统和新兴媒体于一体的区域性生态级智能化媒体融合平台。自2015年9月上线以来，已实现省市县三级全覆盖，建成119个“云上”系列官方客户端，汇聚新媒体产品8112个，综合用户达8192万，把湖北故事讲到了160多个国家和地区。

3. 加快推进县级融媒体中心建设

2018年8月21至22日，习近平总书记在全国宣传思想工作会议上发表重要讲话，指出“要扎实抓好县级融媒体中心建设，更好引导群众、服务群众”。中央提出，2018年先行启动600个县级融媒体中心建设，2020年底基本实现全国全覆盖。2018年11月16日，中央深改小组第五次会议审议通过《关于加强县级融媒体中心建设的意见》。会议指出，要深化机构、人事、财政、薪酬等方面改革，调整优化媒体布局，推进融合发展，不断提高县级媒体传播力、引导力、影响力。要坚持管建同步、管建并举，坚持正确政治方向、舆论导向、价值取向，坚守社会责任，把社会效益放在首位。2019年1月15日，中宣部、国家广播电视总局出台《县级融媒体中心建设省级技术平台》《县级融媒体中心建设规范》，整合电视、广播、报社、网站、移动客户端、微博、微信、第三方账号等平台资源，按照“中央厨房”模式运行，实现一次采集、多种生成、多元传播。国家广播电视总局科技司、全国广播电视标准化技术委员会审查通过县级融媒体中心运行维护、网络安全、监测监管规范，县级融媒体中心建设的顶层设计已完善成型。一批县级融媒体中心建设取得良好效果。如，尤溪广播电视台打破体制内外的壁垒，入驻流量大、覆盖面广的“网红”平台，以连接端口，提升主流媒体平台在互联网“草根空间”的能见度、到达率。尤溪县广播电视台先后于2016年9月入驻腾讯内容开放平台（企鹅号：尤溪县广播电视台），2017年2月入驻今日头条（头条号：福建微尤溪）平台，2017年入驻抖音平台（抖音号：福建微尤溪）。在腾讯内容平台企鹅号4级（最高5级），企鹅号指数1.6万分，总阅读量121.2万，总播放量52万。企鹅号内容的投放渠道主要是天天快报、腾讯新闻、QQ浏览器、QQ看点。与社会化媒体的对接既能延伸县级媒体的传播渠道，也能促使主流媒体改变传播语态，以更亲民、更接地气、更草根的叙事方式来吸引民众。依托微信公众号“福建微尤溪”平台进行了初步探索。微信公众号“福建微尤溪”集直播、新闻、综艺、便民资讯于一体，网民可直接通过点击相应的连接享受一站式综合服务，借助微信公共平台，整合政务服务、电子商务等功能，实现媒体服务与公共服务的一体化融合发展。截至2018年底，“福建微尤溪”粉丝数达到12.6万，占全县人口的28%，每周点击量逾20万次。2017年，“福建微尤溪”共发布信息2000余条，举办了微信视频直播活动12场，浏览总人数约46万次。

（三）加快发展超高清业务

超高清视频是继视频数字化、高清化之后的新一轮重大技术革新，将带动视频采集、制作、传输、呈现、应用等产业链各环节发生深刻变革。发展超高清视频产业，对驱动以视频为核心的行业智能化转型、促进我国信息产业和文化产业整体实力提升具有重大意义。为促进超高清视频产业的发展，2019 年 3 月 1 日，工业和信息化部、国家广播电视总局、中央广播电视总台联合印发《超高清视频产业发展行动计划（2019—2022 年）》，加快推动超高清视频发展。《行动计划》的实施，将有利于促进内容产业、硬件产业以及电影院线的发展。

发展超高清业务是电视台加强与视频网站竞争的重要举措。2018 年 10 月 1 日，中央广播电视总台成功开播 4K 超高清频道，目前日均播出 8 小时原创超高清 4K 节目。截至 2018 年底，第一批落地的有线网络 4K 用户已经超过 1360 万户。中央广播电视总台、广东台、吉林台、四川台等广电机构，都在积极布局超高清业务。未来 3 年，中央广播电视总台将投入 80 多亿元，广东也将投入 20 亿元，用于扶持 4K 电视。2019 年春晚期间，中央广播电视总台已经成功实现了深圳、长春分会场 4K 超高清电视信号通过 5G 网络实时回传。2019 年 2 月 28 日，中央广播电视总台 5G 新媒体平台成功实现 4K 超高清视频集成制作，16 路 4K 超高清视频信号通过华为 5G 折叠手机实现 4K 节目投屏播出。这标志着中央广播电视总台具备了多点、多地，全流程、全功能 4K 超高清节目集成制作和发布能力。东方卫视 2018 年携手相关合作方推出“5G + 8K”试验网、打造全国首个“智媒城”、成立 SMG 科创智能媒体实验室等。2019 年 2 月 27 日下午，吉林广播电视台、中国联通吉林分公司、华为技术有限公司共同签署了《5G 新媒体应用战略合作框架协议》，吉林广播电视台将全力推动 5G 核心技术在 4K 超高清节目传输中的技术测试和应用验证，完成以 4K 超高清视频为核心的媒体应用测试，构建超高清直播节目的多屏、多视角等全新场景。

（四）布局 5G 业务

5G 峰值理论传输速度可达每秒数十 Gb，比 4G 网络的传输速度快数百倍，整部超高画质电影可在 1 秒之内下载完成，用智能终端分享 3D 电影、游戏以及超高清画质（UHD/4K/8K）、VR 节目成为可能。国家高度重视 5G 网络的建设以及 5G 业务的发展，广电机构也纷纷布局 5G，争夺下一代移动互联网发展的主动权。

2018年12月28日，中央广播电视总台与中国电信、中国移动、中国联通及华为公司在北京共同签署合作建设5G新媒体平台框架协议，第一个基于5G技术的国家级新媒体平台在中央广播电视总台开建。2019年1月11日，中国移动在中央广播电视总台光华路办公区率先开通北京地区首个“双频”5G基站（同时支持4.9GHz与2.6GHz频段），在双频设备均各自开通100 MHz带宽时，5G网络下行速率达5Gbps以上。1月13日，中国移动携手中央广播电视总台、华为公司在广东深圳举行5G网络4K电视传输测试启动仪式。这是我国首次进行的5G网络4K传输。将同步实现10个试点城市4K超高清视频信号的5G直播。这标志着中央广播电视总台5G新媒体平台，已经可以满足集成多路4K超高清信号和多类型节目制作形态的条件，具备了多点、多地，全流程、全功能4K超高清节目集成制作和发布能力，并在2019年两会报道中投入使用。地方电视台也加快布局5G业务。2019年2月2日，广东广播电视台联合中国联通完成了5G+移动演播室高清直播。2月19日，广东广播电视台与中国移动合作推出5G直播看灯会节目，从元宵节当日17时至22时，新闻频道、珠江频道、TVS1、TVS2等不同时段的多档新闻栏目先后与前方记者通过移动5G连线直播，向电视机前的观众展示灯会盛况。

三、网络视听服务保持快速发展

2018年，网络视听业务蓬勃发展。第43次《中国互联网络发展状况统计报告》显示，截至2018年12月，中国网络视频用户规模达到6.12亿，相比2017年底增加3309万，占整体网民的73.9%；手机网络视频用户规模达5.90亿，占手机总体网民的72.2%，相比2017年底增加4101万；短视频用户规模达到6.48亿，占网民总数的78.2%。

（一）加快上市融资，提高资金保障能力

2018年，提供网络视听服务的商业网站集中赴美上市，提高发展的资金保障能力。2018年3月28日，哔哩哔哩在美国纳斯达克上市，估值32亿美元；3月29日，爱奇艺在美上市，融资金额达22.5亿美元；5月11日，虎牙（游戏直播平台）在美国纽交所挂牌，成为中国第一家上市的游戏直播平台。

（二）发展自制内容，强化竞争力

近年来，商业视频网站一直在加强自制内容建设，以提高自身竞争力。

如，爱奇艺近年来的自制剧《余罪》《最好的我们》《你好，旧时光》《无证之罪》等，自制网综《奇葩说》《奇葩大会》等，都成为平台吸引用户的重要产品。2018 年第三季度，爱奇艺自制内容投资金额达到40.7 亿元，比2017年同期的 15.6 亿元人民币增长 160.2%。截至 2018 年 11 月 8 日，网络播放量排名前 50 的网剧中，由视频网站参与制作的剧目达到 25 部，占比 50%，视频网站逐渐实现从播放平台到内容生产的转型。网络剧在电视台播出的现象也逐渐普遍。锋芒智库统计数据显示，2018 年三大视频网站共有 17 部剧集先后上星播出，而且，无论是先网后台，还是台网几乎同步地联动播出，好剧集在电视荧幕播出都取得较好的收视效果。

（三）巩固发展付费会员业务，实现可持续发展

视频平台对剧集根据不同季节、不同场景、不同用户细分排播，是巩固发展付费会员的重要措施。腾讯视频、爱奇艺和优酷视频都进行了基于数据算法进行的差异化排播，对剧集进行剧场和档期规划，设定限时免费观看全集、会员看全集、会员抢先观看等运营策略以增强用户黏性。艺恩网统计数据显示，截至 2018 年 12 月底，中国视频会员超 2.3 亿，如果增速保持平稳，2019 年将突破 3 亿。爱奇艺发布的第三季度财务报告数据，截至 2018 年 9 月底，爱奇艺会员数量达 8070 万，同比增长 89%；第三季度会员服务收入为 29 亿，超过在线广告收入 24 亿元，同比增长 78%。同期，腾讯视频付费会员数量达到 8200 万，同比增长 79%。

（四）短视频业务快速发展，形成寡头垄断发展格局

2018 年，短视频业务快速发展，截至 2018 年 12 月，短视频用户规模达 6.48 亿，用户使用率为 78.2%。2018 年上半年入驻抖音的政府机构和媒体数量超 500 家，包括人民网、央视新闻、国资委等官方机构，短视频成为人们获取政务信息的一种渠道，仅抖音一家平台政务相关的视频播放量就已经超过 16 亿次。2018 年 12 月 5 日，艾瑞发布最新数据显示，短视频营销市场规模已达 140.1 亿元，同比增长 520.7%，预计 2020 年短视频市场规模可达 550 亿元。

随着众多互联网企业布局短视频，市场成熟度逐渐提高，内容生产的专业度与垂直度不断加深，优质内容成为各平台的核心竞争力。2018 年，以抖

音、快手为头部应用的短视频行业格局趋向稳定（见表 4 -1）。截至 2019 年 1 月底，抖音国内日活跃用户规模超过 2.5 亿，月活跃用户 5 亿，在全球覆盖 150 个国家和地区。移动应用数据分析公司 Sensor Tower 公布的数据显示，抖音成为 2018 年 iOS 上安装量第一的应用。2018 年 12 月，抖音在 App Store 和 Google Play 上新增 7500 万全球用户，相比上一年同期新增 2000 万用户，年同比增长率高达 275%。2018 年 12 月，全球用户在抖音上的消费达 600 万美元，相比 2017 年 12 月的 170 万美元，同比增长近 253%。

表 4 -1　2018 年主要短视频平台用户使用情况

名称	月活跃用户人数（万）	日人均使用时长（分钟）	用户特点
快手	25076	45	三四线及以下城市；年龄集中在 24 岁以下；男女比例持平
抖音	23246	76	一二线城市；年龄集中在 24 岁以下；男女基本持平，女性稍多（59%）
火山小视频	14399	55	四线城市及以下，年龄集中在 25—30 岁及 40 岁以上，男性居多（56%）
西瓜视频	14352	75	四线城市及以下，年龄集中在 30 岁以下，男性居多（62%）
美拍	2618	30	一二线城市；年龄集中在 24 岁以下；女性居多（73%）
腾讯微视	674	67.1	一二线城市；年龄段分布较均匀；女性居多（63%）

四、内容产业保持繁荣发展

总局一直高度重视内容创新创优，将打造精品力作、社会效益和经济效益统一的作品作为扶持对象。2018 年，总局继续开展优秀电视剧本评审、优秀电视剧目推介工作，开展动画、纪录片、综艺节目、公益广告、网络视听节目评优评选和奖励扶持，扶持优秀影视节目走出去。这些举措，有力推动内容产业发展。

（一）电视剧

2018年是中国电视剧诞生60周年，涌现出不少优秀作品。正午阳光推出的《大江大河》和《知否 知否 应是绿肥红瘦》实现收视与口碑的双爆。完美世界影视联合出品的《香蜜沉沉烬如霜》《娘道》《归去来》也斩获颇丰。尤其是献礼改革开放四十周年的电视剧，成为2018年电视剧发展的亮点，很多作品都兼具思想性和可看性。《正阳门下小女人》讲述1955年至改革开放后的几十年，女性凭借坚韧、智慧，独立创业的故事。央视一套的《黄土高天》以农村改革为主题讲述三代农民和村干部的奋斗史，深度还原农村景象，贴近生活、立意高远。《你迟到的许多年》改编自严歌苓的小说《补玉山居》，讲述转业军人的故事。《阳光下的法庭》以推进司法改革为背景，展现专业领域人员的付出。这些影视剧深刻把握个人命运与时代变迁之间的关系，展现中国改革开放四十年的艰辛与成就。

（二）综艺节目

2018年，综艺节目依然保持强大吸引力，各大卫视制作的“综二代”甚至“综三代”超过30档。其中，浙江卫视的“综N代”最多，包括《奔跑吧》《中国好声音》《梦想的声音》《我就是演员》等10档节目。北京卫视和湖南卫视并列第二，前者包括《跨界歌王》《跨界喜剧王》《我是演说家》《中国故事大会》等8档节目。江苏卫视和东方卫视则分列四、五名，分别拥有7档和5档“综N代”。短视频和购物类应用APP争夺头部电视综艺网络播出的冠名和赞助。如，抖音和火山小视频赞助《明星大侦探》，美拍冠名《中餐厅》，拼多多与《我家那小子》《极限挑战4》等多档节目合作。综N代依旧是电视综艺的主力军，如，《极限挑战》第四季播放量达35亿，《中餐厅》第二季达26.2亿。

2018年，综艺节目呈现出“文化+”发展特征。如，“文化+戏剧”模式有《一本好书》《国家宝藏2》；“文化+旅行”模式有《奇遇人生》《地球之极·侣行》；“文化+纪实”模式有《小镇故事》《百心百匠》；“文化+淘宝”模式有《上新了，故宫》。同时，音乐仍然是主要综艺节目模式的重要资源，如，湖南卫视的《声入人心》融合了声乐演唱和综艺，让观众既可欣赏到顶尖水准的美声歌剧表演，又能与高雅音乐进行交流，成为现象级产品。

（三）网络视听内容

2018 年，各大平台加强自制内容建设，一些影视制作机构也积极参与网络视听内容生产制作，推动了网络视听内容产业的发展。包括网络剧在内的各种节目类型都实现了质量的提升，逐步实现了平台参与制作、在线播出、付费观看的可持续发展。

1. 网络剧实现高质量发展

据统计，截至 2018 年 9 月底，各大视频平台新上线网络剧 214 部，累计播放达 1537 亿次。2017 年到 2018 年 6 月，点击量超过 20 亿次的新上线网络剧有 23 部，单部播放量最高的达 106 亿次，充分表明网络剧已经实现高质量发展。在剧集开发方面，尝试配置移动设备的“竖屏剧”也应运而生，爱奇艺推出首部竖屏剧《生活对我下手了》，以微短剧的形式试水受众市场。

2. 网络综艺快速崛起

国家广播电视总局监管中心数据显示，2017 年 10 月 15 日至 2018 年 10 月 15 日，各平台上线网络综艺 385 部，相比 2017 年的 197 部，同比增长 217%。网络综艺节目总时长达 23.7 万分钟，相比 2017 年的 10.7 万分钟，同比增长 121%。全年网络综艺播放总量超过 500 亿次。网络综艺节目在类型和题材上均有创新，题材涵盖机器人、篮球、游戏竞技等。在目标观众方面，涉足小众文化圈层，定向吸引特定观众，如真人秀竞演类《热血街舞团》和《中国新说唱》满足小众观众的需求。2018 年，偶像养成类综艺成为网络综艺的爆款，以《偶像练习生》和《创造 101》为代表的网络综艺节目点击量一路攀升，《创造 101》总播放量达 54.24 亿，《偶像练习生》达 35.32 亿。

3. 网络电影量减质增

国家广播电视总局监管中心发布的《2018 网络原创节目发展分析报告》显示，网络电影经过自查整改，从 2017 年的 2200 部锐减至 1526 部，整体水平得到提升。在已经上线的网络电影中，独播电影数量达 991 部，占全部网络电影的 64.9%，但 73% 的播放量不足 500 万。网络电影质量的提升，为其实现良性发展提供了保障。2018 年爱奇艺和优酷分账超过 1000 万的网络电影超过 27 部，总线上票房达到 5.43 亿。

4. 网生纪录片实现产业链一体化发展

优质纪录片越来越受到互联网用户的青睐，纪录片生产制作播出形成新的发展格局。2018 年，视频网站平台积极参与纪录片的生产制作。腾讯视频提出“泛纪录片”的思路，与 BBC 合作，先后引进《地球脉动 2》《蓝色星球 2》，以及联合出品的《王朝》均收获佳绩，其中《王朝》仅上线三集，就突破了 1.2 亿次的播放量，豆瓣评分 9.7 分，口碑流量双丰收；与 NHK 等国际媒体合作，推出《纪实 72 小时》（中国版），牵手“舌尖”系列导演陈晓卿打造新的风味系列。优酷向 CCTV10 科教频道输出《了不起的匠人》精编版；芒果 TV 以主旋律为主题出品了《我的青春在丝路》《不负青春不负村》《在那遥远的地方》等呼应改革开放 40 周年的纪录片。哔哩哔哩出品的《人生一串》从烧烤出发讲述人生百态，播放量将近 4500 万；《历史那些事》以平实易懂、诙谐幽默的叙事方式讲述历史成为网红纪录片。

第五章　中国出版业投资报告

刘建华　邸昂

本章在全面描述出版业发展现况的基础上，分析总结其基本年度特点，综合各种数据信息，力求准确判断其发展趋势，科学有效地论证出版产业值得投资的领域。

一、出版业发展概况

2017 年，全国出版、印刷和发行服务（未包含数字出版）实现营业收入 18119.2 亿元，较 2016 年同比增长 4.5%。拥有资产总额 22165.4 亿元，增长 3.0%；利润总额 1344.3 亿元，增长 2.7%。（表 5－1）

表 5－1　2017 年新闻出版产业结构主要经济指标

产业类别	营业收入（亿元）	增长速度（%）	比重（%）	比重变动（%）
图书出版	879.60	5.68	4.85	0.06
期刊出版	196.54	1.46	1.08	－0.03
报纸出版	578.25	－0.04	3.19	－0.14
音像制品出版	28.36	3.1	0.16	0.00
电子出版物出版	14.95	13.29	0.08	0.01
印刷复制	13156.49	4.68	72.61	0.14
出版物发行	3179.54	4.35	17.55	－0.02
出版物进出口	85.45	2.82	0.47	0.01

（一）图书出版

2017 年，全国共有出版社 585 家（包括副牌社 33 家），其中，中央级出版社 219 家（包括副牌社 13 家），地方出版社 366 家（包括副牌社 20 家）。从图书规模来看，2017 年，共出版图书 512487 种，品种增长 2.52%。总印数

92.44 亿册（张），增长 2.29%。总印张 777.21 亿印张，增长 3.97%%。定价总金额 1580.96 亿元，增长 9.51%。实现营业收入 879.6 亿元，增长 5.68%。利润总额 137.48 亿元，增长 2.37%。

（二）期刊出版

2017 年全国共出版期刊 10130 种，总印数 24.92 亿册，降低 7.60%。总印张 136.66 亿，降低 10.06%。定价总金额 223.89 亿元，降低 3.67%。

（三）报纸出版

2017 年全国共出版报纸 1884 种，较 2016 年降低 0.53%。总印数 362.50 亿份，降低 7.07%。总印张 1076.24 亿，降低 15.07%。定价总金额 398.85 亿元，下降 2.29%。

（四）音像出版

2017 年，全国共有音像制品出版单位 381 家。出版录音制品 8259 种，下降 5.21%。出版数量 1.87 亿盒（张），下降 12.56%。出版录像制品 5293 种，下降 6.67%。出版数量 0.69 亿盒（张），增长 11.07%。

（五）电子出版

2017 年，全国共出版电子出版物 9240 种，降低 6.06%。出版数量 2.81 亿张，降低 3.21%。

（六）印刷复制

2017 年，印刷复制（包括出版物印刷、包装装潢印刷、其他印刷品印刷、专项印刷、复制和印刷物资供销）实现营业收入 13156.49 亿元（出版物印刷、包装装潢印刷、其他印刷品印刷三大项具体经济指标见表 5－2），增长 4.68%。利润总额 850.03 亿元，增长 1.41%。

表 5－2　印刷复制主要经济指标　　单位：亿元

类别	营业收入	增减（%）
出版物印刷	1670.39	4.04
包装装潢印刷	10172.79	4.74
其他印刷品印刷	1095.67	1.03

（七）出版物发行

2017 年，全国共有出版物发行网点 162811 处，降低 0. 18%。全国新华书店系统、出版社自办发行单位出版物总购进 211. 02 亿册、3042. 19 亿元，与上年相比数量增长 1. 56%，金额增长 6. 48%。全国实现出版物总销售 213. 19 亿册，2954. 43 亿元，较 2016 年数量增长 2. 36%，金额增长 6. 61%。

（八）出版物进出口

2017 年，全国累计出口图书、报纸、期刊 2172. 02 万册（份、盒、张）、7831. 81 万美元，较 2016 年数量增长 0. 10%，金额增长 0. 60%；全国累计进口 3255. 60 万册（份、盒、张）、31978. 76 万美元，较 2016 年数量增长 4. 74%，金额增长 6. 41%。全国累计出口音像制品、电子出版物与数字出版物 6. 40 万盒（张）、2933. 09 万美元，较 2016 年数量降低 45. 56%，金额降低 9. 07%，其中，全国出版物进出口经营单位累计出口 163. 34 万美元，金额增长 4. 42%，其中，数字出版物 132. 07 万美元，占出口金额的 80. 86%；进口 34584. 46 万美元，较 2017 年金额增长 33. 74%，其中，数字出版物进口 34454. 51 万美元，占比 99. 62%。

（九）版权贸易

2017 年，全国共输出版权 13816 种，其中图书 10670 种，录音制品 322 种，录像制品 102 种，电子出版物 1557 种。引进版权 18120 种，其中图书 17154 种，录音制品 147 种，录像制品 364 种，电子出版物 372 种。

（十）上市公司

1. 基本概况

2017 年，共有书报刊出版上市公司 20 家，发行上市公司 8 家，印刷上市公司 10 家，新媒体公司 5 家，合计 43 家（其中在中国内地上市 39 家，在中国香港上市 4 家）。43 家上市公司股市流通市值合计 3463. 3 亿元人民币，较 2016 年同期减少 612. 4 亿元，下降 15. 0%。在中国内地上市的 39 家出版发行和印刷企业中，就总市值而言，2017 年为 3430. 6 亿元，较 2016 年减少 598. 9 亿元，降低 14. 9%。按照平均净资产收益率排名前 10 位的出版传媒公司依次是昆仑万维（新媒体）、新经典（发行）、浙数文化（新媒体）、山东出版（出版发行）、珠海中富（印刷）、东港股份（印刷）、城市传媒（出版发行）、康得新（印刷）、掌阅科技（新媒体）、南方传媒（出版）。其中，出版公司3家、发行公司1家、印刷公司3家、新媒体公司3家。

在中国内地上市的39家出版发行和印刷企业中，就资产总额而言，2017年共计3068.4亿元，较2016年增加579.0亿元，增长23.3%。2017年，在中国内地上市的39家出版传媒公司保持了较强的盈利能力。平均净资产收益率为10.9%，较2016年提高0.5个百分点，显著高于当期一年期存缴基准利率（1.50%）和贷款基准利率（4.35%）。各类出版传媒上市公司的平均净资产收益率，降序依次为新媒体公司、印刷公司、出版公司、发行公司和报业公司。

39家出版传媒上市公司平均资产收益率排名前10位的依次是昆仑万维（新媒体）、新经典（发行）、浙数文化（新媒体）、山东出版（出版发行）、珠海中富（印刷）、东港股份（印刷）、城市传媒（出版发行）、康得新（印刷）、掌阅科技（新媒体）、南方传媒（出版）。收益率分别为23.56%、21.20%、21.18%、19.70%、17.21%、14.84%、14.84%、14.72%、14.40%、13.90%。（图5－1）

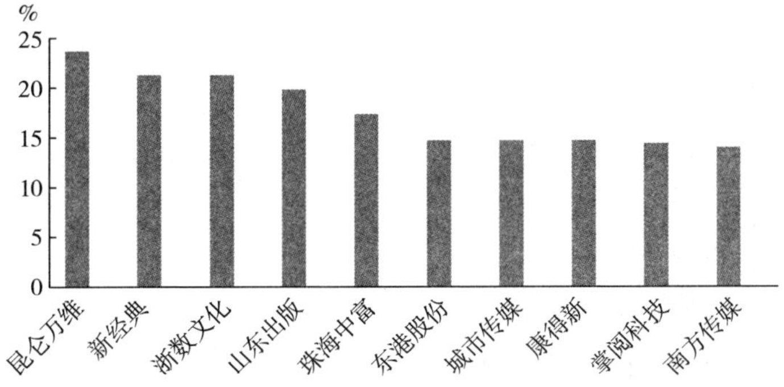

图5－1　平均资产收益率排名前10的出版传媒上市公司

出版公司平均净资产收益率为11.4%，高出出版传媒上市公司平均净资产收益率0.5个百分点；较2016年减少0.1个百分点。13家出版公司的平均净资产收益率，降序依次为山东出版、城市传媒、南方传媒、中国科传、中文传媒、中南传媒、长江传媒、中原传媒、凤凰传媒、中国出版、出版传媒、时代出版和读者传媒。收益率依次为19.7%、14.84%、13.90%、13.36%、12.30%、11.85%、10.67%、10.08%、9.51%、8.99%、8.12%、6.05%、

4.15%。(图5-2)

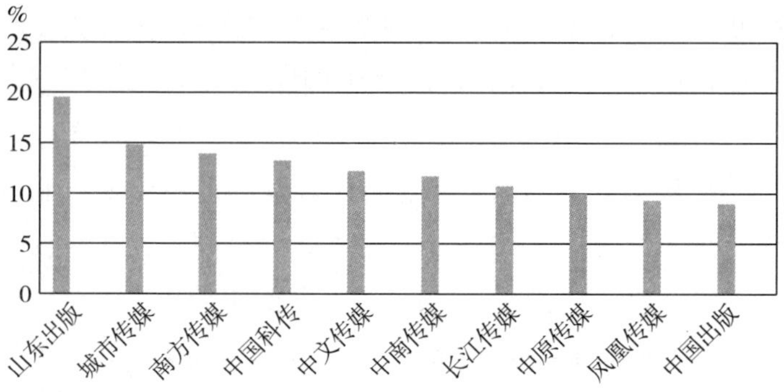

图5-2　平均资产收益率排名前10位的出版上市公司

发行公司平均净资产收益率为9.8%，低于出版传媒上市公司平均净资产收益率1.1个百分点，较2016年提高0.2个百分点。7家发行公司的平均净资产收益率，降序依次为新经典、皖新传媒、广弘控股、新华文轩、世纪天鸿、天舟文化和新华传媒。平均净资产收益率依次为21.2%、12.4%、11.57%、11.28%、9.35%、3.16%、1.56%。(图5-3)

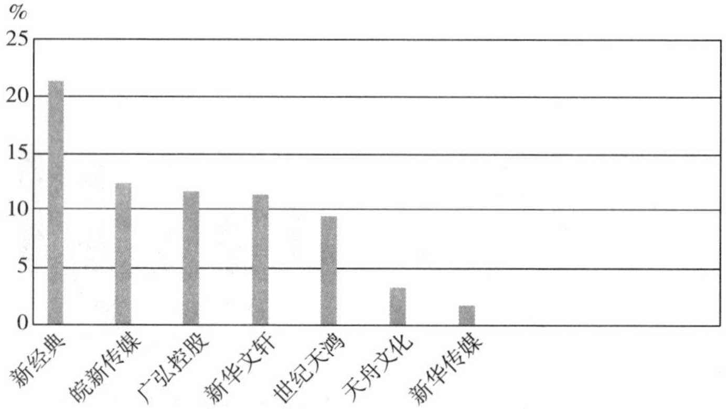

图5-3　发行公司平均净资产收益率排名

新媒体公司平均净资产收益率为13.9%，高出出版传媒上市公司平均净资产收益率3.0个百分点，较2016年提高4.4个百分点。5家新媒体公司的平均净资产收益率，降序依次为昆仑万维、浙数文化、掌阅科技、掌趣科技和中文在线。平均净资产收益率依次为23.56%、21.18%、14.40%、3.42%、3.11%。(图5-4)

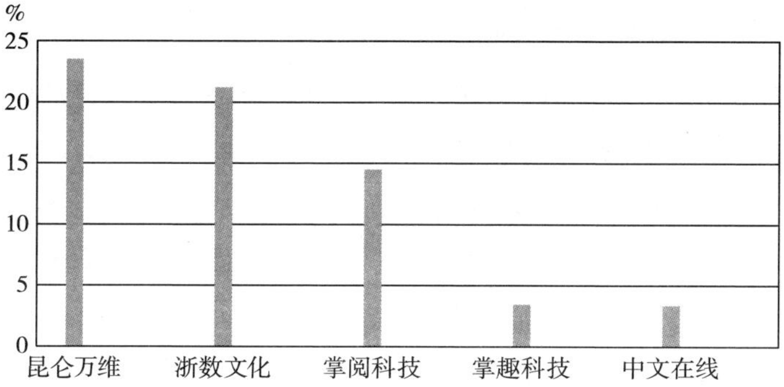

图5－4　新媒体公司平均净资产收益率排名

数据来源：文化部，中华人民共和国文化部2017年文化发展统计公报，2018年6月

2. 发展特点

2017年，出版、发行、印刷和新媒体公司的整体经营状况良好，出版公司、发行公司编印发业务收入继续增长，主业地位进一步巩固；印刷公司和新媒体公司经济效益得到显著提升。报业公司业绩全面深度下滑，传统报刊业务萎缩。各公司不断持续探索转型升级、融合发展之路，但主要受网络游戏等业务下滑影响，部分公司新业态业务发展遭遇阻力。

二、出版业发展特点

（一）图书出版结构不断优化

2017年，全国出版新版图书25.5万种，下降2.8%；总印数22.7亿册（张），下降5.6%。重印图书25.7万种，增长8.4%；总印数53.9亿册（张），增长5.3%。租型图书总印数15.8亿册（张），增长4.8%。新版图书品种与印数首次双双下降；重印图书品种与印数保持了较快增长，在品种上首次超过新版图书，总印数达到新版图书的2.4倍，单品种平均印数为新版图书的2.3倍。年度累计印数达到或超过100万册的58种一般图书中，新版图书22种，占37.9%；重印图书36种，占62.1%。课本品种、总印数及其所占比重继续降低，人文社科类书籍品种、总印数及其所占比重继续提高。科学技术类书籍品种增速（7.8%）高于其他类别图书，但印数增速（1.2%）和占比（2.9%）仍偏低。这表明控制品种数量、优化图书结构取得一定实效，但也从侧面反映出原创出版能力有待提升。

（二）主题出版、主流媒体传播力持续彰显

主题图书（17 种）年度累计印数均超过 100 万册，占年度累计印数 100 万册及以上一般图书的 29.3%；8 种进入印数前 10 位。党的十九大报告《决胜全面建成小康社会—夺取新时代中国特色社会主义伟大胜利》累计印数超过 2400 万册，《习近平谈治国理政（第二卷）》超过 500 万册，《全面从严治党面对面——理论热点面对面·2017》超过 700 万册；《红岩》《红星照耀中国》《红星照耀中国（青少年版）》3 种红色经典首次进入百万册阵营。列入中宣部、国家新闻出版行政管理部门“2017 年主题出版重点出版物”的图书单品种平均印数 6.8 万册，是书籍单品种平均印数（1.4 万册）的 4.9 倍。《人民日报》平均期印数近 3 年持续增长，稳居综合类报纸第一；《参考消息》《环球时报》等报纸平均期印数均超过 100 万份。《求是》跻身期刊平均期印数前三位；《中国纪检监察》平均期印数突破 100 万册；《时事报告》大学生版和中学生版双双位列平均期印数前 10 位，其中《时事报告（大学生版）》平均期印数名列第一。

（三）文学和少儿类图书继续看涨，本土经典原创图书愈发畅销

2017 年，全国出版文学类图书 7.4 亿册，较 2016 年增加 1.0 亿册，增长 14.5%，在 22 个图书类别中增幅名列前茅；文学类图书年度累计印数超过 100 万册的有 7 种，增加 2 种。全国出版少儿图书 8.2 亿册，增长 5.4%；年度累计印数超过 100 万册的少儿图书有 18 种，增加 13 种；50 万册及以上的 80 种，增加 55 种，其中本土原创图书 48 种，占 60.0%。年度单品种印数超过 100 万册的本土原创文学、少儿类图书有 18 种，较 2016 年翻番。其中，《红岩》《没头脑和不高兴》《狼王梦》《草房子》等优秀作品历经数十年岁月沉淀，依然畅销不衰；“米小圈上学记”系列异军突起，12 种上榜。

（四）出版传媒集团整体规模进一步扩大，行业集中度有所提高

2017 年，全国 118 家出版传媒集团实现主营业务收入共计 3559.6 亿元，较 2016 年增加 85.8 亿元；拥有资产总额 7023.0 亿元，增加 489.7 亿元；实现利润总额 305.4 亿元，增加 9.2 亿元。其中，107 家图书出版集团、报刊出版集团和发行集团主营业务收入占全国书报刊出版和出版物发行主营业务收入的 79.7%，提高 5.2 个百分点；资产总额占全国出版发行全行业资产总额

的 90.8%，提高 6.9 个百分点；利润总额占全国出版发行全行业利润总额的 62.0%，降低 0.5 个百分点。共 18 家集团资产总额超过百亿元，其中江苏凤凰出版传媒集团有限公司、安徽出版集团有限责任公司、江西省出版集团公司、湖南出版投资控股集团有限公司、浙江出版联合集团有限公司、安徽新华发行集团控股有限公司和中国出版集团公司 7 家集团资产总额、主营业务收入和所有者权益均超过百亿元。

（五）出版传媒企业上市步伐加快，出版核心主业地位更趋稳固

2017 年，中国科传、中国出版、新经典等 6 家出版传媒企业相继上市，为近年来上市数量最集中的年份。39 家在中国内地上市的出版传媒公司共实现营业收入 1570.6 亿元，增加 201.7 亿元，增长 14.7%；拥有资产总额 3068.4 亿元，增加 579.0 亿元，增长 23.3%；实现利润总额 223.7 亿元，增加 53.1 亿元，增长 31.2%，近年来首次实现全体盈利。出版、发行公司主业整体稳步增长，发行业务收入在各发行公司营业收入中所占比重平均为 61.6%，出版、发行、印刷业务收入在各出版公司营业收入中合计所占比重平均 65.9%，同比提高 3.0 个百分点，编印发核心主业地位趋于稳固。

（六）对外版权输出提速，对“一带一路”沿线国家版权贸易增长显著

2017 年，全国输出版权共计 13816 项，与上年相比增长 24.1%，增速提高 17.8 个百分点，高出引进版权增速 19.1 个百分点。其中，输出出版物版权 12651 项，增长 29.0%，提高了 18.3 个百分点，高出引进出版物版权增速 24.0 个百分点。对越南、泰国、印度尼西亚、印度、尼泊尔、吉尔吉斯斯坦、阿联酋、黎巴嫩、埃及等“一带一路”沿线国家版权输出增加较多、增速较快。

（七）出版融合发展成果初显，知识服务新模式不断涌现

截至 2017 年年底，20 家国家出版融合发展重点实验室陆续挂牌运行，近百个融合发展研究项目相继实施，一批有引领性的出版融合发展重点项目初见成效。国家出版融合发展（武汉）重点实验室探索建立基于 RAYS 系统的“现代纸书”出版运营模式，200 多家出版单位参与，13000 多名编辑参加新技术培训，5 亿多册传统纸书成功对接 RAYS 系统，产生近 3 亿元线上增收。中国出版集团的数字精品内容综合运营平台、中国工信出版传媒集团的印数决策支持系

统、辽宁出版集团的五大运营中心融通一体化、浙江日报报业集团的媒立方、咪咕数媒的有声阅读云平台、中文传媒的新闻出版领域物联网应用、安徽新华发行集团的“共享书店”、新华文轩的“共享书屋”等一批项目进展良好。国家知识服务建设工作全面启动，截至2017年年底，50家出版单位确定为专业数字内容资源知识服务模式试点。得到APP、喜马拉雅、悟空、知乎等知识服务新业态蓬勃发展。新兴出版得到APP与传统出版融合发展，创新讲书、听书、售书知识服务链条，其通过对某图书全媒体渠道运营传播，上线7天即销售超9万册，码洋超900万元，APP注册用户突破1600万人。越来越多的传统出版单位持续探索融合发展，加速向知识服务转型。中国科技出版传媒股份有限公司“科学文库”、“中科医库”等数字化平台相继上线运行，《三联生活周刊》打造“中读”等知识付费产品，均获得了较好的市场反响。

三、出版业发展趋势与投资机会

（一）深化体制机制改革，社会效益为首位的两个效益日益凸现

在习近平新时代中国特色社会主义思想的指导下，作为宣传思想工作重要组成部分的出版业，近年来一直在快速发展中。当前新闻出版业依然存在发展上不平衡不充分的矛盾，需要在体制机制上深化改革，解放出版生产力，生产适销对路的图书产品，最大化满足人们精神需求，在社会效益为首位的前提下，实现最佳社会效益与经济效益。

首先，在出版社转企改制的基础上，深入推进出版社的公司制、股份制改革。要引进现代企业公司制度，建立健全现代企业制度和法人治理结构，使出版企业按照现代管理科学运营。要完善出版企业内部运行管理机制，建立健全双效统一评价机制，激活全员活力。

其次，要大力推进特殊管理股制度。2013年，在党的十八届三中全会《中共中央关于全面深化改革若干重大问题的决定》中，党中央提出在按规定转制的重要国有传媒企业探索实行特殊管理股制度；2014年，中央全面深化改革领导小组第二次会议审议通过的《深化文化体制改革实施方案》中，明确这一年传媒企业开始进行试点；2015年，在《中共中央、国务院关于深化国有企业改革的指导意见》中，允许将部分国有资本转化为优先股，在少数特定领域探索建立国家特殊管理股制度。当前，开始与一些大型民营出版传

媒企业进行合作，有可能在头条等媒体实施特殊管理股制度。就出版业而言，数字新业态有很多具有较大影响力的民营出版公司如中文在线、磨铁图书、理想国等，一些畅销书《甄嬛传》《悟空传》《明朝那些事儿》等都是其推出的，有很强的市场号召力，可以在一些社会效益与经济效益较好的民营出版业实施特殊管理股制度。

最后，在确保国有出版文化企业主体地位的前提下，引导民营出版业更好更快发展。要推进非公有制出版企业在对外专项出版试点工作上发挥力量，拓展国际市场。在坚持出版权特许经营的前提下，实施出版与制作分开试点工作，搞活国内出版市场，生产高质量的满足人们精神需求的图书。

（二）完善公共服务体系，数字全民阅读成为社会常态

文化是民族凝聚力和创造力的重要源泉，是综合国力竞争的重要因素，是经济社会发展的重要支撑。提供公共文化服务，是政府公共服务的重要内容，保障公民基本文化生活权利，这既是一个合法政府的基本义务，也是其合法存在的必要前提。新中国成立以来，我党就极为重视人民的基本文化生活权利，致力于教育全民化，尽力提供文化产品，以满足人们的精神生活需求。改革开放以来，我国文化产业不断发展，近年来通过各项举措，在文化产品的丰富性多样性方面更是达到一个新阶段。就图书出版业而言，相继实施的东风工程、农家书屋、国家盲文出版基地等工程的建设，为全民阅读打下了良好的社会基础。

全民阅读自 2006 年开展以来，到现在已有 13 个年头。2018 年 4 月 18 日，中国新闻出版研究院发布的“第十五次全国国民阅读调查报告”显示，2017 年，我国成年国民各种媒介综合阅读率为 80.3%，数字化阅读方式的接触率为 73.0%。报告认为，“数字化阅读的发展，提升了国民综合阅读率和数字化阅读方式接触率，整体阅读人群持续增加，但也带来了图书阅读率增长放缓的新趋势。2017 年我国成年国民的网络在线阅读接触率、手机阅读接触率、电子阅读器阅读接触率、Pad（平板电脑）阅读接触率均有所上升。”

网络化、数字化、智能化技术的狂飙突进，使出版传媒在面临巨大挑战的同时，转而深度拥抱新技术，数字出版与数字阅读日益成为重要的社会生产方式与生活方式。在国家顶层宏观政策的引导下与消费市场的倒逼下，提供数字内容产品成为出版业生存发展的重要选择。数字全民阅读背景下的技

术介入，使出版产业链的生产、流通与消费环节需要更多的资本投入，实现协同创新，以提供更多新产品新服务，从而满足消费者即时的、个性化与多元化的精神需求。

（三）全面发力供给侧改革，高质量出版是出版业的不二选择

我国实施市场经济体制以来，经济飞速增长，经过40年的发展，中国成为世界第二大经济体。追溯中国经济发展的动力，消费侧的投资、消费、出口这三驾马车发挥了极为重要的作用。当前，我国社会主要矛盾已经转化为人民日益增长的美好生活需要和不平衡不充分的发展之间的矛盾。在经济高速发展的基础上，为了提高全要素生产率，更好满足广大人民群众的需要，促进经济社会持续健康发展，供给侧结构改革就成为必然，劳动力、土地、资本、制度创新等要素是重点改革对象。

对于出版业而言，转企改制后，生产力大大提升，产业规模迅速扩大。2019年北京图书订货会上，中国出版协会发布的《全球背景下的中国图书零售市场报告》显示，“2018年中国图书零售市场码洋规模达894亿元，同比增长11.3%。2018年中国图书零售市场动销品数量达194万种，新书品种数达20.3万种。”改革开放40年来，我国已成为出版发行大国。据国家新闻出版署《2017年新闻出版产业分析报告》显示，2017年，全国出版新版图书25.5万种，总印数22.7亿册（张）；重印图书25.7万种，总印数53.9亿册（张）。新版图书品种与印数首次双双下降，重印图书品种与印数保持了较快增长，在品种上首次超过新版图书。这表明控制品种数量、优化图书结构取得一定实效。

从以上数据可知，单从出版品种和数量来看，出版业供给侧生产效能得以充分发挥，使我国一跃成为世界出版大国。然而，在图书产品质量上离出版强国尚有一定距离，畅销书等高质量产品相对较少。党中央实施的供给侧结构改革，给出版业带来了新的发展机会，出版供给侧结构性改革也进入实质性推进阶段。2018年启动的出版书号数量压缩政策，已经开启了高质量出版征程的第一步。接下来，出版业将全面聚焦供给侧生产要素的改革，在出版人才、作者培养、基础设施、资金投入、管理制度创新等方面进行资源优化配置，提高生产水平，推出更多精品图书，更好满足人们精神文化需求。

要做到高质量出版，首先要进行顶层设计，全行业统一思想，聚精会神搞生产，以精品生产作为第一目标。其次，要加快研究，尽快制定高质量出

版行业标准指标体系，作为出版社高质量图书编辑出版工作的行动指南。最后，要营造高质量出版的社会环境，教育、人才、文化、资金、技术、税收政策等方面朝出版业倾斜，促使我国尽快从出版大国迈向出版强国。

（四）积极利用新技术，融合发展打造全媒体

新媒体带来了一场人类生存方式的根本变革，国际国内、虚拟现实、体制外体制内等界限日益模糊，形成了传统媒体与网络媒体两大舆论场，且网络舆论场大有涵盖一切之势。习近平指出："阵地是意识形态工作的基本依托。人在哪里，新闻舆论阵地就应该在哪里。对新媒体，我们不能停留在管控上，必须参与进去、深入进去、运用起来。"

2014 年 8 月 18 日，中央全面深化改革领导小组第四次会议审议通过的《关于推动传统媒体和新兴媒体融合发展的指导意见》强调，推动传统媒体和新兴媒体融合发展，要遵循新闻传播规律和新兴媒体发展规律，坚持传统媒体和新兴媒体优势互补，推动传统媒体和新兴媒体在内容、渠道、平台、经营、管理等方面的深度融合，着力打造一批形态多样、手段先进、具有竞争力的新型主流媒体，建成几家拥有强大实力和传播力、公信力、影响力的新型媒体集团，形成立体多样、融合发展的现代传播体系。要一手抓融合，一手抓管理，确保融合发展沿着正确方向推进。2016 年 2 月 19 日，习近平《在党的新闻舆论工作座谈会上的讲话》中就已指出，媒体融合的方向是从"你是你我是我"变成"你中有我我中有你"，进而变成"你就是我我就是你"，着力打造一批主流新型媒体。

2019 年 1 月 25 日，中共中央政治局就全媒体时代和媒体融合发展举行第十二次集体学习。习近平强调："推动媒体融合发展、建设全媒体成为我们面临的一项紧迫课题。要运用信息革命成果，推动媒体融合向纵深发展，巩固全党全国人民共同思想基础。"习近平对当下媒体融合发展做出了正确的历史判断，"全媒体不断发展，出现了全程媒体、全息媒体、全员媒体、全效媒体，信息无处不在、无所不及、无人不用、舆论生态、媒体格局、传播方式发生深刻变化。"如果说"你就是我我就是你"尚会让人有不同解读的话，"全媒体"就是板上钉钉了，媒体融合的终极目标就是全媒体，传统媒体要加快采编流程再造和融媒体中心建设，实现"一次信息采集，多种形态发布"，打通"报、网、端、微、屏各种资源，进行全媒体传播，实现新闻的全方位

覆盖、全天候延伸、多领域拓展，推动党的声音直接进入各类用户终端，努力占领新的舆论场。”

网络化、数字化、智能化技术促动的数字阅读背景下，出版业应积极利用新技术，加快融合发展建设全媒体。图书内容除了以纸质产品传播外，还应根据不同消费者的特征与偏好生产出不同样式的产品，在互联网、手机、微博微信、APP 等不同形态的媒介终端进行传播，努力建设全媒体。实力雄厚的出版集团如江苏凤凰出版集团、江西出版集团、中南出版集团等，积极布局全媒体发展，经过多年实践，已成为拥有出版社、期刊社、报纸、动漫游戏、新媒体等多种媒体形态的有强大影响力的大型出版传媒集团。

（五）建设全产业链，图书发行与印刷朝智能化推进

在全媒体的发展战略下，打通出版业全产业链，编印发一体化，实现规模化集约化发展，已成为出版业全行业抱团发展的重要路径。

在网络化、数字化、智能化技术的冲击下，图书发行与印刷业既面临严峻挑战也面临巨大机遇。对于发行业而言，将进一步深化发行领域体制改革，推动图书零售网点建设。近年来，实体书店的危机日益加大，不论是新华书店还是民营书店，都在积极转型，拓展书店功能，由单纯的卖书场所逐渐变成市民活动的公共文化生活空间。在新技术的推动下，智能型文化书店将会呈现多个空间发挥多种功能。智能型文化书店将牢牢树立习近平提出的创新、协调、绿色、开放、共享新发展理念，坚持把社会效益放在首位、实现社会效益和经济效益相统一，积极推动网络与数字技术，发挥后发优势，高起点迈入实体书与新媒体融合发展阶段，打造线上线下融会贯通的新型环保生态书店。为此，每个书店会根据城市地方特色设置多个功能区，大致为：外部空间，主要指书店选址，要选择在能够彰显每个城市独特环境风格的地段，突出环保生态书店的“环境”特色。书籍阅读区，这是实体书店的主体功能区。VR 体验馆，这是环保生态的骨干功能区，主要是通过现代媒介技术实现环保生态知识与思想的最佳传播。咖啡区阅读与社交，这是环保生态书店的特色功能区。同城环保活动功能区，这个功能区是非固定空间，可以在书籍阅读区中随时随地因不同主题而设置，空间可大可小。文创空间功能区，这个功能区是非固定空间，根据文创产品情况在书籍阅读区进行穿插式陈列。光影与声色设计，这是对现代书店非常重要的软要求，作为现代文化综合体，

书店是一种极为重要的新型生活空间，需要人性化亲和力的光影声色。VR 实体书店聚合平台，这是环保生态实体书店进行融合创新发展的技术平台需要，通过该平台的建设，使书店实现线上线下融合发展。在书店发展建设上，社会资本有很大的活动空间。

新技术给予印刷业巨大的发展机遇，《印刷业“十三五”时期发展规划》指出，实施印刷跨界融合和新兴业态培育工程，推进印刷业融合发展。印刷业是技术主导型产业，对新技术的敏感度与接受度比任何行业都迅捷得多。大数据、云计算、VR/AR、人工智能等技术，使印刷业的发展日新月异。印刷方式、印刷工艺、印刷管理、印刷经营方式、印刷业务模式等环节，在网络化、数字化、智能化技术的推动下，产品形态得以不断创新，印刷成本也大量减少。将来，随着对人工智能、激光全息、VR/AR 等技术的深入应用，出版物智慧印厂成为建设重点，在充分满足读者、作者、出版企业等多元化需求的同时，实现规模经济生产，通过互联网平台实现规模化个性化定制。

（六）加大出版基金资助力度，走出去迎来新高潮

党的十八大以来，以习近平为总书记的新一届中央领导集体提出了实现中华民族伟大复兴的“中国梦”，对外合作交往和宣传要“讲好中国故事，传播好中国声音”，要加快国际传播能力建设，“着力打造融通中外的新概念新范畴新表述”，推动出版传媒文化产品走出去。近年来，新闻出版业在版权、数字出版产品、实物产品、印刷服务和企业、资本走出去方面均取得不同程度的突破。“十三五”期间，新闻出版主管部门将着力抓好“一圈两线”走出去规划，统筹对周边国家走出去和对“一带一路”走出去。

为了推动出版文化走出去，国家设立了经典中国、中国图书推广计划、丝路书香等出版基金，资助了大量图书成功走出去，取得了很好的传播效果。一是推出了一批高质量的外向型理论读物和通俗读物；二是翻译出版了一批宣介十九大精神的精品图书；三是翻译出版了讲好中国故事的图书。出版走出去实施 10 多年以来，我国图书走出去的品种和数量已有一定规模，当然，也急需一套科学的效果评估指标体系，对走出去效果进行评估，实现出版的有效传播，使中华文化真正走出去。未来，出版基金资助力度将进一步加大，推动承载中华优秀文化和讲述当代中国故事的精品图书走出去。在这个领域，国有资本、社会资本、外资将会有巨大的合作空间。

第六章　中国网络媒体投资报告

谭云明　王凯

在过去的2018年，经济增长面临更多的复杂性，行业红利与人口红利已告别飞速增长时代。中国互联网市场领域也告别混乱、无序的野蛮生长。经历了又一次投融高潮和市场细分后，市场出现“由一二线城市向三四线城市下沉”和“互联网媒体行业业务裂变细分”的趋势。各大互联网平台展开对存量市场的争夺，争相投融头部产业，产生第四次“上市潮”。新入口、新模式、新价值的出现与发展也带动投融领域的重新整合，展望2019，5G和产业互联网的发展势必为行业带来新的挑战。全景生态流量布局、线下流量、精细化运营、会员经济、粉丝经济等重点区域也势必展开新一轮的争夺战。在这场战争中又会体现出怎样的互联网新思维、新风口？总结过往才可预见未来，2018年网络媒体投融状况与2017年相比有何新特点？新形态？新趋势？资金更青睐何种企业？2019年有何新风险？新挑战？新机会？新风口？本章将探讨这些问题。

本报告旨在从2018年网络媒体投融资整体状况中按类别、质量、价值截取出重点投融资事件，以此总结其特点、趋势、变化，从学理层面分析背后的深层逻辑。并以此来预测2019年网络媒体发展的新领域、新价值、新入口、新风险。

一、互联网发展及投融情况

近年来，我国互联网发展稳中求进，2018年又出现很多新情况与新趋势，在对网络媒体投融状况分析之前，首先简述一下互联网领域与互联网投融状况。

（一）互联网发展概况

《第43次中国互联网发展状况报告》显示，截至2018年12月，我国网民规模达8.29亿，全年新增网民5653万，互联网普及率为59.6%，较2017年底提升3.8个百分点。中国互联网领域整体呈现如下趋势：

1. 基础资源保有量稳步提升，IPv6 应用前景广阔。

2. 互联网普及率接近六成，入网门槛进一步降低。2018 年，互联网覆盖范围进一步扩大，贫困地区网络基础设施“最后一公里”逐步打通，“数字鸿沟”加快弥合；移动流量资费大幅下降，跨省“漫游”成为历史，居民入网门槛进一步降低，信息交流效率得到提升。

3. 电子商务领域首部法律出台，行业加速动能转换。我国网络购物用户规模达 6.10 亿，年增长率为 14.4%，网民使用率为 73.6%。电子商务领域首部法律《电子商务法》正式出台，对促进行业持续健康发展具有重大意义。

4. 线下支付习惯持续巩固，国际支付市场加速开拓。我国手机网络支付用户规模达 5.83 亿，年增长率为 10.7%，手机网民使用率达 71.4%。线下网络支付使用习惯持续巩固，网民在线下消费时使用手机网络支付的比例由 2017 年底的 65.5% 提升至 67.2%。

5. 互联网娱乐进入规范发展轨道，短视频用户使用率近八成。网络视频、网络音乐和网络游戏的用户规模分别为 6.12 亿、5.76 亿和 4.84 亿，使用率分别为 73.9%、69.5% 和 58.4%。各大网络视频平台注重节目内容质量提升，自制内容走向精品化。短视频用户规模达 6.48 亿，用户使用率为78.2%，随着众多互联网企业布局短视频，市场成熟度逐渐提高，内容生产的专业度与垂直度不断加深，优质内容成为各平台的核心竞争力。

6. 在线政务服务效能得到提升，践行以民为本发展理念。我国在线政务服务用户规模达 3.94 亿，占整体网民的 47.5%。各地相继开展县级融媒体中心建设，将县广播电视台、县党报、县属网站等媒体单位全部纳入，负责全县所有信息发布服务，实现资源集中。

7. 新兴技术领域保持良好发展势头，开拓网络强国建设新局面。我国在基础资源、5G、量子信息、人工智能、云计算、大数据、区块链、虚拟现实、物联网标识、超级计算等领域发展势头向好。

（二）互联网投融状况

2015 年是互联网发展的拐点，之后的融资活跃度逐渐趋于理性，在资本的寒冬下，投资机构纷纷勒紧腰带，更加理性。纵观 2018 年，融资案例 1085 起，较 2017 年下降 2.86%；融资规模小幅增长 14.62%，总规模达 936.17 亿美元。（见图 6－1）

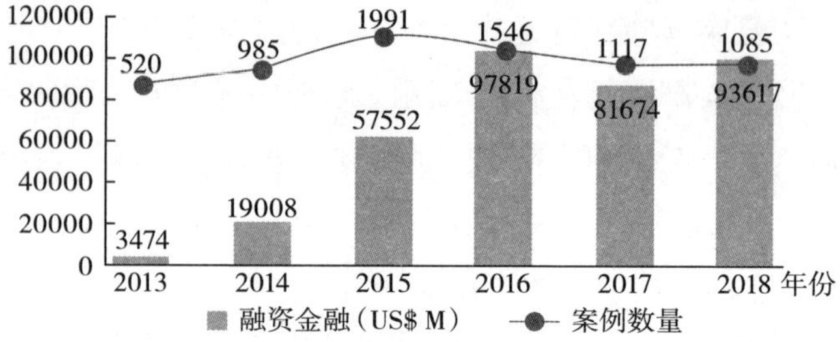

图 6－1　2013—2018 年中国互联网行业 VC/PE 融资情况

数据来源：CVSource　　　投中研究院，2019. 01

细分领域，电子商务及大数据仍是投资热点，具有很强的吸金能力。电子商务类融资案例共 448 起，融资规模达 358. 48 亿美元。美团点评、美菜网、汇通达等平台为电子商务投融规模的前三家，资本市场对电子商务仍充满信心。(见图 6－2、表 6－1)

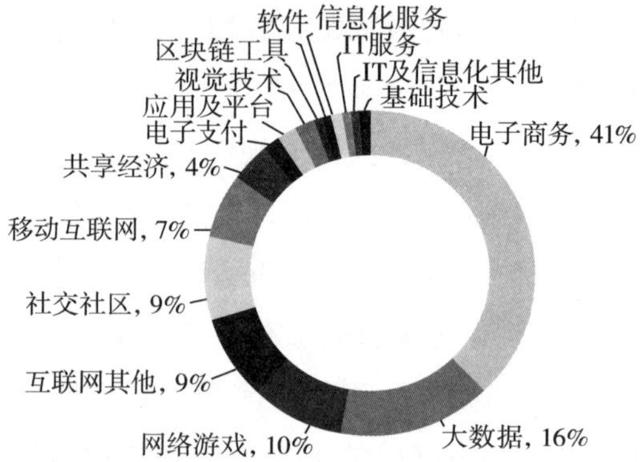

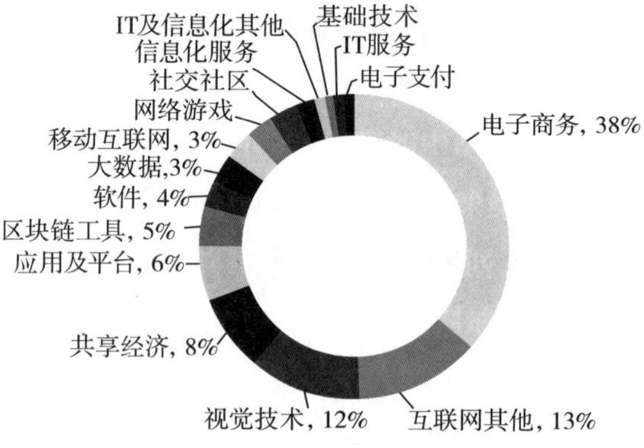

图 6－2　2018 年中国互联网市场细分领域交易比例

表6-1　2018年国内互联企业获得VC/PE融资案例TOP10（单位：亿美元）

企业	CV企业	轮次	投资机构	金额
云谷固安	互联网其他	战略融资	知合资本	1502.48
美团点评	电子商务	战略融资	奥本海默基金/腾讯科技/Landsdowne	1500.00
哈罗单车	共享经济	F	蚂蚁金服/复星集团	1000.00
商汤科技	视觉技术	D	软银中国资本	1000.00
比特大陆	区块链工具	Pre-IPO	中金资本	1000.00
大疆创新	互联网其他	战略融资	N/A	1000.00
ofo共享单车	共享经济	E+	天合资本/阿里巴巴/灏峰集团/君理资本	866.00
美菜网	电子商务	未披露	老虎基金/高瓴资本	800.00
汇通达	电子商务	战略融资	阿里巴巴	666.00
斗鱼网络	网络游戏	E	腾讯科技	592.00

2016年之前，在并购交易方面，互联网行业一直处于加速发展阶段，2016年后加速放缓回归理想，2018年并购交易案例数量小幅下降，交易规模却大幅提升。纵观2018年，互联网行业并购交易案例180起，较2017年下降17.81%，交易金额325.88亿美元，增长269.66%。数量虽有下降，但受美团收购摩拜单车、世纪华通收购盛跃网络等大金额交易的影响，规模却增长明显。综合来看，在经历了野蛮生长后，并购行为也回归理性，投资方更加谨慎，但由于互联网行业红利仍有大量存量，规模会逐步上升。由于竞争日益激烈，未来进一步的资本整合将不可避免。

2018年IPO市场爆发式增长，一半以上的中国企业选择在港股或美股上市。共19家企业完成IPO，募资规模达126.2亿美元，数量增长72.73%，规模增长339.42%。电子商务、视频直播仍是上市企业的重要领域。（见表6-2）

表 6-2　2018 年国内互联网行业 IPO 企业重点名单

企业	CV行业	证券代码	融资规模(US$M)
美团点评	电子商务	03690.HK	4202.18
小米集团	社交社区	01810.HK	3074.30
爱奇艺	网络游戏	IQ.NASDAQ	2250.00
拼多多	电子商务	PDD.NASDAQ	1626.40
宝宝树集团	社交社区	01761.HK	217.17
虎牙直播	网络游戏	HUYA.NYSE	180.00
映客	社交社区	03700.HK	147.30
御家汇	电子商务	300740.SZ	134.21
指尖悦动	网络游戏	06860.HK	130.01
科沃斯	互联网其他	603486.SH	125.45

二、网络媒体投融概况

（一）总体概况（数据整理自 IT 桔子）

与 2017 年相比，2018 年互联网投融资情况有一些变化，从互联网投资行业来看，2017 年的企业服务类占据首位，而 2018 年电子商务异军突起，吸取大量资金。相比 2017 年，文化娱乐类投资数量从 752 下降至 652；媒体及阅读类从 150 次上升到 169 次；社交网络类媒体投资数量有所上涨，从 100 升至 133 次；视频直播类从 92 次投资下降至 85 次；搜索类与 2017 年基本持平，共 8 次投融资。网络媒体总体投资数量比 2017 年有所下降，但投资金额却保持持续上涨。北上广三个特大城市仍然是投资地点的前三甲，总投资轮次则以 A 轮投资为主。从 2018 年整体投资概述可以看出，2018 年继续延续了 2017 年稳中求进的特点，投融数量继续下降，金额稳步上升，网络媒体投融市场更具理性。（见图 6-3）

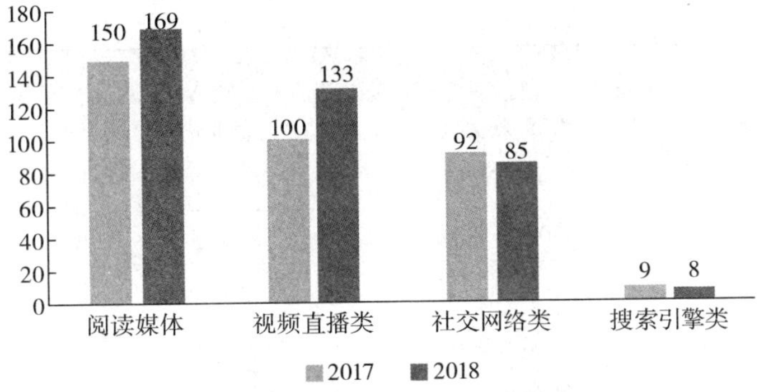

图 6－3　网络媒体投资事件数量

（二）网络媒体子行业分类概况

1. 内容媒体

2018 年网络媒体阅读媒体类共产生 169 次投融资事件，较 2017 年有所上涨，与去年以 A 轮投资为主的情况有所不同，2018 年天使轮投资共 60 次，排名第一；其次是 A 轮投资，共 39 次，排名第二，其余轮次数量分别为：种子轮 8 次，preA 轮 21 次，A＋轮 10 次，B 轮 11 次，C 轮 5 次，D 轮 1 次，E 轮 4 次，F 轮 1 次，战略投资 14 次。今日头条以 40 亿美元 F 轮投资再次蝉联单笔投资金额榜首，趣头条一年内获得三次超亿元的投资，成为单年获投次数最多的媒体。但总体来看，2018 年获投金额超亿元的企业数量比去年有所下降，仅 15 例。在所有获投企业中，估值超 10 亿人民币的企业共 6 家，超 10 亿美元的仅 4 家，网络媒体行业的存量市场虽然仍比较广阔，但已形成初步的垄断市场。一年内或两次及以上投资的有 52 家企业，约占三分之一，创始团队来自 BTA 等大公司的共 32 家。（见表 6－3、表 6－4）

表 6－3　咨询内容媒体类投资金额排名

企业	金额	投资方	轮次
今日头条	40 亿美元	软银中国（领投）	F 轮
趣头条	4.1 亿美元	人民网等	IPO 上市、B 轮
喜马拉雅	4 亿美元	春华资本等	E 轮
知乎	2.7 亿美元	尚城资本	E 轮
Newsdog	约 1 亿美元	腾讯等	C 轮

续表

企业	金额	投资方	轮次
荔枝 FM	5000 万美元	兰馨亚洲	D 轮
即刻	3000 万美元	腾讯等	C 轮
Yoho!	2500 万美元	未透露	E 轮
嗨皮网络	1.2 亿人民币	吴通控股	战略投资
新世相	亿元人民币	昆仑万维	B 轮
封面新闻	亿元人民币	四川文化产业投资基金	Pre—A 轮

数据整理自 IT 桔子

表 6-4 估值超 10 亿元人民币的媒体公司

公司	估值
今日头条	4875 亿人民币
喜马拉雅	221 亿人民币
知乎	156 亿人民币
荔枝 FM	130 亿人民币
Yoho!	52 亿人民币
美篇	10 亿人民币

数据整理自 IT 桔子

2. 视频直播类

2018 年视频直播类媒体仍然十分火热，吸收大量资金。不仅各老牌直播平台获得新的融资，而且各种细分类媒体也纷纷获得数量不等的资金。2018 年视频类共 85 次投资，虽然数量较 2017 年的 92 次有所下降，但金额总规模却大幅上升。资金超亿元的投资超过五分之一。与内容类媒体不同的是，视频类在经过前几年的野蛮生长后开始逐渐回稳，天使类、种子类投资 22 次，少于 A 轮类投资 32 次，其次，B 轮投资共 13 次，C 轮两次，D 轮两次，E 轮 3 次，战略投资 5 次，F 轮 1 次。与 2017 年投资多集中在天使轮、种子轮，且鲜有 E 轮、F 轮的情况相比，可以看出视频直播类虽仍有大量存量，但投资也逐渐回归理性，各资本开始巩固已有企业，而不在倾向新企业。其中，老牌视频公司斗鱼、虎牙、快手、映客知名 APP 分获高额投资，斗鱼 TV 以 40 亿美元的投资获得榜首，快手也获得 14 亿美元投资，位居第二。短视频与直播类媒体已形成多强相争的局面。再过几年，随着资本的不断涌入，视频直播类的垄断效果也会逐渐形成。快手以1300亿人民币的估值成为2018年视频类媒体的“独角兽”。

3. 搜索、社交网络类

2018年中国搜索引擎类投资仍处在寒潮期，仅获得2次投资。相比2017年的7次，下降了接近3倍，且金额仅百万级。搜索类媒体中，百度已形成绝对的垄断优势，搜狗、360搜索也逐渐瓜分本不多的剩余市场。想要在搜索引擎媒体中分一杯羹也越来越困难。

社交网络与2017年相比，投融环境则有所改观。2018年数量上回暖，共133次，但相比2017年众多打“交友”“隐私”“恋爱”的“擦边”型媒体，2019年则更加合理规范，随着垂直领域的细分深化，针对各类圈层逐渐形成除微信之外的小众社交网络。天使轮投资达44次，开始进入回暖期。比如主打“商务社交”社交的脉脉获两轮2亿美元的投资，递名片获1250万人民币投资，机遇空间获1亿人民币投资；主打娱乐社交的唔哩星球获1500万人民币投资；主打亲自社交的因爱科技获1500万人民币投资；主打校园社交的芥末圈获500万人民币投资，summer校园获亿人民币投资；虚拟社交的echo获2.6亿人民币投资。主打区块链社交的comc社区链获9750万人民币投资。持续的细分为社交网络带来更多机会，但垄断格局仍无法改变，只能等待下一次技术革命的到来。

三、网络媒体投融特点

纵观2018年网络媒体投融资概况，与2017年有很大不同。总结不同，分析其特点，才可以探析媒体新逻辑，为媒体行业提供更好的建议。

（一）媒体类、社交类天使轮投资数量回升，视频类媒体进入回稳期

2018年网络媒体阅读媒体类天使轮投资轮次为57次，相比去年的37次，涨幅达64%。A轮投资39次与2017年持平。相比2017年金额最高的投资事件出现在B－D轮投资，今年则多为E－F轮投资。这得益于技术的进一步发展，大量区块链媒体的成立，吸取大量天使资金。而视频类媒体则进入回稳期，以A轮投资为主，且B－D轮投资大幅上涨。在经历了2017年的激烈竞

争后，直播、短视频类媒体已基本形成多强局面，各投资方开始巩固已有的投资存量，而不在冒险投资新的企业。搜索引擎类媒体由于没有突破性技术的出现，仍处在寒潮期。而社交网络类媒体则由于垂直细分的深入和“个众化”时代的到来，开始回暖。社交网络天使轮投资达44次，各轮次中排名最高。在经历了微信垄断带来的寒潮后，新的垂直细分为其带来新的市场。

总的来说，天使轮数量的上升表明2018年是一个转折年，新技术、新领域、新市场开始出现，区块链、5G、虚拟现实等技术的发展带动了媒体行业的再一次投资潮，新一轮的竞争恐怕为期不远。

（二）网络媒体投资回暖，稳中求进

在经历了2017年的下降之后，2018年除视频类媒体外，网络媒体投资次数纷纷上涨，表现出回暖迹象。在经历了2013—2016年的野蛮生长后，2017年网络媒体进入理性期，投资数量大幅下降。2018年，在经历了一年的沉淀期后，网络媒体投融状况开始好转，逐步回暖，表现出稳中求进的态势。早期投资额小幅上涨，投资活跃度也有所改观，行业投融整体平稳。（见图6－4）

这一方面与本年区块链、5G、虚拟现实等新技术的发展有关，也与经历了一年的整合后投融市场更加理性有关。新技术、新思维带动了新的投融市场，但理性的回归使得投融资并不是一哄而上，而是逐步回暖。

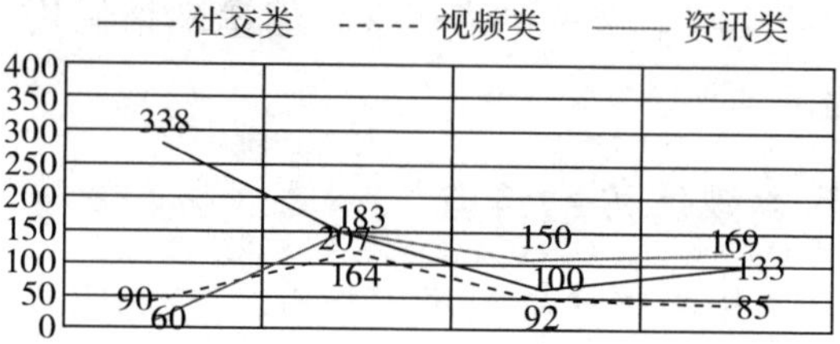

	2015	2016	2017	2018
—— 社交类	338	183	100	133
----- 视频类	90	164	92	85
—— 资讯类	60	207	150	169

图6－4　投资数量曲线图

（三）互联网IPO爆发增长，3家网络媒体上市

2018年，受港股“同股不同权”政策的影响，IPO市场呈爆发式增长，百分之五十的企业选择在港股或美股上市。继2014年之后，互联网公司再次

迎来上市潮。互联网公司共19家完成IPO，增长72.73%，募资总规模增长339.42%。其中三家网络媒体上市，分别为：趣头条、映客、虎牙直播。美团以4202.18US$M的融资规模位居榜首。（见图6-5）

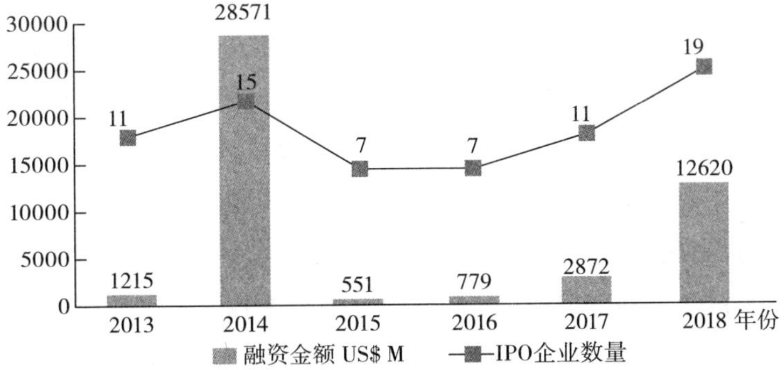

图6-5 2013—2018年中国互联网领域IPO融资规模

（四）并购、收购数量飞速上涨

2018年，互联网行业并购完成交易案例180起，较2017年下降17.81%，披露出的并购金额325.88亿美元，较2017年增长269.66%。这也反映出互联网投融市场在逐渐整合，进入稳定期，市场行为更加理性规范。其中，网络媒体收购、并购数量逆势上涨，相比2017年的6次收购，0次并购，2018年共发生1次并购事件：花椒直播与六房间并购，和10次收购事件。这也反映出网络媒体在进一步整合，相信新的整合过后，市场将更加规范。

（五）传统网络媒体投融金额高，垂直细分领域投融数量繁荣

纵观2018年网络媒体投融事件，发现传统大而全的大众型网络媒体往往因为其用户规模大，而获得极高的投资金额，例如：今日头条获40亿美元投资、斗鱼TV获40亿美元投资、趣头条获4.1亿美元投资、快手获14亿美元投资；但除这些传统老牌媒体外，很少有与之类似的新企业获得投资方青睐。众多小投资方反而更注重垂直细分领域的“分众市场”，想要在大众之外分一杯羹。在线教育、财经、动漫、职业社交、旅游资讯、亲自资讯等细分领域获得金额不等的投资，细分领域数量上急剧增加，持续繁荣。这也表明在垄断继续巩固的同时，新的市场也在孕育。

四、网络媒体投融状况成因分析

中国投融资本市场与整个中国经济相辅相成，每一轮上涨都帮助中国解决经济问题，同样每一次上涨也源于中国整体经济的调整与发展。1992 年，中国资本市场百废待兴，从无到有；1995—2000 年，由于中国职工股上市、法人股合并等一系列制度变革，资本市场迎来逼空上涨；2004—2006 年，A 股市场呈历史最大牛市，借助经济发展、技术发展的红利，大幅增长；2007 年至今，资本市场在曲折中发展。

而 2018 年是非同寻常的一年，十八大报告对经济发展做了新的规划，深入经济体制改革正在路上，监管部门出台一系列“排雷”措施，退市新规、回购新规、CDR 新规等一系列政策落地实施，上交所设立科创板并试点注册制。一系列改革让死气沉沉的资本市场重获新机，2018 年网络媒体资本市场的改观与经济结构调整关系重大，分析成因有助于我们更深入的理解网络媒体投融资市场。

（一）资本市场深入改革，经济结构调整迎来二次腾飞

2018 年，一系列经济改革和经济结构的调整使网络媒体资本市场一改 2017 年的颓势，逐步回暖。实体经济的向好发展，供给侧改革带动内需市场规模的扩大，间接促进了互联网经济的发展。

有容量才能有作为，有发展，2018 年整体经济改革带来的扩容使得网络媒体有了更多的增长空间。再经过一系列的内部整合和技术发展后，网络媒体自身会更加理性，告别野蛮生长，回到正常发展的轨道。

（二）网络经济产业本身仍处在红利期

2018 年，网络经济本身的增长也是网络媒体资本市场回暖的一个重要原因，网络经济远高于 GDP 的行业增速。各网络产业复合增速数倍于传统产业，特别是移动网络的自身发展，以及移动媒体广告的飞速增长，都带动了网络媒体资本市场的向好发展。2016 年后，中国网民及移动网民增长速度飞速下滑，宏观上看，人口红利进入瓶颈期，但是微观层面的细分以及移动手机功能及用户需求的深度开发仍然存在大量红利，这也是为何在用户规模并未大量增长的情况下，资本市场却比较繁荣的原因之一。（见图 6 -6）

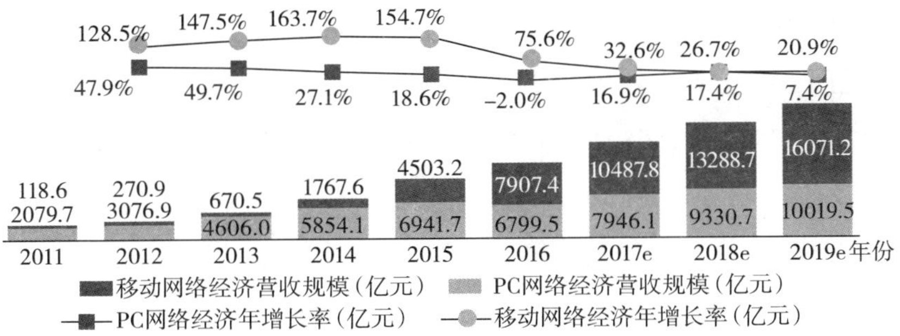

图6-6　艾瑞咨询整理预测网络经济规模图

（三）互联网产业的进一步细分，新领域出现

近几年互联网本地生活服务市场快速发展，市场规模迅速攀升，越来越多的消费者逐渐习惯通过互联网来满足自己的日常需求。2017年中国互联网本地生活服务行业整体市场规模达11457.4亿元，同比增速高达49.6%。本地生活服务市场空间广阔，然而互联网渗透仅为12.7%，存在巨大潜力空间。本地生活服务囊括了居民日常生活的众多消费场景：餐饮、商超、电影、休闲娱乐、美业等。各细分领域由于发展阶段、消费者规模各不相同，市场份额呈阶梯状分布。餐饮、电影等细分领域由于其高频刚需的特征，用户培育与市场拓展难度相对较小，发展更加成熟。从细分市场构成来看，餐饮在互联网本地生活服务领域中占比最大，婚庆、商超宅配、家政维修等细分领域市场份额连年升高，占据越来越重要的地位。各资本方也在紧锣密鼓的投资各领域以抢占先机，从网络媒体投资事件和投资特点也可以看出，大量小众的细分领域媒体获得金额不等的投资，详情可参见附件。

（四）IP红利仍在发展期，“内容IP”“网红IP”成新宠

2018年“IP”红利仍然没有消散，内容生产模式自UGC向OUGC过度已基本完成，更多的专业化+个性化的内容大量生产出来。华农兄弟、美食作家王刚、野食小哥等草根生产者；抖音网红、快手网红、直播网红等娱乐内容生产者，逐渐把“IP”红利由专业媒体带到用户中间，“大IP”向“大众IP”转变，IP生产领域也由专业平台生产开始向用户+平台合作生产。IP不再是只有大企业公司才能塑造的奢侈品，众多草根生产者凭借自身一技之长也开始塑造自我IP，内容IP时代到来。由此带来的资本红利仍促进着网络媒

体投融的持续繁荣。

(五) 新技术、新理念的发展

2018 年网络媒体资本市场的繁荣也离不开新技术、新理念的发展。区块链的火热带动区块链媒体的爆发式获投，VR、人工智能的发展也带动了新媒体、智能媒体的投资增长。2018 年下半年 5G 技术的萌芽，也使得众多投资公司开始布局，优化自身的生态系统，投资新的直播、视频媒体以适应即将到来的 5G 时代。

新零售、新营销、共享经济、粉丝红利、新变现模式等新理念的出现和研究也影响了 2018 年网络媒体的投融状况。

五、网络媒体投融关键字

(一) 存量增长

2018 年网络媒体投融状况的第一个关键词就是：增长。无论是投资数量还是投资总金额比 2017 年都有所上涨。投资数量从 2017 年的 322 亿元上涨到 2018 年的 387 亿元，投资金额则破千亿元。不仅如此，获投估值超十亿人民币的公司达 21 家之多，91 家媒体平台一年内获得超两次投资。

不仅如此，网络经济本身的增长，广告变现的新模式转换，网络媒体资本市场整体存量也迎来增长。在用户总规模增长缓慢的情况下，资本存量并没有减小，反而有所扩大。

(二) 垂直细分

伴随着垂直领域的进一步细分，网络媒体行业开始出现“两极化”趋势，一方面是今日头条、抖音、快手、虎牙直播等媒体占据绝对的优势地位，很难被撼动；另一方面是越来越多的“分众”领域被各种小规模媒体充分开发。2018 年的“增长”很大一部分原因就是各企业对用户细分领域的重视和进一步布局。教育、财经、二次元、亲子、校园、邻里、情侣，各种细分不惜做到“个众时代”。从投资事件看也可以发现，除了几个传统大牌公司：今日头条、快手、封面新闻获得投资外，60% 以上的都是各领域下的垂直细分产品。本地生活服务的崛起也把细分带入新的轨道，2018 年网络媒体投融关键词：细分一定是其中之一。

（三）下沉求稳

2017 年由 BTA 等大企业创始的媒体公司获投的共 79 家，2018 年则下降到 48 家，减少了 31 家。更多企业出自“草根”，这是第一层次的下沉，从大公司创办向多元化发展。同时，天使轮、种子轮投资的占比上升也反映出 2018 年更多新公司涌现出来，这是第二层次的下沉。最后，2018 年并购、收购事件远超 2017 年，金融资本市场更加稳定，这是第三层次的下沉。下沉并不意味着倒退，厚积薄发，相信在经历了 2018 年的下沉求稳之后，2019 年网络媒体将迎来第二春。

抛开资本市场领域，用户的下沉也是值得关注的现象之一。网络媒体用户开始向三四线城市乃至农村地区扩散下沉。数据显示，三四线及以下城市月活跃度达 6.18 亿，占整体的 54.7%。抖音、快手、今日头条等主要媒体的用户增量来自三四线城市的增量要远超一二线城市。趣头条、拼多多、快手三款媒体均在三四线城市有更大的建树，为其带来挑战传统巨头的资本。

（四）区块链

“区块链”可以说是 2018 年的热词之一。纵观 2018 年网络媒体 169 次投资事件，其中“区块链媒体”85 次，占比接近 50%。例如，布洛克财经先后获 5000 万人民币投资，链得得、中欧区块链观察、链财经、区块律动、金钱豹等区块链媒体也获得数百万到千万不等的投资。

六、网络媒体投融趋势及风险预测

在对 2018 年网络媒体投融状况进行概括、总结、分析的基础上，将对 2019 年网络媒体投融情况进行趋势预测和风险预测。

（一）投融趋势预测

1. 新领域：5G 时代带来技术革命

2018 年，5G 时代提上日程，预计 2019 年实现试用，2020 年开启全面推广。5G 的发展使得网络媒体产业链上下游的创新企业迎来脱颖而出、弯道超车的机会。物联网、车联网、产业联网、远程服务等领域将大量出现，各资本平台在 2019 年一定会抓紧布局 5G 产业，投融符合 5G 时代的媒体平台。特别是在视频内容生产领域、本地生活服务领域、沉浸式传播、全景式直播、4K8K 高清视频等领域将展开新一轮争夺。种种符合 5G 时代的新企业、新平台、新媒体，都具有可投资的潜力。

2. 新整合：细分领域竞争激烈，用户细分成新竞争点

经过2017年的发展，2018年的增长，随着2019年细分领域市场的进一步被渗透，其竞争将更加激烈。预计在经历2018年的资本布局后，2019年细分领域将不会再爆发式增长，而是进入整合巩固阶段，各个细分领域也将出现各自的“细分头部”企业。

但各细分领域仍会有增长的机会，那就是不仅关注“领域细分”而是着手“用户细分”挖掘用户的价值目标，从“分众”到“个众”。资本市场可以投资“用户细分”新企业，或者传统细分领域的头部企业。其他还在止步不前的传统细分模式企业，不建议投资。

3. 新态势：监管边界重塑，力度加强

2018年是监管最严的一年，很多违规的网络媒体轻则下架整改，重则永久关停。先有今日头条、知乎下架整改，凤凰新闻关停整改；后有同道大叔、二更视频永久关停。网络媒体如果不遵守网络法规、道德，将迎来毁灭性打击。

与之前的监管有所不同的是2018年以前网络监管多关注“黄赌毒”等庸俗文化，2018年则开始关注“网络道德”，先是暴走漫画等媒体涉嫌侮辱革命先烈而遭下架整改；后有二更视频过度利用“滴滴案件被害女子”被指吃人血馒头，而导致永久关停。2019年，监管的边界将被重塑，互联网监管将不再仅仅停留在“黄赌毒”等庸俗信息或“假新闻”，而是开始关注“道德底线”和“人性良知”。2019年将出现新的监管态势，投资方应注意审视各个企业平台的发展逻辑，如果仍靠“博眼球、擦边球”等“爆文、红文”来带动自身流量，则不会有好的前景，2019年的监管会更加严厉，真正生产好内容的公司才值得投资。

4. 新分化：资本市场将呈现“头部—细分”两极化

2019年预计资本市场“两极化”现象仍会存在，一边是今日头条、虎牙、斗鱼、趣头条等少量头部企业，将继续吸收大额资金，另一边则是大量“细分”领域分别吸收小额资金。笔者建议投资方在头部企业和细分领域、5G新领域的潜力公司间进行选择，而放弃投资一些不上不下，未成头部，也没有新的动力的老企业。

（二）风险预测

1. 区块链繁荣背后隐藏泡沫危机

在区块链技术与应用快速发展的同时，我们也看到多数行业应用仍处于探索阶段，区块链技术成熟度不高，特别是在安全方面仍面临诸多问题。但2018年资本市场对区块链媒体领域一哄而上，导致区块链呈野蛮式生长态势，区块链是新技术和新领域，市场存量还处在发展阶段，过度繁荣往往会隐藏泡沫危机，使得投资方鸡飞蛋打。另外，隐藏在区块链中的非法集资、隐私泄漏、网络诈骗时刻威胁着互联网行业的金融安全，注意这些危险，不给无良企业可乘之机是投资方需要考虑的。在2019年，各投资方应理性对待区块链媒体的投资，在激烈的竞争过后，生存下来的才值得关注。

2. 流量变现需要新的增长点

投资的本质是烧钱、赚钱，创业的本质是花钱、赚钱。未来的盈利能力是衡量一个公司价值的核心所在。一些公司为了获得投资存在制作虚假数据的现象，要远离这些公司。2019年，随着竞争的逐步深入，用户黏性的逐步降低，各媒体平台的盈利难度将加大。前几年投资换来高流量却没有换来高收入的现象不会消失。未来寻找新的流量变现增长点变得至关重要。

3. “数据造假”威胁投融市场规范

伴随着大量打着区块链、5G模式的新企业出现，2019年“流量造假”仍是投资方需要关注的风险之一。如今，流量造假行业已经形成一条完整的产业链，电视剧、电影、微博营销、微信营销、电子商务、网站点击，只要是有“流量需求”，就可以“流量造假”。企业依靠“造假”获取大额投资，在运用经济手段导致公司亏空的现象屡禁不止。2019年，对打着技术、区块链、新模式等旗号的新公司应着重考察。

七、结语

2019年，网络媒体资本投融市场风险与机会并存。各独角兽企业垄断并未减弱，细分领域深入愈发困难；但是，伴随着十八大改革的持续深入，资本市场愈发规范，5G时代、区块链、VR、人工智能等新技术的发展，新的时代已经蠢蠢欲动。谁又能抓住机会实现弯道超车，成为新时代的“独角兽”？让我们拭目以待。

附件：

内容类媒体投资事件汇总（根据 IT 桔子公开数据整理）

时间	获投企业	轮次	投资金额	投资企业	企业估值
2018-12-26	程一电台	A+轮	未透露	钟鼎创投等	1亿人民币
2018-12-22	北纬31度	Pre-A轮	数百万人民币	趣币集团	1500万人民币
2018-12-7	菠萝斑马	A轮	1000万人民币	联想之星（领投）	5000万人民币
2018-12-4	链财经	Pre-A轮	未透露	金色区块	1亿人民币
2018-12-3	大微连邦	天使轮	1000万人民币	零度资本	5000万人币
2018-11-28	野马财经	文化娱乐	A轮	未透露	1.2亿人民币
2018-11-20	不可能的世界	A轮	2000万人民币	浙商创投等	1000万人民币
2018-11-19	WebComics	Pre-A轮	数百万美元	启明创投	9750万人民币
2018-11-10	DeepTech深科技	A轮	数千万人民币	中科创星（领投）	1.5亿人民币
2018-11-6	淘屏网	战略投资	150万美元	币未透露	4875万人民
2018-11-1	MangaToon	Pre-A轮	未透露	元璟资本（领投）	6.5亿人民币
2018-10-29	海马轻帆	A轮	未透露	阿里影业（阿里巴巴）	1亿人民币
2018-10-29	远读重洋	天使轮	未透露	真格基金等	500万人民币
2018-10-24	见实科技	天使轮	500万人民币	微影资本（微影时代）	2500万人民币
2018-10-20	今日头条	F轮-上市前	40亿美元	软银中国（领投）等	4875亿人民币
2018-10-18	MangaToon	天使轮	数百万人民币	零一创投（领投）	3000万人民币
2018-10-17	GIGadgets	A+轮	数百万美元	飞马基金-飞马旅	9750万人民币
2018-10-12	YOHO!	E轮	2500万美元	C Ventures Fund	52亿人民币

续表

时间	获投企业	轮次	投资金额	投资企业	企业估值
2018-10-11	知者授渔	天使轮	100万人民币	未透露	500万人民币
2018-9-17	胖妮视频	战略投资	数百万人民币	极豆资本	1500万人民币
2018-9-14	趣头条	IPO上市	1.288亿美元	未透露	130亿人民币
2018-9-13	一刻talks	A+轮	未透露	腾讯	1亿人民币
2018-9-9	起风财经	Pre-A轮	数百万美元	Ascendas CNTrade Group等	6500万人民币
2018-8-31	轻芒	A+轮	数千万人民币	IDG资本（领投）	1.5亿人民币
2018-8-29	程一电台	A轮	未透露	红杉资本中国（领投）	1亿人民币
2018-8-23	北半球A轮	1000万人民币	腾讯	未透露	5000万人民币
2018-8-22	喜马拉雅	E轮	4.6亿美元	春华资本等	221亿人民币
2018-8-20	共识财经	天使轮	未透露	信融腾达	500万人民币
2018-8-17	CBNT	天使轮	1000万人民币	SMW基金（领投）	5000万人民币
2018-8-17	石榴财经	文化娱乐	战略投资	互动百科集团	5亿人民币
2018-8-14	韦林文化	A轮	未透露	源熹资本	1亿人民币
2018-8-13	米赢文化	A轮	未透露	掌阅科技	1亿人民币
2018-8-10	紫色财经	战略投资	1000万人民币	丰汇资本	5000万人民币
2018-8-8	美篇	B轮	亿元及以上人民币	芒果文创基金（领投）	10亿人民币
2018-8-8	知乎	E轮	2.7亿美元	尚珹资本（领投）	156亿人民币
2018-8-7	羊驼区块链	战略投资	未透露	创世资本（领投）	5亿人民币
2018-8-6	区块律动	Pre-A轮	数千万人民币	如川投资（领投）	1亿人民币
2018-8-6	牛市财经	天使轮	数百万人民币	节点资本等	1500万人民币

续表

时间	获投企业	轮次	投资金额	投资企业	企业估值
2018-8-3	Newsdog	C+轮	未透露	元璟资本	16.25亿人民币
2018-8-2	魔宙	A+轮	未透露	盈动资本	1亿人民币
2018-8-2	ZAKER	C+轮	数千万人民币	和骞投资（领投）	3亿人民币
2018-8-1	推文科技	天使轮	数百万人民币	未透露	1500万人民币
2018-8-1	趣头条	战略投资	8000万美元	人民网	175.5亿人民币
2018-8-1	CoinVoice	Pre-A轮	未透露	PreAngel	1亿人民币
2018-7-27	老路识堂	Pre-A轮	2160万人民币	英诺天使基金	1.08亿人民币
2018-7-24	未来图灵	A+轮	数百万人民币	未透露	1500万人民币
2018-7-23	璞灏科技	天使轮	1000万人民币	澎湃资本（领投）	5000万人民币
2018-7-23	惊人院	天使轮	数百万人民币	英诺天使基金	1500万人民币
2018-7-20	五条	天使轮	未透露	恺英网络	500万人民币
2018-7-19	新经济100人	A+轮	4000万人民币	双湖资本	2亿人民币
2018-7-17	bctopia	战略投资	未透露		5亿人民币
2018-7-16	节点财经	Pre-A轮	1000万人民币	倍链资本	5000万人民币
2018-7-11	神棍局	Pre-A轮	未透露	微影资本（微影时代）等	1亿人民币
2018-7-9	潮库	A轮	未透露	腾讯	1亿人民币
2018-7-7	布络客区块链	天使轮	数百万人民币	未透露	1500万人民币
2018-7-5	美丽阅读	B轮	未透露	众锐投资	1.5亿人民币
2018-7-5	不上班《老道消息》	A轮	数百万人民币	创业黑马（领投）	6000万人民币
2018-7-4	支点社区	A轮	未透露	Binance币安（领投）	1亿人民币

续表

时间	获投企业	轮次	投资金额	投资企业	企业估值
2018 -7 -4	Wonder News 网乐网络	B 轮	数千万人民币	软银中国	4 亿人民币
2018 -7 -4	女神指北	A 轮	未透露	微影资本（微影时代）	1 亿人民币
2018 -7 -3	乌鸦电影	天使轮	未透露	微影资本（微影时代）	500 万人民币
2018 -7 -2	夜听	A 轮	未透露	金沙江创投等	1 亿人民币
2018 -6 -27	灵兽网	A 轮	1000 万人民币	高榕资本	5000 万人民币
2018 -6 -26	增长官研究院	天使轮	数百万人民币	高樟资本（领投）	1500 万人民币
2018 -6 -20	链财经	Pre - A 轮	1000 万人民币	万博投资集团（领投）	5000 万人民币
2018 -6 -17	餐饮界新媒体	天使轮	数千万人民币	亿农投资	1. 2 亿人民币
2018 -6 -15	链得得 ChainDD	A 轮	未透露	和玉资本（领投）	3. 25 亿人民币
2018 -6 -14	随身听	天使轮	数百万人民币	松禾远望	1500 万人民币
2018 -6 -13	羊驼区块链	A 轮	未透露	火币全球生态基金	1 亿人民币
2018 -6 -11	简知	Pre - A 轮	1600 万人民币	青松基金	8000 万人民币
2018 -6 -11	众媒集团	Pre - A 轮	4000 万人民币	李笑来（领投）	2 亿人民币
2018 -6 -8	火星财经	A + 轮	未透露	策源创投（领投）	3. 3 亿人民币
2018 -6 -6	CoinVoice	天使轮	数百万人民币	珂玺资本	1500 万人民币

续表

时间	获投企业	轮次	投资金额	投资企业	企业估值
2018-6-6	毒角 SHOW	A 轮	4000 万人民币	红杉资本中国（领投）	2 亿人民币
2018-6-2	财链社	天使轮	数百万人民币	未透露	1500 万人民币
2018-6-1	耳朵财经	Pre-A 轮	数百万人民币	JRR Crypto（领投）	5000 万人民币
2018-5-28	一本区块链	天使轮	1000 万人民币	英诺天使基金（领投）	5000 万人民币
2018-5-27	母基金周刊	Pre-A 轮	2000 万人民币	华映资本（领投）	1 亿人民币
2018-5-25	盖饭内容工场	A 轮	2400 万人民币	三行资本（领投）	1.2 亿人民币
2018-5-24	嗨皮网络	战略投资	7800 万人民币	吴通控股（领投）	7.8 亿人民币
2018-5-22	听闻区块链	天使轮	800 万人民币	黄桃资本	4000 万人民币
2018-5-22	Newsdog	C 轮	5000 万美元	腾讯（领投）	16.25 亿人民币
2018-5-20	起风财经	天使轮	1000 万人民币	英诺天使基金（领投）	4000 万人民币
2018-5-17	考拉看看	天使轮	数百万人民币	未透露	1500 万人民币
2018-5-16	粉星美妆	战略投资	3440 万人民币	拉芳家化（领投）	1.28 亿人民币
2018-5-16	小步网络	B 轮	未透露	普华资本	1.5 亿人民币
2018-5-16	车叫兽	A+轮	未透露	北京维京传媒	1 亿人民币
2018-5-15	嗨皮网络	新三板定增	1.16 亿人民币	百姓网（领投）	4.17 亿人民币
2018-5-11	Odaily 星球日报	天使轮	3000 万人民币	回向基金（领投）	1 亿人民币

续表

时间	获投企业	轮次	投资金额	投资企业	企业估值
2018－5－9	简知	天使轮	未透露	沐思信息	500 万人民币
2018－5－9	星球研究所	A 轮	1000 万人民币	人民网（领投）	5000 万人民币
2018－5－4	封面新闻	Pre－A 轮	亿元及以上人民币	四川文化产业投资基金	5 亿人民币
2018－5－3	见实科技	种子轮	150 万人民币	梅花创投（领投）	1500 万人民币
2018－5－3	魔宙	A 轮	未透露	中文在线	1 亿人民币
2018－4－30	YOHO!	E 轮	未透露	未透露	5 亿人民币
2018－4－27	链得得 ChainDD	Pre－A 轮	未透露	泛城资本	6.5 亿人民币
2018－4－24	创业邦	C 轮	数千万人民币	GGV 纪源资本（领投）	6 亿人民币
2018－4－23	左岸卡漫	A 轮	未透露	平治信息	1 亿人民币
2018－4－18	钛媒体	战略投资		国家新媒体基地	5 亿人民币
2018－4－18	链虎财经	Pre－A 轮	2000 万人民币	未透露	1 亿人民币
2018－4－13	知者授渔	种子轮	50 万人民币	未透露	250 万人民币
2018－4－7	陨石财经	种子轮	数百万人民币	极光资本	1500 万人民币
2018－4－5	蜜蜂财经	天使轮	未透露	火币全球生态基金	500 万人民币
2018－4－4	北纬 31 度	天使轮	数百万人民币	第一视频	1500 万人民币
2018－4－2	鲸鱼财经	天使轮	未透露	未透露	500 万人民币
2018－4－2	亿欧网	B 轮	6400 万人民币	Star VC（领投）	3.2 亿人民币
2018－3－30	畅游新媒	战略投资	400 万人民币	腾讯	4000 万人民币
2018－3－28	蜻报	Pre－A 轮	未透露	紫峰资本（领投）	1 亿人民币

续表

时间	获投企业	轮次	投资金额	投资企业	企业估值
2018-3-23	OUTPUT	天使轮	数百万人民币	青松基金	1500万人民币
2018-3-23	链天下	种子轮	数百万人民币	朱怀阳	1500万人民币
2018-3-22	区块律动	天使轮	数百万人民币	光源资本	1500万人民币
2018-3-22	母婴行业观察	天使轮	数千万人民币	好未来（学而思）	1.5亿人民币
2018-3-21	芬果财经	天使轮	未透露	陈伟星	500万人民币
2018-3-21	微见	天使轮	未透露	腾讯	1亿人民币
2018-3-21	耳朵财经	天使轮	数百万人民币	WeMedia自媒体联盟	1500万人民币
2018-3-20	链接财经	天使轮	400万人民币	未透露	2000万人民币
2018-3-19	31区	A轮	未透露	DFund	1亿人民币
2018-3-14	趣头条	B轮	2亿美元	腾讯（领投）	104亿人民币
2018-3-14	三声	A轮	未透露	华人文化产业投资基金	1亿人民币
2018-3-9	火讯财经	天使轮	1000万人民币	火币网	1亿人民币
2018-3-9	陀螺财经	天使轮	700万人民币	七星数字基	3500万人民币
2018-3-8	链得得ChainDD	天使轮	未透露	真格基金	3250万人民币
2018-3-7	块连线	种子轮	300万人民币	Tokenup	1500万人民币
2018-3-6	火星财经	A轮	未透露	IDG资本	1.5亿人民币
2018-3-5	娱乐资本论	A轮	未透露	华人文化产业投资基金	1亿人民币
2018-3-2	金钱报	天使轮	数千万人民币	极豆资本	1.5亿人民币
2018-3-2	巴比特	A轮	1亿人民币	普华资本（领投）	5亿人民币
2018-3-1	铅笔道	A轮	未透露	和骞投资（领投）	1亿人民币
2018-3-1	语人科技	种子轮	数百万人民币	未透露	1500万民币

续表

时间	获投企业	轮次	投资金额	投资企业	企业估值
2018－2－27	深链财经	天使轮	1000 万人民币	梅花创投（领投）	5000 万人民币
2018－2－19	一刻 talks	A 轮	数千万人民币	翊翎资本（领投）	1.5 亿人民币
2018－2－14	虎尔财经	天使轮	数千万人民币	DFund	1.5 亿人民币
2018－2－13	Newsdog	B 轮	数千万美元	腾讯	9.75 亿人民币
2018－2－12	链得得 ChainDD	种子轮	数百万人民币	钛媒体（领投）	1000 万人民币
2018－2－10	哆咪播	A＋轮	4000 万人民币	国信国投（领投）	2 亿人民币
2018－2－9	即刻	C 轮	3000 万美元	腾讯	9.75 亿人民币
2018－2－8	火星财经	战略投资	未透露	BeeChat	5 亿人民币
2018－2－8	程一电台	Pre－A 轮	数千万人民币	微影资本（微影时代）	1.5 亿人民币
2018－2－1	中欧区块链观察	天使轮	100 万人民币	PreAngel（领投）	500 万人民币
2018－1－31	造就	A 轮	数千万人民币	启明创投（领投）	1.5 亿人民币
2018－1－30	小司文化	Pre－A 轮	1000 万人民币	金信资本（领投）	5000 万人民币
2018－1－30	驰悦文化	天使轮	500 万人民币	未透露	1 亿人民币
2018－1－29	机器之心	A 轮	未透露	星路资本（领投）	1.5 亿人民币
2018－1－26	东超科技	天使轮	800 万人民币	合肥高投	4000 万人民币
2018－1－23	豆瓣阅读	A 轮	6000 万人民币	柠萌影业	3 亿人民币
2018－1－19	新材料在线	B 轮	数千万人民币	华强资本（领投）	3 亿人民币

续表

时间	获投企业	轮次	投资金额	投资企业	企业估值
2018－1－17	45 区	天使轮	未透露	纸贵科技	500 万人民币
2018－1－17	志象网	天使轮	300 万人民币	大观资本（领投）	2000 万人民币
2018－1－14	议题传播	天使轮	3500 万人民币	富安娜集团（领投）	1 亿人民币
2018－1－9	小专栏	天使轮	数百万人民币	未透露	1000 万人民币
2018－1－8	大猫财经	天使轮	未透露	和悦资本	500 万人民币
2018－1－8	饭桶戴老板	天使轮	数百万人民币	高樟资本（领投）	3000 万人民币
2018－1－3	WebComics	天使轮	未透露	梅花创投（领投）	500 万人民币
2018－1－3	奔跑财经	天使轮	1000 万人民币	首金商投资	5000 万人民币
2018－1－3	荔枝 FM	D 轮	5000 万美元	兰馨亚洲（领投）	130 亿人民币
2018－1－1	新世相	B 轮	亿元及以上人民币	昆仑万维（领投）	5 亿人民币

部分知名视频类媒体投融事件（根据 IT 桔子整理）

时间	获投企业	轮次	投资金额	投资企业	企业估值
2018－12－25	兰渡文化	C＋轮	1500 万人民币	东方富海	7500 万人民币
2018－12－8	右划科技	B 轮	数千万美元	红杉资本中国（领投）	9.75 亿人民币
2018－9－23	影谱科技	D＋轮	2 亿人民币	曜为资本	100 亿人民币
2018－9－5	百度视频	B 轮	1 亿美元	百度（领投）	52 亿人民币
2018－8－17	何仙姑夫	Pre－B 轮	数千万人民币	美图	1.5 亿人民币
2018－8－13	智影	A＋轮	数千万人民币	头头是道投资基金	1.5 亿人民币
2018－8－7	影谱科技	D 轮	13.6 亿人民币	商汤科技 SenseTime	68 亿人民币

续表

时间	获投企业	轮次	投资金额	投资企业	企业估值
2018－7－30	SnapTube 大宇无限	B 轮	未透露	腾讯	1.5 亿人民币
2018－7－24	是大腿	Pre－A 轮	1000 万人民币	熊猫资本（领投）	5000 万人民币
2018－7－20	听伴	A＋轮	未透露	汉富控股（领投）	1 亿人民币
2018－7－17	之间文化	A 轮	3000 万人民币	深圳汉景汇弘投资中心	1.5 亿人民币
2018－6－28	映客	F 轮－上市前	4000 万美元	分众传媒（领投）	26 亿人民币
2018－6－20	右划科技	A 轮	1000 万美元	金沙江创投	3.25 亿人民币
2018－6－5	BIGO LIVE 百果园网络	D 轮	2.7 亿美元	欢聚时代	32.5 亿人民币
2018－5－21	newestage	A＋轮	数千万人民币	SIG 海纳亚洲	1.5 亿人民币
2018－4－24	萤火虫视频	B 轮	未透露	腾讯	1.5 亿人民币
2018－4－21	快手	E 轮	4 亿美元	腾讯	1300 亿人民币
2018－4－18	二更	B＋轮	1.2 亿人民币	雄牛资本（领投）	12 亿人民币
2018－4－4	口袋宝宝	A 轮	未透露	百度视频	1 亿人民币
2018－3－9	虎牙直播	B 轮	4.6 亿美元	腾讯	130 亿人民币
2018－3－8	斗鱼 TV	E 轮	40 亿人民币	腾讯	250 亿人民币
2018－2－6	理想境界	B 轮	未透露	同德投资	1.5 亿人民币
2018－1－25	快手	E 轮	10 亿美元	腾讯	1170 亿人民币
2018－1－22	一条视频	C＋轮	未透露	京东（领投）	32.5 亿人民币
2018－1－12	好兔视频	天使轮	数百万人民币	昆仲资本	3000 万人民币
2018－1－3	右划科技	天使轮	数百万美元	高榕资本	9750 万人民币
2018－1－3	听伴	A 轮	亿元及以上人民币	壹号资本	18 亿人民币

第七章　中国移动媒体投资报告

邓倩　王迪

习近平总书记在十九大报告中多次提及互联网，互联网在经济社会发展中的地位更加凸显，我国向网络强国建设目标持续迈进。中国互联网产业发展加速融合，“中国制造 2025”全面实施，“互联网 +”助推传统产业升级，促进协同制造、现代农业、智慧能源、普惠金融、公共服务、高效物流、电子商务、便捷交通、绿色生态、人工智能等迈向深度融合。从互联网发展周期看，伴随网民人口红利减少，移动互联网产业高潮已消退，全面进入稳定增长阶段。而在资本力量催化下，业务生态持续创新拓展，“智能与融合”演化为新时期互联网发展的核心特征。移动互联网正加速迈入智能融合时代，具备全维感知、自然交互、线下融合等核心特质的“新型智能硬件”与“智能互联网 +”，成了智能融合时代引领资本竞争的战略业务平台。

一、移动互联网的发展及投资

随着中国移动智能终端用户规模的不断扩大，移动互联网用户已成为移动通讯和互联网产业的主要消费人群。媒体产业和公共生活服务在与移动互联网的资本联姻中产生新的业务形态，2018 年中国移动互联网产业进入相对平稳发展期。以手机为中心的智能设备，成为“万物互联”的基础，车联网、智能家电促进“住行”体验升级，构筑个性化、智能化应用场景。当前，移动互联网服务场景不断丰富、移动终端规模加速提升、移动数据量持续扩大，为移动互联网产业创造更多价值挖掘空间。

（一）移动互联网基础资源发展现状

自 2015 年国务院办公厅印发《关于加快高速宽带网络建设推进网络提速降费的指导意见》以来，基础电信企业继续加快移动网络基础设施建设。

2018 年我国互联网提速降费持续深入推进，我国移动网络覆盖范围和服务能力持续提升。截至 2018 年 12 月，光纤宽带接入（FTTH/0）用户总数达到 3.68 亿户，占宽带用户总数的比重较 2017 年末提高了 6.1 个百分点，达到 90.4%。2018 年第四季度，全国移动宽带用户通过 4G 网络访问互联网时的平均下载速率为 22.05Mbit/s，同比增长 47.6%。我国固定宽带和 4G 网络用户下载速率双双超越 20Mbit/s（见图 7－1），从数据来看，我国互联网接入环境与 2017 年相比取得了较大提升，这为移动互联网产业发展提供了必要的物质技术保障。

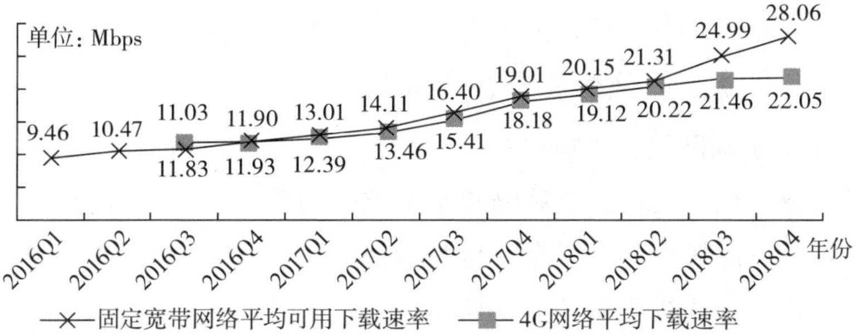

图 7－1　我国固定宽带/4G 平均下载速率（2016－2018）

来源：宽带发展联盟　　2018.1.3

政府支持的各类信息基础设施建设和提速降费释放出的巨大红利，有效地支撑了移动网络经济社会的转型升级。从移动互联网流量数据来看，2018 年 1 至 12 月，移动互联网接入流量消费累计达 711.1 亿 GB，较 2017 年底增长 189.1%，移动互联网流量自 2014 年以来连续实现年翻番增长。移动宽带网络基本实现城市、县城的连续覆盖及发达乡镇、农村地区的热点覆盖，4G 网络覆盖的广度和深度，以及用户体验达到发达国家水准。2017 年 1 月 17 日，工信部发布《信息通信行业发展规划（2016—2020）》，将在十三五期间积极开展 5G 标准研究，构建商用 5G 网络，推动 5G 支撑移动互联网、物联网应用融合创新发展，为 5G 启动商用服务奠定基础。2018 年各大运营商陆续推进落地发展 5G 计划，开启万物互联网和人机深度交互的新时代。

伴随移动互联网基础资源高速发展，移动互联网应用不断丰富。截至 2018 年 12 月，我国市场上监测到的移动应用程序（APP）在架数量为 449 万款。我国本土第三方应用商店移动应用数量超过 268 万款，占比 59.7%，苹果商店（中国区）移动应用数量超过181万款，占比为40.3%。游戏类应用一直占较大比例，数量约138万款，占比达30.7%；生活服务类应用规模位于第二，超过54.2万款，占比12.1%；电子商务类应用规模位于第三，超过42.1万款，占比为9.4%。2018年APP市场下载量相对稳定，APP内容运营更加垂直，有效提升用户黏性与留存，精准拓展新用户将成为移动应用市场竞争的关键。在国家相关政策的改革与激励下，我国移动互联网基础资源日益完善。一方面，拉动了相关产业上下游企业的增长，推进了互联网应用的移动化转型；另一方面，还大大促进了"互联网+"融合创新，为出行、环保、金融、医疗、家电等行业与互联网深度融合提供了网络保障和支持。

（二）移动互联网的主要投资领域

2018年中国网民总体规模增速放缓，新用户红利尚待挖掘，用户注意力越发稀缺。在人口红利消退后的移动互联网时代，国内互联网投资市场整体收紧，投资事件数量有所下降，行业融资市场活跃度相对降低。2018年，中国移动互联网行业投资的两个关键词是"上市"和"跨界"，移动互联网投资逐渐回归理性和价值驱动。2018年中国移动互联网途径第四次上市潮，行业全年上市公司达42家，主要是各垂直领域的巨头，以小米、美团、拼多多、爱奇艺等最具代表性。同时，各大互联网行业巨头无一例外的通过投资并购不断扩张业务边界，丰富战略布局领域。如BAT线上去重用户规模均已突破10亿，2018年通过投资进一步把事业版图拓展至教育、医疗、企业服务、制造等各个行业。新兴独角兽今日头条系的字节跳动公司通过投资布局跨界进入社交和电商领域，竞争边界愈发模糊。

1. 短视频引领互动娱乐投资

2018年以来，强烈的市场需求、政策的鼓励引导、企业的资本支持共同推动网络文化娱乐业态进入全面繁荣期。短视频借力移动互联网产品形态的改变一跃而起，互联网巨头对短视频态度从最初的观望到青睐有加。短视频市场获得各方广泛关注，众多互联网企业竞相布局，百度、腾讯、阿里巴巴、新浪持续在短视频领域发力，网易、搜狐等也纷纷推出新的短视频应用，短视频市场迅速发展。

截至2018年12月，短视频用户规模达6.48亿，用户使用率为78.2%。泛娱乐和资讯短视频的崛起，越来越多的用户对短视频从接受、喜爱到依赖，以满足碎片化的娱乐或资讯需求。智能手机作为个人网络视频服务中最重要的一屏，使用率在高位的基础上不断提升。泛资讯与自媒体平台的结合，极大地释放了互联网内容生产力。但随着短视频市场的逐步成熟，相对低门槛的娱乐化产品对用户注意力的争夺日益激烈。用户对内容的品质要求依然有所坚持，特色优质内容成为各平台的竞争关键。短视频平台内容生产的专业度与垂直度加深，同质化内容已无法立足。各短视频平台纷纷加强与优质MCN机构、达人合作，打造优质PGC（专业生产内容）并带动UGC（用户生产内容），共同生产更优质的内容。如因短视频与音乐类内容较为契合，短视频平台和网络音乐企业的跨界合作进一步加深，各大网络音乐平台均陆续推出了挖掘和扶持原创短视频音乐作者的激励计划。

虽然有关政府部门对网络娱乐内容产品的监管力度加大，但短视频所具有的用户规模和资金营收能力，让其在资本市场中的表现依然亮眼。从2018年各大短视频平台的营收均保持高速增长的现实来看，短视频行业未来发展前景良好。

2. 网络零售带动电子商务升级

2018年，电子商务领域首部法律《电子商务法》的出台，对促进行业持续健康发展具有重大意义。电子商务总体稳步发展，在协调供给侧结构性改革、助力乡村振兴等方面发挥了重要作用。在用户高增长红利期后，网络零售消费市场供需两端“双升级”成为行业增长新一轮驱动力。在供给侧，线上线下资源加速整合，电子商务新模式不断丰富多元化的购物场景，带动网络零售业转型升级。如电子商务、社交应用、数字内容相互融合推出的社交电商模式拓展了电子商务业务。各大电商实体门店加速对社区、民生、便捷性消费场景的布局渗透，与传统零售商联盟化趋势加强。在需求侧，消费升级趋势保持不变，消费分层特征日益凸显，进一步推动市场多元化。中国网络零售行业借助多种创新技术手段进行用户体验的优化与提升，人工智能、大数据、区块链等技术在物流、营销、质量追溯、销售方式等领域应用日趋深入。如品质化升级向上游供应链延伸，分别围绕品类、品牌、原料、产地控制等专注于存量市场的价值深度挖掘。网络零售业供应链的数字化、智能化升级，形成从供应商、销售渠道、仓储到门店各环节的协同效用。以无人便利店、无人餐厅、无人货架为代表的零售形式层出不穷，升级了网络零售的便利性。

其中，生鲜电商和跨境电商在2018年持续受到资本市场重视，用户基础保持稳步提升趋势。生鲜电商在资本市场的长期支持下，通过创新消费体验方式、前置仓模式和线上线下互动融合机制，不断培育和壮大生鲜用户群体。前置仓模式几乎成为零售企业标配，每日优鲜率先跑通生鲜电商行业前置仓模式，并不断迭代升级，成为该模式的领航者。从生鲜电商行业发展趋势看，前置仓模式的盈利性和可复制性已经得到市场验证，推动了生鲜电商行业发展。跨境电商继续被资本市场重金加持，用户规模增长趋势开始提速。多方参与、多种模式的跨境电商经过多年培育逐步获得市场认可，在全社会消费升级驱动因素下快速爬升。随着全面改革深化，未来网络零售业仍将充满前景。

3. 资讯类APP拉动移动端内容增长

虽然移动互联网网民规模增速放缓，但移动终端在内容领域的红利依然明显。移动端的内容入口资讯类APP数量近三年均有所增长，成为用户在移动端获取内容的主要入口之一。

移动资讯类用户消费时长持续增长，用户“移而不动”趋势显现，泛内容边界拓展，让资讯内容的市场总规模和潜力较为可观。2018年以今日头条系引领的移动资讯类行业发展呈现出如下特点：第一，加强优质内容争夺，逐渐向最认可的头部创作者聚拢。内部通过开通小程序、提供广告分成等手段加大对自媒体资源的培育和争夺力度。外部与视频、问答等类型网站开展合作，扩大自身在内容生态领域的分发能力。第二，重塑内容分发机制，实现差异化精准推送。单一基于兴趣的算法推荐机制弊端渐显，部分资讯类APP主动求变，采取“算法推荐+人工干预”的新型内容分发机制。第三，发展多元内容载体，探索与相关互联网产品跨界融合。各资讯类APP加大在短视频、社交、动漫等新型内容载体的发展力度，尤其短视频形式引起各家资讯类APP重点布局。

二、手机媒体的发展与投资

（一）手机媒体发展概况

我国网民的个人移动上网设备正在逐步集中使用手机，手机接入互联网的占比呈现出不断增长的趋势。CNNIC 发布的第 43 次《中国互联网络发展状况统计报告》显示，截至 2018 年 12 月，我国网民规模达 8.29 亿，其中手机网民规模达 8.17 亿，普及率达到 57.7%。网民中使用手机上网人群的占比由 2017 年的 97.5%提升至 98.6%，网民手机上网比例继续攀升，全年新增手机网民 6433 万。网民中使用台式电脑上网的比例为 48.0%，较 2017 年底均有所下降。智能电视接入网络的比例较上年提升近 3 个百分点，达到 31.1%（见图 7－2）。此外，作为移动互联网终端之一的智能可穿戴设备，其使用份额在 2018 年也出现较大幅度增长。伴随 4G 网络的不断普及、提速、降价，用户的移动上网环境不断改善，移动互联网环境下的智能设备类型也趋向多元化。

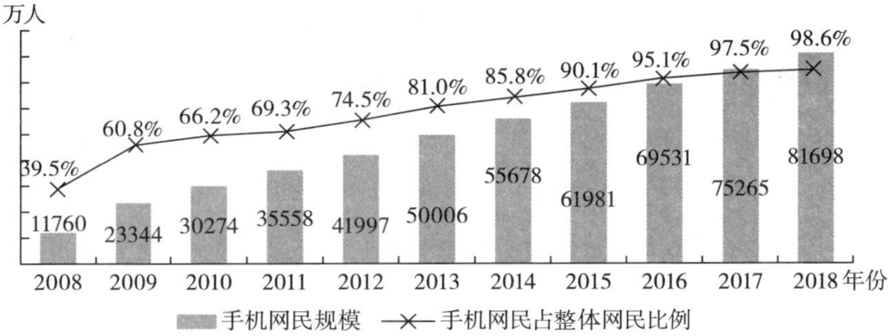

图 7－2　中国手机网民规模及其占网民比例（2008—2018 年）

资料来源：CNNIC 中国互联网络发展状况统计调查，2018.12

根据中国信息通信研究院发布的数据计算得出，2018 年中国手机市场全年总出货量为 4.14 亿部，同比下降 15.6%（见图 7－3）。在 4G 网络建设完善、国内手机生产愈发激烈的竞争等因素的影响下，2018 年中国智能手机出货量有所下降，但销售收入同比增长，印证了我国移动手机市场人口红利消失，市场进入稳定期。在中国手机市场日渐饱和时期，国内手机品牌集中的趋势越发明显。国内各大手机厂商竞相布局海外市场投资，全球化战略成为手机企业发展的必然选择。小米目前已是印度手机市场最大的销售商，华为在欧洲取得了巨大的成功，2018 年 6 月份，OPPO 也宣布进入欧洲市场。国内手机厂商未来在全球市场中的竞争将更加激烈。在重点布局发展领域方面，国内各大手机厂商持续在发展 5G 和开发智能终端两个层面着力，正迅速吸纳前沿技术发展核心要素特征，实现手机产业的升级演化。

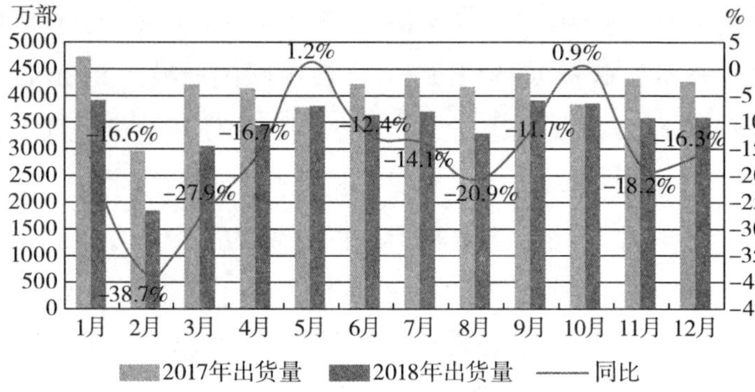

图 7-3　2017 年 12 月至 2018 年 12 月国内手机市场出货量

（二）手机媒体的主要投资领域

QuestMobil 数据显示，2018 年年末移动互联网用户增速同比已放缓至 5% 以下，总活跃用户规模达 11.3 亿，逼近饱和。在人口红利释放殆尽的当下，2018 年手机媒体发展以及投资模式与往年相比，活跃用户量增长放缓，手机终端技术不断升级，投资类型日益丰富。整体来看，投资方关注度相对聚焦于移动社交、互动娱乐和互联网金融等领域，呈现出部分新特征和趋势。

1. 手机社交类

即时通信作为网络社交的基础应用，用户规模和投资力度保持平稳增长。截至2018 年 12 月，手机即时通信用户规模达 7.80 亿，较 2017 年底增长 8670 万，占网民总体的 95.5%。

2018 年即时通信应用不断开拓创新，在产品功能方面，以微信为代表的通信产品依托小程序，正成为推动传统行业数字化转型的有力工具。通过小程序以及品牌广告、公众号等功能，传统产业企业可以在即时通信软件上实现对用户的早期触达、运营促销、服务提供、关系维护等全周期、个性化服务。在应用场景方面，即时通信产品的差异化定位日益显现，面向不同应用场景的即时通信产品均得到进一步发展。如在个人应用场景领域，陌陌通过全资收购探探巩固了其在陌生社交领域的市场份额。在企业应用场景领域，以钉钉和企业微信为代表的即时通信产品用户规模持续提升。此外，针对垂直行业特殊应用场景的专用型即时通信产品也不断探索，如满足金融机构监管要求的金融业合规即时通信已经在业内初步形成规模。

在内容提供方面，社交平台的资讯渠道价值在追赶资讯类 APP，基于即时通信产品的网络社交平台向媒体平台延伸。微博更加内聚，将自身变为一个多维度的媒体内容池，微信则更为开放，更关注用户以社交网络为工具所创造的影响和价值。多元的资讯类平台和内容生产者拥抱社交，让用户在内容消费过程中自然、主动地嵌入社交行为。同时，在各相关部门和企业的共同努力下，即时通信平台上的违法违规内容受到严厉打击，平台内容共治的格局已经初步形成。

即时通信产品正发展为“连接一切”的生态平台，基于手机社交平台的多元化功能日趋完善。从即时通信到新闻推送、视频直播、支付交易、公共服务等都可以在社交应用上实现，社交媒体嵌入社会公共生活的程度逐渐深入。作为移动互联网流量的中坚力量，移动社交通信的刚性需求在近几年已基本释放完毕，而在创新技术驱动下构建以移动社交为核心覆盖多领域平台化生态的投资潜力仍然巨大。

2. 手机游戏类

手机娱乐类应用以手机游戏、手机音乐、手机直播和网络文学为主，其中手机游戏类应用可谓独领风骚。截至 2018 年 12 月底，中国手机游戏用户规模达 4. 59 亿，较 2017 年底增长 5169 万，占手机网民的 56. 2%。在经历近几年的高速增长后，游戏行业的平均投资额度继续增长，但相较趋于平缓。资本市场对游戏行业兴趣从扶持创业阶段转向促进成长阶段。

2018 年，手机游戏产品呈现出类型的多样化和游戏内容的精品化两大特点。从手机游戏类型来看，地方棋牌类游戏的迅速崛起，沙盒战略类游戏的全球风靡，二次元女性向游戏的刷屏，手游行业爆款频出，百花齐放。扑克棋牌类、沙盒战略类和休闲益智类手游渗透率均在 20% 以上。

同时，网络游戏产业的移动化特征日趋凸显，手机游戏市场规模进一步上升。移动网络游戏在行业的营收中占据 90% 以上的份额，成为网络游戏产业中的核心驱动力量。随着用户移动化、碎片化娱乐需求的提升和移动智能终端的更新迭代，未来移动游戏产业资本规模将会进一步扩大。在快速发展进程中，手机游戏市场竞争演变为游戏作品、用户资源、知识产权、渠道等产业链整合综合竞争。互联网巨头纷纷调整战略布局，通过资本收购方式布局泛娱乐产业，逐渐向游戏、电影、网络文学和动漫等产业渗透，并形成网络互动娱乐产业联动效益。腾讯和网易两家公司的游戏年营收之和仍然占据游戏市场规模半壁江山，手机游戏市场份额继续向头部靠拢的趋势明显。在互联网人口红利消失的今天，2018 年网络游戏市场营收增长率不降反升，表现出网络游戏产业的强劲生命力。

3. 手机支付类

随着移动互联网技术和在线支付应用的不断发展，我国网民手机支付用户规模持续扩大，用户使用习惯进一步巩固。CNNIC 的发布报告显示截至 2018 年 12 月，我国手机支付用户规模达 5.83 亿，年增长率为 10.7%，手机网民使用率达 71.4%。线下手机支付使用习惯持续巩固，网民在线下消费时使用手机网络支付的比例由 2017 年底的 65.5% 提升至 67.2%。阿里、腾讯两大移动互联网企业着力投资手机支付领域，快速超越移动支付方式激烈博弈格局，带动我国手机支付业务全面爆发，无现金社会已然来临。

手机支付应用类投资一方面运用补贴营销策略激励商户和消费者开通移动支付业务，让在线支付向线下支付领域快速渗透；另一方面通过开通外币支付业务，将消费支付市场拓展到海外。支付宝和微信支付已分别在 40 个以上国家和地区合规接入，我国企业已在亚洲 9 个国家和地区运营本土化数字钱包产品。手机支付深入绑定个人生活，手机支付通过各类应用程序与社会服务业广泛融合。除出行、外卖、购物等个人消费服务场景之外，进一步向公共服务领域延伸，由早期水、电等生活类缴费扩展到公共交通、医疗等领域。此外，技术融合为网民营造了便捷、安全、丰富的移动支付场景。绝大多数支付机构接入网联，提高了资金透明度和网络支付的安全性。

三、国内主要运营商的发展与投资

2018 年是通信业变革发展的一年，正如中国电信董事长杨杰在 2018 年的一次演讲中所说，信息通信技术已广泛渗透全球经济社会各领域，以“ABCDEHI5G”（人工智能、区块链、云计算、大数据、边缘计算、智慧家庭、物联网和 5G）为代表的新技术蓬勃兴起，正深刻地改变人类的生产方式、生活方式和思维方式，改变着人类文明的进程。再加上自 2018 年 5 月 1 日起，符合条件的民营、国有和外资企业，都可以申请经营移动通信转售业务。虽然通讯运营市场迎来前所未有的激烈竞争，但中国移动、中国联通和中国电信仍占据不可撼动的主体地位。

数据显示，截至2018年12月，三大运营商都取得了不错的成绩，中国移动发展速度更是远超中国联通和中国电信，以相当大的优势占据行业中移动用户、4G用户和宽带用户三个第一。中国移动的移动用户总数达到9.25亿户，约为中国联通和中国电信总量的1.5倍；4G用户总数达到7.13亿户，是中国联通和中国电信总和的1.54倍。2018宽带市场改朝换代，中国移动力压曾经的双雄，但是在宽带收入上仍不敌中国电信，并且三大运营商的宽带净增用户都出现了不同程度的降幅。（见表7－1）

表7－1　2018年三大运营商用户统计

	中国移动	中国联通	中国电信
移动用户总量（亿户）	9.25	3.15	3.03
全年净增减量（万户）	3786.9	3087.3	5304
4G用户总量（亿户）	7.13	2.42	2.2
4G用户净增减量（万户）	6314.30	4504.90	6039
宽带用户总量（万户）	15669	14579	8088

综合政策导向、产业发展趋势以及国际布局情况，三大运营商均对5G、信息安全、云计算、AI与数据、数字内容与应用、国际化等投资方向进行重点关注。2018年是中国展开5G规模试验、进行市场布局的关键一年，作为5G网络建设的主要"施工方"，三大运营商也都以5G商用需求为导向，在激烈的竞争中确定了各有侧重的战略部署，为产业链注入新活力。

（一）中国移动：蓄能5G厚积薄发

1. 发挥资费价格优势，扩大规模强势封王

凭借资金规模优势、强势市场地位以及市场战略部署，2018年中国移动克服重重困难成为国内第一宽带运营商，正式成为三冠王。在宽带质量服务相较友商不占优势的情况下，资费价格上超强的竞争优势无疑是中国移动宽带用户迅猛增长的主要原因。多地免费赠送两年宽带、"新用户38元套餐"各种优惠甚至免费的营销举措贯穿全年，并于7月份起取消流量漫游费。

当然，中国移动在大力扩展用户规模的同时，不可避免地会有宽带客户价值提升和宽带收入增长的困惑。根据其上半年发布的营收财报来看，在营收方面，中国移动也顶住了提速降费所带来的压力。在与宽带直接相关的家

庭市场业务和产品创新乏力的情况下，发挥资费价格优势以努力获取增量用户将持续一段时期。虽然采用价格杠杆提高市场份额是有效的手段，但创新驱动发展是企业同质化竞争更好的战略之一。新的一年中国移动将进一步深化“四轮驱动”融合发展，推动5G产业化、联合创新的发展，加强产品和服务差异化，激发客户消费需求。

2. 储备5G，建好生态圈

为实现5G于2019年预商用、2020年正式商用的目标，中国移动已经构建了“一体三环三纵”的科技创新体系和具有特色的科技成果转化激励机制。聚焦通信基础网络、云计算、大数据、移动互联网、物联网等领域，累计承担165个国家重大科研项目，建设新一代移动通信技术等5个国家级工程实验室，打造首批海外高层次人才创新创业基地，专职研发人员超过8000名。这让中国移动可以培养大量优秀的人才，为后续研发和产业经营打下坚实基础。

同时，2018年中国移动还一直推动5G产业化、联合创新的发展，致力于打造一个良好的5G生态。在产业生态上，中国移动打造了国家级“双创”示范基地。积极探索大企业带动中小企业、共享资源、融通发展的“双创”模式。建立6个“双创”空间，搭建“万物互联创客马拉松”创新孵化平台，吸引超过10万名内部员工和近千支外部创新创业团队参与“双创”。全面实施“139合作计划”，向全社会开放中国移动的特色能力与创新创业资源，2014年以来中国移动的各项能力被调用累计超过5000亿次，孵化应用超过15万个，为促进全社会“双创”贡献了力量。在2018中国移动全球合作伙伴大会期间，中国移动牵头华为、阿里巴巴、百度、美国高通、新华三、海信、好未来、VMware、港华燃气、北京迪信通等企业成立产业数字化联盟，让5G与产业结合更加紧密。中国移动还推出了“智慧5G”“先机5G”和“炫彩5G”三大项目，通过联合研发、资金撬动、打造5G联创中心孵化器等方式，联合各行各业致力打造良好的5G生态圈。

3. 拓展合作圈，深入实施“大连接”战略

“4G改变生活，5G改变社会”，信息产业变革与发展带来的影响从来都是全社会性的。万物互联时代，中国移动广泛结盟通信行业外的合作伙伴，拓展生态。6月27日，中国移动和浦发银行联合成立实验室，以发挥双方优

势，共同探索5G和物联网技术在金融行业运用。7月又与小米举行战略合作协议签约仪式，在联合营销、渠道转型、智能硬件、政企服务、境外服务以及产业投资等多个方面展开战略合作。中国移动还与京东新通路携手开展一系列基于社区场景的合作。除5G建设布局中推进联合创新促进产业落地，还通过成立联盟的方式引入更多合作伙伴。如“139合作计划”下三大产业联盟，以及成立的边缘计算开放实验室和O－RAN联盟等。2018年中国移动还成立了多家子公司，如车联网公司中移智行网络科技有限公司、全资子公司中移动科技等，向智能交通、融合支付、金融科技等领域拓展。新的一年中国移动表示将深化“大连接”战略，坚持创新转型，促进融合发展。

（二）中国联通：推进互联网化运营

1. 混改释放红利

2018年中国联通混改渐入佳境，通过一年来有效混改，联通解决了机制不活、激励不够、创新不足等问题，工作效率得到了较大提高，经营业绩更是实现“V”形反转。2018年前三季度，整体主营业务收入预计达到2000.13亿元人民币，比去年同期上升6.5%。

据统计，混改以来，在保证国有资本控股的前提下，中国联通集团公司持有A股公司股份降至36.7%，引入的14家战略投资者合计持有股份35.2%，公众股东持有股份25.5%，员工限制性股票激励计划占2.6%，实现了不同资本相互融合和股权有效制衡。中国联通与这些战略投资者在资源互补、业务协同、市场发展方面开展更广泛深入的合作。除集团层面的混改，中国联通还积极探索“民营投资承包运营”模式，云南省州市分公司率先开展试点，已展开试点的州市营收比没有展开试点的州市营收相差超过15%。

2. 务实推进5G

混改不断释放红利、激活潜能，中国联通财务实力明显增强，已经为5G建设投资储备了充足的资金，5G部署蓄势待发。中国联通将紧抓机遇，围绕打造新基因、新治理、新运营、新动能、新生态的“五新”联通，深度挖掘并聚合战略投资者的优势资源，发挥自身基础业务能力优势，聚焦渠道触点、云计算、大数据、物联网、零售体系、视频内容、家庭互联网、基础通信等重点领域，携手战略合作伙伴，强强联合，深度合作，打造5G业务创新发展的新动力。中国联通拿到全球最主流的频段，所以在5G终端方面具备绝对的优势。中国联通终端与渠道支撑中心、联通华盛有限公司副总经理陈丰伟表示:“第一批全球发出的5G终端,只要国家颁发入网证,中国联通必将先发。在5G导入期2019—2020年,中国联通会持续投入210亿,通过三大赋能激活5G市场。”2018年中国联通在5G方面的努力也终于获得业界认可。2019年1月10日,中国联通发布公告称,中国证监会已核准联通运营公司向合格投资者公开发行面值总额不超过人民币500亿元的公司债券。中国联通此次获批500亿“天量”债券的目的就是要发力5G,为中国联通的5G快发展注入一针“强心剂”。

3. 创新加快产品和企业运营互联网化

2018年中国联通的创新诚意十足,在新零售体系、触电合作、云计算、内容聚合、大数据、物联网及AI和基础通信领域都与战略投资者密切开拓合作,增强创新发展动力,打开万亿产业互联网新局面。2018年前三季度财报显示,产业互联网业务收入达到人民币172.49亿元,比去年同期上升35.7%。得益于创新业务快速增长拉动,固网服务收入为人民币732.23亿元,比去年同期上升5.2%。此外,中国联通与多家民营企业根据市场及战略投资者优势,在许多领域开展业务深度合作,探索完善“创新+资本”的模式,加快构建开放、共享、共融、共赢的生态系统。比如与阿里组建云业务合资公司,把“阿里云”与联通网络优势相结合,提供云网一体的创新业务。中国联通董事长王晓初在2018年工作会议上强调,全面推进中国联通的互联网化运营,通过新零售、无界零售,加快新零售互联网化,加快产品互联网化,实现客户随时、随地、随心消费;通过“去三化”即去中心化、去中间化、去边界化,加快实现企业运营管理的互联网化。

(三)中国电信:部署转型3.0坚持综合智能信息服务

1. 五大业务生态圈,关注新技术

中国电信从2017年就开始着力构建智能连接、智慧家庭、互联网金融、物联网、DICT五大业务生态圈,2018年更是取得不错的成效(见图7-4)。比如其打造的江阴“智慧水利”、福州“水系联排联调”、小天鹅“共享洗衣机”、海尔“共享空调”、小牧童等应用,在业界起到很好的示范效应,也预示着中国电信在物联网与政府管理、社会服务、实体经济、农业现代化等有效融合方面,取得成功实践。

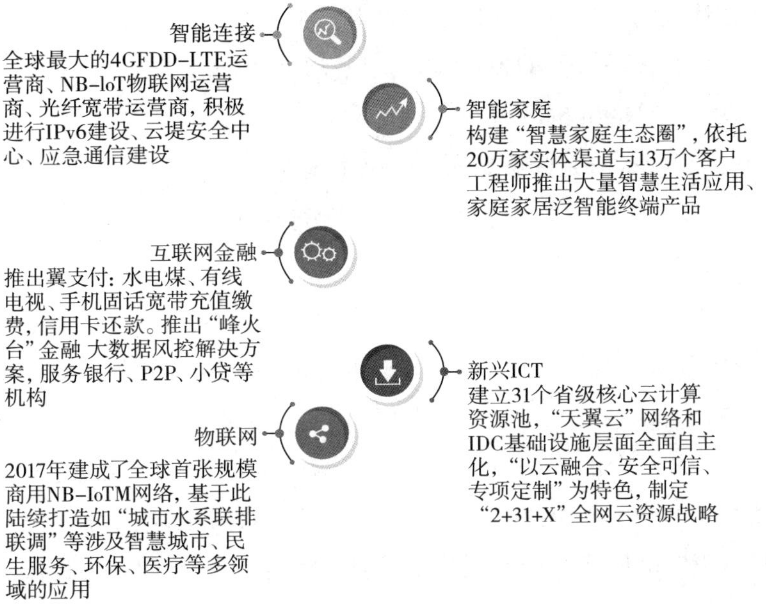

图 7－4　中国电信构建的五大业务生态圈

截至2018年9月的数据显示，中国电信智能连接（移动＋宽带＋固话）的用户规模已超过5.7亿，智慧家庭用户规模超过1.1亿，互联网金融的月均活跃用户达3800万，DICT（DT云和大数据技术、IT信息技术和CT通信技术的深度融合）服务各类政企客户规模达2300万，物联网用户规模超过8000万。在AI方面，中国电信五月份在京发布了《AI终端白皮书》，并提出50款AI手机目标销售5000万。该白皮书全面阐述了中国电信对AI手机终端的理解与需求，从AI算力、AI能力与AI应用方面规范定义人工智能手机。全网通智能终端集成中国电信的网络安全、大数据、云计算AI能力，在AI拍照、AI语音助手、AI情景智能、终端用户智慧管理等场景下，为消费者提供更优的智能AI手机体验和服务。

2. 积极落地转型3.0

2016年，中国电信在前两轮战略转型基础上发布了转型升级战略（转型3.0），即通过网络智能化、业务生态化、运营智慧化，拓展综合智能信息服务，筑力网络强国，服务社会民生。2018年，中国电信积极落地转型3.0。除基本建成“三张网”，2018年，中国电信规划了在农村地区再投资150亿元，进一步提升4G网络和光网覆盖率。同时持续提升深度贫困地区的基础通信能力，让人们共享信息高速公路红利。同时，中国电信建成了“三大基金平台+三大直投平台”的投资体系，积极开展资本合作。

3. 启动“Hello 5G”行动计划

积极部署5G既是政策导向，也是中国电信深化转型升级的必然选择。中国电信在2018年正式启动了“Hello 5G”行动计划，旨在利用5G的发展，深入推进网络智能化、业务生态化、运营智慧化，致力于打造5G智能生态，为企业转型升级赋予新的内涵。为备战5G，中国电信在全国范围内试商用VoLTE高清语音通话，且在此期间全部按照普通通话资费标准计收资费。值得一提的是，2018年9月，中国电信5G联合开放实验室建成首个运营商基于自主掌控开放平台的5G模型网，正式启动5G SA测试。据悉，这是业界首个运营商组织的基于开源技术、分层解耦全开放架构的5G技术验证。截至2018年9月，中国电信终端产业联盟成员达545家，社会渠道强商合作率超过了50%，智慧家庭产业联盟成员近300家，翼支付合作商户超过650万家，DICT的云应用市场引入了50多家合作伙伴，天翼物联产业联盟成员达350家。这些研究创新以及各个推动产业化的部署将帮助中国电信更好地建设5G生态，拥抱智能新时代。

四、移动媒体的投资趋势分析

在技术、资本和用户需求的共同驱动下，移动互联网基础业务逻辑持续演化，不断重新扩展移动互联网业务的内涵。对于移动互联网发展而言，下一阶段的智能融合时代正在来临，聚焦万物互联的物联网将成为下一步产业拓展连接的着力点，精准的智能融合服务成为市场竞争的关键。互联网正凭借不断接近人类智慧的人工智能，为全体互联网用户提供个性化、精准化、智能化服务，大幅提升业务体验，并在进一步协同智能硬件基础上，重塑互联网产业发展图景。每一次演进都是在把握核心要素特征基础上优化延伸出新形态、新业务，这些逻辑关联即外化为移动互联网产业发展的战略趋向。

在“互联网+”战略引导和多种形态智能硬件开发的跨界融合大背景下，虚拟与现实服务边界逐渐消失，移动互联网与线下经济日益紧密，未来移动媒体投资彰显出两大发展趋向。一是智能终端设备发展推动的移动互联网场景多元化与服务纵深化。移动互联网广泛普及和智能可穿戴设备加速兴起，促进智能家居、智能工业等服务供需方即时进行交互和匹配，大大降低服务提供与获取成本。移动互联网用户线上线下消费不断融合，让互联网消费场景多元化，服务范围向更深更广扩散。二是“万物互联”带动移动互联网投资从消费领域向产业领域拓展。虚拟与现实服务正加速融合，全面重塑传统产业形态，移动互联网与实体经济全面融合，将催生出系列创新服务生态，继续深刻重塑人类生活方式。我国移动互联网服务将呈现智慧化和精细化趋向。

中国移动互联网发展也正在经历简单应用向高端应用转变、单点发力向平台生态体系转变、政府投入向市场主导转变的关键时期。面向物联网应用技术持续精简升级，产业互联网将成为未来几年互联网投资的重点领域。首先，互联网企业延伸产业链控制能力，推进上下游垂直整合，打造协同业务体系。如阿里巴巴着力电子商务业务，强化资金流、物流、数据流协同服务能力，布局推出金融支付、菜鸟物流、阿里云平台等创新业务，快速做大其产业实力。其次，面向传统产业加速跨界融合进程，拓展产业空间布局。但共享出行的代表性产品共享单车由于大量资本涌入造成投放过度、恶性竞争、未能充分沉淀用户，2018 年经历了过山车式发展。由此可见，传统产业的“互联网 +”发展之路任重道远，需要市场参与者、政策制定者和消费者等各方的共同努力。

基于物联网与互联网融合的背景，手机媒体呈现出信息复杂化、场景碎片化、需求多元化等诸多新现象，给手机媒体投资带来了机遇与挑战。未来手机媒体的投资将围绕智能化这一关键词展开。智能化具体可表现为两大趋向：一是手机终端智能化，二是应用服务智能化。

虚拟现实（VR）、增强现实（AR）、人工智能、生物识别等新技术的发展，加上新材料、处理器及显示屏技术的进一步突破，智能手机终端将具有更多更新的属性。在终端智能化前提下，衍生出面向大众用户和特定细分用户的智能应用和服务。人工智能在线下零售店、家庭儿童教育、养老陪护、医疗健康等多种场景陆续落地，极大地提高了手机媒体用户体验，改变未来移动互联网设备的操作方式。

近年来，移动新媒体领域投资逐步向深度布局，在互联网 + 的基础上，注重移动新媒体孵化，并在移动社交、信息与娱乐应用、网络公共服务等领域加大投资。短视频直播、网络新零售、移动资讯类产品等 2018 年强势行业，仍将是近年移动媒体投资的热点领域。连同快速发展的移动社交、手机游戏、移动支付等业务一起正不断满足我们日益精细化、多元化、个性化、高质量的日常生活需求。当然，媒体投资需要遵循其价值规律，就移动媒体而言，媒体用户所具有的商业价值是主要标准，媒体的定位和发展空间判断，也是投资选择的参考标准。在媒体泛化时代，技术推动变革的移动媒体，与资本联姻是一个永恒主题。

第八章　互联网金融投资发展报告

欧阳日辉　孟红霞

一、中国互联网金融投融资情况

（一）投融资规模

2018 年中国互联网金融行业投资热度波动幅度比较大。从融资笔数来看，第一季度投资热度相对较低；第二季度明显回升，6 月融资热度最高，融资金融达到千亿元；2018 年下半年整体热度明显下滑。（见图 8 –1）

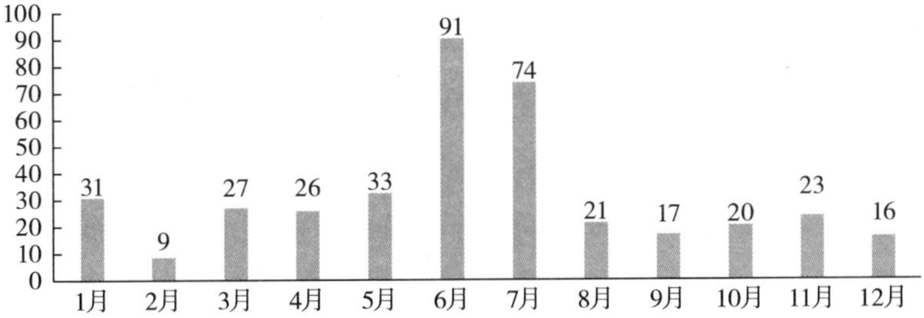

图 8 –1　2018 年中国互联网金融融资概况（笔数）

资料来源：根据网贷之家官网资料整理

据不完全统计，2018 年中国互联网金融行业总融资规模为 1718.765 亿元，总笔数为 388。与 2017 年统计数据相比，融资案例数量上升 36%，且融资规模上升幅度较大，环比增长 72%。

从融资金额和融资笔数两个维度来看，2018 年综合金融领域以高达 1357 亿元融资规模高居榜首，但其发生的融资笔数较少。其中，蚂蚁金服、度小满金融、京东金融、陆金所、商汤科技等融资额度较高。蚂蚁金服已于 2018 年 6 月宣布完成新一轮的 140 亿美元的融资额，这也成为迄今为止全球最大的单笔私募融资；原“百度金融”的度小满金融以 19 亿美元的融资额，正式转型为金融科技企业；京东金融7月份完成130亿人民币的B轮融资。因此，即使融资事件较少但以上企业如此之高的融资额使得2018年整年的融资规模有了较大的上升幅度。同时，2018年外围服务市场也吸引了更多资本的目光，融资笔数和融资额都比较高，其中，商汤科技作为人工智能平台公司，一年内完成了三次融资事件，融资额高达22.2亿美元；借贷领域发生的融资事件为39笔，融资额度为83.2亿元，该领域投资热度持续下降，融资额度相比2017年的156.41亿元，正好减少一半；区块链领域的投资热度逐年上涨，发生融资事件198，成为互联网金融领域投资笔数最高的领域，而2017年只发生13笔区块链融资事件，所以今年在互联网金融领域发生的最大变化无疑属于“区块链”，该领域成为最受青睐的行业。此外，互联网保险和理财等领域与往年相比并未出现较大的增幅。(见图8－2)

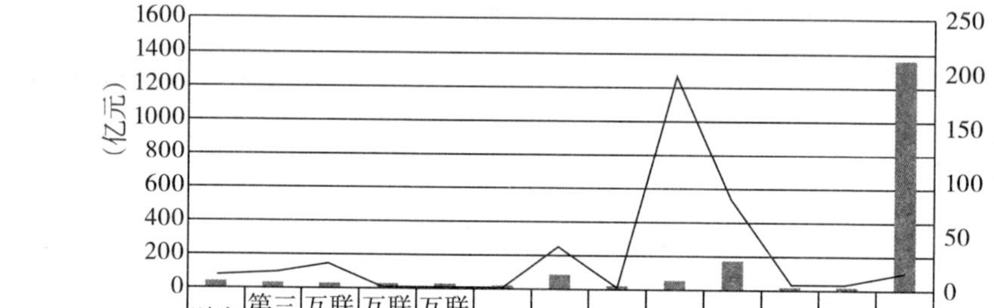

	财富管理	第三方支付	互联网保险	互联网理财	互联网银行	黄金	借贷	其他	区块链	外围服务	虚拟货币	众筹	综合金融
融资额	12.6	20.1	16.6	0.1	0.21	1	83.2	0.1	39.5	185	1.6	1.12	1357
融资笔数	11	14	20	1	1	1	39	2	198	83	3	3	12

图8－2　2018年互联网金融投融资领域分布

注：平台可能涉及多个领域，为了方便统计，根据业务重点进行划分，每个平台对应一个类别。我们将外币以2018年最后一个交易日外汇交易开盘时的汇率换算成人民币。

资料来源：根据网贷之家官网整理

(二) 投融资地域分布

据不完全统计，2018年中国互联网金融融资事件主要发生在北京、广东、上海、浙江等四个行业资源丰富、充满浓厚创业氛围的地区。其中，北京地区互联网金融投融资事件发生120例，占全国30%。而浙江地区投融资事件少于其他主要城市，但其融资规模较高，达1022亿元，其中主要原因是蚂蚁金服属浙江地区注册公司（蚂蚁金服融资额已在上文提到）；上海地区融资事件共发生61笔，融资规模达到128亿左右，次于北京地区；广东地区为41笔融资事件，融资额超50亿。以上四个地区融资规模已占全国95%。其他地区均未达到10笔。区块链领域的投融资多是开发数字货币的平台，总共有92家未查到注册地。（见图8－3）

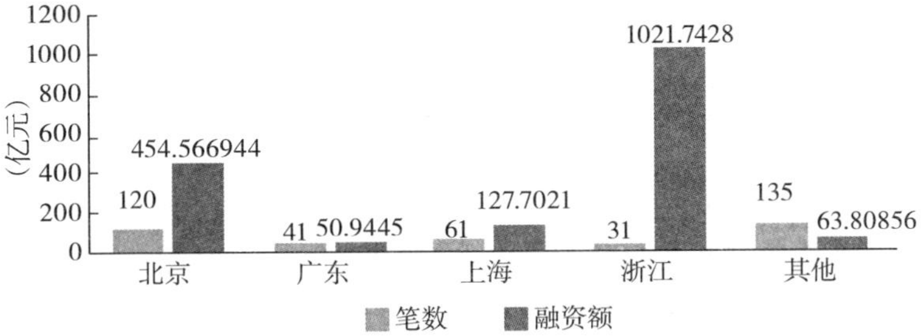

图8－3 2018年中国互联网金融投融资地域分布

资料来源：根据网贷之家官网资料整理

（三）投融资轮次分布

据不完全统计，2018年中国互联网金融行业初生期（包括种子/天使轮，Pre－A轮）获投频数较高，包括种子/天使轮，Pre－A轮，共发生142笔，占总笔数的38%，但融资规模仅达到21.95亿元，占总规模的1.3%。行业发展期，包括A轮、A＋轮、Pre－B轮、B轮、B＋轮，总共发生98笔投融资事件，占总笔数的27%，总额为221.82亿元，占总额13.3%，其中A轮融资笔数和融资规模较高。行业成熟期，包括C轮及C轮以后，共发生融资事件129笔，占总笔数35%，融资规模为1668.87亿元，占总规模的85%。（见图8－4）

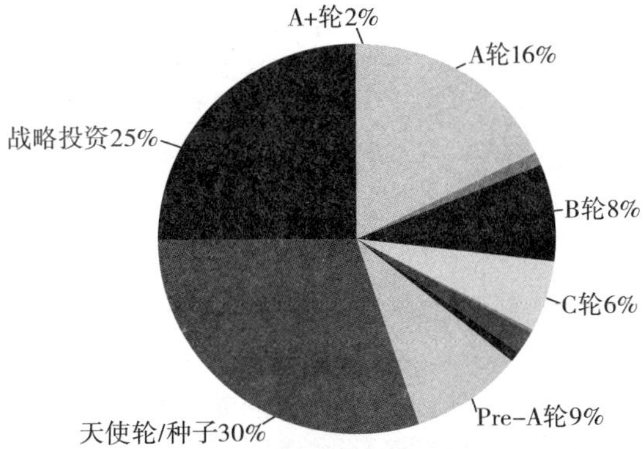

图8－4 2018年中国互联网金融投融资轮次分布

资料来源：根据网贷之家官网资料整理

二、中国互联网金融投融资市场特点

(一) 互金平台境外上市潮延续

据数据统计，2017 年中国互联网金融行业有 7 家机构赴美上市，2 家选择赴港上市，融资规模分别达 15.71 亿美元、256.9 亿元。2018 年这股海外上市热潮在互金行业扔持续。截至 2018 年年底，共有 8 家机构赴境外上市，包括小赢科技、泛华金融、灿谷金服、点牛金融、品钛、微贷网、360 金融和 51 信用卡。除 51 信用卡在港股上市外，其余 7 家机构均赴美上市。小赢科技致力于提供金额金融信息服务，泛华金融和 360 金融以消费金融业务为主，灿谷金服、点牛金融和微贷网主要专注车贷市场，泛华金融和 360 金融属于消费金融领域，51 信用卡致力于提供智能账单管理服务。

总的来说，2018 年互金行业上市数量上基本与 2017 年持平。但从融资规模角度来看，全年总融资规模仅为 16.685 亿元，而 2017 年全年总规模高达 272.61 亿元，今年融资规模仅为去年的 0.06%，其中获融资额最高的是 51 信用卡，约 13 亿美元。(见图 8－5)

互金平台连续两年赴境外扎堆上市的具体原因可能有以下几点：首先，我国对上市条件的“苛刻”，拟上市的公司开业三年以上且连续三年盈利，因此赴境外上市一方面考虑到快速较低成本的得到资本的支持，以及创始人和早期投资人的变现；另一方面为了提高公司品牌知名度等；其次，我国互联网金融行业的监管趋严，平台业务和模式都受到限制，信贷政策收紧，因此不免出现资产业绩恶化或市值缩水。

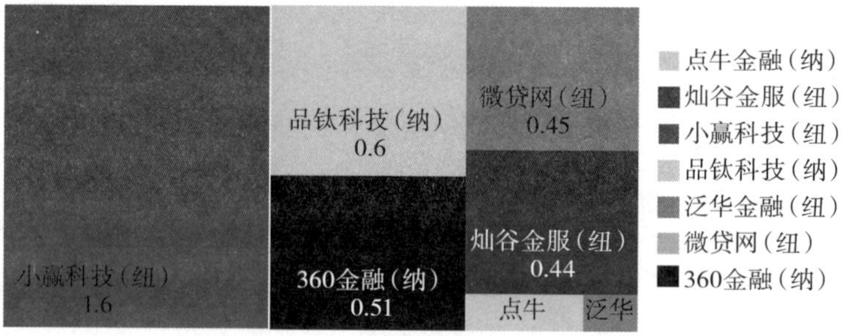

图 8－5　2018 年中国互联网金融上市公司融资分布（单位：亿美元）

资料来源：根据网贷之家官网资料整理

（二）消费金融进入爆发期

消费金融业务的发展对于扩大国内刚需、促进消费升级具有重要的支撑作用。在消费总量增长、结构升级和消费金融渗透率不断提升的作用下，我国消费金融发展近几年得到了快速发展。在宏观环境上，从需求角度而言，随着国民经济的发展，城乡居民消费观念升级、消费水平稳步增加，消费诉求日益强烈；从供给角度而言，各大电子商务平台、各小贷网贷等新金融平台、传统金融机构公司纷纷基于消费金融抢占市场，因此供给端市场也愈加丰富；从技术端角度而言，互联网技术、大数据、区块链、人工智能等高端技术不断渗透到业务应用领域，在风险控制、客服、大数据精准营销、催收等方面得到更加广泛的应用，有效促进了消费金融行业效率与降低行业的综合成本。

2018 年，消费金融领域成为炙手可热的互联网金融细分领域，同样各大传统金融机构、电商、P2P 平台等纷纷开展该业务，抢占市场。进入 2018 年下半年以来，消费金融行业进入合规化发展，政策红利不断。2018 年 8 月，银保监会发布通知，提出积极发展该领域，增强消费对经济的拉动作用；9 月，国务院提出鼓励消费金融的创新和消费信贷的规范化发展；10 月，国务院办公厅公布相关文件，再次明确加快消费信贷模式和产品的创新，不断提升该行业服务质量和效率。在此背景下，2018 年市场排名靠前的公司基本都进行了增资。据《2018 年中国消费信贷市场研究》报告显示，2018 年，我国消费金融业务增长了 31%。同时，增资现象常态化。据不完全统计，2018 年全年有 11 家消费金融机构拟增资或完成增资。包括中邮消费金融注册资本从 10 亿元增加至 30 亿；中原消费从 5 亿元增至 8 亿元；海尔注册资本从 5 亿元增至 10 亿元；其他马上消费、四川锦城、长银消费金融注册资分别增长 20 亿、1 亿、6.9 亿。

另外，消费金融牌照竞争愈演愈烈。增资一方面弥补资金不充足问题，降低杠杆率，防范风险，另一方面，机构通过发挥牌照优势，先一步占据市场，扩大市场份额。因此，互联网金融纷纷瞄准消费金融市场。滴滴、今日头条等大平台分别开发“滴水贷”“放心借”的消费金融平台。无疑，消费金融是 2018 年最炙手可热的细分领域。

（三）第三方支付进入行业规范阶段

我国第三方支付 2013 年后开始进入大众视野，目前已发展成为国际领先水平，场景化应用日益创新，现已被各个领域广泛使用。在2013年之前，第三方支付市场规模和使用群体规模都较小，且属于新兴行业，监管一直处于缺位的状态，因此行业乱象或风险逐渐显露，包括诈骗套现、非法经营、洗钱等违法犯罪活动。乱象的根源有以下几点，其一，第三方支付与银行的直连模式，使得央行无法监管资金的来源和去向；其二，由于转账双方存在资金交割的时间差，所以大量存量资金会留在第三方支付平台上，即用户备付金；其三，第三方支付平台和用户之间的海量交易信息和个人信息留在平台上，不法分子通过技术窃取用户账户信息等。

针对以上问题，2018年，第三方支付行业发生了两大重大变化。首先，央行发布通知，自2018年6月30日起，机构受理的涉及银行账户的网络支付业务全部通过网联平台来处理。这也意味着切断之前第三方支付机构与银行之间的直连模式，即“断直连”；其次，央行在规范了支付业务的处理流程后，发布备付金统一管理的通知，要求以支付宝、微信为首的第三方支付机构备付金统一交存至人民银行，并撤销在商业银行开立的相关账户。目前，包括支付宝、财付通等诸多或大或小的机构都已完成断直连、备付金集中交存至央行的工作。当局对于第三方支付机构的监管趋严，直接改变了直连的清算机构、监管方式、盈利模式和未来的发展方向。清算方面，第三方支付机构回归中介的本质，只负责收取中介费。监管模式方面，央行可以通过监管网联，掌握每一笔资金的来源和去向，增加了资金的透明性，同时降低了资金挪用、跑路等风险。盈利方面，没有直断连之前第三方支付机构可以获取备付金利息，目前此收入渠道直接被切断。这一系列的监管措施推动该行业的更规范化、有序化、健康化发展，有利于降低行业潜在的风险。

（四）互金巨头纷纷去金融化

2018年，对于互联网而言是强监管的一年。从借贷到第三方支付、虚拟货币，监管当局频频放出监管“大招”。紧接着，众多互联网金融机构对于自身角色业务的定位不断发生变化。

进入2018年，互联网金融巨头相继提出“去金融化”，纷纷强调科技属性，坚称自己是科技公司。同时，越来越多的传统金融机构成立金融科技公司，对外输出技术。2018年4月，百度对外宣布称百度金融未来分拆后，将不会谋求全金融牌照和控股权，重心转向科技领域，淡化金融属性；2018年

9 月，京东金融更名为“京东数科”，推出智能机器人等业务。蚂蚁金服更是在 2017 年初宣布将自身定位为科技金融公司，通过技术赋能金融领域。

众多互联网金融公司给自身贴上“科技公司”标签，一方面可能面临监管加严的局面，避免业务规模收缩；另一方面，在互联网金融行业牌照的获得竞争激烈难申请，且需投入大量的资金。所以自身定位为科技公司也许更容易开拓市场，且获得更高的估值。

三、中国互联网金融投资市场面临的挑战

（一）P2P 网贷平台“暴雷潮”

2018 年，网贷行业迎来重重一击，各个指标多维度呈下滑趋势。据网贷之家提供的数据，正常运营平台数量从 2018 年年初的 2194 家直接降到 12 月的 1018 家，网贷平台数量减少 54%，6 月平台数量只增加 1 家，从 8—12 月，没有新的网贷平台加入该行业。与此同时，网贷平台月成交量从 7 月开始，一直下降，直到 11 月才稍有上升幅度。12 月的网贷成交量相比 1 月减少了 49%。（见表 8－1）

据零壹财经发布的《P2P 网贷危机调研报告》分析，网贷行业危机来源于多方面。一方面是与外部经济环境有关系。在去杠杆的宏观环境下，金融平台资金流动性收紧，实体经济紧张，造成资产违约率的上升；另一方面，平台本身存在的诸多问题。包括平台创建者自身的集资诈骗行为、平台风控意识的薄弱、平台金融从业经验不足，产品期限错配导致的流动性紧张，不健康的盈利模式致使出现资产端严重不良等问题，进而出现逾期率上升或强行刚兑等。经营正常的平台业务也因为问题平台的出现导致业务下滑，主要原因也是投资人的信心持续降低，同时正常运营平台数量自身风控实力欠佳且信息透明度不够，无法增强投资者的信心，最终导致逾期、坏账率的上升。

但是，针对于网贷行业频频暴雷问题，监管部门逐步规范行业，以促进健康发展。2018 年 1 月，央行受理了百行征信有限公司的个人征信业务的申请，5 月，百行征信在深圳正式挂牌成立，成为全国唯一一个拥有个人征信业务牌照的个人征信机构。百行征信的出现有助于降低网贷平台多有借贷、违约、故意逾期等行业乱象。

表 8－1

月份	新增平台	累计平台数量	正常运营平台数量	累计问题平台数量
1 月	20	6411	2194	2030
2 月	5	6416	2132	2043
3 月	11	6427	2063	2061
4 月	6	6433	1985	2084
5 月	14	6447	1923	2103
6 月	1	6448	1808	2176
7 月	4	6452	1522	2373
8 月	0	6452	1357	2484
9 月	0	6452	1217	2550
10 月	0	6452	1132	2594
11 月	0	6452	1068	2629
12 月	0	6452	1018	2669

数据来源：根据网贷之家网站资料整理。

表 8－2

月份	月成交量（亿元）	平均借款期限（月）	待还余额（亿元）	投资利率（%）
1 月	2082	10. 62	10438. 36	9. 58
2 月	1690	10. 95	10511. 05	9. 68
3 月	1917	11. 5	10524. 44	9. 62
4 月	1731	11. 58	10554. 121	9. 64
5 月	1827	12. 02	10691. 72	9. 68
6 月	1757	12. 34	10228. 66	9. 62
7 月	1448	12. 99	9561. 48	9. 76
8 月	1193	14. 64	9043. 84	10. 02
9 月	1107	14. 87	8536. 71	10. 30
10 月	1023	14. 66	8322. 89	10. 25
11 月	1115	15. 07	8111. 94	10. 11
12 月	1060	15. 25	7889. 65	10. 15

数据来源：根据苏宁金融院、网贷之家网站资料整理。

（二）小微金融经营困难

小微企业是市场上最具活力的群体，在加快创新、扩大就业、改善民生、社会稳定方面起到了不可忽视的作用。与此同时，小微企业的“融资难、融资贵、融资慢”的现象一直存在，也因此一定程度上影响了小微企业的发展“开花”。小微企业离不开金融的支持。据苏宁金融研究院提供的数据显示，我国市场主体超过1亿，其中小微企业法人约2800万，个体工商户6500万，合计占全部市场主体超过90%。另据《中国小微金融发展报告（2018）》预测，2020年前，我国小微企业数量新增1500万，融资覆盖率可能上升至30%～40%；按单户贷款余额200万元估算小微企业融资需求，未来三年可能会接近9亿元。小微金融市场日益壮大，发展空间广阔。

此外，小微企业面临的挑战也不小。首先，小微金融企业的经营风险高的局面，小微企业往往资产规模小、进入门槛低、市场竞争激烈、抗市场能力较薄弱，银行小微企业不良资产达2.75%，高于大型企业1.7%；其次，小微企业普遍缺乏不动产或厂房设备等抵押物；最后，小微企业经营管理不规范，相关支付不健全，且难以通过财务报表来判断企业的真实经营情况，缺乏透明度。因此，目前互联网金融机构服务小微企业依然困难重重。

（三）金融征信体系有待完善

互联网金融时代对于征信业务的需求愈加强烈。银行类机构开展信贷业务，需要甄别长尾客户的信用状况；互联网借贷行业包括P2P网贷、小微金融、消费金融等必须以交易对象的信用为基础，尤其目前P2P网贷行业“暴雷潮”的环境下，征信服务的覆盖尤为重要。百行征信的股东积累的数据、技术以及应用场景将会推动我国征信行业迈向新的台阶。芝麻信用已涵盖百万家企业和上亿网民的信息数据库，并以此为基础开展存借贷业务；前海征信征集P2P的借款信息、车险违章等数据，并试图成立专门的金融数据中介机构；腾讯征信产品在小额信贷、免押租车、远程开户等方面的应用已陆续落地。

但我国征信行业依然面临诸多挑战。首先，征信法律法规尚不健全。比如对于用户信息的搜索、采集、加工和应用方面缺乏必要的约束条件，不法分子容易利用法律的空白和漏洞钻空子从事欺诈活动。同时，征信业专项法规不完善，向上缺乏更高法律的支撑，向下缺乏具体的执行制度；其次，行业规划尚不明确。具体来说征信机构是只能作为独立的第三方开展业务抑或同时可开展信贷等盈利性质的业务，对此征信机构的定位尚不明确。最后，征信产品和服务依然处于低端水平。我国目前已建立全国范围的统一的征信系统，据数据统计，征信系统涵盖 9.2 亿人和 2300 万企业组织的信用档案，在防范违约风险等方面发挥了基础作用。但是，目前征信服务还是以基础的信用报告为主，信用评分和行业风险预警机制还在开发中。我国现金贷平行业规模已经超过万亿，急需以百行征信为代表的征信机构来满足庞大的金融业务需求。我国征信机构扩大信用群体范围的同时，产品和服务方面还需开发更高端、更多样化、定制化的产品。

另外，我国央行监督指导下建立的百行征信是由 8 家市场机构组成的一家市场化的个人征信机构。8 家机构体量和信息数据规模悬殊较大，况且信用数据是各家公司的核心竞争资源，数据积累耗时越长投入的资金越多，所以如果让各公司公开数据导入到统一系统全面共享，面临的挑战依然很大。

四、互联网金融行业发展趋势

（一）区块链进一步趋热

据毕马威发布的《2018 金融科技脉动——全球金融科技投资报告》数据显示，2018 年在区块链和虚拟货币领域出现了较多的未上市公司的投资案例。从图 8－6 可以看出，2017 年全球区块链发展进入快车道，投融资和投资笔数都呈现明显的增长。随着区块链技术在各领域的尝试落地，2018 年全年全球区块链领域投资案例环比增长 56％。从中国市场来看，众多创业者也进行区块链领域的布局，以抢占先机，2018 年中国国内共发生了 198 个区块链领域投融资案例，占全球 40％。

此外，2018 年中国互联网金融投资有所放缓，只有蚂蚁金融一家巨额融资。一方面可以理解为中国互联网金融领域的细分领域已进入成熟阶段，诸多投资把目光转向区块链等发展空间较大的领域。2018 年中国 BATJ 等互联网巨头持续探索区块链技术与应用，2019 年预计会有更多投资机构入场区块链领域，或许会取得更多应用领域的拓展，进而解决关键技术问题，比如隐私、匿名、去中心化等。

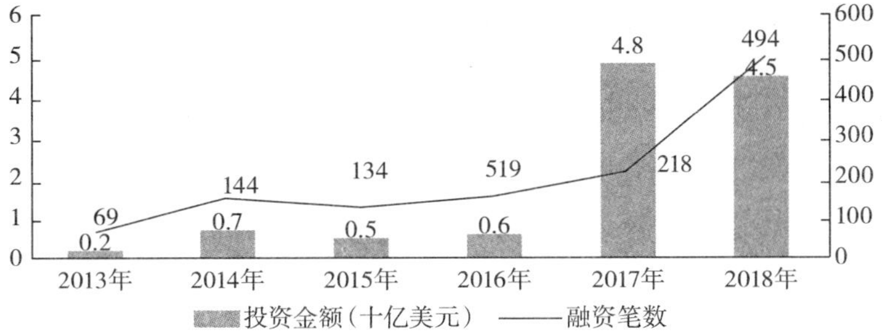

图 8－6　全球区块链和加密数字货币的投资情况

资料来源：毕马威，《2018 金融科技脉动——全球金融科技投资报告》，2018 年

（二）科技赋能传统领域

近几年互联网金融领域的爆发性增长，催生了庞大复杂的细分领域。据数据统计，2013—2015 年，互联网金融公司数量增长了一倍以上，并在 2015 年达到新增数量的顶峰，且数量高达 4300 家。但自 2016 年开始，新增的互联网金融数量呈现下降趋势。互联网金融市场趋于饱和，市场格局逐步稳定，创新空间有限。因此，2019 年，部分资本市场看重区块链、虚拟货币等新兴领域外进军传统领域，用服务与技术赋能传统领域。

过去几年是互联网金融拓荒期，监管滞后于行业发展。在行业渐趋成熟、监管加码的背景下，技术赋能传统行业，持牌金融机构可能会成为互联网金融市场的主角。2018 年，国有银行在科技领域大步向前，2018 年 4 月，中国建设银行成立国有首家金融科技公司，初具规模 3000 人，预计将会有更多的大型银行加入互联网金融市场。大型机构优质资源丰富、防范风险能力、企业制度更完善，更有能力适应外部环境，并可通过风头、并购等方式补充与整合不同技术，更容易获得监管机构和科技公司的青睐。2019 年，传统银行等持牌机构将会是互联网金融投资市场发力的领域。传统银行和大型企业将会逐渐实现数字化发展，引入灵活的独立运营数字机构，放弃现有的传统系统。

（三）监管科技未来将是蓝海市场

监管科技英文为 RegTech，由监管（regulatory）和科技（technology）组成，是科技与金融监管全方位融合的产物，同时也是互联网金融的一个分支。监管科技主要有三大参与者：即监管机构、金融机构、监管科技公司。监管和金融机构是监管科技的需求方，监管机构利用科技提高监管效率，而金融机构与监管科技的合作更有效地满足监管需求。监管科技是供给方，通过互联网技术平台提供风险管理、合规控制等服务满足需求方的相关需求。监管科技最早来源于英国，目前英国、美国等金融大国的需求方已开始与监管科技平台合作以达到降低相关成本的目的。但全球监管科技发展还是一个初级阶段，各国发展情况差异显著。

近几年，伴随着中国互联网的爆发式发展，显现的问题也越来越多。互联网金融市场要健康发展，金融机构方必然要使用更便捷、更有效率的手段降低合规成本。目前，中国监管科技市场还处于探索阶段，2017 年 5 月 15 日，央行成立了金融科技委员会，旨在利用大数据、人工智能等互联网技术丰富金融监管手段，提升跨行业、跨市场交叉性金融风险的甄别应对互联网金融行业“千变万化”的局面。中国也有不少机构开始涉足监管科技领域。例如：蚂蚁金服旗下的反洗钱监测系统通过海量数据，智能化处理、分析、监控异常交易等。证监会基于大数据仓库，建立多种分析模型，把内幕交易者一个个抓出来。

随着监管压力越来越大，未来监管科技将是一片蓝海市场，具备巨大的发展空间。另外，据《全球金融科技投资报告》显示，谷歌、阿里巴巴、微观等高科技巨头不论是并购互联网金融公司还是和金融机构合作，总之对监管科技领域的参与会越来越多。

（四）互金巨头继续加速全球扩张

监管改革与互联网技术重塑了中国金融行业的形态。近几年，诸多科技与金融跨界融合的公司，包括腾讯、蚂蚁金服、京东等已经在国际市场上展露头角，让金融服务变得接地气，普惠大众，支付和理财的便捷化使得中国走向无现金时代。

2018 年，中国互联网金融巨头开始全球扩张之路，重点着眼于增长。蚂蚁金服完成全球最大的一轮融资，融资金融为 140 亿元，推动其全球扩张，使其成为目前全球最大的独角兽企业。腾讯在马来西亚开设分部，推出本地钱包功能为当地用户提供移动支付服务；为扩张海外云计算业务，在美国建立数据中心。中小型互联网金融公司开始专注于海外扩张，尤其是东南亚。比如中国很多互联网公司涌入新加坡市场申请牌照，寻求合作伙伴或组建合资企业。随着中国互联网金融公司趋于成熟的技术水平和商业模式，海外互联网金融市场会迎来更多中国资源。

文旅篇

第九章　中国电视剧投资报告

谭云明　黄瑜娜

一、中国电视剧行业发展现状

（一）影视节目监管力度加强

国家广电总局于2018年开通试运行的广播电视节目收视率综合评价的大数据系统，推进了大数据战略在节目研究领域的发展与应用，使得收视率造假等问题在一定程度上得到了治理。此外，随着监管当局制定的提前备案制度的形成和对市场违规现象处理力度的加强，网络平台也不再为擦边节目提供安全地带，电视剧行业的发展环境在一定程度上得到了有效改善。今年娱乐圈影响最深的莫过于天价片酬、“阴阳合同”以及偷税漏税等问题，所以进一步控制明星片酬、推进依法纳税也成为影视行业未来持续关注的重点。2018年，广电总局对电视剧领域的监管力度逐渐加大，相继出台了多项政策来规范电视剧行业的发展。政策的内容详尽具体，对电视剧市场的各个方面进行了支持，有利于促进整个电视剧行业朝着良性的方向发展。

（二）电视剧题材类型呈现新趋势

在2018年电视剧的播出题材中，现实主义题材成为播出的主流。2018年电视剧热播题材主要集中在军事斗争、反特/谍战、近代传奇、都市生活四大类型，每种类型的播出量均超过10%，播出总量超过60%。但在晚间黄金时段，上星频道电视剧与整体市场的播出量存在一定的差异，播出类型集中在贴近百姓生活和情感的现实主义题材，而其余题材的播出总量则下降为54.4%。另外，我国数量繁多的地面频道也为电视剧播出提供了大量平台。在晚间18:00－24:00时段，地面频道播出题材则大多集中在硬剧题材类型上，如军事斗争、反特/谍战等，其中军事斗争占比超过20%，反特/谍战占比超过18%；相比2017

年同期，军事斗争、反特/谍战题材播出量均有所增加。（见图 9－1）

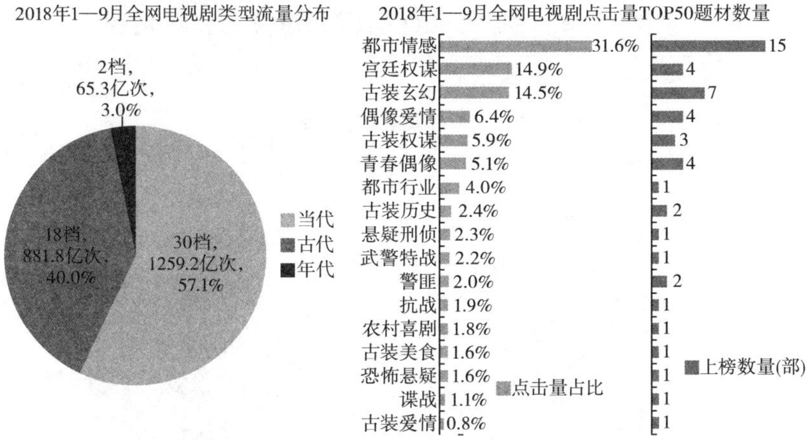

图 9－1　2018 年 1－9 月电视剧流量统计及题材分布

数据来源：美兰德中国电视媒体网络传播监测与研究

（三）各大视频网站发展态势良好

据美兰德数据调查显示，2018 年全国网络视频用户已经突破 6 亿人次，与 2017 年相比增长了 1.06 亿人次，在各项政策的引导下，视频网站趋于良性发展的态势。网络视频付费意愿由 2017 年的 47.8% 上升至 51.7%，网络视频付费意识已经基本养成。各视频网站在内容自制能力、创新能力方面均有所提高，各视频网站针对热点内容推出众多会员优惠项目，吸引用户享受去广告、内容独享、优先看等会员特权。据统计，2018 年爱奇艺、腾讯视频和优酷三大视频网站付费会员规模均实现增长，增长率分别为 45.4%、64.8%、66.8%。（见图 9－2）

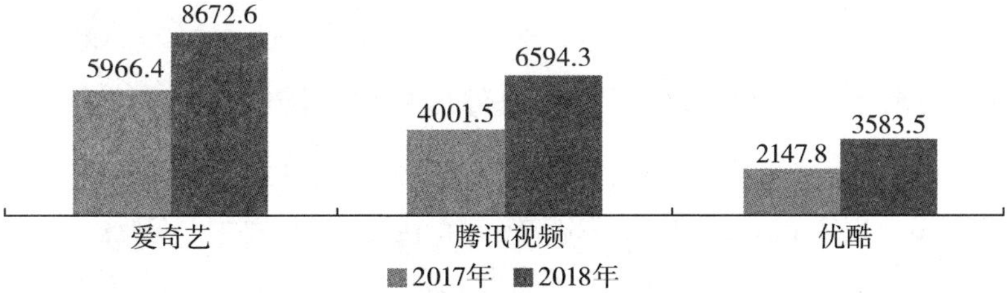

图 9－2　爱奇艺、腾讯视频、优酷付费会员规模

数据来源：《广电时评》，搜狐，2018 年与其他用户群体相比，85 后、男性和收入相对较低群体的视频付费意愿也在逐步提升（见图 9 - 3）。但是从网络视频消费月支出情况看，大部分会员每月支付不超过 20 元，并且仅有 4.5% 的人表示未来半年有继续付费的意愿，所以现阶段培养忠诚的付费客户成为新的难题。

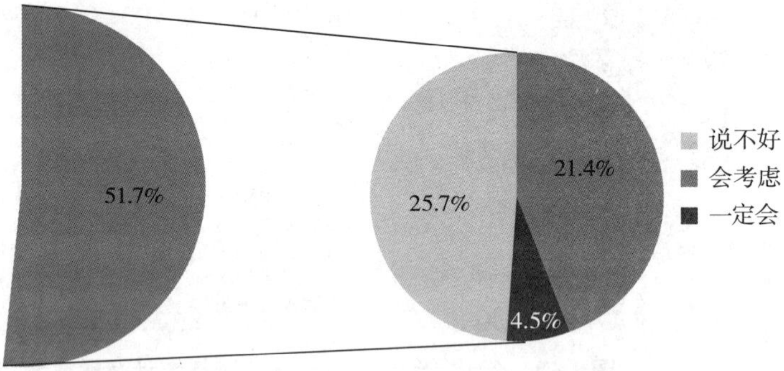

图 9 - 3　未来网络视频付费意愿分布

数据来源：《广电时评》，搜狐，2018 年

（四）电视剧海外播放势头良好

在谷歌公布的 2018 年度电视剧排行榜中，《延禧攻略》力压众多欧美电视剧位列榜首。现在，《甄嬛传》《扶摇传》《芈月传》等古装剧以及《白夜追凶》《灵魂摆渡》等悬疑剧不断向东南亚和欧美等国家输出，中国电视剧越来越多地被外国观众接受。《延禧攻略》作为今年的黑马电视剧，不仅给国内观众带来了很多惊喜，还成为谷歌 2018 年度电视节目搜索榜榜首，这一成果也直接证明了国产电视剧海外播出的势头良好。国家广播电视总局副局长范卫平在国际影视高峰论坛上提到，2017 年中国影视内容产品和服务出口额飞速增长，现在已经超过 4 亿美元，出口规模不断增长，内容不断丰富。20 世纪 80 年代国产电视剧就开启了出口海外的先例，随着多年的发展，电视剧的海外播放市场也从当初主要集中在东南亚地区的态势逐步向欧美等发达国家和地区转移。以前的出口形式多以单一节目的销售为主，现在多转为发展海外的集成基地，逐步实现了由简单的版权销售向复杂的频道建设的“质”的飞跃。

长久以来，中国电视剧在外国观众的印象中多以古装剧为主，这是因为我国曾经将一大批历史题材的古装剧出口海外，例如《康熙王朝》《武则天》

等经典剧作。除此之外，由于李小龙、成龙、李连杰等中国影视武打明星不断将中国功夫带向海外，也给外国观众们留下了“中国功夫”的标签。自从习总书记倡导的“一带一路”蓬勃发展之后，中国的优质电视剧也迎来了海外播放的鼎盛时期。现在除古装剧之外，大批的现代剧也逐步走向了海外市场，例如2017年在中国大热的《人民的名义》也同样得到了国外观众的好评。中国电视剧得到越来越多海外观众的认可，也使得中国的文化形象在海外观众的眼中越来越饱满和多样化。

二、中国电视剧行业投资分析

（一）电视剧播放渠道分析

现在我国互联网的发展势头迅猛，新媒体的兴起使得当代电视剧的发展进入了一个全新的阶段，众多的移动终端如手机、平板电脑等迅速占领了居民的日常生活，多数移动用户开始选择在网络上直接观看电视剧，所以网剧逐渐成为市场投资新的增长点。因此，各大电视台和网络运营商争相进入网剧市场，同时也促进了该市场的快速发展。2013—2015年，网络付费用户规模从308万人增长至2923万人，至2019年预计超过1亿人。（见图9-4）

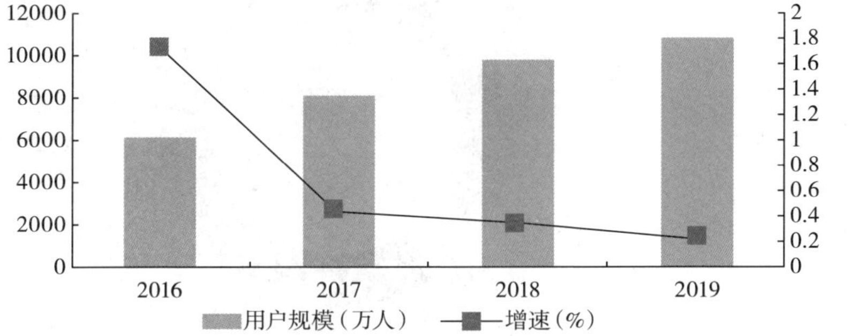

图9-4　2016—2019年中国网络视频付费市场用户规模预测（单位：万人）

数据来源：公开资料整理

从我国网络视频付费市场的收入来看，2013—2015年，我国网络视频付费市场收入从4.6亿元增长至48.4亿元，此后以29%左右的年均增速增长，预计至2019年末将增长至233.8亿元。

根据这样的发展趋势，可以预计未来中国电视剧行业的成长空间将会极大。未来网络端市场总规模可达700亿，电视端可达300亿，海外市场空间将在100~150亿元之间，合计超过1100亿。随着全球互联网用户数量的不断增长，其渗透率将超过45%，网络市场的发展将成为整体视频市场增长的主要驱动力。预计到2020年，我国视频付费规模有望达506.4亿。若以美国付费率以及家庭月视频内容支出成本占比推算，我国视频付费市场最终的总规模有望超过每年1000亿。

（二）电视剧内容题材分析

1. 题材占比及分布

在广电总局统计的2018年全国拍摄制作电视剧的备案公示记录中总共有967部，其中当代类型共585部，占比60.5%；现代类型共53部，占比5.5%；近代类型共178部，占比18.4%；古代类型共151部，占比15.6%。总体来看，2018年电视剧题材集中表现为当代剧，其中3月当代剧比重最高，占当月公示总数的68.18%，5月当代剧比重最低，占当月公示剧目总数的52.25%。近代剧和古装剧占比在15%左右，现代剧的占比则最少。(见图9-5)

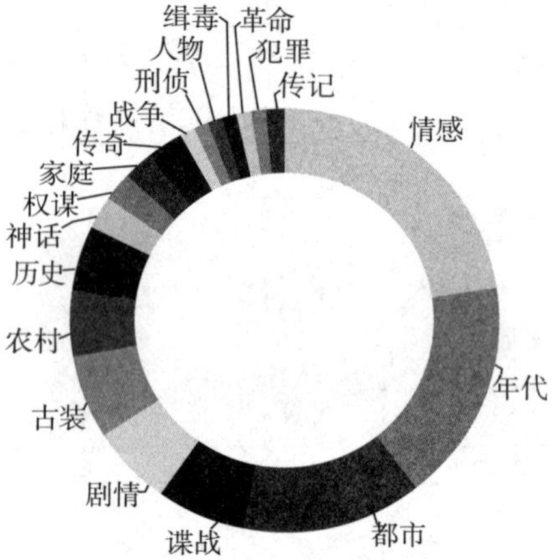

图9-5　2018年受市场认可电视剧题材统计

数据来源：《电视指南》，广电总局，2018年

根据2018年受市场认可的电视剧题材分类调查显示，出现频率最高的六个题材关键词为都市情感、年代谍战、古装剧情。而国家广播电视总局监管中心发布的《网络原创节目发展分析报告·网络剧篇》指出，2018年网络剧的关键词为情感、青春、校园。电视剧题材与网络剧题材分布存在一定的差异，其原因是网络剧的观看群体多为年轻人。此外，2018年的国产电视剧更

加注重写实，使得其题材分布更加偏向大众的审美，趋向现实主义的作品。

2. 剧本来源分析

2018 年电视剧原创剧本呈现了压倒性的优势，其数量在所有剧本中占比约 80%。40 部受到市场认可的电视剧中，仅有 8 部改编自小说与漫画，其余均为原创剧本。这 8 部电视剧为《香蜜沉沉烬如霜》《天盛长歌》《扶摇》《温暖的弦》《灵与肉》《金牌投资人》《开封府》《甜蜜暴击》，前 7 部均为小说改编作品，《甜蜜暴击》则为漫画改编作品。而网络剧市场约 59% 剧本来源于原创，41% 为改编作品，造成差距的原因主要是两者的受众不一致。但对于剧集本身而言，其品质优劣的关键并不在于剧本的来源，而在于剧本的质量。

（三）电视剧收视情况分析

1. 收视率数据分析

2018 年各大卫视收视率的竞争十分激烈，CCTV－1 综合频道、湖南卫视、上海东方卫视首播档电视剧的平均收视率均超过 1%，但相比 2017 年同期，CCTV－1 综合频道、上海东方卫视涨幅较大，而湖南卫视则下降明显。在首播档强势卫视收视率竞争中，北京卫视涨幅最为显著。此外，山东卫视收视率稳中有升，而江苏卫视、CCTV－8 电视剧频道、浙江卫视、安徽卫视、天津卫视首播档收视率都有不同程度的下降。开年剧 CCTV－1 综合频道播出的《换了人间》表现良好，同期上海东方卫视和江苏卫视联播的《恋爱先生》为第一季度收视率最好的电视剧，3 月上海东方卫视和北京卫视联播的《美好生活》总收视也超过了 2%。分析收视率数据可以看出，一方面现实主义题材在受众中的收视需求越来越旺盛，另一方面也存在缺乏爆款剧的现状。

2017 年含央视在内，共有 31 部作品收视率破 1，而 2018 年播出的剧目中，这一数据下降为 24 部。除此之外，2017 年收视冠军《人民的名义》平均收视率为 3.661，而 2018 年的收视冠军《恋爱先生》，在东方卫视与江苏卫视两个平台同时播出时，东方卫视平均收视率 1.561，江苏卫视平均收视率 1.026，远不及《人民的名义》。收视率在 2018 年呈现下降趋势，也暗示了电视剧行业正在面临转型阶段，观众越来越追求好剧本、精制作，只有将电视剧的整体质量提高，才能有效吸收观众的兴趣点和注意力。

在网剧收视率方面，2018 年全网电视剧的点击量较 2017 年同期存在一定的下滑，爆款剧的数量减少。但是纯网剧视频流量突破千亿次，较2017年同期增加了62%。三大视频网站对优质网剧资源的争夺也变得更加激烈，在2018年1—9月热播网剧网络影响力综合指数TOP100的分布中，腾讯视频独占34部，爱奇艺29部，优酷19部。(图9-6)

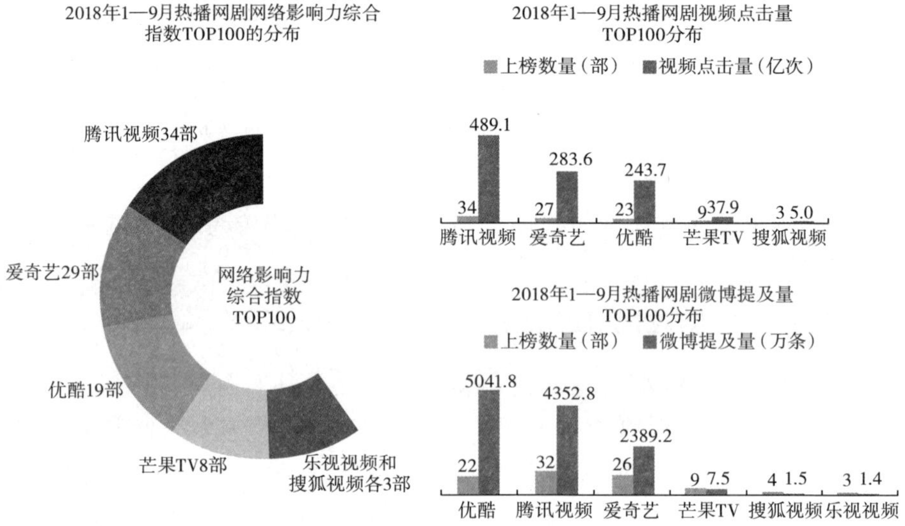

图9-6 热播网剧网络影响力综合指数

数据来源：美兰德中国电视媒体网络传播监测与研究

2. 口碑分析

2018年电视剧的口碑呈现大面积下滑的趋势，没有一部作品的豆瓣评分达到9分。尽管《延禧攻略》作为2018年度的爆款剧，但其评分却并不高，豆瓣评分只有7.2分，而年初的收视冠军《恋爱先生》，豆瓣评分仅有5.7分，甚至还未到及格线，类似于这样的情况，几乎贯穿了全年的电视剧市场。与前几年的电视剧相比，2018年电视剧的品质和口碑都面临着极大的下滑。在豆瓣所有进行评分的电视剧中，评分最高的是湖南卫视暑期档播出的《天盛长歌》，豆瓣评分高达8.3分。而在今年播出的所有上星剧目中，也仅有16部作品的豆瓣评分破7。将豆瓣评分排名前十的电视剧与收视率排名前十的电视剧进行对照，仅有4部电视剧重合，其余的豆瓣高分电视剧中，除年代情感剧《我的青春遇见你》之外，收视率均未破1。

虽然自2018年以来豆瓣评分由于水军的频繁干扰等不客观因素受到制作方和评论界的质疑，但其长期以来作为大众对影视剧评价的一个客观平台，仍然有一定的参考价值。其中口碑与收视率不匹配的原因：一是观众的喜好度与各卫视平台的播放量不符，各大卫视选择播放的电视剧没有完全覆盖观众的喜好；二是空缺的题材很容易吸引观众的注意力，2018 年收视率和口碑双丰收的电视剧大多都是因为题材新颖。无论是哪一种原因导致的高分剧低收视率这一现象，其根本解决办法还是要求制作方提高电视剧的整体制作水平，毕竟真正优质的电视剧注定不会被埋没。

（四）电视剧投资市场的发展困境

1. 流量模式的大面积失灵

大量流量演员堆积组合的模式曾经被视为赚钱的法宝，但这种方式在 2018 年逐渐失灵，很多人甚至遭到反噬。自从 2011 年演员杨幂凭借穿越剧《宫锁心玉》火得一塌糊涂之后，“流量”便成了人们耳熟能详的词汇，流量明星也成了中国娱乐圈的通行证，投资方争前恐后地花费重金来打造一部又一部流量巨制。但回顾 2018 年，流量明星们主演的电视剧几乎全部位列收视倒数。2018 年 3 月由陈伟霆主演的《南方有乔木》成为江苏卫视黄金档收视垫底，9 月其主演的《橙红时代》更是同时打破了东方卫视和浙江卫视黄金档的最低收视；由鹿晗和关晓彤主演的《甜蜜暴击》创下湖南卫视黄金档的最低收视纪录；由杨洋主演的《武动乾坤》首播当日收视率仅 0.33%，成为同期电视剧的收视垫底。2018 年底杨颖的《创业时代》以 0.232% 的收视率再次跌破东方卫视、浙江卫视底盘，成为年度倒数第一。

近年来众多流量明星虽然能够直接且迅速的带来巨额的经济收益，但其更新换代也十分快速，通常不出几个月就会被人快速遗忘，转而被新的流量替代。这种快节奏的方式营造出了投资方可以迅速赚钱的假象，许多影视演员更是放弃提升自己的演技转而走“流量”的捷径，这也在一定程度上影响了中国影视文化的进一步发展，造成电视剧市场上“烂片”云集的景象。以数据为主的流量曾被粉丝和资本捧上神坛，但当粉丝们的狂热冷却之后，观众开始回归理性，唯有优质的作品和优秀的演员才得以被大家重视。

2. 电视剧库存堆积难以回笼资金

回顾 2017 年各大卫视公布的排片计划，部分剧集并没有如期播出，只有不到一半的电视剧排播没有受到影响，而那些没有如期播出的电视剧只能等待下一年的排播计划，何时能够成功播出仍旧是投资商所面临的一大难题。

众多剧目未能成功播出大致是受到以下原因的影响：一是受到时代现状以及国家政策的影响，只能通过网络的形式进行播放，例如2018年才迟迟播出的《如懿传》，由于“限古令”的影响而不断推迟播放时间最后改为网络播放的形式；二是因为临时插播其他剧集而被迫调整档期；三是尚未完成制作却已经进入排播计划之中，由于其他原因导致剧集拍摄进度减缓而未能如期上档。现在，电视剧市场的投资方大多处于“群龙无首”的状态，一旦出现一部爆款剧集，大多数投资者便会急切地将资金投向同种类型的题材之中，进一步导致同种类型的剧集迅速堆积。而受众对于相似度高的电视剧往往容易产生疲倦感，管理当局为了整顿市场便会不断调整政策来引导电视剧的内容，也使得部分已经制作完成的电视剧沦为积压剧。

已经制作完成的电视剧一旦不能如期播出，不断变化的市场环境便会让剧集的制作方和投资方承担巨大的资金风险，从预想的大丰收转为勉强才能收回成本。2018年是电视剧发展的低谷期，众多资本正在迅速撤离电视剧的投资市场，许多影视项目的投融资都在一定程度上出现了问题。在这样的市场环境下，多数制作公司都难以再拍摄大型电视剧项目。优质的剧本和演技精湛的演员是一部电视剧成功的关键，然而资金的支持也是其中不可或缺的因素，没有投资方愿意花钱投资的剧集，即使具备前两个条件，也无法如期与观众见面。

三、中国电视剧市场竞争企业分析

从2018年中报业绩来看，上半年最赚钱的影视公司非光线传媒莫属。虽然其缺乏爆款影视剧，但是光线传媒依靠出售新丽传媒的股权，净利润规模达到21亿。从全年来看，光线传媒大概率继续占据业绩榜首的位置。相比之下，华谊兄弟上半年净利润只有2亿多，大概是光线传媒的1/8；慈文传媒的利润同比增长205%，投资收益实现翻倍增长；欢瑞世纪中报净利润范围从4800万元至5200万元，增长幅度为2.21倍至2.31倍；而唐德影视在电视剧方面的利润增幅也达到了58%。

（一）电视剧制作公司现状

电视剧制作方和投资方的现金流压力较大。由于电视剧投资的特殊性，投入巨额资金之后往往需要一定的时间进行制作拍摄，获得利润和投入成本中间存在较大的时间差，这也提高了投资回报的不确定性，对投资方的现金流提出一定的挑战。过去几年中有大量的资金迅速进入电视剧市场，但是电视剧制作公司生产高质量且卖座的作品的数量却寥寥无几，众多投资方损失惨重，从而导致2018年的中国电视剧行业面临了大量的资本退潮，也因此带来了巨大的经济泡沫。上市公司披露的财务报表显示，我国众多电视剧制作公司的现金流净额为负数，甚至连华策影视、慈文传媒等老牌上市公司的现金流情况都表现不佳。为了缓解运营压力和资金压力，这些上市电视剧公司的股权质押比例大多超过了80%，有的甚至已经开始出售旗下资产。

电视剧投资增速放缓的同时，缺少资金也成了上市电视剧公司的首要难题。从2018年第三季度的财报来看，最低的为骅威文化的 -5563万，最高的为欢瑞世纪的 -6.34亿。而与2017年同期经营活动产生的现金流相比，新文化2018年前三季度现金流为 -5980万，同比下滑了5389.11%。在统计的9家公司中，仅有华录百纳和长城影视的现金流为正数。华录百纳现金流充裕主要是因为其在2016年定增募资了21.72亿元，在2017年业绩大滑坡后，华录百纳的投资步伐也相应减缓，目前账面上的募集资金还剩不到十亿，而长城影视的现金流则主要来自于公司旗下资产的出售。

（二）网剧规模逐渐扩大

2017年网剧市场规模约258亿元，传统电视剧市场约198亿元，网剧市场规模不断扩大，并且首次超过了传统电视剧市场。网剧市场正在迅速发展，使得其制作成本也开始逐渐增加，有些网剧的制作成本甚至超过了传统的电视剧。根据相关数据显示网剧《三生三世十里桃花》的单集制作成本超过500万元，《香蜜沉沉烬如霜》的总投资额超过2亿元，《武动乾坤》《斗破苍穹》等网剧的投资额高达6亿元。现在各大视频网站不断加大爆款剧集的采购数量，部分平台甚至直接投资网剧的制作和播放。例如优酷投资拍摄的《白夜追凶》和爱奇艺投资拍摄的《最好的我们》等剧集，都实现了播放量和口碑的双丰收。而这些优质网剧的制作必然离不开巨额的制作成本，众多网剧的单集制作成本甚至高达千万元。投资传统电视剧所存在的巨大问题便是资金的回款周期较长，使得投资方的现金流压力较大，而网剧刚好克服了这一难题，网剧的回款周期较快，使得投资网剧的风险相对较小，因而现在大多数的投资商更偏向于投资网剧。

（三）IP 衍生品的溢价收益增多

电视剧的播出为投资方带来利润的同时，相应的 IP 衍生品也逐渐成为另一种获取收益的方式。电视剧衍生品市场的产品主要涵盖服饰、首饰、日用品等，这些日常用品看似平凡，一旦与相关电视剧进行联名生产，价格和销量便会翻倍增长。例如 2018 年大火的电视剧《延禧攻略》，制作方乘势推出带有剧集标志的水杯、手机壳、枕套等日常用品，甚至许多知名的化妆品牌例如法国娇兰，还专门推出了《延禧攻略》主演的同款护肤礼盒。这些联名 IP 的出现大大提高了相关商品的价格，带来了显著的溢价收益。与此同时，生产部门进行 IP 衍生品的生产时必须获得相关电视剧制作方的授权许可，巨大的授权收入也成为一笔不容小觑的利润来源。相关数据显示，中国 IP 衍生品的市场规模已经将近 700 亿，在世界范围内排名第五，且增速是全世界的三倍。

四、中国电视剧市场的未来发展趋势

（一）从以“流量”为中心到以“内容”为中心

流量明星一直以来被定义为“自带经济效应”，粉丝越多其商业价值也就越高。2014—2017 年是流量明星最辉煌的三年，IP 的火热，内地影视行业的蓬勃发展以及粉丝经济的助推，让即使没有优秀作品的流量明星们也能靠人气撑起一片天。但是随着时代的变化和发展，观众们对作品质量的要求越来越高，粉丝们也不会再轻易地为流量付费。娱乐圈快速的新旧更替让流量明星们成了一种快消品，这一趋势也使得他们的热度发酵期变得越来越短，而投资商从中可以抽取的商业价值也被大大削弱，再也难以重现当初的盛况。现如今提升剧目本身的质量逐渐成了投资制作公司的主要目标，而电视剧市场上留给众多缺乏演技的流量明星们的空间也在逐渐缩小。真正能够提升中国电视剧行业发展水平的方式是不断用优质的作品来树立榜样，受众在观看过优质作品之后，对敷衍制作的剧集的容忍度才会逐渐放大，只有当流量剧集失去市场竞争力的时候，才能推动影视行业的整体转型，投资方和制作方才会将财力和精力重点注入优秀的剧本，演员们才会有动力磨炼自身的演技。明星通过作品获取大众的青睐其实也是一种市场回归的表现，学会用优质的内容来吸引大众的注意力，才有利于电视剧行业的健康发展。

（二）电视剧 IP 市场的前景可观

预计未来 IP 市场将是电视剧产业发展的新方向。参考美国、日本等国家成熟产业链的发展经验：美国影视投资公司有 70% 的收入来自于 IP 衍生品，日本超 90% 的动漫收入来自于衍生品。相比之下，国内 IP 产业目前仍然处于成长时期，但近年来巨大的粉丝效应以及互联网渠道的兴起和完善进一步推动了 IP 剧集的发展，《盗墓笔记》《花千骨》《何以笙箫默》等人气小说在网络平台上凝结了海量的粉丝基础以及超高的话题讨论性，而后被陆续改编成系列剧集，都取得了不俗的成绩。从长远的角度来说，电视剧 IP 运营开发能力在未来将成为核心竞争力，丰富的 IP 储备和各种变现渠道的综合开发将成为企业获取高额收益的保障。随着版权市场和衍生品市场的成熟，在未来 IP 产业链将加速整合，海量优质 IP 将进入电视剧市场。例如，以迪士尼模式为代表的实景娱乐便是集观影和体验于一体的现代 IP 模式，这种模式是未来衍生 IP 价值最有效的方式之一，我国的华谊影视集团也正在尝试这种 IP 开发模式，预计未来国内电视剧行业将会迈入重点发展 IP 衍生品市场的新时代，未来 IP 的质量与储备量将成为企业的核心竞争力。

（三）网剧产业将迎来蓬勃发展

近年来，各大视频网站不断增加对网络剧的投入，越来越多的专业生产经营公司迅速兴起，国内网络剧产业也迎来了一个快速发展的时期。在短短几年内，网络剧在数量和质量方面都实现了跨越式的发展，良好的发展趋势不仅吸引了众多新兴电影公司和工作室团队加入网络剧的制作，也吸引了一些原本将网络剧作为竞争对手的传统影视制作进入了这一领域，例如万达、华谊等大型制作公司。而充足的资金支持又进一步加速了网剧市场的发展，形成了一个良性循环的态势。国产电视剧的受众为广大人民群众，而目前网剧题材的最大来源同样也为走红于人民群众中的网络文学，两者的大众文化属性一致，这也是网剧能够成功发展的重要原因之一。传统电视剧的固定属性必然只能讨好一部分观众，而网剧的题材更加丰富，来源更加广泛，也更易于吸引更多受众。传统电视剧的题材主要集中在战争、历史、都市类等，而网剧中悬疑类、爱情类以及穿越、推理、灵异等小众题材占比较高，因此也带来了极高的市场关注度。同时，未来的网剧在制作、表演和宣传等方面的经验也会逐渐发展成熟，网剧也将从低成本、粗制作逐渐向高成本、精制作转型。

第十章　中国电影业投资报告

高利玲　吴振海

2018 年是电影市场规范加强年，在有针对性的相关举措下，偷漏瞒报票房、恶意技术锁场、盗录盗播、高额票补等市场乱象得到有效整治。同时在电影产业促进法以及相关配套政策的引导下，电影市场发展更加规范化和理性化。中国电影市场经过前几年的高速增长后，2018 年进入稳定增长期，据普华永道中国娱乐及媒体行业展望（2018—2022 年）预测，中国电影市场 2019—2022 年将继续保持 10% 左右的增长。(图 10 - 1)

图 10 - 1　全球前十票房国家/地区人均观影频次

数据来源：普华永道中国娱乐及媒体行业展望（2011 - 2022）2018 第 2 页

中国电影市场近年来形成了从生产到消费的一定产业基础和规模，培育了比较完善的市场结构体系，产业要素活力进一步凸显，成为全球独有的票房规模及增速都有较快增长的电影市场。虽然 2018 年电影票房市场增速放缓，但从中长期来看中国电影票房仍将维持较高的增长速度。主要原因在于中国人均观影频次和每百万人口票房金额与北美地区存在较大差距，随着中国居民消费水平上升、城市化进程的深入和对文化产品的需求，电影市场还有较大的发展空间。

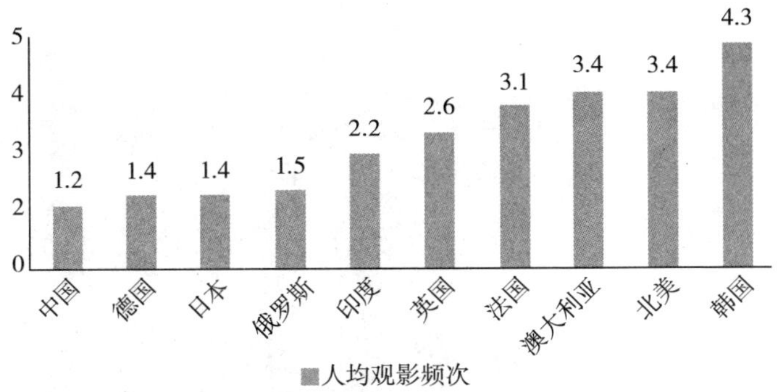

图 10－2　全球前十票房国家/地区人均观影频次

数据来源：美国电影协会，数据截至 2017 年 12 月 31 日

国内电影放映实现了数字化、高科技化的全面升级，中国放映市场已经成为“激光化”比例最高、最快的市场。2018 年国内 3D、IMAX、4DX、全景声等高科技影厅快速发展，艺恩数据显示，2018 年中国 3D 银幕数量已经超过 43000，覆盖率超 85%，IMAX 银幕数量超 510，4D 主流影厅数量超过 690。中国电影后期从完全依靠外来团队，到建立起涵盖 CG 视效、VR 拍摄、3D 技术、实体特效、MOCO、DIT 流程管理等完整产业链，其中高水平团队的水准日渐与国际接轨。

一、中国电影票房分析

（一）中国票房总体情况

1. 中国电影继续保持向上向好的发展态势

国家电影局 2018 年 12 月 31 日晚发布的数据显示，2018 年全国电影总票房为 609.76 亿元，同比增长 9.06%，城市院线观影人次为 17.16 亿，同比增长 5.93%。（见图 10－3）

历经 2004—2015 年制片发行市场化、地产资本投入院线建设、互联网电商红利三轮浪潮后，国内电影市场回归稳定增长，增长基数从 30% 以上调整至 10%，同时国产类电影逐步成型，观众审美与好莱坞市场拉开差异，影片票房与口碑高度相关。

回顾 2018 年单月电影票房市场，2 月中国电影总票房突破 100 亿，刷新了内地电影市场单月票房最高纪录和全球单月票房最高纪录。但暑期档之后，中国内地电影市场高歌猛进的态势戛然而止，国庆档票房仅有 19.1 亿，同比

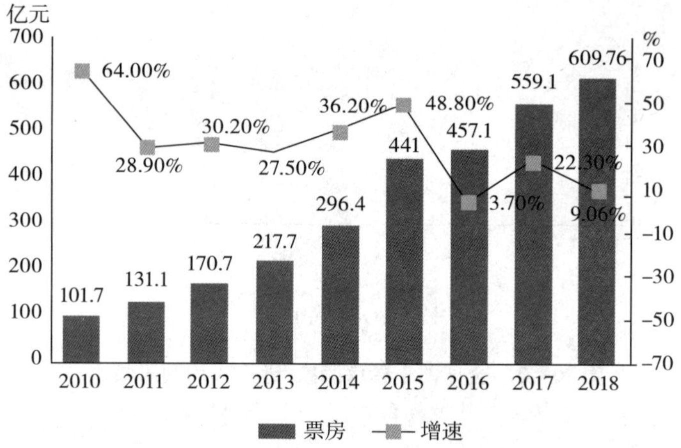

图 10－3　中国电影票房增长趋势（2010—2018 年）

数据来源：国家电影局

下跌 27.9%。观影人次方面，全年单月观影人数基本都在 1 亿以上，仅 9 月人数不足 1 亿，2 月由于春节假日加持，观影人数达到 2.66 亿。

2. 春节档与暑期档表现亮眼，国庆档与贺岁档相对平淡

从单月票房同比增速来看，受益于头部内容对票房的显著带动作用，春节档与暑期档同比增幅明显。

（1）春节档表现优异，实现票房 57.7 亿，同比增加 68%

2018 年 2－3 月受益春节档，单月实际票房同比增速为全年最高，分别为 64% 和 52%，其中主力贡献为《红海行动》《唐人街探案 2》《捉妖记 2》，三部影片在 2 月分别实现实际票房 27.0 亿元、23.5 亿元、20.1 亿元。春节档电影尤其是《红海行动》的热度持续到三月，《黑豹》《环太平洋 2》的上映也共同助力三月票房继续高速增长。

（2）暑期档表现较好，实现 173.8 亿元，同比增加 7%

其中 7 月《我不是药神》、《西虹市首富》分别实现票房 28.3 亿元、12.0 亿元，占当月票房的 43.5%、18.5%；8 月《一出好戏》《西虹市首富》分别实现票房 12.3 亿元、11.3 亿元，占当月票房的 19.3%、17.9%。

（3）国庆档表现不及预期，同比下降 26%

10 月《无双》实现票房 10.8 亿元，占当月票房的 32.0%；《李茶的姑妈》票房不及预期，高开低走，仅实现 6 亿元票房。

（4）贺岁档表现平平，实现52.4亿元票房，同比下降7%

12月《海王》实现票房16.9亿元，占当月票房的42.9%，除《海王》外无强势影片接力。（图10－4）

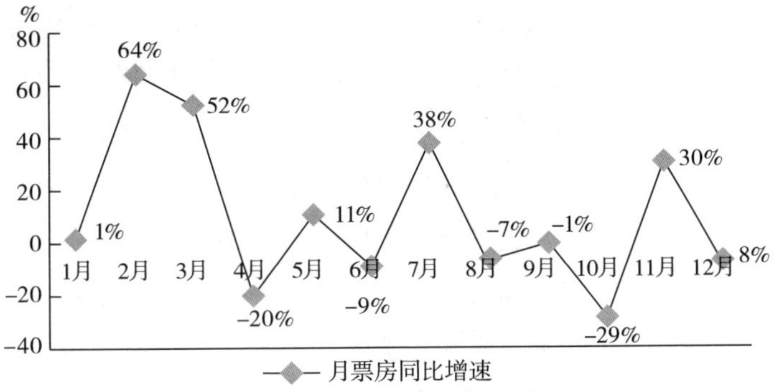

图10－4　2018年月票房同比增速

数据来源：淘票票、艺恩、猫眼

3. 进口电影市场进一步开放

2018年，印度、日本等更多国家和地区的电影进入中国市场，其中印度电影《神秘巨星》《小萝莉的猴神大叔》《嗝嗝老师》等宝莱坞片都获得了不错的口碑，但题材上的固化与频繁的引进也让印度电影在票房上出现了瓶颈，目前票房最高的是《神秘巨星》，票房7.47亿，而年底上映的被寄予厚望的阿米尔汗主演的《印度暴徒》，票房遭遇了滑铁卢。

4. 新锐导演开始爆发票房价值

电影产业进入迭代期，迭代产生的变化首先体现在电影上游内容端口。猫眼数据显示，目前2018年票房Top20电影中，新生代导演贡献了41%的票房，位于票房排行上位圈的几部爆款电影如《唐人街探案2》《我不是药神》《西虹市首富》等，出自于陈思诚、文牧野、闫非等新生代导演之手。

（二）影片情况

国家电影局数据显示2018年共生产电影故事片902部，动画电影51部，科教电影61部，纪录电影57部，特种电影11部，总计1082部。

1. 国产影片表现抢眼

票房过亿元的国产影片82部，其中国产电影44部，国产电影总票房为378.97亿元，同比增长25.89%，市场占比为62.15%，比去年提高了8.31

个百分点，市场主体地位更加稳固。

2. 国产片质量继续提升，票房愈发向头部电影集中

根据国家电影局提供的数据，2018 年国产片票房合计约 379 亿元，同比增长 25.9%，进口片票房约 231 亿元，同比下降 10.6%。国产片票房的优秀表现成为推动 2018 年票房增长的动力，进口片的票房未达预期，呈现负增长。

2018 年共有 20 部国产影片票房超过 5 亿元，9 部国产影片票房超过 10 亿元，影片《红海行动》以 36.51 亿元票房和 0.93 亿观影人次引领年度市场纪录。国产片凭借优异表现，全年票房占比达到 62.2%，较 2017 年增长了近 8.4 个百分点，保持了近年来国产片票房对进口片票房的优势（2012 年除外）。进口片票房在 2014—2017 年年均增速达到约 30%，2018 年增速大幅下滑，达 -10.6%，在国产片和进口片数量占比上，国产片也表现明显，2018 年国产片上映数量占比创纪录的达到 62.2%，对比 2015 年最高占比 61.6%，增加了 0.6%，环比 2017 年增速更加明显，达 8.4%。（图 10 -5、图 10 -6、图 10 -7）

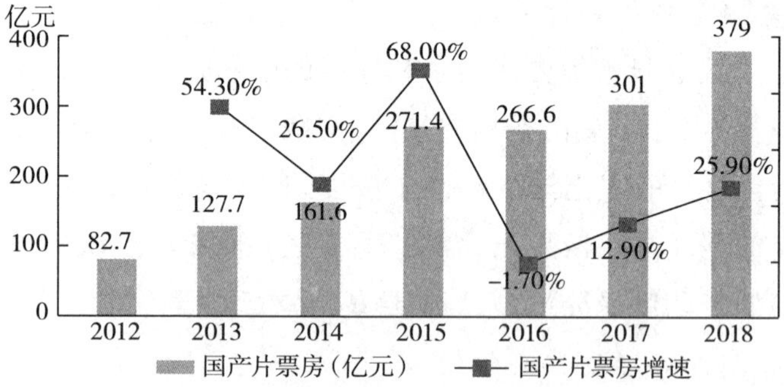

图 10 -5　2012—2018 年国产片票房及增速

数据来源：国家电影局

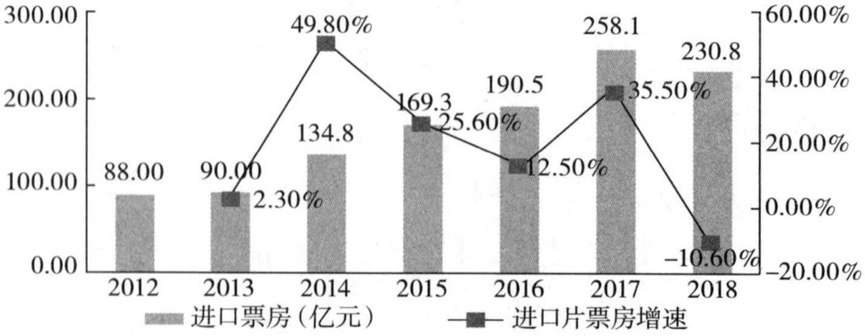

图 10 -6　2012—2018 年进口片票房及增速

数据来源：国家电影局

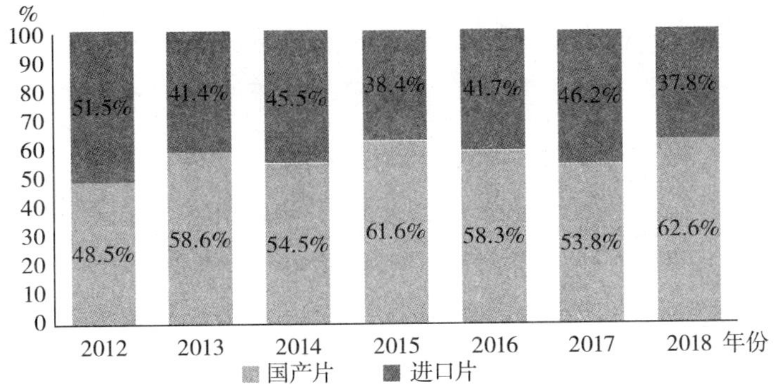

图 10－7　2012—2018 年国产片和进口片占比

数据来源：国家电影局

3. 观众对影片的质量更为看重，口碑与票房正相关趋势明显

我国电影票房市场近年来保持高速增长的态势，观影人次从 2012 年的 4.4 亿，增长到 2018 年的 17.16 亿，年均复合增长率达到 25.5%。国内电影票房从 2012 年的 170.7 亿元增长到 2018 年的 609.76 亿元，年均复合增长率达到 23.6%。中国电影产业在国民经济新的发展形势下实现了快速增长。以电影票房收入衡量，我国电影市场已经成为仅次于美国的全球第二大电影市场。

观众审美品位的提升，还体现在另外一个方面，那就是票房的二八现象愈发严重，票房在持续向头部电影集中。我们汇总了近四年 TOP10 票房在总票房中的占比，2018 年该比例上升明显（表 10－1）

表 10－1　2015—2018 年票房 TOP10 电影票房合计占全年总票房比例

2015 年		2016 年		2017 年		2018 年	
名称	票房（亿元）	名称	票房（亿元）	名称	票房（亿元）	名称	票房（亿元）
捉妖记	24.4	美人鱼	33.12	战狼	56.8	红海行动	36.51
速度与激情 7	24.27	疯狂动物城	15.31	速度与激情 8	26.76	唐人街探案 2	33.98
港囧	16.14	魔兽	14.72	羞羞的铁拳	22.07	我不是药神	31
复仇者联盟 2	14.64	美国队长 3	12.46	功夫瑜伽	17.53	西虹市首富	25.48
夏洛特烦恼	14.42	湄公河行动	11.84	西游降魔篇	16.57	复仇者联盟 3	23.91

续表

2015年		2016年		2017年		2018年	
侏罗纪世界	14.21	西游记三打白骨精	11.71	变形金刚5	15.45	捉妖记2	22.37
寻龙诀	13.72	澳门风云3	10.94	摔跤吧爸爸	12.9	毒液	18.7
煎饼侠	11.6	盗墓笔记	10.05	加勒比海盗5	11.74	海王	18.51
澳门风云	9.68	功夫熊猫	9.94	金刚	11.57	侏罗纪世界2	16.96
西游记之大圣归来	9.56	长城	9.8	极限特工	11.28	前任3	16.47
合计	152.64	合计	139.89	合计	202.67	合计	243.89
总票房	440.69	总票房	457.12	总票房	559.11	总票房	609.76
占比	35%	占比	31%	占比	36%	占比	40%

数据来源：公开数据整理

4. 观影人次同比增长5.93%，票价同比增长3%，观影受众向各年龄段拓展

2018年中国电影观影人次17.16亿，同比增长5.93%，由于观影人次增长速度略有下滑，整体票房增长受益于全国平均票价2.9%的提升。2018年电影平均票价（剔除服务费）为33元，较2017年增长3.13%。在影片口碑效应日益强化、政策持续规范，票补逐步取消的背景下，电影票价企稳略有回升。从票价来看，无论是从国际对比还是与国内同行业娱乐消费单位时间价格对比来看，我国当前电影票价已经接近天花板。电影观影以中产阶级娱乐消费定义开始崛起，从一、二线城市开始推行，这造成了我国相对较高的电影票价。

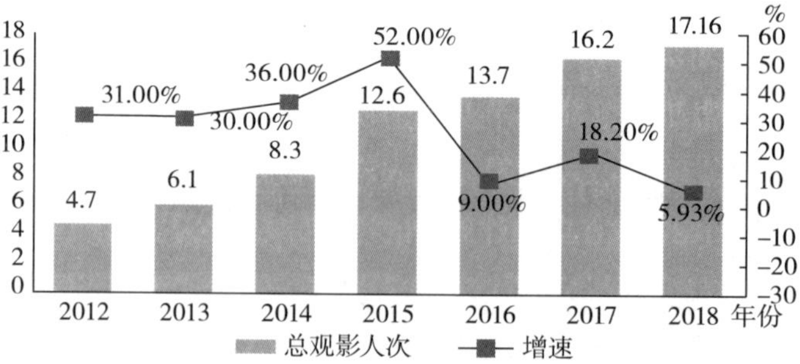

图10-8　中国电影观影人次及增长趋势（2012—2018年）

数据来源：国家电影局、艺恩

2018 年我国观影人次增速放缓，但观影年龄层更加广泛，更多 30 岁以上观众走进电影院，为观影人次增长贡献约 3.4 个百分点，看电影从年轻人的时尚消费行为，变成全民娱乐消费行为。（图 10－9）

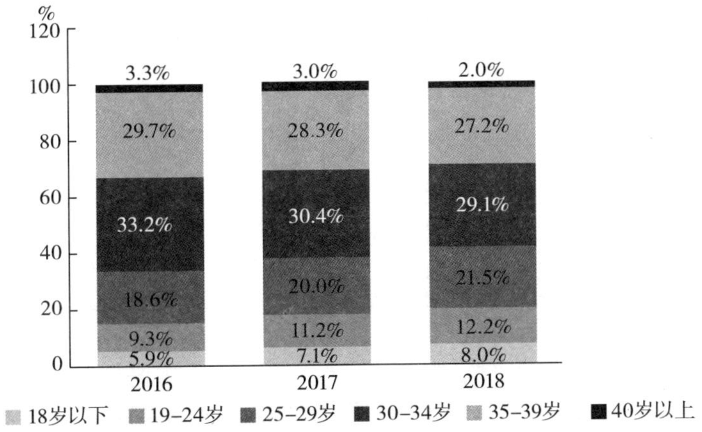

图 10－9　2016—2018 年不同年龄段观影人次占比

数据来源：猫眼专业版

以观影人次计，中国电影市场已经连续四年超过北美市场，中国电影市场观影人次呈稳定增长态势。中国电影产业在国民经济新的发展形势下实现了快速增长。以电影票房收入衡量，我国电影市场已经成为仅次于美国的全球第二大电影市场。（图 10－10）

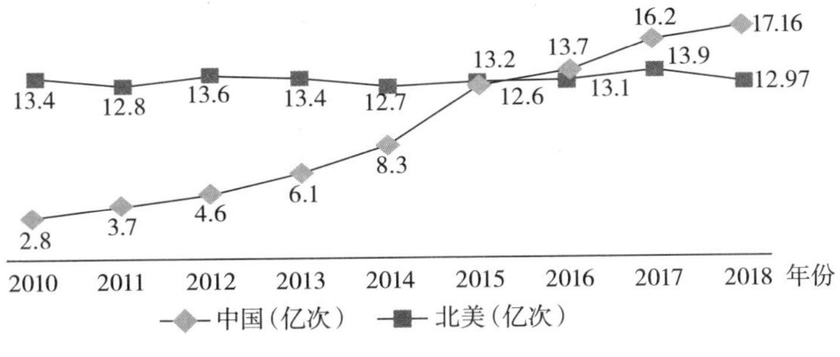

图 10－10　2010—2018 年中美观影人次对比

数据来源：国家电影局，美国电影协会

（三）院线情况

1. 影院总数与银幕总数稳步增长

2018 年，中国影院总数与银幕总数先后突破了 1 万家和 6 万块，达到历史最高值。不过伴随着纪录而来的还有快速增长、供大于求所带来的行业危机。数据显示，2018 年包括上座率、单银幕产出在内，多项影院核心经营数据都滑落至 2014 年以来的最低值，万达等头部院线近年来的市场份额也呈现出下滑趋势。(图 10－11、图 10－12、图 10－13)

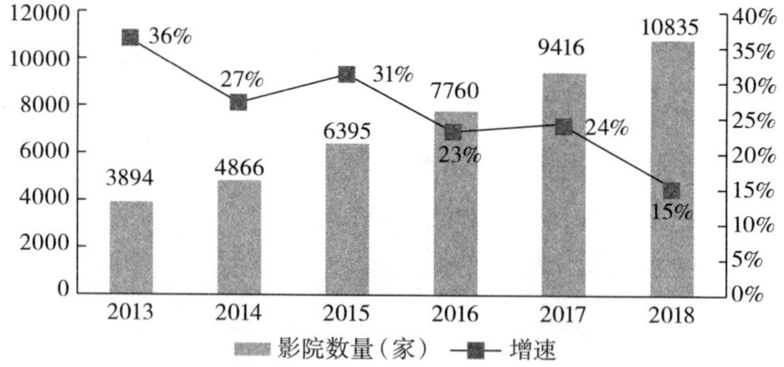

图 10－11　2013—2018 年中国影院数量及增速

数据来源：国家电影局，艺恩数据

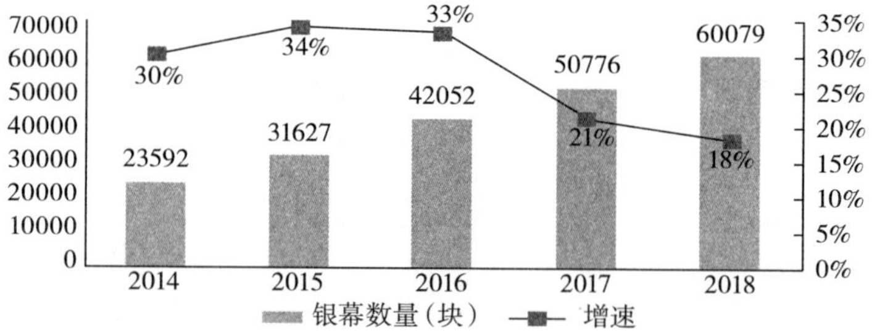

图 10－12　2014—2018 年中国银幕数量及增速

数据来源：国家电影局，艺恩数据

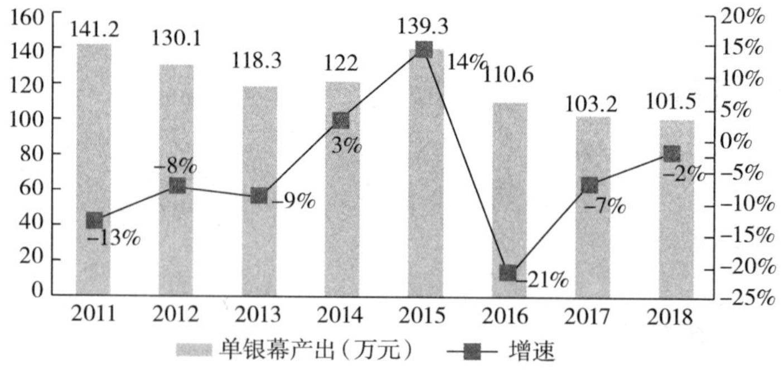

图 10－13　2011—2018 年单银幕产出及增速

国家电影局：艺恩数据

2. 2018 年头部院线市占率进一步提高，符合行业性质决定的长期集中度提高趋势

2018 年 CR10 院线以 385. 04 亿元总票房占全国票房的 68. 64%，比 2017 年提升 0. 44 个百分点，其中万达、大地、上海联合院线分别以 13. 68%、9. 90%、7. 93% 占据院线公司前三。

根据猫眼专业版数据，2018 年排名前十的影投公司总票房市占率略有下滑，主要由于以苏宁、部分地产公司为代表的竞争者出于对影院入口价值的看重而进入行业。2018 年 CR10 影投公司以 203. 15 亿元总票房占全国票房的 36. 21%，比 2017 年下滑 1. 7 个百分点，其中万达院线、大地影院、横店院线分别以 13. 32%、4. 67%、3. 70% 占据影投公司前三。（表 10 – 2）

表 10 – 2

排名	2017 年	票房（亿元）	影投市占率	2018 年	票房（亿元）	影投市占率
1	万达院线	68. 64	13. 10%	万达院线	74. 7	13. 32%
2	大地影院	24. 23	4. 63%	大地影院	26. 18	4. 67%
3	横店院线	19. 7	3. 76%	横店院线	20. 78	3. 70%
4	金逸影视	16. 41	3. 13%	CGV 影城	15. 9	2. 83%
5	星美影城	15. 93	3. 04%	金逸影视	15. 11	2. 69%
6	中影投资	15. 27	2. 91%	中影投资	14. 12	2. 52%
7	CGV 影城	14. 5	2. 77%	星美影城	11. 04	1. 97%
8	耀莱影城	8. 55	1. 63%	百老汇	8. 85	1. 58%
9	博纳影业	7. 86	1. 50%	耀莱影城	8. 47	1. 51%
10	百老汇	7. 53	1. 44%	博纳影业	8	1. 43%
	CR10	198. 62	37. 91%	CR10	203. 15	36. 22%

数据来源：猫眼专业版

3. 从一线到五线城市，观影人次增速呈上升趋势

分析各线城市 2018 年观影人次的增速，可以明显地看到渠道越往下沉，观影人次的增速越快，显示了三四五线城市的市场空白依然存在，发展空间相对较大。（图 10 – 14）

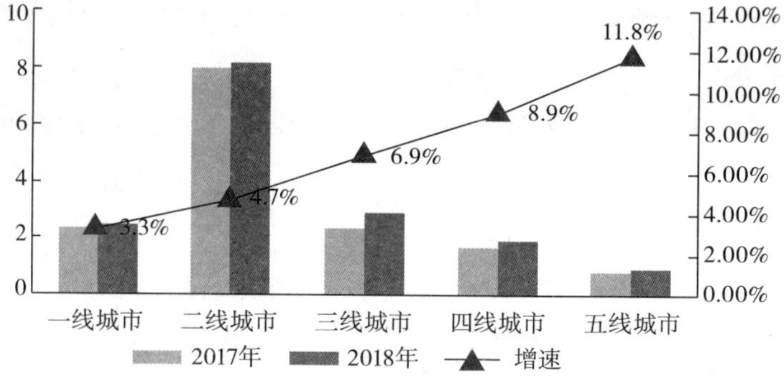

图 10－14　2017—2018 年各线城市观影人次及增速

数据来源：拓普电影数据库

4. 市场下沉已经成为行业发展的一大趋势

2018 年三四五线城市的市场份额正逐年递增。而新一线、新二线城市和中东部人口大省，在票房增长速度上已经超过了很多传统的高票房地区，未来有望成为中国电影票房市场的中流砥柱。

从各大区票房占比来看，2018 年华东地区以 36. 3% 的占比成为 2018 年全国的主力票房贡献区域，其中上海、杭州和苏州位居票房前三，从历年来看，华东区域市场年复合增长率最低，市场已经接近饱和，中南区域年复合增长率最高。(图 10－15)

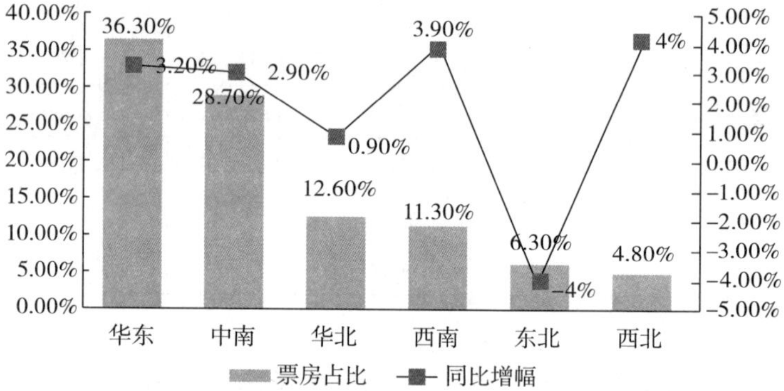

图 10－15　2018 年各大区票房（含服务费）占比及同比票房增幅

数据来源：艺恩智库

院线下沉趋势仍在继续，二线以下城市观影需求仍有较大挖掘空间，随着银幕建设与院线下沉的继续（新增银幕 9303 块，全国银幕总数达到 60079 块，稳居世界首位），2018 年票房分布上也呈现出向三线及以下城市下沉的趋势，三线城市占比为17.0%，上升0.4个百分点；四线城市占比为10.5%，上升0.5个百分点；五线城市占比为5.7%，上升0.4个百分点。三线以下城市票房增速明显高于一、二线城市。2018年一线至五线城市票房增速分别为4.3%、7.2%、9.7%、14.1%、15.3%，三、四、五线城市票房增速高于全国票房增长水平。若将一线与二线，三线及以下城市作为两个整体看，两者票房增速分别为6.3%、12.2%，三线及以下城市票房增速显著高于一、二线城市。（图10－16）

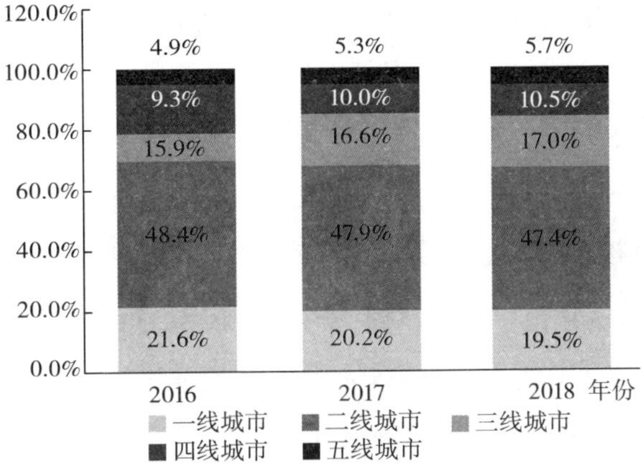

图10－16　2016年－2018年中国各城市票房占比

数据来源：国家电影局，淘票票

（四）在线票务市场情况

1. 市场渗透趋于饱和，双寡头格局形成

我国在线票务行业经过市场教育及形成期、并购整合期，目前已进入成熟期。截至2018年上半年，我国在线票务渗透率已达到83.6%，用户数已接近饱和；猫眼微影和淘票票合计市场份额高达92%，成为市场的“双寡头”。

2. 在线票务市场发展历程

2009—2014年：行业形成期，在线票务网站市场格局高度分散。在线电影票务网站雏形始于格瓦拉2009年推出的在线选座服务，而后在2011—2013年间，伴随团购网站兴起，美团、大众点评在线团购电影票务收入提升迅速。

2014—2015年：BAT先后进入在线票务市场。2014年1月，百度收购糯米网，后百度成立电影事业部，正式进入在线票务市场；2014年5月，“微票儿”（微影时代）平台成立之初，腾讯为微影除管理层外第二大股东；2014

年6月，阿里巴巴收购文化中国，并更名为阿里影业，淘宝电影（淘票票）票务业务上线，并于2015年淘宝电影（淘票票）资产注入阿里影业。

2015—2018年：行业"双寡头"格局确立，行业集中度持续提升。2015年，阿里影业收购最大的院线票务系统提供商粤科软件，借助粤科这一线下售票系统，阿里影业迅速使院线能够直接对接阿里亿级用户群体；2015年12月，微影时代收购格瓦拉；2017年9月，猫眼和微影时代合并，组建新公司"猫眼微影"。2015—2017年行业集中度提升迅速，据第三方统计机构易观智库统计，截至2017年第四季度，猫眼微影和淘票票在线票务市场份额分别为51.9%和37.7%，行业双寡头格局形成；2018年上半年，猫眼微影以超过55%的市场份额位列在线票务平台首位、淘票票以超过37%的市场份额位列第二位，市场集中度进一步提升。

二、电影行业投资情况分析

2018年是电影市场悲喜交加的一年，既有因电影内容散发出的生命力与不断升高的票房天花板，又有资本热钱撤离、IP泡沫消散后的冷清，电影市场在悄然变化着生存规则，往年"大导光环""小镇青年""档期效应"等热词，今年都悄然沉寂。2018年中国电影行业投资数量及金额均小幅下跌。（图10－17）

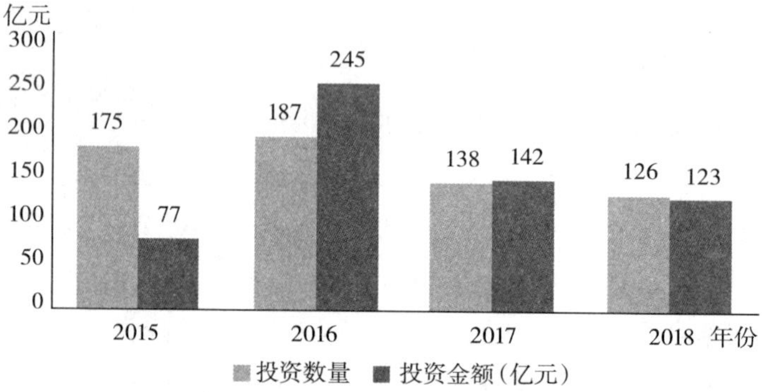

图10－17　中国电影行业投资数量及投资金额（2015—2017年）

数据来源：清科数据库，IT桔子

（一）上市公司营收增速略低于票房大盘，现金流持续好转，利好维持高分红比例

2018 年院线行业上市公司影院扩张速度低于放映行业，其营收增速整体略低于票房大盘，非票房业务占比提升弥补了放映业务毛利率下行带来的业绩压力。上市公司2017 年股利支付率高达38.1%，2018 年万达电影、中国电影等行业龙头加强对资本性开支的控制，自由现金流持续改善，利好行业持续较高的分红比例。

（二）银幕增速略放缓，单银幕产出拐点有望在2020 年后到来

2018 年全国新增9303 块银幕，较2015—2017 年略放缓。截至2018 年年底，全国城市影院银幕数达60079 块，较2017 年年末的50776 块银幕增长约9303 块，年末银幕数同比增长约18%，自2010 年后增速首次下降至20% 以下，但仍略低于10% 的票房增速。我们用三种假设情境下测算调整后的单银幕票房产出拐点，在低银幕增长假设下，调整后单银幕产出拐点有望在2020年到来，在银幕增长前高后低假设下，单银幕产出拐点在2021－2022 年到来。

（三）国内院线同业并购是大势所趋

电影局通知中指出，鼓励跨地区、跨所有制进行院线整合，推动电影院线集约化、规模化发展。2018 下半年国内约300 家影城关闭，标志着行业出清启动。目前单体影院票房呈下行趋势，规模较小、自由现金流趋紧的影投公司将被逐步挤出市场。院线龙头在既有影城选址、管理运营能力、采购成本等方面具备优势，未来在基于会员体系的售票、卖品销售、整合营销等业务上将具备更强的掌控力。对比北美市场21 世纪初经历第一轮中小院线并购整合，近年来国际化并购带动了第二轮整合，目前三大院线公司银幕市占率46%，远高于目前国内前五大影投公司不足20% 的银幕占有率。

（四）影视娱乐内容精品化呈长期趋势，持续看好优质院线标的

业绩驱动逐渐由外延转向内生，业绩增速明显回落。2018 前三季度，影视娱乐板块营业收入同比增长7.7%，相对于2017 年全年的11.7% 增速有所回落；利润端方面同比增长18.1%，相对于2017 年全年的2.3% 增速有所增加。受范冰冰“阴阳合同”事件持续发酵、国税总局下发艺人工作室、影视

公司自查自纠、补缴税款文件、影视行业等事件影响，影视板块在经历了两年调整后依旧跌幅明显，截至 2018 年 12 月 12 日，整体下跌了 33.84%，估值水平的持续回调使得版块内的部分品种已经回落到了合理偏低区间。

（五）板块营收增速放缓，部分品种估值略显低估

估值水平的持续回调使得版块内的部分品种已经回落到了合理偏低区间，在纳入统计的 26 家影视娱乐版块的上市公司中，共有 8 家公司目前的预测 PEG 小于 1，分别为中国电影、华策影视、北京文化、当代名称、光线传媒、幸福蓝海、欢瑞世纪、慈文传媒；连续二年净利润增速大于 20% 的公司共有 8 家，分别为华策影视、横店影视、北京文化、当代名诚、幸福蓝海、欢瑞世纪、慈文传媒。业绩驱动逐渐由外延转向内生，业绩增速明显回落。自 2016 年初监管层收紧对影视类资产的并购重组，影视娱乐板块营业收入和归母净利润增速均从 2016 年二季度开始放缓，2017 年后影视类资产并购监管仍然趋严，多家影视公司宣布终止重组方案（表 10－3）。

表 10－3　2018 年前三季度影视娱乐板块上市公司涨跌幅和业绩增速

证券代码	证券简称	PE（TTM）	PB（LF）	2017—2018 区间涨跌幅	2018 年前三季度净利润增速
600892. SH	大晟文化	23. 38	2. 53	－4. 48%	－17. 83%
600977. SH	中国电影	16. 57	2. 35	－8. 39%	3. 62%
600088. SH	中视传媒	37. 56	3. 07	－19. 37%	－0. 79%
300133. SZ	华策影视	22. 48	2. 15	－20. 01%	43. 40%
603103. SH	横店影视	28. 43	4. 52	－22. 79%	13. 97%
000802. SZ	北京文化	22. 77	1. 63	－26. 64%	45. 79%
600136. SH	当代明诚	23. 7	1. 82	－27. 18%	225. 61%
300251. SZ	光线传媒	8. 86	2. 25	－27. 26%	－17. 05%
300528. SZ	幸福蓝海	22. 58	1. 67	－32. 30%	25. 52%
601595. SH	上海电影	24. 31	2. 35	－33. 88%	0. 33%
002739. SZ	万达电影	26. 08	3. 14	－34. 90%	7. 06%
000892. SZ	欢瑞世纪	7. 94	1. 48	－35. 99%	22. 09%
002905. SZ	金逸影视	17. 97	1. 92	－37. 28%	－5. 12%

续表

证券代码	证券简称	PE（TTM）	PB（LF）	2017—2018 区间涨跌幅	2018 年前三季度净利润增速
600576. SH	祥源文化	35. 09	1. 55	-38. 49%	-15. 48%
603721. SH	中广天泽	61. 56	3. 18	-38. 75%	-19. 58%
300027. SZ	华谊兄弟	25. 47	1. 41	-41. 84%	31. 58%
002071. SZ	长城影视	18	4	-42. 83%	29. 73%
002502. SZ	骅威文化	21. 68	1. 07	-50. 44%	-79. 36%
002175. SZ	东方网络	-7. 5	3. 09	-52. 35%	-55. 89%
300291. SZ	华录百纳	-12. 07	0. 71	-53. 61%	-71. 03%
002343. SZ	慈文传媒	9. 85	1. 76	-58. 56%	136. 59%
002445. SZ	ST 中南	34. 82	0. 78	-68. 82%	-14. 16%
600715. SH	文投控股	126. 72	1. 45	-75. 04%	-11. 51%

数据来源：WIND

（六）影片投资向头部集中

2018 年前三季度新上映的 200 多部国产影片总投资预计 90 多亿元，单片平均成本约 4 千万元，单片平均票房约 1. 2 亿元。中成本以上影片数量占比相比 2014 年提升 4 个百分点，平均票房从 2014 年的 2. 3 亿元上升至 6. 9 亿元，中成本以下影片单片票房几乎停滞不前。较高投资成本为电影工业化发展奠定了基础，拉动影片产出规模提升。

国产电影 66% 流向高成本及以上影片，票房同样也集中在头部，高成本及以上投资规模影片票房份额约占 62%。从票房盈利来看，高成本及超高成本影片盈利近三成，高于小体量投资的影片，电影高投资、高回报趋势明显，但也要避免盲目投资。腰部与尾部影片投资结构失衡，中、中高成本影片以 14% 的投资额贡献了 26% 的票房，而小、中小成本影片投资额占比 20%，票房占比约为 12%，电影投资结构待优化。

（七）电影行业改革持续深化，为电影投资市场带来更多活力

《电影产业促进法》进一步深入实施，“证照分离”改革为市场带来更多活力。《国产电影复映暂行规定》、《关于加快电影院建设 促进电影市场繁荣发展的意见》等政策措施陆续出台，为产业健康发展提供了坚实保障。电影

公共服务体系更加完善。“电影走出去”呈现出新的亮点和特征，已与21个国家签署了电影合拍协议，首届上合组织国家电影节、第2届金砖国家电影节、第21届上海国际电影节、第8届北京国际电影节、第5届丝绸之路国际电影节、首届海南岛国际电影节，以及阿联酋、葡萄牙中国电影周等活动顺利举办，用电影拉紧了人文交流合作的共同纽带。

2018年3月，十三届全国人大一次会议颁布国务院机构改革方案，涉及电影电视剧管理的改革主要包括：（1）组建国家广播电视总局：在国家新闻出版广电总局广播电视管理职责的基础上组建国家广播电视总局，作为国务院指数机构；（2）中宣部统一管理电影工作：原来国家新闻出版广电总局的电影管理职责划入中央宣传部，中央宣传部对外加挂国家电影局牌子；（3）中央宣传部统一管理新闻出版工作：原国家新闻出版广电总局的新闻出版管理职责划入中央宣传部，中宣部对外加挂国家新闻出版署（国家版权局）牌子。机构改革后，电影管理职责归属中宣部，广播电视、网络视听节目仍由广电总局负责管理。从机构改革方案对中宣部电影管理职责的定位看，电影的文化功能及地位有所提升，强调发展和繁荣电影事业、在文化娱乐的基础上，更加强调电影的宣传思想作用；对外交流职责强化，打造中国文化的影响力，未来或更加重视贴近主流价值观的主旋律电影。

第十一章 中国游戏产业投资报告

陈京炜 陈贝先

一、2018 年游戏产业概况

（一）中国游戏市场规模增长持续放缓

2018 年中国游戏市场实际销售收入达到 2144.4 亿元，同比增长 5.3%，增长率为近十年最低。移动游戏收入达到 1339.6 亿元，比 2017 年增长 15.4%。PC 游戏收入 804.8 亿元，与 2017 年的 804.6 亿元基本持平。这意味着国内游戏市场正趋于饱和，增量用户带来的红利期结束，进入存量市场。

（二）电子竞技市场收入创新高

2018 年中国电子竞技游戏市场实际销售收入达 834.4 亿元，同比增长 14.2%，其中移动端占 462.6 亿元，客户端占 371.8 亿元；电子竞技游戏市场实际收入占中国游戏市场的 38.9%；中国电子竞技用户规模达到 4.28 亿人，同比增长 17.5%。2018 年中国电子竞技游戏市场实际销售收入中，移动电子竞技游戏收入首次超过客户端电子竞技游戏，占比达到 55.4%。

战术竞技类游戏是 2018 年热门游戏，成熟的玩法登陆手机端。电竞游戏娱乐化、低门槛化的特点，吸引了大量从未有过电竞经历的新用户，带来爆发式增长的用户数量，也给衍生市场带来增长潜力。

（三）独立游戏迎来较快发展

2018 年，中国独立游戏市场规模达到 2.1 亿元，用户数量达到 2 亿，百度指数大幅度上涨，备受关注。在市场监管政策呈现收缩倾向的大背景下，独立游戏以其创新性的玩法、优质的文化内涵而受到关注。

（四）行业监管严格化、规范化

监管方面，文化部部署各地文化市场综合执法机构，针对网络游戏审查备案、网络游戏实名注册、未成年人家长监护工程等的实施，加大办案力度，保护未成年人，规范网络秩序，引导企业将社会效益放在首位。

二、投资环境分析

经历了快速增长期之后，游戏行业市场规模巨大，相关政策不断出台，在对精品游戏持续扶持的同时，细化规则，游戏行业制度体系逐步完善。

（一）政策对精品游戏鼓励扶持

1. 广电总局继续推进“中国原创游戏精品出版工程”

2016 年 11 月，国家新闻出版广电总局办公厅印发《关于实施“中国原创游戏精品出版工程”的通知》。该《通知》提出，在 2016—2020 年，将推出总量达 150 款左右的精品游戏，扩大精品游戏消费，从而达到扶持的目的，支持优秀游戏企业做大做强。

继 2017 年成功组织出版首批 30 款“中国原创游戏精品出版工程”作品后，2018 年 3 月，国家新闻出版署持续推进该工程，公布了第二批入选游戏作品名单。

2. 海南创新游戏产业监管体系

2018 年 12 月 21 日在海口举办的中国游戏产业年会上，海南省委常委、宣传部部长肖莺子在会上表示，海南将通过创新监管体系来支持游戏产业的发展。海南为了扶持游戏产业发展，先后出台了一系列相关政策创新监管体系。海南将成立文化游戏产业协会；利用人工智能技术简化审批流程；通过负面清单和正面清单加强游戏企业自律；建立游戏线上实时监管体系；设立发展投资基金等手段扶持游戏产业发展。

（二）游戏行业制度体系完善，严格监管

1. 文化部加强网络文化市场监管

2018 年，文化部部署各地文化市场综合执法机构依照《关于严格规范网络游戏市场管理的意见》，对网络游戏运营单位进行全面排查，加大案件督办力度，多次集中公布网络游戏典型案件。

该举措对规范市场秩序、引导企业树立正确价值导向、推进网络游戏转型升级、提升内容品质发挥了积极作用。

2. 版号暂停审批

2018 年 3 月 29 日起，因机构改革，游戏审批工作进度受到影响。自此，

游戏行业版号冻结9个月。直到2018年12月底，国家新闻出版广电总局官网上传了2018年12月国产网络游戏审批信息的表格，版号正式重开。1月9日，2019年首批网络游戏版号名单公布，共84款游戏。9个月的版号暂停审批带来的游戏市场资本寒冬自此结束。

3.《综合防控儿童青少年近视实施方案》的影响

2018年8月，《综合防控儿童青少年近视实施方案》提出了调控网络游戏总量、控制新增网络游戏上网运营数量、探索符合国情的适龄提示制度、限制未成年人游戏时间等措施。

4. 电子竞技被列入雅加达亚运会表演赛项目

2018年8月，在雅加达亚运会中，电子竞技项目被列入表演赛项目，中国团队在《英雄联盟》《皇室战争》《王者荣耀》三个项目上夺得两金一银。电子竞技正逐渐受到主流媒体的认可。

三、游戏产业大事

（一）行业投融资收并购大事及其分析

2018年，国内游戏产业共发生融资事件146起，其中公开融资额的融资事件34起，融资事件数目较2017年的212起下降31%。微信小游戏、VR和区块链游戏成为2018年游戏行业的主要融资方向。融资轮次多数在A轮及之前。公开的数据中，获得A轮以上融资的企业共5家，包括主营移动游戏、主机游戏和教育类游戏的维士塔，主营印度运动游戏开发运营的Dream11，主营区块链游戏平台的哈希世界，主营VR探险类游戏的灼华网络，以及主营手游并在2018年完成赴港上市的创梦天地。

2018年，游戏公司的IPO之路依然不顺利，自2016年以来，证监会对游戏企业的IPO的审核监管日趋严格，在目前证监会披露的A股IPO排队名单中，共有9家游戏企业，其中2018年新披露的仅华清飞扬一家，同时，上海绿岸网络和广州多益网络在2018年先后宣布终止IPO审查。

游戏产业收并购方面，2018年2月，腾讯以30亿元人民币入股盛大游戏，力图推进整合双方平台合作。2018年4月，中手游出资2.13亿元人民币控股北京软星，开始针对“仙剑奇侠传”等知名IP的联合研发。6月，A股上市游戏公司世纪华通发布公告，拟收购盛大游戏控制实体盛跃网络，标志着盛大游戏迈出回归 A 股第一步。

游戏相关的电竞、游戏直播行业在 2018 年也得到了资本的青睐。2018 年 3 月，腾讯向斗鱼和虎牙两大游戏直播头部公司分别投资 6.3 亿美元和 4.6 亿美元。10 月，B 站在完成纳斯达克挂牌上市之后，宣布成立哔哩哔哩电竞公司，开始向电竞市场发力。

2018 年的游戏资本市场对游戏行业看好，同时体现出两大趋势：一是市场下沉，针对大城市流量红利消失的趋势，开始布局产业目标向小城镇群体转移；二是产业细分加剧，精耕女性向、二次元等细分方向的厂商的投资机会增加。

（二）大公司战略及分析

2018 年的国内游戏市场依然由腾讯和网易领先，两大企业分别占据 41.6% 和 15.4% 的市场份额。紧随其后的第二梯队由三七互娱、完美世界、巨人网络、畅游等组成。

1. 腾讯

2018 年腾讯进行了历史上第三次组织架构调整，整合成立云与智慧产业事业群、平台与内容事业群，代表了腾讯未来战略核心的转变。在战略转变之后，根据腾讯 2018 年第三季度财报，游戏业务营收占比下跌至 32%，与 2017 财年的 41% 相比，下跌了 22%。作为过去几年腾讯主要的营收来源，游戏营收的下降，也造成腾讯的环比净利润减少 22%。

一直以来，腾讯利用 QQ 和微信带来的流量和社群优势，抢占着游戏市场的先机。2018 年，腾讯继续保持着在流量端不可动摇的领先地位。同时，在产品端腾讯的自研能力也处在业界领先水平，并在资本优势的加持下获得了《绝地求生》等第三方优质内容。2018 年初，腾讯互动娱乐事业群针对游戏同质化的现状，提出了“重视新赛道”的策略，旨在寻找能引爆玩家新需求的游戏品类改进路线。例如在女性向游戏中，腾讯开发了《食物语》《如懿传》《恋世界》等女性向手游，力图抢占女性游戏消费市场。

在独立游戏方面，借力于自身的 WeGame 平台，腾讯在移动平台中推出了“极光计划”，通过扶持中小开发商，支持独立游戏，并从中寻找新的爆点。截至 2018 年底，通过极光计划发行的《纪念碑谷》《英雄就是我》《卡片怪兽》等获得了较好的热度。腾讯举办的 Next Idea 高校游戏创意制作大赛如期举办，旨在从高校发掘游戏人才和创意作品。

在投资并购方面，依靠强大的资金实力，形成了所谓“腾讯系游戏厂商，通过收购和战略投资，腾讯获得大量的新产品和新创意，无疑为其自身发展注入了新动力。

2. 网易

根据2018年11月公布的网易2018年第三季度财报，网易2018年第三季度营收保持增长，同比增加35.1%。在监管趋严的大背景下，网易游戏的收入未受到太大影响，在2018年内连续两个季度获得了100亿元以上的收入，占总收入的比重达到了60%以上。这一方面来源于以“第五人格”为代表的新游戏的增长，也包括了“阴阳师”“梦幻西游”等经典IP的良好运营。

2018年，网易在经历年初《荒野行动》的昙花一现之后，在下半年上线推出《明日之后》《神都夜行录》等实力作品，成功稳住了口碑和业绩。虽然在过去的一两年中，网易在移动电竞类市场落于下风，但在二次元、开放世界等所谓游戏“新赛道”上，网易在2018年的投入和成功可圈可点。为发掘新生力量，网易将孵化出诸多优秀作品的MINI－GAME项目推向高校，举办了MINI－GAME大赛。

2018年，网易的游戏业务战略一方面包括通过Steam等游戏平台与独立游戏进行合作寻找新玩法、新题材，另一方面积极在海外进行战略投资和合作。7月有媒体披露，网易投资了英国独立游戏开发商Jumpship工作室，成为该公司的少数股东。

3. 完美世界

2018年完美世界的第三度业绩报告显示，该季度完美世界实现营业收入18.64亿元，较去年同期增长31.6%。前三季度，完美世界总营收为55.13亿元，与去年同期持平，但净利润较去年同期有22.2%的增长。

完美世界在2018年的游戏业务中力推细分市场和年轻化战略，在女性向、二次元、中国风等细分方向上均有优质作品推出。此外，完美世界通过实施大文化发展战略，在影视、动画、文学、游戏等多个领域深入布局，挖掘了大量优质IP资源，并积累了开发和运营经验。而通过与Valve公司的战略合作，共同建立了STEAM中国，构建了良好的游戏社区基础并为游戏海外业务提供了空间。

独立游戏方面，完美发布了独立游戏作品《隐龙传》《面条人》《洪潮之焰》《赦免者》，在独立游戏业务进行了新的探索。

4. 三七互娱

2018 年 8 月，三七互娱发布的半年财报显示，上半年三七互娱实现游戏业务营收 30.7 亿元，同比增长 10.58%，增速高于行业平均水平。

三七互娱的游戏业务保持良好增长势头的主要原因在于公司推行了良好的研运一体模式。2018 年上半年，三七互娱投入 2.59 亿元进行研发，同比增长 25.78%。同时，公司运用丰富的产品运营经验为新产品的研发提供思路，再通过研发配合市场不断打磨产品，最终提高了产品成功率。另外，三七互娱积极推动自身作品的精确推广，凭借多年来在流量推广领域的耕耘，在 2018 年移动游戏市场流量成本上涨的情况下，依然有效地保持了流量导入和转化，提高了自身的竞争能力。

5. 巨人网络

2018 年巨人网络上半年的游戏业务收入达到 13.57 亿元，占公司总营收的 67.9%，同比下降 2.96%。其中，PC 端网游的营收下降 10.75%，毛利率下降 0.24%，手游业务同比下滑。

《征途》系列一直是巨人网络游戏业务的核心，2017 年曾占到公司游戏业务的 45%。但是这一 IP 在历经十余年的历史之后，巨人网络也在加大研发力度，力图充实主营产品阵容和厚度。此外，巨人网络还将目光投向了海外市场。2018 年，巨人网络曾计划斥资 305 亿元收购主打 AI 技术的以色列游戏公司 Playtika，这次被外界形容为蛇吞象的收购虽然被证监会暂时叫停，但巨人方面表示会继续推进相关产业的海外并购。

巨人网络布局独立游戏孵化获得了不菲的成绩。巨人网络孵化了《月圆之夜》《帕斯卡契约》《恙化装甲》《Project Dunk》等独立游戏。在孵化精品游戏的同时，先后推动“巨人新进宿舍计划”“48 小时游戏创新营”“高校产学研孵化合作”等多项人才计划，挖掘、培养优秀年轻人才。

6. 畅游

2018 年畅游第三季度财报显示公司总收入 1.18 亿美元，同比下降 29%，环比增长 5%。其中网络游戏收入为 96000 万美元，同比下降 28%。除了受行业大环境影响之外，畅游主打的游戏《天龙八部》步入生命周期末期，也是造成相关业务下滑的原因。和整个行业的普遍情况类似，畅游也面临着过度依赖主打游戏的情况。

（三）新兴公司发展策略分析

1. 创梦天地

2018 年 5 月 25 日，创梦天地向港交所提交了 IPO 申请。据第三方统计报告，创梦天地以 1.25 亿人次的月平均活跃用户量在国内独立手游发行商中排行第一。

同时，创梦天地在推出发行海外游戏方面，也位居独立手游厂商第一的位置。通过和海外游戏研发公司的深度合作，以获得源码授权等形式进行二次定制和运营，持续推动了国内和海外游戏市场的交流。

在游戏内容方面，创梦天地着力挖掘了女性向的游戏产品，推出《梦幻花园》《梦幻家园》等针对女性玩家偏好和感情元素的作品，其中《梦幻花园》国内安卓月平均活跃用户量突破 1300 万人，女性用户达到 80% 以上。

此外，创梦天地还在积极扩展布局电子竞技、线下娱乐等渠道，力图打造全方位的数字娱乐平台，提高用户忠诚度和产品活力。

2. 哔哩哔哩

哔哩哔哩在社区运营上有着多年的积累，拥有成熟的社区生态体系，而其也把游戏产品作为社区流量变现的重要手段。特别是在二次元的游戏领域，哔哩哔哩具有较大的流量优势。2018 年，哔哩哔哩共有 17 款手游正在预约，其中不乏一些高热度 IP。哔哩哔哩目前在游戏产品的发行方面，也采取依托于二次元社群的战略，《命运——冠位指定》等代表作已经获得用户的认可。而其他厂商在发行、运营二次元游戏的时候，也常采取和哔哩哔哩合作的方式。在这些因素的作用下，哔哩哔哩的游戏业务有不少的发展空间。

3. 多益网络

2018 年，多益网络放弃 A 股 IPO 转投港交所。急需上市的背后，是多益网络近年来良好的业绩表现。根据多益网络自己的预测，2018 年的公司营收和利润都将达到 20% 以上的增速，均大大高于行业平均水平。而近三年，多益网络的毛利率均接近 100%。依靠《神武》系列的重要贡献，多益网络也开始布局游戏产品的多元化，加大研发投入。同时，多益网络特别关注社交和游戏的融合，以此提高游戏黏性和游戏生命周期。

三、投资前景展望

(一) 独立游戏产业环境分析

2018 年，独立游戏迎来较快发展，中国独立游戏市场规模达到 2.1 亿元。其中受到多方面因素影响：首先，用户对游戏产生同质化疲劳，独立游戏通过新鲜的体验帮助企业积累用户；其次，独立游戏深挖用户需求，以创新推动市场边界；最后，独立游戏注重玩法创新，在艺术性、游戏性、故事性上具有符合政府管理需求的特点，政策环境利好独立游戏发展。

各大企业对独立游戏有所倾向，对游戏发行商、发行平台的角色十分重视。如腾讯 WeGame、方块游戏等发行平台渠道，为独立游戏开发者提供接入支持、运营计划。在引进大型知名游戏的同时，上线优质独立游戏，为《中国式家长》、《波西亚时光》等佳作提供了更好的发展空间。而发行商代理公司方面，拥有丰富发行资源的企业，如中手游、乐逗游戏，以及以发行独立游戏为主业务的企业如东品游戏、椰岛游戏，也为独立游戏制作团队规模小、专业性不强等问题提供了发行解决方案。

即便有着友好的产业环境，独立游戏的生存仍然面临许多问题。Unity 2018 游戏工作室调查报告显示，近六成的开发者团队少于 5 人；61% 的预算源自开发者自筹资金和自由工作。(图 11－1)

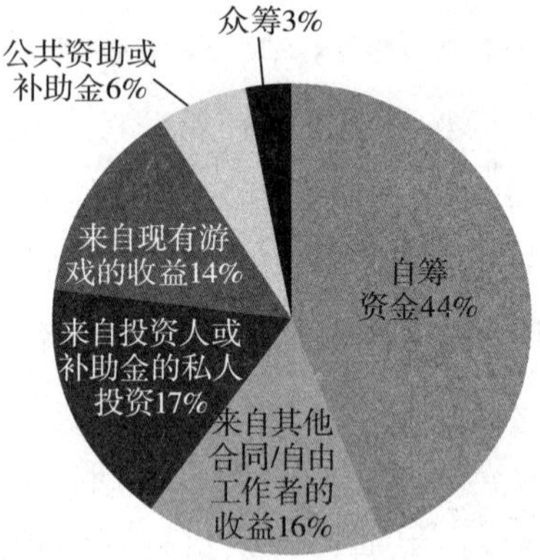

图 11－1　游戏开发者资金来源统计

资料来源：Unity 2018 游戏工作室调查报告

然而，独立游戏的商业化模式主要为付费下载、内置广告、内购和 IP 授权。长周期的开发和后盈利的特点，导致缺乏融资渠道的小开发者团队面临沉重的资金问题。再加上2018年3—12月版号停发，资金问题浮上水面，因此许多公司受挫。海外发行、开源海外市场成为规避这一风险的策略之一。

另外，与中国本土游戏环境产业链不完善、游戏付费习惯未养成等特点相比，欧美地区的玩家习惯与市场氛围有所不同。这也成为中国游戏开发者推行全球性发行战略，借助国外优质市场主推中国游戏发展的另一原因。

（二）创业公司与创业团队现状

1. 手游市场创业艰难

手游市场曾经的快速增长，吸收了众多创业团队快速入场，但当下手游产业已经进入存量市场，发展速度明显放缓。2018年初，中国手游用户规模达到5亿，手游总量已经达到9000多款。2018年，创业团队手游的竞争者不再仅仅是同类产品，短视频等娱乐产品也加入战局，抢夺用户。买量成本增高再加上版号暂停发放，中小企业快速变现通道堵死，生存艰难。

2. 独立游戏运营对大公司有依赖性

独立游戏获取用户的方式有如下几种：

（1）发行商代理：企业代理解决开发团队资源不足、专业性不强等问题，通过扶持计划、代理费、分成款等方式为开发团队提供资金、技术支持。

（2）平台引流：App Store、Steam、TapTap等平台具有固定的用户资源，开发团队可以利用平台的推广渠道为产品带来更大范围的用户触及率。

（3）IP引流：用高知名度的IP吸引用户。

（4）口碑营销：小成本独立游戏不适用高成本的效果广告，而口碑营销针对性强、成本低，是独立游戏产品获取用户的有效途径。

然而，以上推广方法多需要资金、技术、流量资源的支持，而各大游戏公司作为发行商代理，立足于游戏发行业务，同时涉及研发、渠道、平台等业务。发行商代理与小型研发商合作，为其提供研发、资金方面的帮助。发行商的出现一定程度上缓解了小开发团队面临的难题。

（三）国际趋势

1. 国际端游分发平台Steam

2018年，Steam全球注册用户数达到5.14亿，销售额52亿美元，比较2015年以来的数据，Steam经历两年高速增长后开始放缓。然而2016—2018

年，相比全球注册用户年复合增长率的54%，中国注册用户年复合增长率达到了114%，是用户增长的重要增长点。

从游戏品类上来看，竞速类游戏增长迅猛。暗黑、科幻题材的游戏发行数量有20%以上的增幅。中国玩家偏好多人竞技、大逃杀、横板过关、角色扮演类游戏。从游戏销量上看，TOP 10 付费游戏销量比例逐年上涨，非头部游戏开发商生存空间受挤压，但非头部游戏仍占有较大的市场份额，中长尾运营仍是提升 Steam 销量的重要因素。

Steam 平台公平的游戏曝光规则和大用户基数吸引了国内大量 PC 单机厂商和独立开发者。2018 年 Steam 平台支持中文的游戏中，70% 为独立游戏，而国产游戏只占 9%。国产独立游戏面临着和众多外国作品的曝光度竞争，也面临着和国内产品的竞争。国内 Steam 用户和非中国用户游戏偏好差异较大，2018 年国产独立游戏佳作《太吾绘卷》和《中国式家长》出现在中国 TOP 10 付费游戏销量中，可以看出国内玩家对国产独立游戏的支持热情。

2. 独立游戏大会：IGF

每年的 IGF（Independent Game Festival Awards）都被视为独立游戏界的风向标。IGF 由游戏开发者杂志和游戏开发者大会（GDC）联合主办，设立多个奖项，为最出色的独立游戏颁奖，鼓励游戏开发创新。

2018 年 IGF 获奖作品延续着创意性强、影响力高的特点。口碑作品《林中之夜》斩获独立游戏大奖和最佳叙事奖；《机械迷城》开发者新作《脸黑先生》获得最佳视觉奖；主播圈火热一时的《和班尼特福迪一起攻克难关》以及开年力作 IGN10 分的《塞莱斯特山》也取得创新奖和观众选择奖；最佳音效奖最终归属《Uurnog Uurnlimited》；黑马作品《Baba Is You》获得四项提名，并最终获得最佳设计奖和最佳学生作品奖。

这些游戏多数在大赛前已经获得相当的知名度，它们的高游戏品质及独特的创新性等受到玩家广泛欢迎。奖项与口碑俱佳的独立游戏地位与日俱增，推进了资本加码独立游戏的过程，独立游戏开发者也开始进行游戏商业模式的探索。不变的是，IGF 等独立游戏大奖坚持鼓励创新精神，是独立游戏走下去的根本。

（四）电子竞技行业发展

1. 电子竞技行业发展现状

首先，政策推动电竞行业发展。2018 年 8 月的雅加达亚运会中，电子竞技被纳入表演赛，中国代表队在《英雄联盟》《王者荣耀》《皇室战争》三个项目表演赛中夺得两枚金牌、一枚银牌。而在2022年杭州亚运会上，电子竞技将成为正式比赛项目。电竞正逐渐获得主流媒体的认可。

其次，电竞市场销售额持续增长。数据显示，2018上半年中国电子竞技游戏市场实际销售收入达到417.9亿元，同比增长16.1%，其中移动电竞游戏市场实际销售收入达462.6亿元，这得益于电竞游戏产品的娱乐化、低门槛化发展，从未有过电竞游戏经历的新用户成为了电竞用户的主要增长。用户的爆发式增长也给电竞衍生市场带来巨大增长空间。（见图11－2）

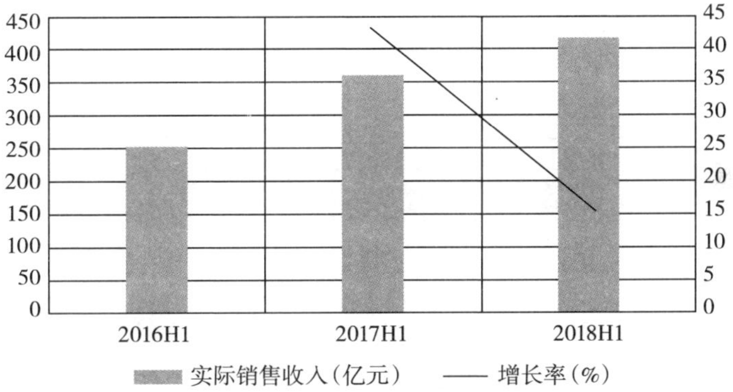

图11－2　2016—2018年中国电子竞技市场实际销售收入情况

资料来源：2018年中国游戏产业报告半年报（1～6月）

再次，电竞赛事IP价值不断攀升，大量资本涌入电竞产业链上游，过去资本密集于直播平台的情况被改变。以电竞俱乐部为例，赞助商囊括了电商、运动器材、视频网站、游戏公司、游戏外设等多个领域。这代表着电竞产业的资本开始向直播外的其他环节扩散。

最后，赛事作为核心，电子竞技产业链基本形成。由内容提供者（企业、游戏产品）、赛事产业（赛事、俱乐部、赛事运营、数据提供）、内容传播（直播平台、媒体推广）组成的产业链协作趋于成熟。随着用户规模的扩大和商业体系的健全，移动电竞赛事赞助进入爆发期。

2. 电子竞技对游戏制作的影响

电子竞技的快速发展吸引了大量资金流入，也会使游戏开发趋势产生变化。热门的电子竞技游戏带来了大量相同或相似玩法的产品。其中，由于原版游戏未涉足移动领域，国内企业纷纷投入移动端电竞游戏开发，生产了许多类似产品。

以《绝地求生》在国内的火热为例，其催生了大量战术竞技类移动产品，和原版 PC 游戏相比，它们拥有相似的游戏玩法，更广的玩家覆盖面、相对简单的操作、更强的社交性。(表 11－1)

表 11－1　部分战术竞技类游戏

开发商	移动产品	端游产品
腾讯游戏	穿越火线	无限法则
	光荣使命	
	绝地求生全军出击	
	绝地求生刺激战场	
网易游戏	荒野行动	荒野行动
	终结者 2：审判日	
	代号：Alive	
小米互娱	小米枪战	
英雄互娱	代号英雄	
	全民枪战 2 生存竞技	

3. 区块链技术与电子竞技

2018 年，区块链技术火爆，众多概念和产品出现。区块链的去中心化特点引发变革，信息平台和交易监管机构受到投资人的青睐。游戏和电子竞技领域有着相似的特点：游戏的技术基础是数据交互；网游、游戏直播行业充满着交易和契约，这些都是区块链技术易渗透的特质，使游戏行业成为区块链的优质土壤。

(1) 区块链游戏

2017 年底至 2018 年中，以太坊火爆了一款叫 CryptoKitty（加密猫）的游戏。游戏中，玩家可以搜集、繁殖电子猫，并且用以太币交易电子猫，价格由玩家自定。电子猫本身具有数字稀缺性，引发了交易热潮。

虚拟宠物游戏的概念并不新鲜，但加密猫并不仅仅是虚拟宠物，更是个人数字财产的一部分。终端设备中的虚拟宠物会随着服务器的停止服务、应用停止更新而失去意义，但区块链里的加密猫会一直存在。游戏和区块链的结合，让人们看到了区块链走向主流人群的可能性。

（2）提升虚拟物品交易便捷度

游戏平台一旦引入加密货币，交易便捷度会有很大提升。Steam 的传统交易方式市场上，玩家可以对自己的虚拟物品自由定价、自由交易。然而卖家只能获得定价 85% 的收入，其余 15% 被游戏厂商与 Steam 提成。数字发行平台 The Abyss Platform 推出代币来完善激励、推荐、拍卖体系。

目前，区块链只是给用户交易多了一个选择，并未得到普及，传统交易方式仍占据着主导位置，但长期布局具有重要意义。

（3）智能合约保障选手权益

2013 年，作为以太坊智能合约系统的一部分，智能合约首次出现。智能合约的特点是能够在不需要第三方的情况下，执行可追溯、不可逆转和安全的交易。

相对于其他体育项目，电竞选手的职业生涯较短、年龄较小，选手权益保障呼声不断。电竞经纪人、赞助商与选手的纠纷、世界级比赛奖金的拖延不发，都曾在电竞行业出现。履约问题是电子竞技产业规范化需要重视的。

智能合约包含了交易的所有信息，在满足预设的条件后会自动执行双方约定的义务。如果将竞技奖励、门票收入、赞助、广告收入写入合约，统一管理，规范性可以大幅提升。

然而，区块链智能合约也有其局限性。资金本质上受限于上游企业和赞助方的到账情况，在资金流出现问题的情况下，区块链智能合约的“自动执行”也无能为力，产业环境的改善需要整个产业链上下游的共同努力。

（4）加密货币交易保障选手权益

除了智能合约之外，区块链技术的应用还可以在保障职业选手权益方面发挥更多作用。除了比赛收入，直播是职业电竞选手获取收入的重要方式。在各大直播平台中，观众的打赏能为电竞选手带来不小的收益，促进电竞行业的良性繁荣。但是这种通过平台打赏主播的方式也存在问题，主要是平台在收取观众打赏再分配给选手的过程中有垄断和不透明的嫌疑，而平台的规则漏洞也会造成电竞选手的赏金损失。如果观众的打赏是通过区块链中的数字加密货币完成，那么由于每笔交易都会记录在区块链上，选手的权益将得到更好的保障。事实上，已经有一些国外的电竞相关平台开发了自己的数字加密货币，目前主要用于比赛相关的投注竞猜。相信随着区块链和电竞产业的结合，数字加密货币在未来也会成为一种在电竞平台使用更广泛的通用货币。

此外，电竞赛事的高额奖金在分配的过程中，也可能因为选手团队和平台的力量不均衡，对选手权益产生侵害事件。而借助区块链技术，可以确保选手们能够公平地获得奖金。例如在 FirstBlood 中，奖金通过以太坊的形式直接进入选手的电子钱包，最大限度地避免了中间环节可能造成的问题。

（5）解决比赛数据服务难题

在传统的运动赛事中，比赛数据的实时采集和处理，是为下游行业提供信息注入的重要服务产业，以体育雷达（Sports Rader）和 OPTA 运动等公司领衔，已经形成了数十亿美元的市场。而在电竞领域，目前仍缺乏相关的服务市场，这是由于在电竞行业中，运营和直播厂商对相关数据存在垄断性，同时由于技术和成本的限制，不能提供完整的数据接口。而区块链的去中心化思想，可以很好的解决这个问题，通过电竞观众及相关人员对比赛数据的验证和数据交互，来提升电竞比赛数据服务的体验，为下游产业的生长创造条件。在此基础上，监管机构还可以通过更精确和可比的数据，防范和打击对比赛潜在的操纵行为，促进电竞产业良性发展。

第十二章　中国书店零售业投资报告

潘佳宝

引言

2018 年，中国书店零售业面临新的形势和挑战：一方面，在发展环境上，免税政策的延续和各地关于扶持实体书店政策的落实为图书零售业注入了强心剂；另一方面，党和国家机构改革中对意识形态的强调，以及中美贸易摩擦、书号收紧、纸张价格上涨等也使图书零售业面临压力和调整契机。

在发展现状上，图书产业整体仍保持较快增长，对外版权输出加快，全年全国输出出版物版权同比增长 29.0%；同时，图书零售市场继续保持了两位数的快速增长，总规模接近 900 亿元，但无论是码洋贡献还是册数贡献，新书在整体市场的地位在不断下降，显示出内容创新的不足。

在实体书店的发展方面，2018 年民营书店加快了开店的步伐，进入开店扩张的高潮期，一些新媒体和互联网机构也开始试水线下图书零售，新华系统书店兼顾了线下书店的扩展和网络书店的上线运营。在书店的经营模式方面，复合业态经营已经从实体书店的“潮流趋势”变成了“新常态”，无论是新华系统书店还是民营连锁书店，只售卖图书的书店已经极少，咖啡餐饮、文创文具等销售额在如今的实体书店中占据重要比例，同时一些先进科技做支撑的概念书店如无人书店等开始落地。

虽然 2018 年大部分民营书店都表示出了融资意向，但这一年度书店零售业相关的投融资活动依然并不活跃，本年度中只有言几又再次于 12 月获得过亿元的 B 轮融资。

对于未来图书零售业的发展趋势，本研究认为，结合欧美地区的发展情况以及我国居民的阅读习惯来看，纸质书和实体书店依然有发展空间，实体书店应该通过深度引用新技术等途径在扩张之余提升盈利能力，同时，应该借鉴国外的相关经验，积极利用社交媒体平台进行营销，更好地发挥其文化生活空间的定位。

一、中国书店零售业发展环境

（一）经济持续发展，人均收入增长，推动书店零售业进一步发展

2018 年，我国经济发展总体平稳、稳中有进：全年国内生产总值超过 90 亿元，比 2017 年增长 6.6%，稳居世界第二位。其中，第三产业增加值占国内生产总值的比重为 52.2%，对国内生产总值增长的贡献率为 59.7%，比上年提高 0.1 个百分点。与此同时，居民人均收入持续增长，2018 年居民平均收入达到 28228 元，增速为 8.7%，剔除价格因素的增速为 6.5%，居民收入占 GDP 的比重达到 42.7%。

经济的持续发展和人均可支配收入的增长推动了居民消费结构的升级：2018 年，我国居民人均消费支出 19853 元，比 2017 年名义增长 8.4%，扣除价格因素后实际增长 6.2%，其中人均教育文化娱乐消费支出 2226 元，占人均消费支出比重为 11.2%。

随着消费结构升级、居民收入增加，以及我国“全民阅读”的政策推进，我国居民阅读书籍的习惯也逐渐养成，根据第十五次全国国民阅读调查，2017 年我国成年国民人均纸质图书阅读量为 4.66 本，较 2016 年的 4.65 本略有增长；人均电子书阅读量为 3.12 本，略低于 2016 年的 3.21 本。大约一成的成年人全年纸质图书阅读量在十本以上。0—8 周岁儿童的家长平均每年带孩子逛书店 3.07 次，近五成家长半年内至少会带孩子逛一次书店。

得益于上述推动因素，2018 年我国书店零售业进一步发展。根据北京开卷信息技术有限公司公布的数据显示，2018 年中国图书零售市场码洋规模达 894 亿。

（二）政府出台政策扶持实体书店，促进图书零售业发展

2018 年，我国政府通过出台一系列相关政策，延续了对出版业和实体书店的扶持，并重视运用财政和金融手段推动出版业和实体书店发展，为我国书店零售业发展创造了良好的政策环境。

2018 年 3 月，中央印发《深化党和国家机构改革方案》，将国家新闻出版广电总局的新闻出版管理职责划入中央宣传部，中宣部对外加挂国家新闻出版署（国家版权局）牌子，加强了党对新闻舆论工作的集中统一领导，加

强了对出版活动的管理，有助于发展和繁荣中国特色社会主义出版事业。

2018 年 6 月，财政部、国家税务总局下发了《关于延续宣传文化增值税优惠政策的通知》（财税〔2018〕53 号），规定从 2018 年 1 月 1 日起至 2020 年 12 月 31 日，免征图书批发、零售环节增值税；对 7 类出版物在出版环节执行增值税 100% 先征后退的政策；对 2 类出版物在出版环节执行增值税先征后退 50% 的政策。这一增值税优惠政策的延续为出版行业注入了一剂定心丸。

在推动实体书店发展方面，自 2016 年国家层面出台了《关于支持实体书店发展的指导意见》，并且确定了到 2020 年，要“基本建立以大城市为中心、中小城市相配套、乡镇网点为延伸、贯通城乡的实体书店建设体系”的目标之后，各地也陆续出台相关政策扶持实体书店发展。以北京地区为例，2018 年，扶持实体书店发展的工作被北京市政府列为全市重要民生实事和北京市公共文化服务体系建设工作重点任务。7 月，北京市发布了《北京市关于支持实体书店发展的实施意见》，确立了到 2020 年，“以大型书城为骨干，特色书店为依托，社区书店为抓手，建立起层次分明、布局合理、特色浓郁、多业融合、遍布京城的完善体系”的发展目标。其中具体包括：①打造“一区一书城”，即到 2020 年，北京市所属 16 区内每区保证有一家具有综合文化服务功能、在本区域内具有文化地标声誉的大型书城；②建设（包括改造和新建）200 家标志性特色书店；3）以社区书店为抓手，打造 15 分钟公共阅读服务体系。同时确立了保障经营空间、完善财政和税收金融政策、优化行政审批管理、规范出版物市场秩序等七大保障措施。同时，北京市制定了《关于支持实体书店发展的实施意见》，加大了对实体书店的财政支持力度，实体书店扶持资金由 1800 万元增长到 5000 万元，每年扶持书店数量也增长到 150 家。北京市的这些相关政策已取得了初步成效：2018 年，北京市共新建实体书店 126 家，其中中心城区和核心区新建实体书店 93 家。

但值得注意的是，2018 年也有一些因素使图书出版业的发展受到了一些阻力，但同时也面临着调整契机：2017 年 12 月，环保部发布《进口废纸环境保护管理规定》提高了行业门槛，使得废纸价格和相应的纸浆价格增高，最终拉动了图书生产的成本提升。另外，2018 年出版行业主管部门对书号的管理呈现收紧态势，虽然全年的新书动销总数基本保持稳定，但 2018 年依然出现了书号“一号难求”的景象。但整体上，2018 年的出版业依然保持了平稳发展。

二、2018 年中国书店零售业发展现状

（一）图书产业保持较快增长

根据 2018 年 7 月国家新闻出版署发布的《2017 年新闻出版产业分析报告》，2017 年，我国新闻出版产业规模、效益稳步提升，全国共有新闻出版单位 23.2 万家，出版、印刷和发行服务（不含数字出版）实现营业收入 18119.2 亿元，较 2016 年同口径增长 4.5%；利润总额 1344.3 亿元，增长 2.7%。

其中，图书出版实现营业收入 879.6 亿元、利润总额 137.5 亿元，同比分别增长 5.7% 和 2.4%，营业收入占整体产业营业收入的 4.85%。2017 年新版图书品种与印数首次双双下降：全年共出版新版图书 25.5 万种，较 2016 年降低 2.8%，总印数 22.7 亿册（张），降低 5.6%。而相比之下重印图书品种与印数保持了较快增长，2017 年重印图书 25.7 万种，增长 8.4%，在品种上首次超过新版图书。另外，2017 年全国出版物发行实现营业收入 3179.5 亿元，同口径增长 4.4%；利润总额 283.4 亿元，增长 4.8%，全年共有 16.3 万处出版物发行网点，较 2016 年降低 0.2%。

值得一提的是，2017 年我国对外版权输出增速加快：全年全国共输出版权 13816 项，较 2016 年增长 24.1%，而 2016 年的增速为 6.3%。其中，输出出版物版权 12651 项，增长 29.0%，而 2016 年的增速为 10.7%。2017 年共引进版权 18120 项，总量增长 5.0%，其中引进出版物版权 18037 项，增长 5.0%。根据中国新闻出版研究院进行的“2017 年中国版权产业的经济贡献”的调研，2017 年中国版权产业的行业增加值占全国 GDP 比重 7.4%，版权产业商品出口额为 2647.73 亿美元，占全国商品出口总额的 11.70%。其中，核心版权产业商品出口额为 45.64 亿美元。

另外，根据图书在版编目（CIP）数据，2018 年我国出版选题总量明显下降，全年各出版单位共申报各类图书选题 27.80 万种（包括初版、再版、影印版和部分重印图书选题），同比下降 9.5%。

（二）图书零售市场继续保持两位数增长

根据北京开卷信息技术有限公司发布的《全球背景下的中国图书零售市场》报告，2018 年中国图书零售市场码洋规模达 894 亿，同比增长 11.3%，延续了 2014 年以来两位数的高增长势头。

从整个市场渠道来看，实体书店的码洋下降，网络渠道继续保持了20%以上的增长速度：如图12－1所示，2018年，我国实体书店码洋规模达321亿元，同比下降6.7%，出现负增长，占到了整体市场的35.9%；网络书店码洋规模达573亿元，增速24.7%，保持了20%以上的增长速度。但是考虑到网络书店折扣数据之后，网店573亿元的销售额中的实际销售额为355亿元。

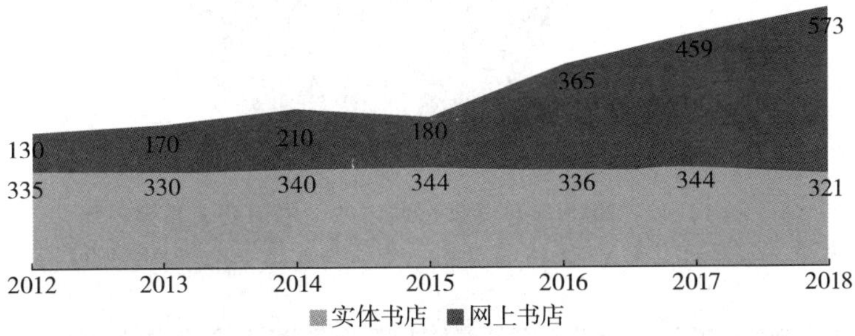

图12－1　2012—2018年我国网络书店和实体书店的销售额（单位：亿元）

资料来源：北京开卷信息技术有限公司：《全球背景下的中国图书零售市场》，2019年1月

2018年整体图书零售市场动销194万种，其中新书品种20.3万种，小幅收缩但基本保持稳定。2018年新书定价上涨且涨幅明显，根据京东图书文娱业务部与开卷信息技术有限公司成立的阅读与产业发展联合研究院发布的年度报告显示，2016年和2017年新书平均定价分别是65.5和62.0元，而2018年新出版的图书平均定价达到68.5元。从不同内容类别的图书来看，2018年出版的新书中，文学类图书定价与2016年相比明显下降，降幅达9.7%，而除了文学类图书之外，如社科、文教和经管励志类等其他类型的图书均有不同幅度的上升：社科新书定价比2017年上涨了将近30%，童书的新书定价三年来上涨幅度达到17.8%，是所有品类中三年涨幅最高的。

虽然新书定价普遍上涨，但是新书对整体市场的贡献在不断下降，无论是新书码洋贡献还是新书册数贡献，在整体市场中所占的份额越来越小，2018年新书的码洋贡献只占到了整体市场的17.0%，在畅销榜中的席位也在减少，与之对应的是老书在市场中所占的比重进一步上升，这在某种程度上反映出了我国内容创新的不足。

从不同地区的销售情况来看，一二线城市是图书消费的主力，来自一二线城市的读者占到了全部买书读者的一半以上，但值得注意的是，二线城市的比例比一线城市稍高，两者分别为28.3%和27.9%，如图12-2所示。

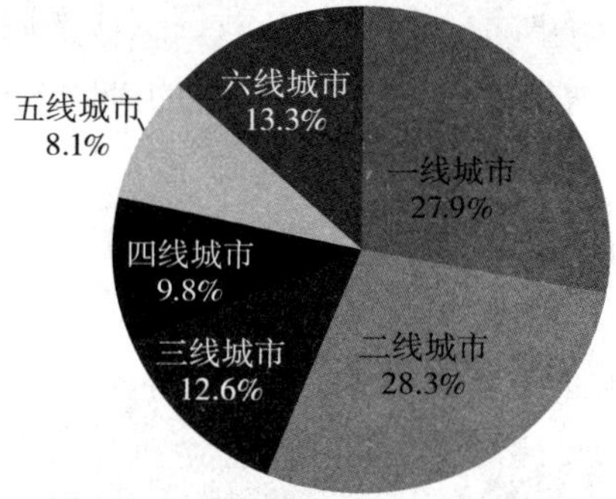

图12-2　2018年不同类型城市的图书消费者数量占比

资料来源：京开研究院：《2018京开图书市场年度报告》，2018年12月

从图书类型来看，少儿类图书依然延续了图书零售市场增长主力的地位。根据开卷对2018年前三季度少儿图书市场的分析，少儿图书市场同比增长率为14.24%，增长水平一直高于图书市场的平均速度，目前已成为中国图书零售市场中规模最大的细分市场，而且是实体书店的主要畅销类别。

（三）实体书店投入开店热潮，线上线下融合

虽然实体书店的码洋有所下降，但从实体书店的新开店数量来看，在经历2008—2012年近一半的民营实体书店闭店潮后，2018年的实体书店的开店速度又上了新台阶：根据2019中国书店大会上发布的《2018—2019中国书店产业报告》，个别城市实体书店的扩张速度惊人：2017年南京市有书店339家，2018年达到2353家，2017年西安市的实体书店为827家，2018年达到1927家；2017年沈阳市拥有书店569家，2018年达到2471家。2018年新华书店集团、大型连锁书店、新兴独立书店大部分投入了开店热潮，某些大型连锁书店一年新开了100家以上的书店，有的品牌在一天之内多家店同时开业。

根据百道新出版研究院对于62家民营品牌书店的调查，其中营业额排名前十的书店的店面数量如图12-3所示，有4家品牌书店的门店数在2018年突破了百家，分别是汇智光华、西西弗、蔚蓝书店和中信书店。另外，樊登书店2018年前十个月的销售额不在前十，但是拥有203个门店，是被调查的民营书店里门店数量最多的。

作为民营书店的代表企业，2018年西西弗共开设了83家新店，相当于平均

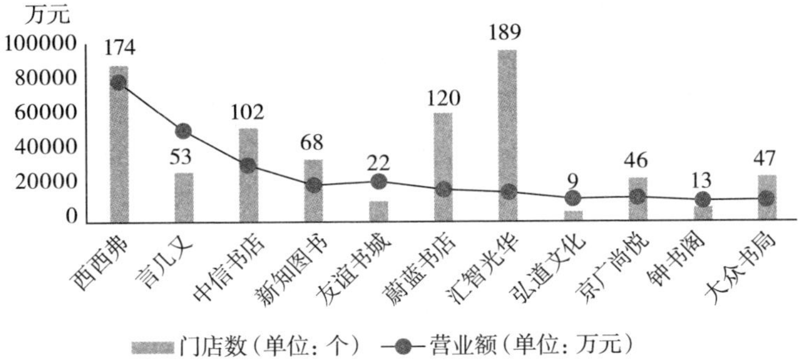

图 12－3　2018 年前 10 个月部分民营书店营业额与门店数量

资料来源：百道新出版研究院：《2018—2019 中国实体书店产业报告》，2019 年 1 月

每周开 1—2 家书店。根据西西弗书店官网，截至 2018 年 12 月，西西弗在全国 60 多个城市拥有近 180 家实体连锁书店。如图 12－4 所示，从西西弗过去几年每年的新开店数量可以发现，2018 年与前几年相比新开店的数量明显提高了。

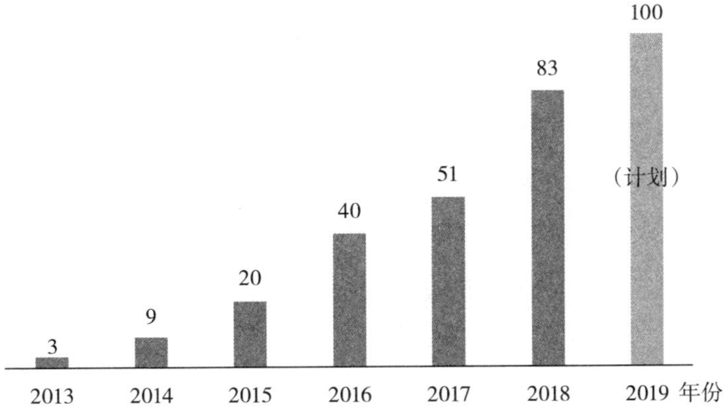

图 12－4　2013—2019 年西西弗书店新开门店数量（单位：个）

资料来源：联商网：《西西弗书店 2018 年新开 83 店营收 9 亿 今年冲刺 15 亿》，2019 年 1 月 7 日，http：//www. linkshop. com. cn/web/archives/2019/417070. shtml

作为起步较晚的民营书店品牌，樊登书店的第一家实体书店于 2016 年开业，但在 2018 年底就拥有了 200 家以上的门店（大部分为加盟门店）；另一家民营书店“言几又”在 2014 年开设第一家门店之后，三年内只开设了 12 家店，扩张较为缓慢，而 2018 年底，言几又在全国共有 50 多家实体书店。

除了民营书店之外，各地的新华书店也在 2018 年加速开店。河南省新华书店“尚书房”社区书店已经有 200 家实体书店；河北新华书店的“小桔灯”

绘本馆已开设154家，其余的各地新华书店门店数量如图12－5所示。

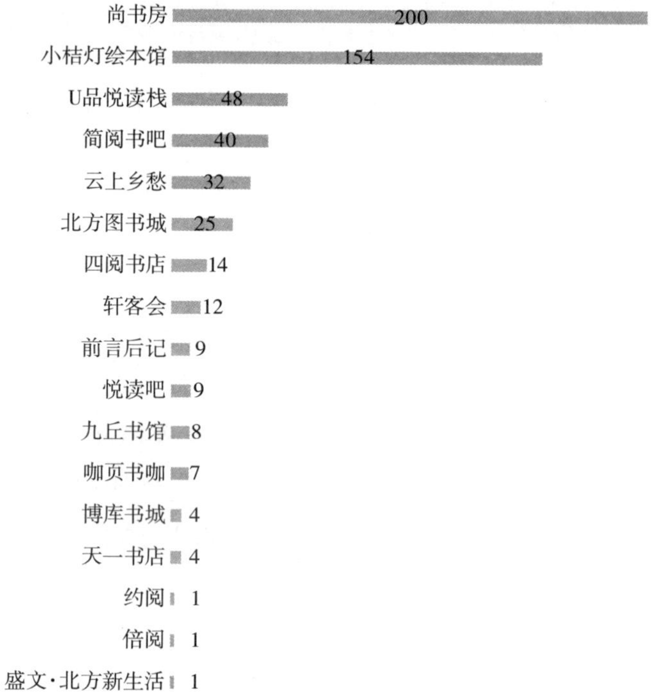

图12－5　截至2018年10月部分新华系统书店门店数量

资料来源：百道新出版研究院：《2018—2019中国实体书店产业报告》，2019年1月

除了传统的发行业纷纷积极拓展实体书店数量外，实体书店在2018年也成了互联网企业尝试向线下发展的一种选择，几个公众号为代表的新媒体力量加入了图书零售的行列。2018年10月，视频公众号“一条视频”的实体店“一条生活馆”在上海开业，虽然名称不是“书店”，但是图书文创区是“一条生活馆”的核心区域。2018年12月，公众号“十点读书”的线下书店“十点书店”在厦门万象城开业，占地约630平方米，包括十点图书、十点课堂、十点好物（零售）、十点咖啡等六大功能区，试运营前三天平均每天人流量达到7000。除了新媒体外，如当当等网络书店也在积极开设线下书店，当当网2018年新增12家店。值得一提的是，二手书交易平台“多抓鱼”在2018年10月国庆节期间首次尝试了线下临时二手书店的模式，采取了预约的门票制，6天时间内人流量在3500左右，最终卖出了2万多册书。

在互联网行业发展线下实体店的同时，传统的图书零售业也在积极尝试网络书店的模式。2018 年 4 月 23 日，新华书店网上商城举行了上线仪式，该网上商城是新华书店总店与全国各地新华书店共同投资建设运营的，将通过互联网链接全国新华书店 12000 家实体门店、全国出版机构和各地大中型图书馆，不设置单独的库存，而是把各地新华书店现有库存作为新华书店网上商城的库存，线下门店成为读者服务中心，由距离某位读者最近的书店配送其订单，最终推动全国的渠道资源以及线上线下的融合。除了新华总店的线上尝试之外，山东新华、云南新华的线上平台纷纷于 2018 年上线运营。

但需要注意的是，虽然从新开书店的数量上看，实体书店进入了开店高潮，实体书店依然面临如何提升书店的盈利能力的问题。2018 年虽然实体书店的店数和客流量都在增长，但如前文所述这一年实际上实体书店码洋下降了 6.7%。有很多进店的读者都并不买书，只是将书店作为打卡、休闲、拍照的空间。网络书店与实体书店相比，依然具有价格优惠、便利快捷的优势，因此，如何在开店热潮中提升自身的盈利能力，避免新开店在未来面对新一轮的闭店压力，是实体书店依然需要探索的问题。

（四）复合业态成为实体书店“新常态”，书店新零售初步成型

实体书店在经历了前几年网络销售的冲击之后，开始迎来明显的复苏迹象。而这种复苏的重要指标即新开店数量的猛增，是与书店定位转型和差异化竞争密切相关的，书店从过去“只卖图书”的定位拓展转型成为文创、餐饮、文艺亲子活动等多种业态的文化空间，融合了多种消费及体验场景，满足消费者多元化的需求。如果说这种复合业态在前几年还是一种潮流和趋势的话，那么在 2018 年已经成了现在实体书店的“新常态”，这一点能从实体书店的选址、经营范围等方面反映出来。

在选址方面，根据百道网对拥有 3 家及以上的门店的非新华系统书店进行的问卷调查，基于 62 个连锁书店品牌的数据发现，其中 41 家都在购物中心开店，占比 66.13%；中国传媒大学 BBI 商务品牌战略研究所副所长吕艳丹在“2019 中国书店大会”上介绍，全国 86.7% 的购物中心引进了实体书店。对于一些新开业的购物中心，一家“有颜值”的书店几乎成为标配，一些购物中心也通过降低租金甚至是零租金的方式吸引实体书店入驻。

从书店的经营范围来看，复合业态已经成了实体书店的“新常态”，特别是咖啡餐饮、文创文具产品已经成了书店经营的“必备选项”，而且营业额也

逐渐占据了一定比例，比如民营书店言几又的图书销售额只占其总营收的40%，其余的营收来源包括文创产品、餐饮和活动场地出租，分别占到了30%、20%和10%，这种情况也绝对不是个例：根据百道网的调查，2018年其调查的62家民营书店中，只有1家书店只卖图书，有约35%的书店的图书销售额占整体销售额的一半以下；只有3家书店没有经营咖啡餐饮，有一半书店的咖啡餐饮销售额占比达10%以上，有2家书店的咖啡餐饮已经占到了全部销售额的50%以上；有六成以上的书店的文创和文具销售额占到了10%以上，有1家书店的文创文具已经占到了全部销售额的50%以上，如图12－6所示。

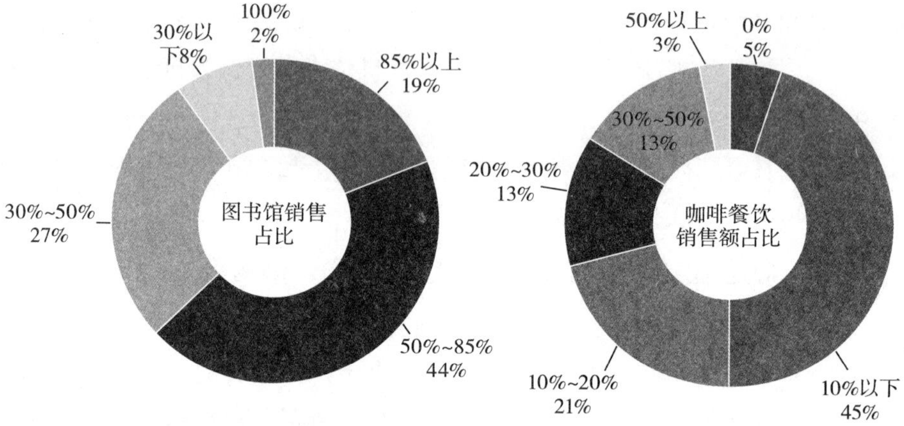

图12－6　62家民营书店的图书和咖啡餐饮销售额占比

资料来源：百道新出版研究院：《2018－2019中国实体书店产业报告》，2019年1月

这种复合经营业态并非民营书店独有，新华系统的子品牌书店也呈现出类似的情况。在百道网调查的17家新华系统书店中，有三成书店的图书销售额占比不到一半；只有一家书店不经营咖啡餐饮业务，七成以上书店的咖啡餐饮销售额占比都在10%以上；只有一家书店不卖文创文具类产品，八成以上书店的文创文具销售额占比达到了10%以上，如图12－7所示。

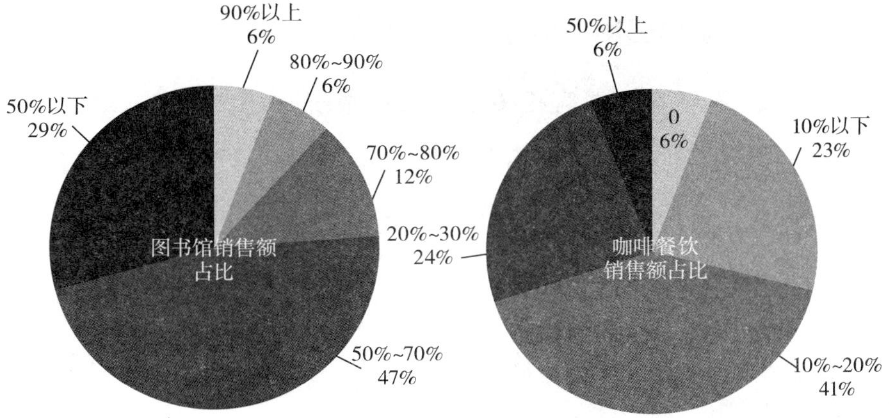

图 12 -7　17 家新华系统子品牌书店的图书和咖啡餐饮销售额占比

资料来源：百道新出版研究院：《2018 -2019 中国实体书店产业报告》，2019 年 1 月

（五）新技术在实体书店“落地”

新的科技力量也在 2018 年实体书店的经营发展中发挥了越来越重要的作用，特别是“无人书店”的概念已经在北京、上海、深圳等城市落地。

2018 年 2 月，“新华生活 +”24 小时无人书店作为北京首家 24 小时的无人书店开业，该店购书的几乎所有环节都自助完成，同时也经营图书以外的文具和饮料等快消品；除此之外，无人书店还能利用机器人捕捉用户在店里的行动轨迹，并根据用户以往的购买记录做出购物推荐。

2018 年 4 月，在天猫新零售技术的支持下，上海复旦大学校园内的志达书店通过技术升级成了无人书店“志达书店 - 天猫未来店”，消费者只需开启支付宝免密支付功能，即可在离店时自动刷脸完成支付。

2018 年 7 月，深圳首家无人书店“阿布 e 无人值守书店”开业，但进入这家书店的前提是读者需要扫微信二维码加入书城会员，这也是国内面积最大的无人书店。

2018 年 7 月，浙江杭州“特美晓风茶书馆”由晓风书屋联合蚂蚁金服、特美刻实业和兆云科技联合推出，占地 700 平方米，并同样实现 24 小时营业。

三、2018 年中国图书零售业投融资分析

(一) 2018 年实体书店相关上市公司情况

截至 2018 年年底，A 股市场依然没有专门从事书店运营的上市公司，只有中国出版、时代出版等主营业务包括实体书店运营的公司。

2018 年中国出版协会年会上发布的《2018 年度中国出版业发展报告》显示，根据 2018 年上市公司三季报，16 家国有出版上市公司前三季度平均净利润增长 5.78%，其中只有 4 家净利润下滑，12 家实现净利润增长，中国出版增幅最大，达到 57.08%。

根据开卷发布的出版机构市占率排行，中国出版、中南传媒、凤凰传媒分列前三，除此之外，出现在榜单前十的上市公司还有中文传媒。2018 年的少儿图书畅销书目中，凤凰传媒、出版传媒、新经典、山东出版几家均有贡献。

(二) 2018 年民营实体书店投资情况

资本驱动是实体书店得以发展的重要推力。在百道网调查的 62 家非新华系统的民营书店中，除去 7 家未回答相关情况的书店外，截至 2018 年 11 月，已经有 12 家得到了投资，占比 21.8%，有 43 家未获得融资，可见大多数民营书店是尚未获得投资的状态。同时，共有 34 家书店表示有融资意向，占比 61.8%。

虽然大部分民营书店有融资意向，但目前披露出来的 2018 年我国书店零售行业的投融资情况暂时不多：2018 年 12 月，言几又宣布完成过亿元的 B + 轮融资，由洪泰大文娱产业基金领投，头头是道基金跟投。领投方洪泰大文娱产业基金合伙人表示，精神消费升级是大文娱未来几年重要的投资方向之一，他们认为言几又有机会成为精神消费升级重要的承载体和终端，同时也高度评价言几又的商业模式创新以及由此带来的品牌溢价和线下价值流量。此前言几又获得几轮投资情况如表 12 - 1 所示。

表 12 - 1　言几又的历次融资情况

时间	数额	投资方
2014 年 5 月	700 万元	飞马旅
2015 年 4 月	2600 万元	星瀚资本，京东金融，英谊资本

续表

时间	数额	投资方
2017 年 3 月	1.2 亿元	盛世资本领投，建发集团等跟投
2018 年 12 月	过亿元	洪泰大文娱产业基金领投，头头是道基金跟投

2018 年言几又不仅有多家新店开业，而且在完成从“书店”到“文化生活空间运营商”的转变，特别是开设了两家“黑金旗舰店”，分别位于广州和西安，更具有设计感。以西安店为例，该店由日本“茑屋书店”的总设计师池贝知子设计，占地 4500 平方米，除了图书和餐饮文创外，这里还包括居酒屋、酒吧、中式茶饮、美甲、美发和华为体验店等。自试营业以来，该店日均客流量已经超过 5000 人，周末甚至需要限流，而到店客流中约有 30% 形成消费转化。除此之外，言几又也在管理和人才培养方面注重企业的“造血”能力：比如通过与高校合作，将毕业生列入员工的候补队列；通过应用自动化管理系统，降低人力风险与成本，并且能够更好地支撑书店的跨业态管理。

此外，2018 年该领域的投资主要集中在新科技应用的图书零售上。2018 年 4 月，飞马图书完成数十万元的种子轮融资，主要面向 1～9 岁儿童，定位一站式儿童图书借阅平台，在社区、学校周边寻找合作门店，在合作商家内投放图书和占地 2 平方米左右的开放式书架。类似地，2018 年 8 月，作为无人图书馆服务提供商的一书科技也获得了金额不详的种子轮投资，其主要业务是微型无人书屋和建立自助借还书体系。另外，前文所述的二手书交易平台“多抓鱼”也于 2018 年 3 月获得腾讯的 B 轮融资，金额不详。

四、2019 年中国书店零售业发展趋势和投资机会分析

（一）纸质书和实体书店依然有发展空间

基于对国外的书店零售业现状的观察发现，实体书店和纸质书依然有很大的发展空间：2018 年是英国实体书店销量上升的一年：根据英国卫报的报道，Nielsen BookScan 基于英国 6500 家书商的数据发现，2018 年英国的图书销售额同比增长了 2200 万英镑（约 1.9 亿人民币），而且可能击败 2016 年的 15.9 亿英镑销售额，即使 2016 年有《哈利波特与被诅咒的孩子》这样的现象级畅销书面世。2018 年 4 月，英国老牌连锁书店水石书店（Waterstones）被对冲基金 Elliott Advisors 收购。该书店在 2016 财年扭亏为盈，税前利润达到

980 万英镑，打破了 2008 年金融危机之后持续的下滑趋势。根据美国书商协会（American Booksellers Association）的数据，2009—2015 年，美国独立书店的数量增长了 35%。自 2013 年以来，纸质书的销量每年也都呈增长趋势，如图 12－8 所示，2018 年纸质书销售额比 2012 年增加了 17.6%。

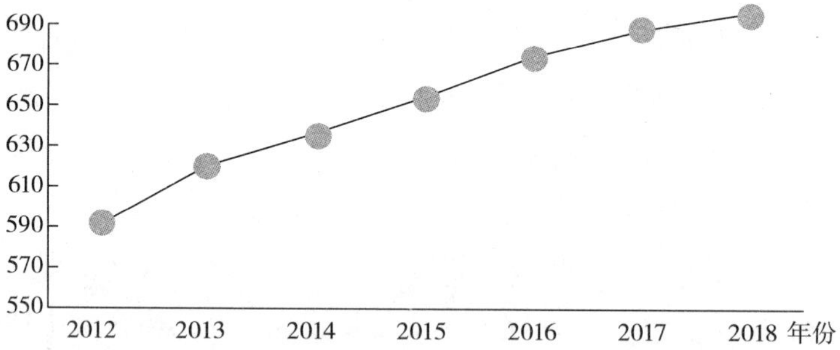

图 12－8　2012—2018 美国纸质书销售额（单位：百万美元）

资料来源：NPD BookScan

结合我国居民的阅读习惯来看，根据中国新闻出版研究院组织实施的第十五次全国国民阅读调查报告，2017 年我国国民依然以纸质书阅读习惯为主，有 45.1% 的国民在阅读形式中倾向于“纸质图书”，也有 35.1% 的国民选择了“手机阅读”，另外有 12.2% 的国民选择网络在线阅读，选择“电子阅读器”和“网络下载打印”的分别有 6.2% 和 1.4%。虽然移动阅读和电子阅读大势所趋，但纸质书依然占据最主要的位置。

（二）实体书店盈利能力待提升

按照目前披露的情况看，2019 年实体书店的门店数将继续扩大，根据百道网的调查，西西弗书店、樊登书店、仁义礼智信书店都计划开店 100 家以上。在这种高速扩张的同时，特别是在 2018 年实体书店销售额下滑的大背景下，已有的实体书店的盈利能力将受到投资者的格外关注。目前的实体书店虽然都具备了“高颜值”，但是很多人只是完成到店拍照打卡的活动，即使是有消费也可能是咖啡餐饮或文创产品等，并不能很好地将客流量转化为图书的零售额。因此，如何能够提高书店的用户黏性，建立持久且紧密的用户联结，是实体书店在 2019 年面临的挑战，也是投资者重点关注的问题。

在这方面，实体书店首先需要加强的是新技术的深度应用。2018 年，随着几家“无人书店”的开业，新技术在实体书店领域的应用开始落地，但有媒体报道显示，这些无人书店、无人售书业务的实际体验有待升级，同时也并未有效地为书店节省经营成本：系统运行不稳定、塑封书籍的识别能力不强、不具备消磁功能等问题非常实际地降低了顾客的消费体验，而由于书店复合业态的实际情况，无人书店也并不可能真正做到“无人”，在新技术的推广期反而增加了书店的运营成本。在未来，大数据、云计算、人工智能、可穿戴设备等是否能够帮助图书零售业获取读者数据，分析消费偏好，打造个性化的服务，并且最终转化为用户的忠诚度，甚至是基于新技术来改造书店背后的运营模式，是图书零售业需要努力的方向。

除了新科技的应用外，实体书店也应该重视差异化的定位。目前的一些连锁书店开始发展出了不同的产品线适应差异化的需求。以西西弗书店为例，目前西西弗书店配备标准线、主题线、定制线三大店型，在标准线店型中包括比较常规的绿标店（Park Books）、侧重高端用户的黑标店（City Books）和侧重亲子阅读和家庭阅读的红标店（Garden Books）。2018 年 9 月，西西弗书店第一家“黑标店”（City Books）在太原开幕，定位是城市高端店，侧重于满足高端读者的阅读需求，在装修、布置、选书等方面都与西西弗其他类型的书店有所不同，比如通过黑色系的主色调和点光源的照明方式为消费者打造沉浸式的体验。西西弗的首家红标店于 2018 年底在北京开业，门店不仅在装修风格上突出童趣和家庭阅读的亲近感，而且也在整体的区域规划上参考家庭的需求，比如儿童活动区域面积是其他店型的两倍之多，配备儿童完成手工作业的矮桌，适合亲子阅读的阅读区以及定位为家庭式交流空间的咖啡区，更重要的是，门店在选书的时候侧重少儿类读物和教育类读物，少儿类书籍在整体图书中的占比达 40%。目前少儿类图书依然具有良好的成长性，从居民阅读习惯来看，根据第十五次全国国民阅读调查，我国 0 ~ 17 岁未成年人图书阅读量保持增长，在 0 ~ 8 周岁儿童家庭中，超过七成家庭有陪孩子读书的习惯。因此，书店通过差异化的定位，瞄准少儿图书市场，应该具有较高的增长潜力。

（三）社交媒体营销成为打通线上线下的契机

2018 年，实体书店迅速扩张，新华书店上线网络商城；互联网公司和新媒体也开始试水线下书店，可见线上线下的融合以及提高书店的盈利能力是未来图书零售业的发展方向，在这一过程中应该充分重视社交媒体的使用。

在一些欧美国家，Twitter、Instagram 等社交平台已经成为独立书店们进行营销和吸引读者的重要手段。截至 2019 年 3 月，Instagram 上已经有将近 2900 万张使用了#bookstagram 这一标签的照片。位于纽约市的 Books are Magic 书店于 2017 年年中开业，由于其采用的以 Instagram 为核心的营销战略，这家店的营销经理 Colleen Callery 表示，在正式开业前，他们就通过社交媒体预热，让人们对该书店形成并保持期待。在开业后的一年多内，该书店通过 Instagram 共发布 1000 多张照片，截至 2018 年 2 月拥有近 8 万粉丝，售卖的马克杯甚至是手提袋已经成为 Instagram 晒图的热门商品，成为当地最有名的书店之一。前文提到的英国水石书店在 2014 年曾经发生过一起被 Twitter 热议的事件，一位美国游客发现自己被锁在了晚上关门后的书店内部，并发布 Twitter 求助，最终于大约两小时后“重获自由”。这一起本来容易成为书店形象危机的事件被水石的公关人员利用社交平台巧妙化解：在他获救之后，水石书店发布“如果你被锁在书店两个小时，你会读哪些书”的话题，在书迷间引发了热议，其他英国书店也发表了幽默的推文回应。甚至水石书店受此事件的启发，随后和短租网站 Airbnb 合作，允许“在书店过夜会读哪些书”的优秀答案提供者体验在水石书店的旗舰店参观并且过夜的经历。

哈佛商学院教授 Ryan Raffaelli 通过对美国实体书店的田野观察和对书商、作家等进行的深访和焦点小组访谈，总结出了实体书店复兴的重要 3C：社区（community）、策展（curation）和聚集（convening），而这其中无论哪一个都难以脱离社交媒体营销的辅助。

我国的单向书店最早通过微博、微信等平台宣传其举办的文化等活动，将书店拓展为文化传播的平台并打造品牌，是早期比较良好地利用社交媒体营销的案例。反观 2018 年新开的实体书店在装修设计上的投入、对消费体验的重视，吸引了众多读者到书店“打卡”，一些书店也在社交媒体上有“网红书店”“最美书店”的口碑。但可惜的是，国内书店对于社交媒体的重视程度和利用社交媒体的能力都还有待提升。根据百道网对 70 多家品牌书店微博账号的统计和分析，发现这些书店的微博账号平均每个账号发博数量不足 400 条，除了南京先锋书店之外，阅读量排名前十的书店微博账号的发博数量均在 2000 条以下，其中 6 家都在 1000 条以下，如图 12 -9 所示。可见我国大部分书店运营还没有充分意识到社交媒体的作用。

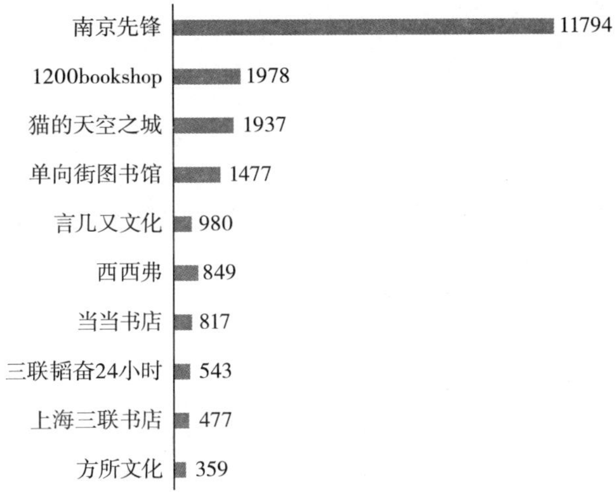

图 12－9　微博阅读量最大的十大书店的发博数量（单位：条）

资料来源：百道新出版研究院：《2018—2019 中国实体书店产业报告》，2019 年 1 月

除书店运营外，从出版社的角度利用社交媒体营销的能力也需要加强。中信出版集团 2016 年出版了《S·忒修斯之船》，这本书以新奇的阅读体验在当时有了一定销量。但此书真正“大火”却是在 2018 年借各类社交平台（如抖音）等才成为了现象级的畅销书。虽然中信之后也借势进行了一些营销策划，如举办“百人印厂揭密”等活动，但最早的火爆还是读者在社交媒体自发形成的。

对于图书零售业来说，社交媒体使用的意义不仅仅在于推销宣传某些书籍、打响书店的知名度、增加实体书店的客流量，更重要的是培养与用户的关系、建立社区，并通过这些渠道深度介入用户的生活、潜移默化地培养并影响用户的阅读习惯。目前微博、哔哩哔哩等平台上的相关内容中，有很多用户自发形成的“探店”“书单推荐”“购书分享”的话题和讨论，而且这些话题与其他兴趣主题和圈子有诸多重叠，这些都是图书销售可以利用的社交媒体资源。

第十三章　中国文化创意产业投资报告

谭云明　韩晓琪

随着近年来我国城市经济实力的提升，公众的精神消费需求不断提高，文化建设在经济、政治、生态文明等国家重要战略中起到了引领性的作用，文化创意产业园区作为政策性推行的一项任务，也是历史性的时代号角，在全国各地不断涌现。2018 年是文化创意产业高速发展的一年，北上广等一线城市及超一线城市的文化创意产业建设已获得初步进展，各省级重点文化发展区也在逐步推进，将物质现代化与文化现代化更加紧密地融合在一起。

我国的文化创意产业尽管开始的时间较晚，但基于独特的产业价值取向及广泛的产业渗透力，呈现出高速发展的状态，成为资本市场上追逐的对象。2018 年比 2017 年呈现出更高的关注度，投资视角下的文化创意产业呈现出更丰富深刻的新特点和新趋势。本文旨在通过对文化创意产业的相关政策、案例及文献的研究与梳理，对文化创意产业改革开放四十年实现的新变化新特点进行总结，以此来去粗取精，以期对未来的文化创意产业的发展趋势做出合理的预测并提出相应的建议，起到一定的指导作用。

一、引言

文化创意产业诞生于经济全球化的大背景下，发端于 20 世纪 90 年代的澳大利亚和英国。将文化作为一种财富的创意从众多发展理念中提炼出来，作为一种全新的产业形态，称作“文化创意产业”。文化创意产业属于文化产业的一个重要部分，而文化产业中的一大板块传媒产业与当前的文创产业高度交叉，因此将文化创意产业分为文化产业和文旅产业两部分进行概述，其中文化产业包括影视娱乐、广告传媒、出版等多个板块（与传媒产业高度交叉），以及围绕上述板块运行的投资业、服务业等。而文旅产业的构成相对清晰，是结合文化产业运行的现代化旅游业，包括旅行机构、景区建设等相关的服务业。

（一）文化产业特点

文化产业作为我国战略性发展产业，近年来始终保持着非常强劲的发展势头。文化产业伴随着其体制改革的逐步推进，各项优惠政策的出台，迸发出更加高涨的发展热情，2018 年正在向文化产业的黄金期快速迈进。进入文化市场的主体数量不断增多，企业营收也不断突破 。如图 13－1 所示。

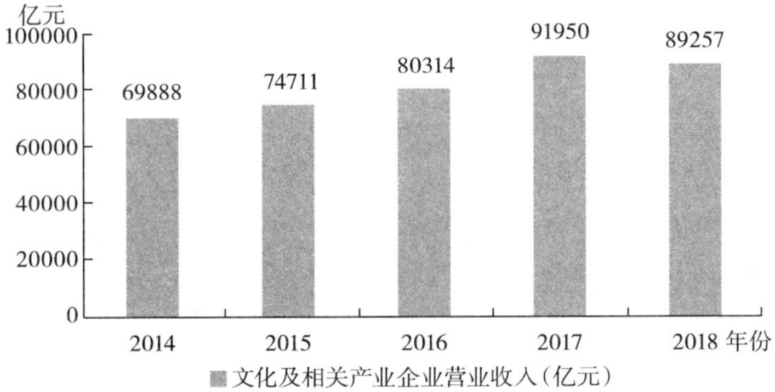

图 13－1　2014—2018 年全国规模以上文化及相关产业企业营业收入

资料来源：根据公开资料整理

2016 年，全国规模以上文化及相关产业 5 万家企业实现营业收入 80314 亿元，比上年增长 7.5%。其中，以“互联网＋”为主要形式的文化信息传输服务业等 3 个行业的营业收入实现了两位数的增长。

2017 年，全国规模以上文化及相关产业 5.5 万家企业实现营业收入 91950 亿元，比上年增长 10.8%，增速提高 3.3 个百分点。文化及相关产业 10 个行业的营业收入均实现增长。其中，实现两位数增长的行业有 4 个，分别是：以“互联网＋”为主要形式的文化信息传输服务业营业收入 7990 亿元，增长 34.6%；文化艺术服务业 434 亿元，增长 17.1%；文化休闲娱乐服务业 1545 亿元，增长 14.7%；文化用品的生产 33665 亿元，增长 11.4%。分区域看，东部地区规模以上文化及相关产业企业实现营业收入 68710 亿元，占全国 74.7%；中部、西部和东北地区分别为 14853 亿元、7400 亿元和 988 亿元，占全国比重分别为 16.2%、8.0% 和 1.1%。从增长速度看，西部地区增长 12.3%、中部地区增长 11.1%、东部地区增长 10.7%，东北地区下降 0.9%，但降幅比上年收窄 12.1 个百分点。如图 13－2 所示。

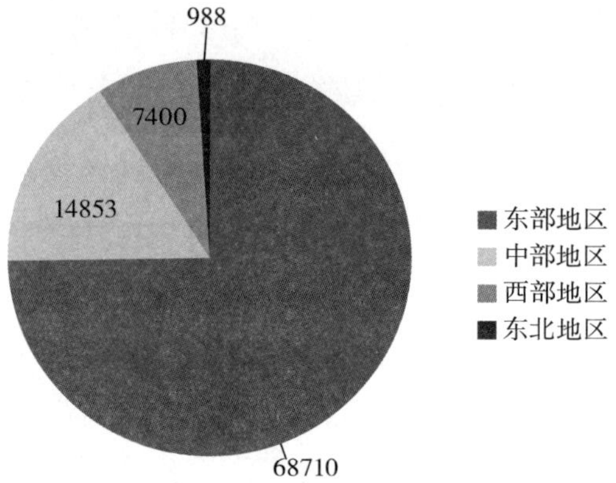

图 13－2　2017 年文化及相关产业企业营业收入（亿元）区域规模

资料来源：根据公开资料整理

最新数据显示，2018 年全国规模以上文化及相关产业 6 万家企业实现营业收入 89257 亿元，按可比口径计算比上年增长 8.2%。分行业类别看，文化及相关产业 9 个行业中，有 7 个行业的营业收入实现增长。其中，增速超过 10% 的行业有 3 个，分别是：新闻信息服务营业收入比上年增长 24%，创意设计服务增长 16.5%，文化传播渠道增长 12%。增速为负的行业有 2 个，分别是：文化娱乐休闲服务下降 1.9%，文化投资运营下降 0.2%。

文化及其相关产业在经济新常态的大背景下，在总体产业营收的增加及结构改善中起到了积极作用，“十二五”期间，我国文化产业增加值的总量从 1.1 万亿元增加到 2.39 万亿元，实现翻番。如图 13－3 所示。

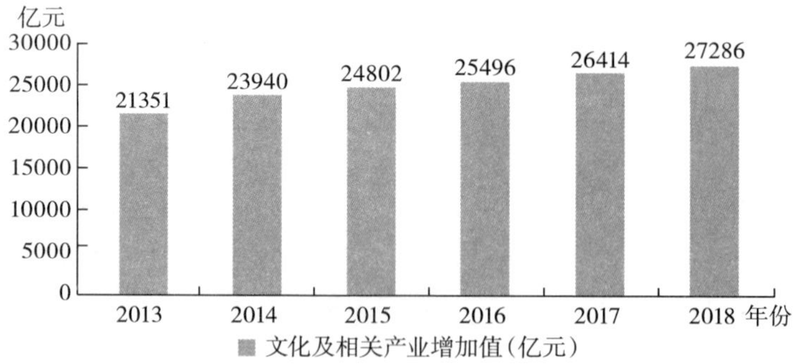

图 13－3　2013—2018 年我国文化及相关产业增加值

资料来源：根据公开资料整理

进入“十三五”以来，文化及其相关产业的增速相比之前有所下降，从

2014 年的 12.1%，2015 年的 11%，2016 年的 13% 到 2017 年的 12.8%，最新数据显示，2018 年的增长率为 8.2%，相关学者表示，这主要与我国宏观经济转型有关。随着我国经济从高速增长向高质量发展阶段的转变，传统工业制造业的增速明显放缓，由此也直接影响文化产业的整体增速。

（二）文旅产业特点

旅游产业不再局限于传统的界限，伴随着消费者精神需求的进一步提升，旅游产业结合文化产业，逐步演变为一个更加全面丰富的产业，称作文化旅游产业。文旅产业近年来疾速发展，市场的增长促进了产业的进一步投资。文旅产业目前已成为推动我国消费升级的一大支柱，国家政策的扶植在其中扮演了相当重要的角色。如表 13－1

表 13－1　2009—2018 年文旅产业重点支持政策汇总

时间	部门	内　容
2009 年 8 月 31 日	中国人民共和国国家旅游局	《文化部国家旅游局关于促进文化与旅游结合发展的指导意见》
2011 年 10 月 18 日	中华人民共和国全国人民代表大会	《中共中央关于深化文化体制改革、推动社会主义文化大发展大繁荣若干重大问题的决定》
2014 年 8 月 9 日	中华人民共和国国务院	《国务院关于促进旅游业改革发展的若干意见》
2015 年	中国人民共和国国家旅游局	中国旅游“515 战略”
2016 年 10 月 18 日	中华人民共和国国家发展和改革委员会	《国家发展改革委关于加快美丽特色小（城）镇建设的指导意见》
2017 年 3 月	中华人民共和国国家发展和改革委员会	《“十三五”时期文化旅游提升工程实施方案》
2018 年 1 月 2 日	中华人民共和国国务院	《中共中央国务院关于实施乡村振兴战略的意见》
2018 年 3 月 9 日	中华人民共和国国务院办公厅	《关于促进全域旅游发展的指导意见》

资料来源：根据公开资料整理

除此之外，地方政策也持续跟进，从各省市颁发的“文旅产业”政策来看，主要内容集中在：挖掘文化资源、文旅融合发展格局、培育经营主体、打造文化旅游项目、支持设立众创空间五个方面，并且几乎所有省市都给出了“十三五”文旅产业发展的目标和保障措施。

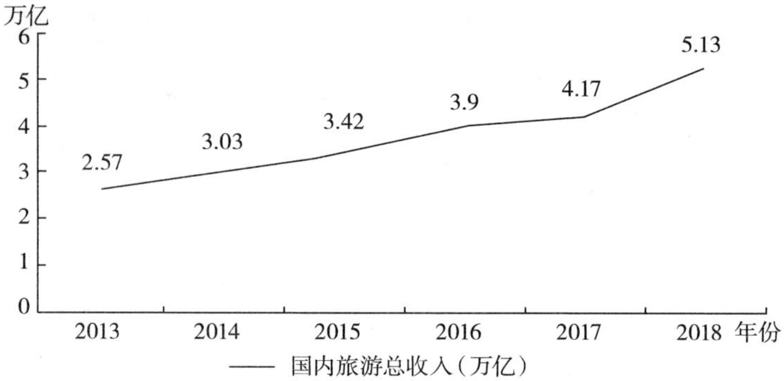

图 13 -4　2013—2018 年中国国内旅游总收入

资料来源：根据公开资料整理

各项数据显示，文旅产业是国家重点发展的产业之一，市场体量大，发展前景广阔。如图 13 -4 所示。

根据国家旅游部最新数据，2018 年全年实现旅游总收入 5. 97 万亿元，同比增长 10. 5%。全国旅游业对 GDP 的综合贡献为 9. 94 万亿元，占 GDP 总量的 11. 04%。旅游直接就业 2826 万人，旅游直接和间接就业 7991 万人，占全国就业总人口的 10. 29%。国内旅游人数 55. 39 亿人次，比上年同期增长 10. 8%。其中，城镇居民 41. 19 亿人次，增长 12. 0%；农村居民 14. 20 亿人次，增长 7. 3%。国内旅游收入 5. 13 万亿元，比上年同期增长 12. 3%。

综上所述，中国的文化创意产业自十八大以来得到了国家及社会层面的全方位支持，发展态势向好，而其总体营收规模随着经济的发展、居民消费水平的提升而不断扩大，产业的供给缺口不断拉大，呈现出良好的投资前景。一方面，随着全民文化意识的提升，文化产业中的各细分行业不断发展，并且一些行业呈现出互相带动共同发展的特点，比如游戏动漫、音乐视频等。据统计，2018 年中国手机游戏用户规模达到 5. 65 亿人、音乐客户端用户规模达到 5. 43 亿人、动漫用户规模达到 2. 76 亿人。另一方面，文旅产业与文化产业一脉相连，其发展产业链更为清晰，发展前景广阔。为了进一步催动金融资本与文化创意产业的共荣共生，本报告拟从文化创意产业的两大部分——文化产业和文旅产业出发，以文化产业为主，并将文化产业进一步细分，以文旅产业为补充，透视文化创意产业发展动向和发展趋势，从而以资本之力推进文化创意产业进一步转型发展。

二、2018 年文化创意产业投资概述

（一）总体概述

近年来，资本市场主流融资渠道流入我国文化创意产业的资金规模不断增加，并呈现不断爆发之势。2018 年，文化产业充分利用其可持续发展的优势，大大加速了与其他产业跨界融合的步伐，一部分文化新业态的诞生激起资本市场更加热烈的追逐。

从 2018 年文创产业的整体投资状况来看，头部企业仍然吸引了资本大部分的注意力，而从死亡线上挣扎着活下来的中小企业仍然面临着严峻的考验。与 2017 年相比，资本对早期创业阶段的企业的关注度明显减少，新晋创业公司的融资机会减少，而处于发展中后期的文创头部企业收获了更多机构和战略投资者的青睐。以文创产业与传媒产业高度交叉的文化传媒产业为例，其 2018 年获得 VC/PE 融资案例的数量比 2017 年下滑了 19.16%，但融资规模不降反升，总体融资规模是 2017 年的 3 倍，达到了近 5 年以来融资规模的峰值。2014—2018 年，媒体网站、视频及影视音乐占据了融资规模占比榜单的前三甲，共吸引了 84.97% 的资本。

受近两年审核监管措施加紧的影响，2018 年文化企业无境内上市的案例，而在美国或香港上市的文化类企业主要集中在游戏、广告服务和视频直播三类。同时，文创产业的并购交易数量也直线下滑，2018 年的并购案例数量比 2017 年下降了 25.08%。在新三板挂牌的文化类企业大幅减少，而摘牌潮持续涌动。

2018 年文创类投融资项目中，BAT 独领风骚，超过 10 亿元人民币的项目中，与 BAT 相关的有近 20 个。其中，2018 年的文创类投资风口定位在直播、短视频及游戏动漫领域。而北京和长三角地区（上海、浙江、江苏）作为经济发展的前沿阵地，呈现出强烈的创新活力。

（二）投融资事件及数据呈现

1. 2018 文化企业 IPO 成绩单

近年来不断出台的文化产业监管政策，让许多炒作 IP、流量的拟上市企业望而却步。2018 年 A 股 IPO 发行缓慢，而相比往年的 IPO 案例数量波动较大，2018 年境内无文化类企业上市案例，同时成为 2014 年以来融资规模首次

下滑的历史性拐点。

据中国经济网统计显示，2018 年我国 IPO 的文化类企业比 2017 年减少了 7 家，仅剩 17 家，其中 7 家在美国上市，9 家在香港上市，芒果 TV 借壳快乐购，成为 A 股首家国有控股视频平台。2018 年文化类企业 IPO 主要集中在游戏、视频、直播、广告等方面。其中，游戏类企业包括指尖悦动、第七大道、跳跃网络、创梦天地；广告媒体营销类企业包括毛记葵涌、汇量科技、万咖壹联；视频类企业包括哔哩哔哩、爱奇艺、芒果 TV；直播类企业风头正盛，虎牙直播于 2018 年 5 月在美国上市，成为中国游戏直播第一股；7 月映客直播在香港上市，成港交所娱乐直播第一股。此外，移动内容聚合平台趣头条刷新了中国互联网企业最快上市纪录；腾讯音乐 12 月在美国上市，收盘市值达 229 亿美元（约合 1575 亿元人民币），成为 2014 年阿里巴巴上市以来美股 IPO 市值最大的公司之一。（表 13－2）

表 13－2　2018 年新上市文化类企业相关信息

类别	时间	公司	证券公司类型
视频类	3 月	哔哩哔哩	美股
	3 月	爱奇艺	美股
	6 月	芒果 TV	借壳快乐购
游戏类	7 月	指尖悦动	港股
	7 月	第七大道	港股
	10 月	跳跃网络	美股
	12 月	创梦天地	港股
直播类	5 月	虎牙	美股
	7 月	映客	港股
广告营销类	3 月	毛记葵涌	港股
	12 月	汇量科技	港股
	12 月	万咖壹联	港股
文化旅游类	11 月	同城艺龙	港股
	12 月	复星旅文	港股
音乐类	12 月	腾讯音乐	美股
其他类	9 月	趣头条	美股
	10 月	新濠影汇	美股

尽管2018年不少文化企业陆续在香港或美国上市，但上市潮的背后，危难重重，爱奇艺、哔哩哔哩、映客直播和趣头条等企业在登陆资本市场后先后遭遇破发。2018年股票市场的动荡有目共睹，投资者的低迷情绪直接推高了破发的比率。同时，不断下滑的股价和企业对自身价值的高估进一步显示出了资本市场对于企业业绩的担忧。

2. 2018 新三板市场数据呈现

2018年，新三板挂牌企业大幅减少的同时，摘牌潮持续涌动，总体数量处于下降趋势。据中国经济网统计显示，2018年新三板新挂牌企业从1月的11630家，下降到12月底的10691家，较2017年末净减少939家。2018年，新三板市场全年新增挂牌企业577家，平均每个交易日新增2.4家。然而，挂牌速度远不及摘牌速度，2018年有1517家企业陆续离开新三板，平均每天摘牌6家，甚至还有8家企业“到此一游”，2018年挂牌后又摘牌。

2018年，新三板摘牌潮持续涌动：摘牌公司数量最多的是4月，共有198家；7月有194家公司摘牌；最少的2月有64家公司摘牌；11月、12月分别有136家、138家公司摘牌。有27家公司于11月被股转公司强制摘牌，原因是没有按照规定在10月31日之前披露2018年半年报。此外，转板、被并购、降低运营成本、业务或战略发展的需要，是新三板企业主动摘牌的四大原因。

据中国经济网不完全统计，2018年共有28家文化相关类企业在新三板挂牌，其中1月和2月均有5家企业，数量领先。(图13－5)

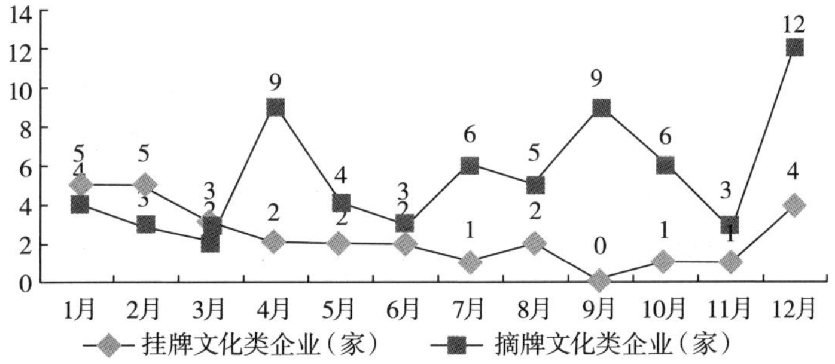

图13－5　2018年新三板文化相关类企业挂牌和摘牌情况

其中，影视相关类企业超5家，包括声屏传媒、山猫传媒、金彩影业、非常时代、郡谷文化等；广告服务相关企业超4家，包括亮星股份、影众传

媒、渝网科技、无线数字等。(表 13 –3)

表 13 –3

时间	挂牌企业
1 月	励翔股份、金航游轮、信游星空、星旅控股、亮星股份
2 月	声平传媒、秦淮风光、妙音动漫、天一文化、影众传媒
3 月	山猫传媒、大唐文化、渝网科技
4 月	金彩影业、艾莱森
5 月	霍克展示、西口文化
6 月	智明星通、非常时代
7 月	金翅鸟
8 月	库课文化、郡谷文化
9 月	—
10 月	新盛旅游
11 月	天洲股份
12 月	海山游乐、曲江智造、超逸国旅、无线数字

2018 年,66 家文化相关类企业宣布从新三板摘牌,其中,12 月有 12 家摘牌,数量最多。分行业看,2018 年,包括唐人影视、嘉行传媒、乐华文化、聚禾影画、盛天传媒等在内,超 20 家影视传媒类企业摘牌;游戏相关类从新三板摘牌的包括小奥互动、卓杭科技、盖娅互娱、心动网络、金刚游戏等在内,超 15 家。(表 13 –4)

表 13 –4

时间	摘牌企业
1 月	国是经纬、盛世锦天、小奥互动、沃持科技
2 月	星推网络、飞达音响、掌网科技
3 月	乐华文化、蓝狮子
4 月	聚禾影画、易点天下、快定网络、卓航科技、蓝飞互娱、华语传媒、经纶传媒、乔家大院、首影传媒
5 月	中喜文化、盖亚互娱、鑫岳影视、嘉行传媒
6 月	上游文旅、盛天传媒、彭胜文教

续表

时间	摘牌企业
7 月	捷报文化、万丰文化、厚藤文化、享银传媒、中汇影视、唯众传媒
8 月	华奥传媒、新云传媒、天下书盟、凯奇谷、万燕传媒
9 月	甬派传媒、心动网络、心游科技、新视文化、水贝传媒、锐风行、安科文化、火舞软件、德纳影业
10 月	大为文化、谦玛网络、云端网络、光彩传媒、唐人影视、龙源数媒
11 月	环球艺盟、蒙古文化、亲宝文化
12 月	中育传媒、大地院线、联纵传媒、游动网络、华映传媒、纵思网络、衣酷文化、天泓传媒、艾媒数聚、艾漫数据、心动网络、金刚游戏

2018 年 5 月 25 日，股转公司公布了 2018 年新三板创新层的企业名单，共有 940 家新三板企业入围，其中 800 家企业为上一年度创新层企业，140 家企业从基础层被成功调至创新层。据悉，2018 年的创新层从数量看，文化传媒的企业数量比 2017 年有所下降。

2018 年，有海润影业、能量传播、长江文化等 17 家影视公司入选新三板创新层，而在 2017 年曾有多达 32 家影视公司登上创新层，几乎减少一半。据了解，2018 年入选的这 17 家影视公司规模整体较大，2017 年业绩也比较亮眼。此外，2018 年创新层名单中，17 家都为 2017 年入选的企业。

3. 文化企业投融资大事件及特点总结

2018 年，总体来说，文化产业的投融资更趋于理性。监管的加紧及中美贸易战等大环境的影响使得金融市场受到震荡，投机者退场的同时，对文化创意的投资仍受到多方青睐。

（1）BAT 继续加大泛娱乐布局

腾讯在投资规模上占据首位，据经济日报统计，2018 年腾讯对文化传媒相关企业的投资多达 44 起，其中包括对快手、盛大游戏、斗鱼 TV、虎牙直播、新丽传媒、趣头条、华人文化集团、喜马拉雅 FM、哔哩哔哩等多个超 10 亿元的文娱项目进行投资，10 亿元以下参投项目则包括梨视频、壹心娱乐、幕星社、铁鳞社、十字星文化等。具体情况如下表 13 –5：

表 13 -5

时间	投资项目信息	投资阶段	项目融资涉及金额
1 月	快手	E 轮	10 亿美元
1 月	Skydance Media	战略投资	—
1 月	Wattpad	战略投资	5000 万美元
1 月	灵龙文化	B 轮	—
2 月	艺画开天	A + 轮	数千万元人民币
2 月	铁麟社	—	百万级别
2 月	盛大游戏	战略投资	30 亿人民币
2 月	即刻	C 轮	—
2 月	双羯影业	Pre – A 轮	—
2 月	Gaana	战略投资	1. 15 亿美元
2 月	Kakao Gmnes	战略投资	—
3 月	Ubisoft	战略投资	—
3 月	酷匠网	A 轮	—
3 月	柠檬影业	C 轮	数亿人民币
3 月	幕星社	天使轮	4000 万人民币
3 月	有狐文化	A 轮	数千万元
3 月	K 米	B 轮	1. 2 亿人民币
3 月	微见	天使轮	—
3 月	虎牙直播	—	4. 6 亿美元
3 月	斗鱼 TV	战略投资	6. 3 亿美元
3 月	新丽传媒	股权转让	33. 17 亿人民币
3 月	趣头条	B 轮	超 2 亿美元
3 月	壹心娱乐	—	—
4 月	艾尔平方	B 轮	数千万元人民币
4 月	小象互娱	Pre – A 轮	3000 万人民币
4 月	乐播足球	Pre – A 轮	900 万人民币
4 月	梨视频	A 轮	6. 17 亿人民币
4 月	快手	—	4 亿美元

续表

时间	投资项目信息	投资阶段	项目融资涉及金额
4 月	罐头视频	C 轮	—
5 月	乐竞文化	战略投资	—
5 月	多抓鱼	—	—
7 月	华人文化集团	A 轮	100 亿人民币
7 月	小题影视	A 轮	—
8 月	知乎	E 轮	2.7 亿美元
8 月	喜马拉雅	E 轮	4.6 亿美元
8 月	Kaca 娱乐	战略投资	5000 万
8 月	织梦者	天使轮	—
9 月	Dream11	—	1 亿美元
10 月	中澜视讯	A 轮	数千万人民币
10 月	VIP 陪练	C 轮	1.5 亿美元
10 月	哔哩哔哩	战略投资	3.176 亿美元
11 月	十字星文化	A 轮	数千万人民币

此外，值得注意的是，腾讯音乐于 2018 年 12 月在美国上市，而其投资的虎牙、映客、趣头条等也分别在香港和美国上市。

阿里和百度比腾讯在这方面的投资相对收敛，数量上大大减少但金额无一不是大手笔。阿里参投了万达电影、华人文化集团、灿星制作、分众传媒等。具体情况如下表 13－6：

表 13－6

时间	投资项目信息	投资阶段	项目融资涉及金额
2 月	万达电影	战略投资	78 亿人民币
5 月	嘉图软件	B 轮	近 1 亿元人民币
7 月	华人文化集团	A 轮	100 亿人民币
7 月	分众传媒	战略投资	150 亿元人民币
7 月	灿星文化	战略投资	3.6 亿人民币
7 月	神居动漫	A 轮	—

续表

时间	投资项目信息	投资阶段	项目融资涉及金额
8月	New TV	战略投资	10亿美元
10月	今日头条	Pre-IPO	40亿美元
10月	海马轻帆	A轮	—
12月	阿里影业	—	12.5亿港元

资料来源：根据公开资料整理

2018年，百度系的爱奇艺在美国上市，并且先后参与了对网易云音乐、百度视频、梨视频等项目的投资，战略投资了新潮传媒。(表13-7)

表13-7

时间	投资项目信息	投资阶段	项目融资涉及金额
3月	极米科技	——	6亿元
4月	梨视频	A轮	6.17亿人民币
9月	百度视频	B轮	1亿美元
11月	网易云音乐	B轮	超6亿美元
11月	新潮传媒	战略投资	12亿元人民币

(2) 文化企业投融资“大事件”

在2018年超过10亿元人民币的投融资项目中，与BAT相关的近20个。从融资数额上看，融资金额较大的企业有分众传媒、华人文化集团公司、快手、万达电影、盛大游戏等。

分众传媒获150亿元人民币战略投资。7月，阿里巴巴及关联方以约150亿元人民币入股分众传媒公司，交割完成后，阿里巴巴持有分众传媒约10.32%的股份。

华人文化融资近100亿元。7月3日，华人文化集团公司宣布完成近100亿人民币A轮融资，融资由万科集团与两家创始股东阿里巴巴集团、腾讯集团领投，招银国际资本及国际金融集团跟投。据悉，华人文化2015成立，涉足领域包括电影的发行制作、传媒、体育、音乐、生活方式及时尚等。

万达电影获得阿里46.8亿入股。4月3日，万达电影发布公告称，万达投资将其持有的万达电影9000万股股份转让给臻希投资（关联方为阿里巴巴），占万达电影总股本的7.66%。转让价为每股51.96元，总计约46.8亿元。此次股权转让完成后，王健林通过万达投资及万达文化产业集团有限公司共持有万达电影6.25亿股股份，占公司已发行股份的53.20%，仍掌握万达电影控制权，阿里集团则成为万达电影第二大股东。

（3）投资热点：直播、区块链、短视频

直播、区块链、短视频成为2018年文创类企业的投资热点，在这三个领域投融资事件多发。

斗鱼TV、虎牙直播先后获腾讯投资。2018年3月，斗鱼TV获得新一轮6.3亿美元（约40亿元人民币）融资，腾讯独家投资。2017年的D轮融资虽然腾讯没有参与，但资料显示，在斗鱼D轮融资完成之后，腾讯旗下林芝利创持股18.98%，已经成为其第二大股东。紧接着，虎牙直播3月8日宣布完成B轮融资，腾讯以4.6亿美元（约35.88亿港元）独家战略投资，是虎牙直播迄今获得最大的单笔投资。

2018年年初，区块链技术大热，各类资本纷纷入局。据经济日报统计显示，仅3月份，就有金钱报、虎尔财经、巴比特、火星财经、块连线、陀螺财经、31区、链接财经、蜻报等区块链资讯类平台以及哈希世界等区块链游戏平台获得融资。其中，巴比特完成的A轮融资高达1亿元。进入8月份，情况出现大转折，一批区块链微信大号被封，此后区块链的热度逐渐降了下去，狂热告一段落，但不少投资者也铩羽而归。

虽然从4月起，快手、火山小视频、西瓜视频、抖音等一些网站负责人被约谈，APP相继进行整改，大批账号被查封，国家与行业内监管趋严，短视频行业的前景开始扑朔迷离，但这并未阻挡资本进入短视频行业的步伐。据初步统计，仅4月份有9起涉及短视频的融资事件，其中，梨视频宣布完成6.17亿元A轮融资；耀世星辉传媒完成超过2亿元人民币的A轮融资；二更获得1.2亿元B3轮融资。有业内人士认为，目前，尽管抖音、快手这些短视频平台的增长虽然变缓，但日活、用户时长等依旧在增长，且用户体量大，短视频的流量红利依然存在。

4. 北京市及长三角地区文创企业一览

从投融资地区来看，我国文创产业主要集中在北上浙广地区，其中北京具有绝对优势。

四大地区共发生了845起融资案例，涉及金额867.5亿元，均占领全国的85%以上，说明融资地区集中度较高。其中，北京作为全国文化中心、科技中心，不论是政策、经济还是资源均具有无可比拟的优势，对资本市场而言，北京市的文创企业颇具吸引力。2017年北京市文化产业私募股权融资共发生私募股权融资事件443起，涉及资金规模为486.5亿元，占全国私募股权融资的48.12%，融资规模是第二名浙江省的两倍之多，无论是融资金额还是融资案例数均远超我国其他地区。2018年1—6月北京文化企业共计流入资金276.88亿元，共计发生融资事件372起，占全国的17.16%。

北京市最具投资价值文化创意企业50强如下表13－8：

表13－8　北京市最具投资价值文化创意企业50强（排名不分先后）

Castbox	北京阿一科技有限公司	北京北广梯影广告传媒有限公司
北京不亦可乎科技有限公司	北京成功桥教育科技有限公司	北京多乐时代信息科技有限公司
北京梵锐多文化传媒有限公司	北京好动体育科技有限公司	北京欢聚时刻科技有限公司
北京可以科技有限公司	北京乐乐高尚教育科技有限公司	北京联翩科技有限公司
北京轮子科技有限公司	北京麦尚动态科技有限公司	北京麦颂文化传播有限公司
北京美摄网络科技有限公司	北京米未传媒有限公司	北京明日虫洞科技有限公司
北京魔宙文化传媒有限公司	北京拍片乐科技有限公司	北京热榜科技有限公司
北京三号互动教育科技有限公司	北京十二栋文化传播有限公司	北京首页文化传媒有限公司
北京威沃世界娱乐科技有限公司	北京纹路科技有限公司	北京享阅教育科技有限公司
北京枭龙科技有限公司	北京心更远科技发展有限公司	北京新三优秀科技有限公司
北京一骑当千网络科技股份有限公司	北京音乐之友文化科技有限公司	北京重力丰画影视文化有限公司
北京卓然影业有限公司	北京自然力量科技贸易发展有限公司	北京自言科技发展有限公司
北文时代文化有限公司	常青藤爸爸教育科技有限公司	光合新知科技有限公司

续表

光盒力量动漫科技有限公司	火量人视野教育科技有限公司	梦宝智能科技有限公司
球多多网络科技有限公司	燃塑科技有限公司	网乐互联科技有限公司
我晒文化科技有限公司	雁北堂文化传媒有限公司	壹说文化传媒有限公司
云球科技有限公司	作业帮教育科技有限公司	

长三角地区的文创产业从细分领域来看，媒体及阅读、动漫、影视、视频分别有 14 家、13 家、11 家和 9 家，位列前四名。

2018 年以来获得新一轮融资，且融资轮次在 Pre－A 轮以上的文创企业共 69 家。（表 13－9）

表 13－9　2018 年长三角文创企业融资盘点

公司/品牌名称	细分领域	融资轮次	融资金额	所有城市
ARK design 沐传工业设计	设计及创意	A＋轮	数百万人民币	上海
ARKie	设计及创意	A＋轮	数百万人民币	上海
巴比特	媒体及阅读	A 轮	1 亿人民币	杭州
白熊阅读	动漫	A＋轮	未透露	上海
哔哩哔哩 bilibili	视频	战略投资	3.176 亿美元	上海
不画漫画	动漫	A 轮	未透露	上海
灿星制作	综合文娱	战略投资	3.6 亿人民币	上海
潮玩星球 IPSTAR	动漫	Pre－A 轮	3000 万人民币	上海
车叫兽	媒体及阅读	A＋轮	未透露	上海
崇卓科技	综合文娱	A 轮	未透露	杭州
大象点映	影视	Pre－A 轮	未透露	上海
大鹅文化	其他文娱服务	A 轮	1 亿人民币	上海
第一弹	动漫	C 轮	未透露	上海
二更	视频	B＋轮	1 亿人民币	杭州
放学嗨	综合文娱	Pre－A 轮	1000 万人民币	上海
樊登读书会	媒体及阅读	B 轮	未透露	上海
嗨皮网络/花边娱乐	媒体及阅读	战略投资	7800 万人民币	上海
禾浩文化	影视	A 轮	未透露	上海

续表

公司/品牌名称	细分领域	融资轮次	融资金额	所有城市
Hobbymax	动漫	A 轮	1 亿人民币	上海
华人文化集团 CMC	影视	A 轮	100 亿人民币	上海
幻维数码	其他文娱服务	A 轮	6000 万人民币	上海
绘梦动画	动漫	B + 轮	未透露	上海
吉水影视	影视	Pre - A 轮	1000 万人民币	上海
即刻	媒体及阅读	C 轮	3000 万美元	上海
嘉尚传媒	演艺	Pre - A 轮	2000 万人民币	杭州
剧能玩	动漫	A 轮	未透露	上海
Kira	动漫	A 轮	未透露	上海
口袋宝宝	视频	A 轮	未透露	上海
酷块	影视	A 轮	未透露	上海
酷匠网	网络文学	A 轮	未透露	南京
蓝白红影业	影视	战略投资	3000 万人民币	苏州
麦希影院	影视	A 轮	未透露	上海
美篇	媒体及阅读	B 轮	亿元人民币及以上	南京
美抓娃娃机	其他文娱服务	A 轮	未透露	杭州
米谟科技	音乐	战略投资	数千万人民币	上海
米赢	媒体及阅读	A 轮	未透露	上海
摩天轮票务	演艺	C 轮	6000 万美元	上海
南湾科技	影视	A 轮	未透露	杭州
南辰北斗	动漫	Pre - A 轮	数百万人民币	宁波
柠萌影业	影视	C 轮	数亿人民币	上海
票牛网	其他文娱服务	B 轮	数千万美元	上海
七灵石	动漫	A 轮	数千万人民币	上海
蜻报	媒体及阅读	Pre - A 轮	数千万人民币	苏州
青橙玩家	视频	A 轮	未透露	温州
情咖 FM	其他文娱服务	A 轮	数千万人民币	杭州

续表

公司/品牌名称	细分领域	融资轮次	融资金额	所有城市
千足文化	影视	战略投资	未透露	上海
趣吧	设计及创意	战略投资	未透露	上海
趣头条	媒体及阅读	IPO 上市	数亿美元	上海
郡谷文化	影视	新三板	未透露	上海
森雨文化	动漫	Pre－A 轮	未透露	杭州
神龙妹子团	其他文娱服务	Pre－A 轮	未透露	上海
是大腿	视频	Pre－A 轮	1000 万人民币	上海
石榴财经	媒体及阅读	战略投资	未透露	淮安
手滑科技	其他文娱服务	Pre－A 轮	数千万人民币	杭州
韦林文化	媒体及阅读	A 轮	未透露	上海
微念科技	其他文娱服务	B 轮	未透露	杭州
西十区	其他文娱服务	C 轮	2 亿人民币	上海
喜马拉雅	媒体及阅读	E 轮	4.6 亿人民币	上海
心喜文化	音乐	A＋轮	3000 万人民币	上海
星舞广场舞	音乐	战略投资	数千万人民币	上海
鲜漫动漫	动漫	A＋轮	数千万人民币	杭州
一条视频	视频	C＋轮	未透露	上海
萤火虫视频	视频	B 轮	未透露	上海
右划科技	视频	A 轮	1000 万美元	上海
原本区块链	IP 知识产权	战略投资	未透露	上海
造就	媒体及阅读	A 轮	数千万人民币	上海
蒸汽世界	动漫	A＋轮	未透露	上海
智影	视频	A＋轮	数千万人民币	杭州
众媒集团	媒体及阅读	Pre－A 轮	4000 万人民币	杭州

从分布城市来看，上海占了一大半，有 49 家，占比达 71.01%；其次是杭州，有 13 家，占比 18.84%；此外，南京和苏州各有 2 家，宁波、淮安和温州各有 1 家。从表格可以看出，长三角地区两家 IPO 上市文创公司哔哩哔哩和趣头条都位于上海。

上海的文创行业发展迅速，这得益于2017年年底，上海市出台的《关于加快本市文化创意产业创新发展的若干意见》，该意见为上海的文创产业各大板块的发展指明了方向。

从细分领域来看，媒体及阅读、动漫、影视、视频分别有14家、13家、11家和9家，位列前四名。不难看出，这四个细分领域的快速发展均与近年来IP开发热潮有着紧密联系。从融资轮次来看，这四个领域中，除了动漫领域的公司多处于Pre-A轮、A轮和A+轮等早期轮次外，其余三个领域均已较为成熟，出现了一些B轮、C轮甚至更后期的融资。而两家IPO上市文创公司哔哩哔哩和趣头条也分别属于动漫和媒体及阅读两个领域。

三、2019年文化创意产业投资趋势及风险预测

中国的文创产业相对于发达国家的文创产业发展过程存在质的差别，按照经验来看，在经济下行的时期，文创产业反而是容易逆势而上的领域。然而中国的文创产业在资本寒冬之中遇冷，这与政策层面直接挂钩。首先，二级市场的审核机制限制了在二级市场上市的公司仍然以传统企业为主，过去还是以制造业为基础的资本市场，一级市场投的更多是偏互联网、偏创新、偏具有驱动或者是模式的项目。目前看来，国内的一级市场和二级市场的传导机制，或者是资本形成的路径还没有打通。在这个背景下，二级市场的去泡沫、去杠杆直接在形式上影响到了其发展，这跟资管新规也有一定的关系。

对未来一年文创产业的发展持乐观态度，从驱动因素来看，社会、科技、经济、政策是最重要的四个大方面。接下来对于文创产业未来趋势及风险的预测也将从这四点出发。

（一）政策与市场合力加持，文创产业将迎来资本热潮

2018年的资本寒冬并没有遏制住上市公司的IPO上市热潮，文创产业作为领军者扛起了上市公司的大旗。爱奇艺、小米、拼多多、趣头条等首先在资本市场上占据了一席之地，而斗鱼、今日头条、喜马拉雅等也整装待发。

文创产业作为以创新为导向的融合产业，后来居上在众多产业中脱颖而出，获得了市场的青睐。文创企业的发展速度非常迅猛，不断地刷新了从公司成立到踏入资本市场的时间限制，偏向年轻化。映客互娱有限公司从初创到上市只花了3年时间，趣头条从成立到上市仅用时2年2个月。

文创企业的年轻化特征似乎对比老牌企业显得经验不足，但却没有影响市场对文创企业的青睐。在上半年上市的文创企业中，哔哩哔哩、虎牙、爱奇艺这三家公司在上市后股价表现相对较好。B站上市首次公开募股发行价定为11.50亿美元，开盘首日，盘中一度下探至9.66亿美元。随后略微稳定，以近乎全天最高价的11.24亿美元收盘，与最新37亿美元的市值相比，翻了将近3倍多；虎牙赴美挂牌第一天，大涨34%，收盘市值是32.237亿美元，目前为止，虎牙市值在31.9亿美元上下浮动；爱奇艺在上市当天股价飙升，但后劲不足；文创上市企业大部分集中在下半年，占比78%，类型也逐渐多样化。趣头条刷新互联网上市最快纪录，并且上市首日暴涨128%，盘中涨幅一度超过190%。腾讯音乐作为中国重要流媒体之一，前景一直被市场看好，上市首日收涨7.69%，从最近估计看，股价一直呈现上涨趋势，总市值达到208亿美元。

尽管部分文创企业的在这场资本寒冬之下经历了十年一遇的经济大波动，一些被各方看好的企业让人大跌眼镜。尽管上市之路并不平坦，但一些文创企业仍然凭借自身的体量与发展潜力，抵挡了寒冬的侵袭，IPO之路似乎顺畅许多。

文创行业在2017年开始发力，近两年文创产业一直呈现高速发展的态势，2018年，中国文创产业受到国家进一步鼓励和扶持，文创产业也逐渐成为经济发展的重要支柱和引擎。

我国政府陆续出台了相关文创政策，如中共北京市委宣传部、北京市人民政府新闻办公室召开新闻发布会，正式发布《关于推进文化创意产业创新发展的意见》，也助推了文创企业发展。在政策环境利好的情况下，文创产业与资本的融合显得更加顺理成章。

同时，随着中国经济的飞速发展，人民物质生活得到满足以后，精神文化层面的需求日益增大，作为我国文化产业的重要组成部分，人民对文化娱乐的要求也越来越高，对电影院、KTV、游戏厅等娱乐场所，对影视、音乐等产业需求增加，消费倒逼文创产业发展。

文创企业纷纷上市发展才刚刚开始，从今年文创产业的发展趋势看，熬过了寒冬的文创企业在2019年将是一个值得被记录的一年。

（二）融媒体时代下，“文创+生活产业”是正道

从近几年的不少投资项目中可以看到文化创意产业的影子，其中包括餐饮、地产、电影等，无一不与生活息息相关，文创成功地融入了我们的生活中。以当前中国蓬勃发展的电影产业为例，尽管中国近几年的电影票房增长很快，但与欧美国家的电影产业相比仍然有明显的差距。2018 年的春节档。战狼 2 创造了中国的票房奇迹，然而战狼 2 在美国公映却只获得了 200 万美金的票房。究其根本，美国的好莱坞电影产业已然形成了一个完整的生态链，利用电影背后的 IP 做产业链的延伸所带来的产业附加值远远超出了票房本身的收入，这就是文创产业的魅力。

特别是近几年对文创产业的逐渐认可，五年前，曾任故宫院长的单霁翔将雍正皇帝的头像融入现代元素，掀起网络热议，有人认为这是对文化的歪曲。而现在，故宫 IP 大火，文创产业越发活跃在大众的眼前。单院长曾说，如果现在不能用年轻人的方式跟年轻人讲历史，这代年轻人将失去历史。文创实际上就是对文化再创造，是另一种意义上对文化的传承。当前的社会给予了文创产业越发包容和开放，对产业本身的发展起到了非常大的推动作用。

文创产业在接下来的发展中必然会走向“文创+”，如同“互联网+”一样。文化能够给不同的产业赋予全新的发展契机。产业的发展增速到达一定程度，一定要回到质量本身上来，而文化恰恰具备了这个给产业赋能的能力。文创产业与文化产业不能单纯地拿出来讨论，是一脉相连的。文化的发展本质上可以分为三个阶段，第一个阶段没有文化，而第二个阶段，就是以文化来发展文化，影视产业、动漫产业本身就是作为文化产业的一部分来发展的，而当前所持续的就是第三个阶段，全面融合的文化。酒店文化、餐饮文化、地产文化等，许多企业已经意识到了这一点，未来的“文创+”是一个势在必行的大趋势。

文创产业以创新为导向，一直都在升级换代中保持高速发展，文创与旅游、科技、金融农业等都可以实现融合互补，为文创产业发展奠定了新机遇，为文创产业创造了更加广阔的平台。文创领域，未来的发展空间，不可估量。

（三）行业整合积聚动力，付费意愿日益增强

文创产业最重要的东西有两大部分，一部分是内容本身，另一部分是其

延伸出来的价值。在内容上的把握目前已经开始步入正轨，而2019年文创产业的机会在于延伸价值，这其中有两个影响点，一个是上文提到过的“文创+”，就是融合生活相关的产业，另一个就是技术层面的融合。总而言之，这两项都意味着行业的整合，不再是零散的融合，而是整个行业的大洗牌，一批在文创行业中没有优势的企业都将被淘汰，留下来的企业必须尽心竭力，积蓄力量，才能保证在日益白热化的竞争中保有位置。

以当前火爆的故宫文创为例，故宫IP的火爆使得2018年故宫文创产业赚得盆满钵满，据传，2019年，故宫文创有意迈入A股市场，接受投资者的审判。

如果谈到PE阶段，现在面临新的机会是产业整合，产业既可以纵向，也可以横向，机会在哪？文创行业无论是平台结构、内容结构、影视出版，还是动漫、音乐等领域，都在进行大波的洗牌，这个时候最考验投资人的能力，不是投资能力，反而是投资人对产业的深刻理解，包括在产业里面能够进行新的整合，与生活消费领域的更多其他行业进行融合赋能的增值性能力。

除此之外，在消费升级的大环境下，投资者对文化IP愈发认同，付费意愿逐渐增强使得文创产业面临更大的投资风口，外部变化会加速行业内部微观单元的净化或者是淘汰。简单地讲，有三大类投资机会，第一类是传统行业工业化的机会，这一波相当于是倒推行业必须要进入到工业化时代。第二类是短内容和社交结合产生的或者是沉淀的社交资产进行商业化变现的机会，这个商业化变现伴随着过去几年快速崛起的一系列互联网平台、商业化变现的进程。第三类是参与到前面两类之中的科技相关的部分，就是说会推动前面两个机会实现快速升级的以科技为基础的公司。

文创产业的整合势在必行，而消费者的付费认同也会让文创产业成为未来的投资风口。

（四）原创内容繁荣生发，智能文创持续助力

文创产业在政策监管和市场自身的双重约束下受到了更加严峻的考验，但这并不意味着对产业本身是发展的桎梏。实际上，正给当前的内容大爆发之后的大环境指明了更加清晰的发展道路。内容产业未来应该回归到其商业本质，融入当前消费升级的大需求环境中。而消费升级的同时，内容也要相应的提升自身的品质，内容的消费升级本身驱动着内容要向精品化，要向高

品质的方向发展，未来一年将是原创内容繁荣生发的一年。

同时，在消费升级的驱动下，要求企业在效率、品质和价值方面进一步提升。今年以来，在香港以及美国纳斯达克上市的以移动互联网为标志的企业，面临着一二级市场估值倒挂的现象。无论是小米、趣头条和映客，他们的估值都已经下滑的非常严重。上市之后经过短暂的股价升高，立刻就走到下滑的大跌态势，给一级市场的投资人带来了极大震动。

来自互联网视频、二次元社区文化包括直播这样的企业，在移动互联网流量到底的情况下，未来的发展面临困境。这个过程中还有股权投资募资难的问题。在整个股权投资行业，文化娱乐是投资领域当中比较重要的布局方向之一。原有的通过移动互联网和内容消费需求而出现的产业发展高速增长，可能基本结束了。

下一个周期正在酝酿当中，文化企业如何更好地思考商业逻辑，如何更好地抓住用户的新需求，尤其是在内容和娱乐消费升级的需求，是至关重要的。回顾2018年整个文化产业的发展逻辑，来自于工具化技术方面的推动。技术推动下涌现出众多的传播渠道，内容生产中生产模式也发生了重大的变化。面向生产层面、技术服务，内容传播层面的一些专业服务机构，包括版权服务机构、IP运营机构，面向消费者和B端的品牌客户、中介服务机构和线下娱乐机构获得了很大的发展。

2018年国内外经济环境复杂严峻，重大政策接踵而至，科技创新发展迅速，中国文化产业在“互联网+”时代下面临发展与变革的新格局与新挑战。在前沿文化产业领域中，科技融合与产业创新日益紧密。技术的发展变革正深刻改变着创意设计业的商业模式，颇具未来感的“智能文创”将引领下一阶段的产业升级。以互联网平台化和数据服务为主导的技术，基于大数据和区块链的综合服务平台技术，以用户画像、VR技术和人工智能为主导的互联网电商平台，第三方支付、数字资产及区块链等技术融合影响的交易模式，会逐渐扮演更重要的角色。

目前属于一个新周期正在孕育的过程，随着技术方面逐渐推动，我们将迎来AI+5G的时代，迎来一个内容消费升级的市场环境。我们的文创企业在明年会迎来越来越多的资本注入，会迎来一个比2009—2018年更精彩的开端。

（五）文旅产业紧跟政策热点，乡村旅游或将成新潮流

由国家发布的针对文旅产业的政策来看，分为三大类：一是大力支持特色小镇和乡村文旅建设；二是规范文旅地产；三是对文旅产业项目提供财政、土地支持。这些政策将会引导整个文旅产业市场的规范化、专业化，一定程度上缓解发展商面临的资金压力。未来，农业小镇、康养小镇等业态也将会成为一种新潮流。

2018 年 2 月 4 日，国务院发布了《中共中央国务院关于实施乡村振兴战略的意见》，《意见》中提出“实施休闲农业和乡村旅游精品工程，建设一批设施完备、功能多样的休闲观光园区、森林人家、康养基地、乡村民宿、特色小镇。”对利用闲置农房发展民宿、养老等项目，研究出台消防、特种行业经营等领域便利市场准入、加强事中事后监管的管理办法。发展乡村共享经济、创意农业、特色文化产业。这表明了对民宿、特色小镇等乡村文旅进行松绑，大力促进各种形态的农业文旅项目发展。《意见》还大力提倡打造绿色生态环保的乡村生态旅游产业链，活跃农村文化市场、丰富农村文化业态、加强监管农村文化市场，可以预见乡村特色文旅业务将迎来大发展。

随着文旅地产的兴起以及扩张发展，许多问题开始浮现，国家开始明文规范文旅地产市场。2018 年 4 月，发改委等五部门联合印发《关于规范主题公园建设发展的指导意见》，该意见要求严禁以主题公园建设名义占用各类保护区或破坏生态，严格控制主题公园周边的房地产开发，不得与主题公园捆绑供地和审批。

在金融支持方面，国家亦出台了不少相关政策，从 2009 年至今，共出台超过 50 条支持文旅产业发展的相关财政政策。2017 年 3 月，发改委联合多个部门印发了关于《“十三五”时期文化旅游提升工程实施方案》的通知，《实施方案》中明确了中央投资补助标准：原则上东、中、西部地区（含根据国家相关政策分别享受中、西部待遇的地区）中央投资补助比例为 30%、60% 和 80%。西藏自治区、四省藏区和新疆自治区南疆四地州（含兵团）的项目可按规划确定的最高补助额度予以全额补助。

目前国内文旅市场规模稳步壮大，需求旺盛，势必会出现新的趋势。未来发展趋势将和国家政策、市场需求息息相关，政策将预示未来的发展方向和投资热点，而市场需求将会作用于文旅市场的转型升级。

（六）文旅产业去房地产化，是回归旅游本质

自国家大力支持旅游产业后，不少发展商打着“特色小镇”、“文化旅游”的噱头去低价圈地，然后做出地产式的销售模式。针对这种情况，目前国家已明文提出严防文旅地产房地产化。

由此可见，“以地产形式短线套取暴利”的发展模式已经难以为继，市场需求的转变促使文旅地产转型升级，逐步实现旅游业、文化产业、房地产业密切结合，告别以往单一的房地产业态和文旅概念，真正解决市场所面临的需求。

2019 年的文旅产业将会往两个方向发展：一是专注于做旅游，通过建设优秀的度假区带动周边房地产销售；二是结合文化产业来做旅游，譬如影视小镇，通过影视产业带动景区的人气，实现商业收益。

过去，企业盈利主要来源于地产销售，后期的物业管理、租赁服务等仅占很小比重，未来为了获取更大的利润空间与持续稳定的收益，开发企业势必要找到新的盈利模式。目前较为创新的运作模式有：文化产业 + 资本运作、产权出售 + 商业运营、区域开发 + IP 产业链。

目前也有很多文旅项目处于滞销的状态，这意味着单一的营销模式已经逐步被市场淘汰。一些按照传统地产形式开发的文旅项目也逐渐没落，行业将迎来新一轮洗牌。门票销售逐步向商业运营转型，而商业的载体必然是产业，多元化的产业能够促进当地的消费，注重后期运营的文旅项目将是未来的走向。

目前文化体验成为人们的重要需求之一，文旅地产要更重视文化产业的建设落地。据中国旅游协会公布的数据统计，我国 58% 的旅行者在计划旅行时，更愿意把钱花在“体验”而非“物质”上。国内文旅正在由纯观光向深度体验游转变。在未来，文旅项目当中诸如生态游、探险、深度游将越来越受市场欢迎，各种健康 SPA、健身活动、冥想场地和户外设施也将变得更为常见。

四、结语

2018 年的文创产业在资本寒冬之下倔强生长，累积了更丰富的经验之后，在政策利好和资本复苏的双重加持下，2019 年的文创产业将走向更加稳定的

征程。除了文创产业的本体——文化的内容本身面临着变革与爆发，技术方面，5G 和人工智能的持续推进也将在文创产业的发展中推波助澜，智能文创成为现实指日可待。文旅产业作为文创产业的一大潜力股，在消费升级的大环境下将以全新的面貌实现更优质的产业转型。

以 2018 年文创产业的投融资事件为出发点，深入剖析了当前文创产业的区域优势、龙头企业、细分领域及其发展前景，有一定的实践和理论意义。但在未来发展形势向好的大前提下，资本市场瞬息万变，也要注意防范投资本身带来的风险。

第十四章　中国文博产业投资报告

吴玉兰　曾怡然

习近平总书记在中央政治局集体学习时指出，提高国家文化软实力，要努力展示中华文化独特魅力；要系统梳理传统文化资源，让收藏在博物馆里的文物适应当代社会生活和文化，并以人民群众喜闻乐见、能够广泛参与其中的方式推广开来，达到“让文化遗产活起来”的效果，使文物工作进一步围绕大局、服务社会。积极开发和利用文博资源、挖掘和发展文博产业，对提高国家文化软实力有着重要意义。在现代经济社会中为满足人们对文化信息的需求，博物馆的文物文化资源成为一种新商品，在交易规模、形式等方面不断扩增中逐步形成了文博产业。“十三五”规划纲要提出了基本建成公共文化服务体系，使文化产业成为我国国民经济支柱性产业的目标，明确了文化产业在我国国民经济中的地位，也为我国文博产业带来发展契机。

中国文博产业的改革发展在2018年迎来了中央层面战略思想的转变。中共中央办公厅、国务院办公厅联合发布了《关于加强文物保护利用改革的若干意见》，这是自新中国成立以来，第一份专门针对文物保护利用改革并以中央办公厅、国务院办公厅名义印发的中央政策文件。这份文件将文物保护利用上升到国家战略整体布局的高度，正式提出“文物资源”这一概念，引领社会各界重新认识文物作为资源的价值，推动文物工作更好地服务我国经济社会发展大局，从而更好地满足人民日益增长的美好生活需要。文博产业的重要地位由此凸显。因此，国家相继出台了一系列政策，大力支持博物馆文化资源以现代化产业模式发展，文博产业迅速崛起。文博产业投资也在这些政策新气象下，迎来了全新的发展态势。

目前，文博产业的内容已由单纯的博物馆展览等馆内运营，扩展到会展、娱乐、旅游、教育等为支撑，策划、印刷、设计、广告、装修、物流、金融等更多企业为辅助的广泛参与、科技支撑、创新导向的产业生态链。因此，文博产业是指博物馆的文化产业，包括由博物馆文化资源开发出的文化产品和文化服务。

一、文博产业的发展背景

文博产业是一种新兴而又特殊的文化产业。传统博物馆的主要职能是收藏文物、保护及修缮文物、研究文物资料和社会教育等公共服务功能，属于文博事业，是公益性的文化事业；文博产业近年来逐步发展起来，在传统博物馆功能的基础上对文物资源加以开发利用，以符合现代经济发展的方式进行经营，属于文化产业，成为我国市场经济的组成部分。

文化资源在合理的转化下能够形成文化产业，在当今经济文化一体化、“互联网+”科技发展的趋势下，文化产业已经成为我国新的经济发展增长点。博物馆拥有丰富多样的文物文化资源，兼具艺术性、历史性和不可替代性，文博产业在各类文化产业中有着强大的发展优势，成为一种特殊的文化产业。

（一）文化消费需求催生文博产业

文化消费是指人们为了满足自己的精神文化生活需要，采取各种方式来消费精神文化产品以及精神文化服务的行为。文化消费的形式多种多样，不仅包括对各类文化产品如报刊书籍、影视节目、舞台剧等形式的直接使用消费，还包括直播打赏等虚拟消费，以及在对文化资源消费中产生的网络通信费用等。

随着我国经济的高速发展，居民收入水平与生活水平不断提高，极大地丰富了人民的物质生活，人们对精神和文化生活的追求日益迫切，对文化消费的需求也日益高涨。文化消费是文化产业发展的内生动力，它的高速增长对文化产业发展的贡献日益凸显，对经济增长的拉动作用不断增强。

2019 年 2 月 1 日，国家统计局公布了 2018 年全国规模以上文化及相关产业的生产经营季度报告。报告显示，根据对这些产业共约 6.0 万家企业进行调查，2018 年上述企业共实现营业收入 89257 亿元，与上述企业在 2017 年实现的营业收入 82456 亿元相比，增长了 8.2%。尽管与此前 5 年平均 13% 的增速相比，2018 年我国文化产业增长速度有所下降，但仍然保持了全球内少见的较快增长。

据前瞻产业研究院发布的《中国文化产业发展前景预测与产业链投资机会分析报告》统计数据显示，截至 2017 年中国文化及相关产业增加值为 35462 亿元，较2016年的30785亿元增长15.2%。预计2018年中国文化及相关产业增加值将突破4万亿元，未来五年（2018－2022）的年均复合增长率约为12.25%，并预测在2022年中国文化及相关产业增加值将达到6.5万亿元。(图14－1)

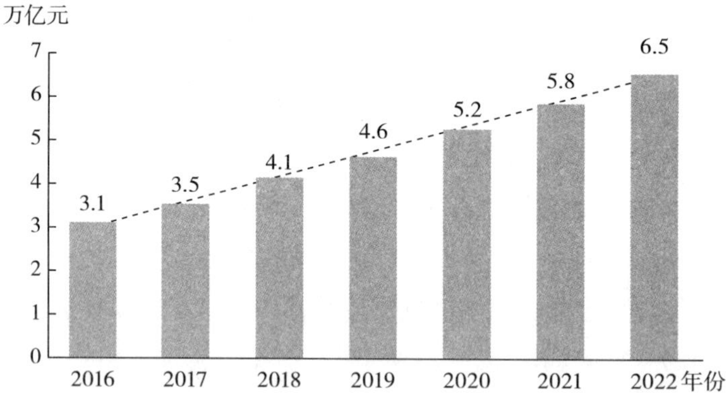

图14－1　2016－2022年中国文化及相关产业增加值统计情况及预测值

资料来源：前瞻产业研究院编《中国文化产业发展前景预测与产业链投资机会分析报告》

不断高涨的文化消费需求促使文化产业在数量和种类上都不断扩展，从而催生出文博产业这样一种特殊的文化产业。

（二）政策环境利好文博产业发展

表14－1　鼓励文博产业发展的政策列表

发布时间	政策	发布单位	关于文博产业发展的内容
2015年3月1日	《博物馆条例》	国务院	允许博物馆进行商业经营活动，鼓励博物馆多渠道筹措资金以促进自身发展
2016年5月1日	《关于推动文化文物单位文化创意产品开发的若干意见》	文化部、国家发展和改革委员会、财政部、国家文物局	鼓励深入发掘文化文物单位馆藏文化资源，发展文化创意产业，开发文化创意产品
2016年11月1日	《“互联网＋中华文明”三年行动计划》	国家文物局、国家发展和改革委员会、科学技术部、工业和信息化部、财政部	调动文物博物馆单位用活文物资源的积极性，鼓励深入挖掘和拓展文物文化资源，丰富文化供给，促进文化消费

续表

发布时间	政策	发布单位	关于文博产业发展的内容
2017 年 2 月 1 日	《国家文物事业发展“十三五”规划》	国家文物局	创新文物合理利用模式，开发与博物馆相结合的文化旅游路线，促进文化创意产品开发
2018 年 7 月 1 日	《关于加强文物保护利用改革的若干意见》	中央全面深化改革委员会	支持社会力量依法依规合理利用文物资源，提供多样化多层次的文化产品与服务：鼓励文物博物馆单位开发文化创意产品

资料来源：国家文物局

由表 14－1 可知，近年来我国出台了一系列鼓励文博产业发展的相关政策。自 2015 年《博物馆条例》实施后，明确提出允许博物馆从事商业经营活动，文博产业开始高速发展。此前由于大多数博物馆由政府提供补贴来维持日常馆内运营开支且不允许进行商业活动，博物馆管理人员缺乏经营思维和创造性，也缺少专业性人才。在这一系列政策下达后，鼓励博物馆以多渠道筹措资金来促进自身发展。许多博物馆开始了创新性尝试，仔细研究馆藏藏品的文物价值与内涵，招揽设计人才和运营人才，将文物资源与文化创意、文化旅游等产业相结合，取得了不少优秀业绩，文博产业发展蒸蒸日上。

政策对文博产业发展的助力仍在继续。国家文物局在《国家文物事业发展“十三五”规划》中特别提出了 2020 年文博产业的发展目标：要打造 50 个博物馆文创产品品牌以及 10 个博物馆文创产品研发基地，并且要有超过 50 家文物单位的文化创意产品年销售额达 1000 万元以上，其中超过 20 家的年销售额达到 2000 万元以上。在国家政策的大力支持下，我国文博产业开始迎来前所未有的发展。

（三）“互联网＋”模式助力文博产业发展

近年来文化与科技的深度融合已经成为我国文博产业发展的核心战略之一。互联网技术与文博产业的结合给文博产业带来高科技发展生机，不断促进文博产业升级和跨越式发展。现代互联网科技的进驻与传统文博产业提供的文化服务共同延伸、完善了博物馆文化服务产业链，给文博产业带来创新式发展。

“互联网+中华文明”行动计划公布后，不少互联网公司积极响应，助力博物馆互联网化。2017年12月，国家文物局与百度、腾讯、网易三家互联网企业签署了战略合作协议。协议规定，国家文物局将与这些合作企业开放合作，遵循优势互补、长远发展的理念，进行观念、技术和模式上的创新，在政府引导与市场运作下实现资源共享、合作双赢，从而加快推进互联网技术与文物资源之间进行跨界融合、更好地发展。其中，百度将打造百科数字化博物馆，为参观者提供相关文物的信息智能化展示；腾讯将构建立体化、多元化的媒体矩阵，推进文物信息资源的开放共享和传播交流；网易将与国家文物局合作开展在线教育平台建设，通过国家文化遗产系列公开课传播文物中的文明。此外，阿里巴巴集团与故宫博物院进行了电商方面的战略合作，推动博物馆文创产品在电商平台上的销售。

并且，针对不同博物馆的需求，互联网公司与之合作的产品和方向会有所不同。腾讯在2018年6月推出了“全球数字文博开放计划”，将以数字化助手的方式为各个博物馆提供全面的数字解决方案，以一个庞大详细的产品功能包为基础，根据不同需求来定制合作开发的内容。与例如腾讯这样的互联网公司达成深度合作后，未来的博物馆进行产业科技化建设时，不再需要斥资建立一套自己的信息和功能平台，从而可以减少对人力和资金的投入。

当前，文博产业发展已上升至国家战略层面，未来的5-10年将是文化遗产保护与开发利用、公共文化服务科技化发展、文博创意产业高速腾飞的重要战略机遇期。

二、文博产业的发展现状

近年来消费趋势、国家政策、科技导向为文博产业提供了有利的发展环境，国内不少博物馆开始进行探索，取得了一定的成果和经验。但由于文博产业发展起步较晚，目前我国文博产业正处于发展初期，发展现状主要有以下几个特点：

（一）场馆运营形式丰富

博物馆的馆陈文物是文博产业的资源基础，博物馆的场馆运营也是文博产业发展的根本。在文化消费趋势和对中华传统文明的呼唤下，我国博物馆馆陈文物展览获得了全国文化消费群体的高度重视，博物馆场馆运营正处于良好发展中。

从中华人民共和国文化和旅游部提供的具体数据来看，2012 年我国博物馆的数量为 3069 个，经过数年持续不断的增长后，截至 2019 年 1 月 8 日，全国博物馆总数已达到 5136 家。博物馆数量增长也极大地丰富了博物馆藏品。截至 2017 年底，全国文物机构共收藏文物藏品 5096.32 万件，较 2016 年末增长了 14.4%，其中博物馆的文物藏品有 3938.32 万件（套），是文物藏品总量的 77.3%，具有绝对的数量优势。同时，博物馆数量和藏品的增长也刺激了参观博物馆的人流量。受益于文化旅游的兴起，博物馆的参观人次逐年上升。在 2017 年全国博物馆共接待观众 97172 万人次，比 2016 年增长了 14.2%，参观人数占全国文物机构接待观众总量的 84.7%。2018 年全国博物馆举办各类展览超过 2 万个，有近 10 亿人次走进博物馆，参观博物馆已经日渐成为人民群众文化的一种消费。（图 14－2）

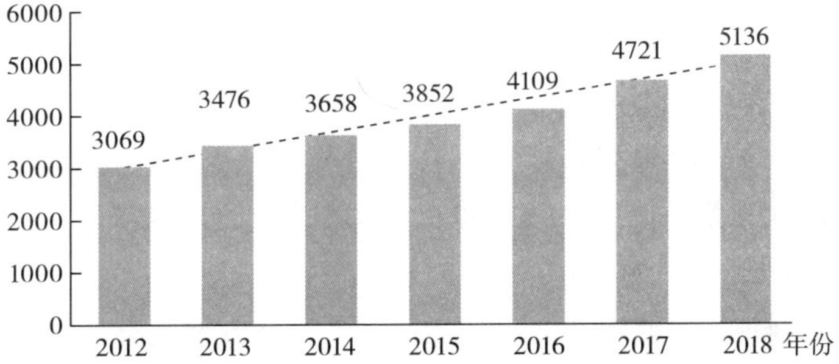

图 14－2　2012 年—2018 年全国博物馆数量统计图

资料来源：中华人民共和国文化和旅游部

目前我国大多数博物馆的展览门票收入均须上缴国库，同时还存在大量由国家财政补贴的可免费参观的博物馆。尽管门票收入不能进入文博产业经营中，但博物馆庞大的参观人数带来的隐形产业效益却相当可观。游客在参观展览中对食品饮料、参观辅助工具如放大镜、手杖等商品有消费需求，同时根据文物制作出的各式各样的工艺纪念品、衍生文化创意产品等也时常受到游客青睐。大量的参观人数带来的巨大消费需求给文博产业带来意想不到的经济效益。

除了参观博物馆展览，以博物馆文化遗产为依托开展的多种文化创意活动、企业文化活动等，能够为博物馆吸引资金赞助，建立基金等，也是博物馆发展自身文博产业、积极开发文博产品的广阔空间。

2018 年 11 月 13 日，国家博物馆举办了“伟大的变革——庆祝改革开放 40 周年大型展览”。在展览现场，一款红旗轿车的概念车登上了展台。2019 年春节期间，故宫博物院建院 94 年来首次举办“灯会”，这也是紫禁城古建筑群首次在晚间被较大规模点亮，更是故宫博物院首次在晚间免费对预约公众开放，通过预约，数千名观众走进故宫博物院赏灯夜游。故宫博物院的这三个首次，不仅让故宫话题刷爆微博、微信朋友圈等社交媒体，也再次将以故宫为代表的传统文化旅游项目推进了公众视野。

（二）博物馆文化创意产品层出不穷

博物馆文化创意产品是以博物馆所藏文物为基础，通过提取其中的文化元素如器物形状、花纹图案、象征意义等，加以创造性的设计，形成的兼具文化性与实用性的博物馆文物资源衍生产品，如带有各式文物图案的贴纸胶带、折扇、衣物、水杯等。博物馆文化创意产品中蕴含着文化遗产的历史信息、艺术底蕴、工艺科技，是对博物馆文化遗产的一种具有高渗透力和影响力的传播渠道。出于对文物文化资源消费的需求，游客在参观博物馆文物之余购买文博创意产品，不仅使博物馆文化得到了非常有效的传播，也拉动了文化市场消费和文博产业发展。

近年来在开发博物馆文化创意产品上，故宫博物院一直走在前列。

故宫博物院很早就开始了对博物馆文化创意产品的尝试，并且勇于开创线上销售模式。早期故宫博物院推出印有“朕就是这样汉子”等字样的纸胶带，迅速受到消费者欢迎。2014 年开始，故宫博物院开设的官方淘宝店“故宫淘宝”推出了朝珠形状的耳机、顶戴花翎官帽样式的伞、写有“奉旨旅行”字样的行李牌等一系列文创产品，持续走红，一度供不应求。2018 年，故宫又推出了“故宫彩妆”系列，开始将文物资源与化妆品进行跨界融合，生产出一批高颜值、有内涵的口红、腮红等彩妆产品。其中故宫口红上线两天内，收到的订单已超过了 3000 支。

故宫博物院院长单霁翔说，“故宫要吸引更多的公众、推广我们的传统文化，就不能保持一成不变的严肃面孔。吸引年轻观众，就必须用年轻人的方式。”因此，故宫博物院一直在尝试用多样化又与时俱进的方式来开发文博产品，激起年轻人的消费欲望。

故宫博物院实施这样的多样化文创产品开发策略确有成效。2019 年 2 月 17 日，故宫博物院院长单霁翔称，故宫博物院在 2018 年的游客数量达到 1700 万人次；随着故宫文创开发的不断增大，2016 年故宫文创的销售额已超过 10 亿元，文创产品数量到 2017 年底已经突破了 1 万种，2017 的文创总营业额达到 15 亿元。

国内在文博创意产品方面做得好的博物馆还有很多，譬如陕西博物馆、苏州博物馆、四川博物馆等。博物馆文化创意产品仍然有许多值得开发的地方，针对博物馆的文化消费市场远未饱和。

（三）与文化旅游相结合越发紧密

文博产业的发展能够吸引更多的人以旅游的方式前来参观，从而延伸出博物馆文化旅游。将文化旅游与文博产业相链接，让文博产业成为文化旅游中的一个个亮点，博物馆为旅游行程提供源源不断的文化资源，文化旅游对文博产业产品的消费又能促进文博产业营收，达到文化旅游和文博产业的共同发展。

2018 年 12 月 26 日，文化和旅游部在 2018 年第四季度例行新闻发布会上指出，文化和旅游部将按照新发展理念要求，大力推进旅游业的供给侧结构性改革，实现“以文促旅，以旅彰文”的效果，围绕满足人民群众的旅游消费需求这一要点，不断推进深化文旅融合，不断丰富旅游产品的供给。这表明与文化旅游相结合是文博产业发展的新风向之一。

改革开放 40 年来，我国博物馆已从 1978 年的 349 家增长至现在的逾 5000 家，各家文博单位已逐渐成为主要旅游目的地。2019 年 2 月正值春节期间，文化类景区的出游人次增长现象最为明显。来自中国旅游研究院（文化和旅游部数据中心）的数据显示，春节期间，参观博物馆的游客占 40.5%，游客在文化游览方面的人均花费最多集中在 501 元至 1000 元，占比达 41.25%。这些数据表明，我国人民群众对与文博相结合的文化旅游及其产品需求十分旺盛，文旅产品市场发展空间很大。

（四）文博新媒体活跃

2017 年 12 月 20 日，“文博新媒体矩阵”正式成立，包括故宫博物院、国家博物馆、四川广汉三星堆博物馆等这些粉丝众多的文博类新媒体账号在内的30余家文博类新媒体共同参与了这一新媒体矩阵的建立，将共同开展展览推介、文创产品开发等线上线下活动。以这些文博类微博为代表的文博新媒体在文博产业发展中发挥着越来越重要的作用，文博新媒体已逐渐成为文物文化资源整合共享的发布平台和文博产品的宣传推介平台。

根据《2017年文博新媒体发展报告》提供的数据显示，2017年我国文博类微博总阅读量为230823万，比2016年增加了41604万；2017年文博类微博的粉丝总量约为2029万，比2016年增加了873万；2017年的互动总量约为4356万，比2016年增加了2996万。2017年文博类微博的阅读量、粉丝量以及转发、评论、点赞和私信互动量比2016年都有较大幅度增长。

2010年，故宫博物院开通了官方新浪微博账号，进行交流互动和新上架文博创意产品宣传，到2018年底时，故宫的微博粉丝已达到613万，日均阅读总量超过100万，许多热门文创产品例如节日限定的端午节香囊、中秋节月饼一经微博账号发布，故宫淘宝店内很快就售罄了。毕竟对于庞大的文化消费群体来说，能随时随地去博物馆场馆内购买文博创意产品的还是极少数，更多的人是通过社交媒介了解到博物馆推出的新文创产品。文博新媒体账号以幽默诙谐的语气将博物馆拟人化，在与广大消费群体的互动中达到推广文博产品、传递文化资源信息的目的，尤其受到年轻人的青睐。

文博产业发展，以博物馆文化资源为基础，结合自身场馆运营工作，积极创新打造特色文博创意品牌，充分开发各类文博资源，从而带来文博产业经济效益与文化宣传社会效益，将文博资源优势转化为文博产业发展的经济优势。

三、文博产业投资发展中呈现的问题

文博产业的发展具有毋庸置疑的广阔前景，但由于其发展年限较短，目前产业经济形势尚不突出，因此在对文博产业的投资发展进程中也存在着许多的不足。

（一）文博单位缺乏投资意识与专业人才

根据国家文物局公开的数据显示，目前我国近九成的博物馆已经实现了免费开放，由国家财政拨款来支付馆内日常运营支出。近年来国家政策频频鼓励博物馆积极融入经济社会发展，多渠道筹措资金。不少博物馆已经开始多方尝试，并且有些已经取得了优良成效。传统的文博单位内设机构没有设置专门负责开发经营的部门，也缺乏经营经验和投资意识，不够关注产业发展，缺乏对文博产业的投资眼光，短期内对文物在保护中利用、利用中保护的方法不够灵活，形式过于单一。同时，文博产业的发展也受到了经营人才短缺的制约。博物馆现有人才主要是从事文物历史研究、文物保管与修复、文物陈列展览、文化宣传教育等传统博物馆相关专业，很少有懂得经济运行规律和产业开发经营的文博产业运营人才。许多博物馆开设文创产品商店后，仅仅出售已经设计好的部分文创产品，缺乏专业人才进行产品运营，忽视了销售数据监测和进一步开发，也缺乏在新媒体环境中宣传推广文博创意产品，致使产品声名不显，销量不佳，文博产业仅仅处于起步状态。同时，许多博物馆内部场馆设计没有考虑到如何合理地吸引参观者消费，也没有考虑到参观者的切身需求，馆内没有供人们休息、消费饮食的空间，既给参观者带来不便，也损失了形成文博产业，带来收入的机会。

（二）文博创意产品趋同，缺乏营销意识

尽管目前文博产业中，有关文创产品的开发和销售占据了相当重要的地位，但当前博物馆文创产品的发展中主要存在以下几个问题：

1. 文博创意产品趋同，单纯“贴标签”

目前不少博物馆纷纷开创了自己的文创产品，但随着各家博物馆文创产品如雨后春笋般涌现，产品的同质化现象也越来越严重。由于印制带有文物花纹图样的胶带、马克杯、手机壳、扇子等生活小物品设计简单、容易生产，每家博物馆的文创产品都少不了这些，产品趋同化现象十分严重。但对于消费者来说，这种缺乏设计感、仅仅贴上文物标签的文博商品并不能激起足够的购买兴趣，更不能达到传播博物馆文化的目的。

2. 文博创意产品实用性不足

文博创意产品能够将浓郁的文化气息与人们的日常生活需要巧妙地融合在一起，达到在生活中体会文物之美的效果。但由于有些文物虽然极具艺术性之美，本身却已经在历史长河中淡出人们日用品之列，在设计与这些文物有关的博物馆文化创意产品时照搬文物原属性就会造成文创产品失去实用性，只能束之高阁作为摆设。毕竟做文创产品不是复原文物，不能在力求还原的

时候牺牲了功能设计与实用性。

3. 对文博创意产品的营销力度不足

目前我国不少博物馆都开发了自己的文博创意产品，除了故宫博物院外，还有出售文征明手植紫藤花种子的苏州博物馆、制作青铜面具饼干的四川广汉三星堆博物馆等，但大多数博物馆的文创产品未能像故宫博物院的文创口红那样引起社会广泛关注和人们争相购买。其原因在于大量博物馆在文创开发后不善宣传推介，没有利用好新媒体平台进行推广，也很少在自家官网上体现文创产品的独特性，致使文博产业产品销售的产业链断裂。

（三）博物馆单打独斗，未形成产业生态链

在一个区域内形成一个产业的生态链后，与之配套的产业相关设施、资源能使产业发展更为方便、快速。目前在我国文博产业中，多是各家博物馆各自组织策划开发文博产业，还未形成有效的产业生态链。这就导致各家博物馆的文博产业发展水平参差不齐，缺乏统一的产业发展模式引导，也在重复设计中造成了资源浪费。

我国博物馆资源十分丰富，不少城市都拥有不止一家大型博物馆，甚至在历史文化资源丰富的地区如北京、南京、杭州等地，博物馆数量众多。如果按照一定的区域划分方式，将多家博物馆按其馆藏资源的种类进行分类，建立相对统一的管理、共同开发机制，完全可以联合起来打造一个大型的文物文化品牌，形成博物馆之间的资源共享和互助，有助于文物产业链的形成。在这一联合开发体系内，避免了重复开发的运作成本，有利于发挥优势，做到资源、信息、收益共享和产业链条生态化。

目前在我国文博产业发展过程中，由于擅长产业经营与投资的专业人才稀缺，博物馆丰富的馆藏文物资源还没有得到充分开发和利用；文博产业产品缺乏创新性、实用性，也缺乏足够的宣传推广；文博产业链还不完善，产业发展深度远远不够。发展文博产业迫切需要提升博物馆文化资源的利用层次，拓展博物馆文化产业的发展空间，促进文博产业链科学发展。

四、文博产业的投资方向

文博产业拥有珍贵的文物文化资源，在国家当前鼓励文化产业发展的政策支持下，不断结合互联网技术，其发展将进入快车道。“非营利”博物馆中

蕴藏着旅游、酒店、餐饮、地产、创意等产业的巨大商机；运营得当的知名博物馆可以为区域带来强大的认知价值，为地方提升软实力、吸纳旅游发挥窗口作用。因而文博产业的投资前景值得看好。针对目前文博产业投资中存在的不足，未来对文博产业的投资可以考虑从以下几个方面入手：

（一）场馆设置集合式文化消费空间

对于博物馆来说，场馆运营仍然是发展文博产业中最基础也是最重要的部分。大量的参观人群能够带来巨大的文化消费需求，目前博物馆的场馆文化消费供给还远远不够。今后的文博产业投资可以考虑将文创商店和谐地融入博物馆场馆的文化氛围中，构建整体的文化消费空间，从而使参观者既能享受到全面的文化服务，又能产生文化消费兴趣。

例如 2019 年 2 月开始，故宫角楼餐厅正式营业，推出慈禧太后钟爱的万寿菊花锅火锅。餐厅内悬挂各式帝后为菜品“做广告”的肖像，不少都是由文物原图进行扫描、重绘做成的，充满了浓浓的文化气息。这一“紫禁城里吃火锅”的创举可说是博物馆场馆运营集合式文化消费空间的一次初尝试。除此之外，故宫博物院设置了一处集哺乳、休息、文化创意体验于一体的母婴护理和休息场所。护理室中除了全面、方便的护理设施外，还开设了一个小型文创店，精选了一些适合婴幼儿的故宫特色文化创意产品，比如毛绒玩具等。护理室的装饰均采用带有文化气息的古瑞兽图样，供人们在使用护理室功能的同时能体会到文创 + 服务。故宫的这一场馆设置在推出后受到了广泛好评，值得其他博物馆在投资文博产业时予以借鉴。

（二）文创产品特色化、实用化

当今各家博物馆纷纷推出了自己的文博创意产品，要想在大量功能类似的产品中获得消费者的青睐，开发特色文博产品就必须结合自身优势，从文物藏品中提取出独特的文化符号，打造具有特色、富有内涵的文博产品，同时也要兼顾文博创意产品的实用性。

文创产品的构思可以从双向出发，一种是以文物中的设计元素为出发点来设计适合的产品，另一种是根据实用性的需要，对人们常用的、喜爱的物品赋予恰当的文物文化内涵。文创产品应当通过巧妙的创意实现产品物质功能与文化内涵的有机结合。

(三) 联动周边，打造文博+文旅产业生态链

随着我国旅游业的迅速发展和文旅融合趋势的推动作用不断加强，消费者在旅游活动中更加注重文化性、可参与性和特色性，对旅游活动的文化消费倾向越来越明显。旅游业的发展能够为一个地区带来大量有消费愿望的游览人群，作为著名景点的博物馆也能随之获得更多的参观流量和经济效益；同时，博物馆的名声大震也能给所在地区吸纳大量慕名而来的游客，给文博产业及其他产业带来发展。因此，文博产业与文旅产业的积极融合、联通能够给周边地区带来巨大的经济效益。要发展文博产业，博物馆应当积极联合当地其他博物馆和旅游景点，共同打造文博+文旅产业生态链。

产业生态链的建立有助于周边各项产业的发展，是未来文博产业中值得投资的发展方向。

(四) 多媒体互动，提升文博产业影响力

文博产业的经营如果仅仅局限于线下是不够的，在“互联网+”思维的助力下，鼓励文博产业发展积极利用文博单位的微博等新媒体账号，时常与粉丝进行互动交流，既能充分了解这些潜在消费群体的消费诉求和消费趋势，也能充分运用各种有效的营销策略，利用新媒体不断扩大自身影响力，同时利用电商模式拓宽交易平台，带来更多的交易机会。

五、结语

当前，发展文博产业已上升到文化强国国家战略层面，未来5~10年将是文化遗产保护和公共文化服务科技事业发展的重要战略机遇期。在“互联网+中华文明”行动计划等一系列政策纲领下，文博行业正不断进行着产业升级和跨越式发展，多家文博单位也在探索中共同完善博物馆文化服务的产业链，驱动文博产业的创新发展。

2019年是新中国成立70周年，也是全面建成小康社会的关键之年。抓住机遇对文博产业的发展至关重要。文博产业在我国起步不久，尚有许多问题亟待解决，也有不少投资的“蓝海”等待挖掘、发展。对文博产业的投资具有良好的发展前景。

同时，文博产业的发展中也需要工匠精神，需要脚踏实地的“匠心”作

为支撑。文博产业是对博物馆馆陈文物及文化资源的保护式开发利用，容不得轻慢和浪费，需要坚持工匠精神、坚守行规、职业道德与核心价值。文博产业利用的是中华民族传承下来的历史文化资源，应当以工匠精神结合现代经济运行规律来保障文博产业健康发展。

第十五章 中国文旅地产投资报告

吴玉兰 黄钟灵

文旅地产属于房地产的一种形态，但其发展的基础在于旅游业。1978 年，邓小平同志关于旅游的谈话启动了中国内地旅游市场；1979 年，以邓小平同志登黄山为标志，中国旅游业拉开了大发展的序幕。国内旅游市场从“不阻拦，不鼓励，不宣传”调整到“四个转变和五个一起”上，充分发挥市场经济的力量，满足市场产生的需求，从 20 世纪 90 年代开始了持续增长。1999 年，节假日制度调整产生了黄金周，国内旅游井喷现象产生，旅游客流和消费金额的双增长为文旅地产带来了潜在客户和收入来源，在研究文旅地产行业时，旅游市场景气程度是一项重要的基础指标。

近几年，我国旅游市场的规模仍在扩大，人数和收入增长保持平稳较快态势。据文化和旅游部数据，2018 年国内旅游人数 55. 39 亿人次，比上年同期增长 10. 8%；出入境旅游总人数 2. 91 亿人次，同比增长 7. 8%；全年实现旅游总收入 5. 97 万亿元，同比增长 10. 5%，由此可见，今后一段时期内，我国文旅地产行业仍有可观的增长空间。

一、文旅地产概述

（一）文旅地产的概念

文旅地产源自旅游地产，是旅游地产的升级和深化，亦可看作是广义的旅游地产。高度依赖自然人文环境，是以文旅资源为导向的创造性或修复性的综合开发。

从物业类型上看，旅游地产主要包括四类：旅游景点地产、旅游商业地产、旅游度假地产及旅游住宅地产，而文旅地产在此基础上还增加了自带度假酒店的主题公园等新形态。从整个开发流程来看，文旅地产是以旅游或度假为目的，通过文化和旅游设施来带动地产发展，它的本质为地产，与传统住宅地产一样具有房地产的属性，只是功能与服务对象发生了巨大的变化，不再是满足日常定居的生活、工作的需要，而是着眼于满足游客的需求。这种以旅游度假为目的的房地产开发、营销模式开发项目，全部或部分实现了旅游的功能，是现代社会人类追求理想生活方式的必然结果，是旅游度假概念的延伸。

（二）文旅地产近年发展综述

1. 2012—2014 年为高速增长期

2012—2014 年是我国文旅地产高速增长时期，年均新增项目近 2200 个，平均增速达 83%. 但是，一些开发商打着“文化”“旅游”的幌子疯狂圈地，导致低层级、同质化项目泛滥。据国家统计局 2014 年的统计数据，当时全国文旅地产项目共有 7965 个，其中大型在售项目有 589 个，这些在售项目平均存量达到 2043 套，而平均去化速度为 12 套/月，完成存量去化需要 14 年。

2. 2015 年为转折之年

2015 年，由于过快开发引起的问题逐步显现：一批盲目跟风、定位不清，以销售为主导的项目逐渐被市场淘汰；而市场存量过高，整体进入销售滞销期，导致我国文旅地产开发陷入低潮。当年仅有 736 个新增项目，增速大幅回落至 9%，2015 年底，我国开发和运营文旅地产项目的企业共有 5297 家，较 2014 年减少 27 家。这些数字表明，我国文旅地产行业集中度正在上升，行业调整正逐步拉开序幕。

3. 2016—2018 年为增速回升期

2016 年以来，我国文旅地产重回稳步增长状态，仅 2016 年上半年就有新增项目 1243 个。截至 2018 年末，全国共有 3000 多个项目、总投资额超过万亿、近半数的百强房企涉足文旅地产，是否拥有标杆式文旅地产项目，已经成为衡量地产企业实力的一种象征。与此同时，行业内的兼并、收购、重组也在不断进行，最典型的案例就是万达打包出售文旅项目。

二、我国文旅地产分布情况

文旅地产由于其因地制宜的特性，使得开发商首先考虑接近旅游资源，与文化圣地和风景区相伴而生，因此造成了地域分布和发展水平的不均衡，传统上以海南岛、环渤海和长三角地区为领跑者，近两年西南地区和东南地区也在加速追赶。

海南是旅游地产的先行者，凭借其在国内独有的气候条件和优秀的滨海景观资源，是全国旅游房地产开发量和分布密度最大的区域，但是早期为了追求速度忽视了质量，出现许多问题，近两年开发已逐步回归理性。随着旅游地产向文旅地产升级转变，海南正在着力加强文化娱乐类元素的比重，如冯小刚电影公社和观澜湖高尔夫球会，以丰富游客的居住体验。

长三角区域经济发达，城市化水平高，这一地区特征带来了具有很强消费能力的客流，但同时也造成可供开发的自然资源有限，因此要走高客单价的精品路线，如以浙江乌镇为代表的特色小镇，和以上海迪士尼为代表的主题乐园，是该区域的亮点。

环渤海区域是秦岭—淮河以北唯一的文旅地产集中地区，主要满足北方游客就近度假旅游的需求，该区域拥有海洋、湖泊、森林等自然资源，兼有高山滑雪、温泉疗养等多种复合业态组合，正从单一的滨海度假向多元复合方向发展。

东南地区背山靠海、气候宜人，还有温泉等自然资源，为文旅地产的建设打下基础。同时还是著名的侨乡，国际往来便利，民营经济发达，也带来了充足的高收入客流。

西南地区是几个文旅地产重点区域中唯一不临海的，这里山地盆地相间，少数民族众多，还有成都、重庆等人口密集的特大城市，因此同时拥有城市、民族、山地等多种特色文旅地产类型，是几个区域中产品丰富度最高的。

从总体上看，我国文旅地产区域发展不均衡性的特征很明显，粗略估计上述五大区域占到全国文旅地产总数近八成，相比之下中部、东北部和西北部地区就较为落后。随着主题公园、度假村等形式正在逐渐普及，以及具有先发优势的地区环境承载力趋于饱和，预计未来文旅地产分布将逐步均衡，区域间的差距将逐渐减小。

三、我国文旅地产投资发展趋势

在城镇化率的不断提升和居民住房需求不断升级的时代背景下，房地产业的格局在不断发生变化，过去跑马圈地批量建造便能盈利的粗放式增长时代已经结束，文旅地产成为房地产业重点挖掘的利润增长点。

（一）文旅地产更加贴近旅游本质

旅游业是文旅地产的基础，旅游方式的转变也将直接影响文旅地产的发展方向。2018 年 3 月，十三届全国人大一次会议表决通过了关于国务院机构改革方案的决定，将文化部、国家旅游局的职责整合，组建文化和旅游部，作为国务院组成部门。这一决定体现了文化与旅游融合发展的趋势。据中国旅游协会统计，我国 58% 的旅行者在计划旅行时，表示更愿意把钱花在“体验”而非“物质”上，旅途中的片刻时光更能让他们感到快乐与满足，45% 的旅行者在出行目的地选择上会更加偏“冒险”一些，而 47% 的人则想要抢“鲜”涉足周边朋友都不曾去过的地方，40% 的旅行者对体验 Spa 或疗养之旅感兴趣，而 38% 的旅行者则想要尝试养生、健身之旅。越来越多的人愿意选择以最真实的方式去探索尚未被人熟知的小众目的地。预计未来，诸如生态游、探险、深度游将越来越受到市场欢迎，旅游将逐渐转变为保持身心健康，提高见识的健康生活方式。

随着在线旅游、分时度假等模式兴起，未来将会出现更多的度假方式，消费方式与需求也随之发生变化，很多人不再愿意拿钱去买度假房。三亚、云南、巽寮湾等区域的文旅地产项目均遭遇销售缓慢，后续缺乏人气的问题，给开发商带来很大的资金压力。“以地产形式短线套取暴利”的发展模式正式宣告终结。

未来，文旅地产将回归旅游本质，主要开发模式可能有两种：一种是将旅游做到极致，通过旅游带动房地产价值的提升以及旅游本身实现良好的自我盈利能力。例如万达的长白山国际旅游度假区、深圳的东部华侨城等；另一种为旅游演艺模式，通过特色旅游带动模式，如《宋城千古情》与《印象西湖》系列。此类模式关键点在于如何通过文化挖掘、创新形式、运用新颖的手法给游客产生震撼性的视觉享受，对于企业的综合能力要求很高。而对于众多中小旅游地产开发企业来说，最好要按照一个“小而美”的方式去做突破，多把时间花在前期内容创新上，就像裸心谷一样，用品味和氛围赢得市场的追捧。

（二）从重销售转向重运营

房地产市场进入存量时代，各家房企都在追求“高杠杆、低投入、快速周转、现金流回正”，以单纯的一次性销售为导向的开发模式难以为继，尤其是文旅地产，常常是几十万平方米甚至到几平方公里的开发，第一轮开发周期一般在3~5年，有时甚至需要8年以上才能形成规模效应。由于文旅地产常常布局在郊区甚至野外，开发前期基础设施落后，配套不完善，不能像市区住宅楼盘一样边开发边销售，因此文旅地产要找到全新的开发模式，目前比较成功的是将销售与运营相结合，通俗地说就是半卖半租。

（三）从资源产业转向复合产业

早期我国文旅地产开发的主流类型为自然资源驱动型与主题产品驱动型两类，前者依托于滨海、湖泊、温泉、山地等自然资源，打造亲水、生态、山地等旅游度假、康养项目，以高星级酒店驱动，辅以销售型物业，如酒店公寓、别墅等产品，精装交付、酒店托管为主。后者则通过人造资源（游艇码头、高尔夫、主题公园等）作为项目引擎聚集人气，搭建价值平台，通过销售型物业回现促进旅游项目的滚动开发。这两种模式均依赖住宅销售，且项目因单一主题易被复制，若没有多样化的盈利模式，容易陷入竞争的红海。随着投资客趋于理性，整个市场几乎都会遇到发展瓶颈，有价无市。

由于旅游休闲产业的综合性强、产业链长，具有强大关联带动效应，在与其他关联产业融合的过程中，可实现产业价值链重构，融合后的产业群体形成新的经济增长点，如旅游休闲产业与医疗业融合形成健康产业，根据地缘特色与可及资源，整合农业、文化、运动、会议会展、医疗健康等相关产业，形成泛旅游产业链格局，复合引擎铸造项目独特吸引核，提升整个区域价值，实现项目运营或销售的获利。

（四）单体项目规模呈现大小两极化

由于文旅地产中的单体项目有着极强的独特性，如果忽略内容上的特色，从规模上来看，呈现两极化趋势，即大型项目变得更加大而全，小型项目变得更加小而美，各自针对自己的目标用户来进行营销，并就近形成旅游路线上的串连和搭配。

大型项目将逐渐向度假区的方向发展，如上海迪士尼乐园度假区和珠海横琴长隆国际海洋度假区。这些度假区建筑面积大，服务水平高，有成熟的酒店、零售、餐饮、娱乐等产业链，可以带给游客一站式的旅游休闲居住体验，能满足消费者多元化的度假需求。从单一景点变为度假区后，游客的逗留时间往往从过去的一日游提升为三日游，其消费金额也将成倍增加。

小型文旅地产项目一般分为两种，一种是根据现代需求重新诠释传统文化，如上海田子坊、成都宽窄巷子、南京夫子庙、武汉户部巷等，另一种是完全通过创意打造一个前所未有的，富有时尚气息的旅游产品，如北京798等。这些项目往往定位精准，针对特定人群，深耕当地文化，能更好地满足近距离市场对于碎片化时间的休闲体验需求，居住以特色民宿为主，与需要远距离出行的大型旅游度假区形成高低搭配。预计未来每一个省会城市都将有自己的小型文旅地产项目，辐射一小时以内的省内旅游市场。

四、文旅地产主要开发模式

由于包含许多除居住外的元素，文旅地产的开发模式较一般商业住宅楼盘更为多样化，通常情况下，开发商往往围绕自己独有的文化和旅游资源做文章，形成差异化竞争。目前来看，可行性高、投资效果好的开发模式主要有以下几种：

（一）提供场所→构建社群：阿那亚

阿那亚位于秦皇岛市昌黎黄金海岸腹地，秦皇岛市南部的北戴河新区，距离南戴河旅游度假区10公里，距离高铁北戴河站15公里。项目占地228万平方米，建筑面积71万平方米，容积率0.3。近两年一直以高出周边楼盘均价1倍的价格销售，却保持着最好的业绩，销售额占同片区的80%，把过去秦皇岛主要在暑期售房的传统销售季拉长到4～11月份的半年间。

阿那亚广告费用每年仅有300万，不做大面积推广与渠道拓客，没有电商分销，不推老带新，不做圈层促销活动，只用两年时间就做到了年销10亿的文旅地产项目。它的成功秘诀在于，开发商从一开始就把自己定位为“生活方式的提供商”而非传统开发商，摒弃了以营销为导向、快速周转的开发模式，真正从运营、服务做起。与一般开发企业把配套设施（如会所、商业街等）作为营销工具不同的是，阿那亚考虑的不是依靠配套多卖出几套房子，而是真正运营这些配套设施，从而为用户提供一种不同于都市生活的生活方式。如今，阿那亚的48个微信群已形成用户社群圈层，项目从原先单一的不动产，变成了提供场所和内容，可供交际的社群，带来了90%的推荐购买率。

在消费者价值观发生巨大变革的背景下，无论是消费品，还是房地产，都要实现从创新产品、单纯满足消费者对产品功能需求的层面跨越到为消费者创造生活方式的一个全新的发展定位，以社群运营管理为核心的开发模式将成为文旅地产重要的发展方向。

（二）文化小镇 + 资本运作：乌镇

乌镇，位于浙江省嘉兴市桐乡，地处江浙沪“金三角”地带、杭嘉湖平原腹地，距杭州、苏州均为 60 公里，距上海 106 公里，属太湖流域水系，河流纵横交织，京杭大运河依镇而过。自 2010 年起，乌镇开始向文化小镇转型，2013 年开始举办戏剧节，每届持续 10 余天，会邀请世界各地最顶尖的舞台艺术戏剧团体演出。戏剧节期间 80% 的游客为了戏剧节来乌镇，且游客年龄段明显呈现年轻化，客群为来自全国大专院校、艺术机构及其他喜欢戏剧艺术的爱好者。这些丰富时尚的节日、演出等不但使乌镇成为大众游客的聚集地，更使它得到专业客群、小众人群的青睐。

2014 年，世界互联网大会宣布永久落户乌镇，每年一届，连续举办。文化加科技的驱动，带动了整个乌镇的商业和产业，根据中青旅三季报数据，2018 年前三季度实现营业收入 13.53 亿元，同比增长 9.36%，实现净利润 6.16 亿元，同比增长 3.26%，前三季度累计接待游客 719 万人次，同比下降 10.45%，但是客单价达到 188 元，同比增长 22%。近 5 年来，乌镇始终保持着 80% 以上的毛利率，远高于旅行社、会展等传统旅游业务，且高于酒店、房地产等高回报率业态。

2009 年 IDG 资本入股乌镇，助推了中青旅于 2010 年在香港成功上市，待 IDG 卖出其股份时成功实现 8.4 倍的收益。借助文化小镇和资本运作两条道路协作进行，乌镇将文旅地产的运营做到了极致，成为业内标杆。

（三）IP 产业链 + 区域综合开发：迪士尼

上海迪士尼乐园是中国内地首座迪士尼主题乐园，位于上海市浦东新区川沙新镇，于 2016 年 6 月 16 日正式开园。它是中国第二个、亚洲第三个、世界第六个迪士尼主题公园。凭借多年积累，迪士尼具有完备的产业链布局，包括媒体网络、主题公园及度假村、影视娱乐、衍生消费品以及互动交互五大业务板块，对迪士尼乐园区域的综合开发，为迪士尼的 IP 构建了可以流转、增值的生态版图。这五大产业链中，影视娱乐具有 IP 内容原创和授权创造价值的功能；主题公园将 IP 内容具象为体验型产品；消费衍生品为商品的授权经营、出版和零售，将 IP 进一步渗透进消费者的生活；互动娱乐是基于 IP 进行衍生品（游戏）的开发和授权；媒体网络是 IP 的传播渠道。

由此，迪士尼得以构建出独有的“IP 产业链 + 区域综合开发”的开发模式，只要创造出独有的 IP，通过向其他版块授权 IP 的使用权，便可重复变现，创造出数倍的价值。从迪斯尼的收入分析，影视娱乐占比不高，这一部分主要是流量入口，通过创造出优质 IP 给迪斯尼不断带来新的观众和粉丝，然后通过线上的媒体网络和线下的迪斯尼乐园以及衍生消费品来依次变现，从而形成一个完整的生态闭环。对于中国本土企业来说，万达一度有过类似的尝试，但是随着集团资金趋紧，文旅项目相继出售，这种模式未来仍将是迪士尼、环球影业等个别大型文化产业集团的专属。

五、影响文旅地产投资的因素

文旅地产开发难度大、周期长，从立项到开盘往往要经历 8 ~ 10 年，资产周转率低。因此，从资产配置的角度来看，文旅地产属于中长期布局项目，决策难度相对较大，结合当前经济形势，归纳出以下投资时需考量的要素：

（一）有利于投资的因素

文旅地产的投资应当遵循一般房地产投资的要求，同时因为其通常是以保值增值而非自用居住的目的，更容易受到外部因素冲击，因此要更加注重以下几个方面：

1. 房地产行业宏观环境好

2018 年，中国房地产市场整体趋稳，3 月的政府工作报告强调“房子是用来住的，不是用来炒的”的定位，实施差别化调控，7 月中央政治局会议指出要“下决心解决好房地产市场问题，坚决遏制房价上涨”，在此精神指导下，地方调控政策体现出稳重偏紧的特点，市场预期已逐步回归理性，从宏观上，看投资环境较好。

2. 项目中旅游元素含量高

旅游地产项目在开发前期需要投入大量资本，并通过长时间运营回笼资金，开发商在介入文旅领域时，通常会采用“大盘 + 综合开发”的模式，这样的模式导致项目的品质难以保证，有些地区甚至出现了住宅地产化的倾向，失去了旅游地产的特色。在投资旅游地产时，首先要明确的就是，其中旅游元素够不够充分，一旦失去旅游元素，所谓的文旅地产可能演变为远离市区的空置楼盘。

3. 有积极的政策措施引导

近三年来，国家政策层面陆续提出了《关于规范主题公园建设发展的指导意见》《关于规范推进特色小镇和特色小镇建设的若干意见》等建设规范文件，其中明文规定：主题公园周边的酒店、住宅等房地产开发项目，必须单独供地、单独审批；特色小镇从严控制房地产开发，限制住宅用地比例。这类文件严格保证和规范了文旅地产项目的开发，避免开发商以假旅游真地产来蒙骗投资者。

4. 在社交媒体上的热度高

与普通住宅不同，好的文旅地产项目一定是广为人知，有人来游的，在人们热衷分享、社交媒体发达的条件下，项目价值与舆情活跃度呈现正相关。与此同时要注意大众传媒的负面评价，例如东北的亚布力度假村引发了一系列负面报道，在投资时需要额外注意。一旦公众对某个景区产生怀疑，游客人数减少，将会引发一系列后果，景区的衰败将会殃及池鱼，导致相关文旅地产项目崩盘。

（二）不利于投资的因素

资金问题和法律风险是投资最大的不确定因素，二者存一就应当引起警惕乃至放弃投资。

1. 资金流难以维持长期的项目开发

许多文旅地产项目为了拿到土地和审批，进行超出公司财务水平的规划，寄希望于地方政府和银行贷款，但在实施中往往遭遇困境，有时是在建设时烂尾，有时是出售后无法保证社区环境与服务。因此在选择文旅地产投资时尽量选择大型房企尤其是央企开发项目，并将公布的投资总额和公司财务状况进行对比，以得出该项目是否可以成形的大致结论，再进行其他的考量。

2. 违规过度开发导致潜在法律风险

例如，2018 年 7 月以来，“秦岭违建别墅拆除”备受关注，习近平总书记先后六次就“秦岭违建”做出批示指示，有 1194 栋违建别墅被整治。关于秦岭山麓建设国家早有相关规定，但仍然有大量业主参与建设和投资，由此导致的财产损失将无法挽回，还有被追究法律责任的可能。

六、文旅地产投资案例分析

裸心是一个度假村品牌，根据其官网公布的数据，该品牌每间房间每年的利润是一百万，这个数字几乎是上海静安香格里拉每间房间年盈利 55 万的一倍，成为中国最赚钱的度假村之一，有许多值得借鉴之处。

（一）品牌理念和起源

裸心的第一个项目是在莫干山地区开发的民宿，叫做裸心乡，占地 150 亩，于 2007 年开业，裸心乡自开始营业起，八栋农舍改建而成的度假屋客人即络绎不绝。公司创始人 Grant Horsfield 和太太叶凯欣在裸心乡运营的时候，就特别留意每个客人的预订，从这些客户的消费习惯里，寻找到他们的需求，从而再进行下一步的产品升级。因此，作为裸心谷的 DEMO 版，裸心乡的运营为裸心谷的孕育提供了很好的经验。2011 年公司的第二个项目裸心谷开业，很快就以其独特的定位和高品质的产品爆得大名，这才算是引爆了整个莫干山地区的休闲度假市场，成为整个德清莫干山地区的头部产品。6 年过去，这家公司已经变成一种模版，苏州、绍兴、重庆和成都 4 个裸心度假村项目计划都将于 2019 年完成。

（二）产品定位和形态

不同于一般的度假酒店，裸心谷的产品客户群体从一开始就瞄准企业的高端会议旅游、接待旅游、员工拓展旅游和公司发布会等市场需求聚集地。这些公司需要在以上活动中体现公司良好、高端的形象，而裸心谷周边优美的自然风景和高品质的服务及室内装修正符合这一点。据其公开资料介绍，在工作日周一到周四里，世界 500 强企业会来此开会，耐克、可口可乐等都是客户，在其客户构成中，有 20% 的顾客是外国人。裸心的“会议度假”模式决定了客人不能爬高山下深沟，只能围绕度假村来构建丰富的活动项目，于是开发商在裸心谷内建造了 30 栋树顶别墅、40 栋夯土小屋、跑马场马厩、3 个游泳池、3 个餐厅、1 个会议中心、一个 SPA 康体中心、一个有机农场和活动中心，通过骑马、游泳、采摘、垂钓、体育运动等营造出的乡野情趣来吸引来自上海的城市居民。

(三) 销售和运营模式

文旅地产项目投资额大，为了减轻资金压力，应当尽可能快地产生现金流。裸心谷分为出售别墅和酒店两个部分，所有树屋别墅都是可售的，夯土小屋是自己持有的，通过树屋别墅的销售来回现，再通过夯土小屋来沉淀资产。具体来说，每套双房间别墅售600万左右，三房间别墅900万，四房间别墅1200万，30套全部出售完，总回款大概在2.4个亿，而裸心谷的建造成本是1.5个亿，不仅回收了成本还有盈余用来进行异地的同品牌开发，另外还积累了40套夯土小屋的固定资产。如果把出售物业与酒店经营结合起来看，裸心谷在短短2~3年内就实现了投资的回笼，是目前最为高效的模式。

综上所述，成功的文旅地产项目必有其独到之处，从最初的策划设计，到最后的销售运营，都需要通盘考虑，只有形成自己的核心竞争力，才能先在一个景区生根，然后通过成功的理念和经验在其他地方发芽，从而形成具备可复制性发展能力的强大品牌。

第十六章　中国文化类主题公园投资报告

罗红　秦莹

主题公园是为了满足旅游者多样化休闲娱乐需求和选择，而建造的一种具有创意性活动方式的现代旅游场所。1955 年，世界上第一个主题公园迪士尼公园在美国落成，此后主题公园便在实践中不断蓬勃发展起来，三十年内，美国的主题公园就增至 50 家。尽管主题公园在中国起步较晚，但随着中国经济的高速发展，主题公园的规模远超其发源地美国。20 世纪 80 年代中期，中央电视台为拍摄古典题材电视剧《红楼梦》，分别在北京和河北建设“大观园”与“荣国府”，可以看成中国主题公园建设的雏形。1989 年，由华侨城集团参与投资的锦绣中华园在深圳建成并向公众开放，标志着中国第一个现代意义主题公园落成，在其后的十几年里，华侨城集团先后策划、建设、开业了“中国民俗文化村”“世界之窗”“欢乐谷 1 期和 2 期”等四个主题公园。华侨城成功的投资效应随后在全国显现，各个地方先后策划了不同的主题公园。

至今，中国已有 2500 多个主题公园分布在各个省市。根据美国第三方旅游行业研究及咨询机构 AECOM 发布的报告显示，到 2020 年，中国将超过美国，成为全球主题娱乐市场。而且，亚太地区主题公园市场的强劲增长，也主要得益于中国大陆地区主题公园的发展。

一般来说，主题公园按照内容分类，可以分为科技娱乐主题公园、历史文化主题公园、自然生态主题公园、名胜微缩主题公园、影视娱乐主题公园、综合旅游主题公园。历史文化主题公园（以下简称为文化主题公园）将是本章主要研究对象。锦绣中华作为中国文化主题公园的“开山之作”，以微缩景观的形式，用了大约 32 万平方米的土地，集中将中国文化古迹与风景名胜向世人展示出来，曾被官方评价为“中国旅游景点建设的里程碑”，一时成为旅游界的焦点。开启了文化主题公园的建设浪潮。

一、文化主题公园行业发展综述

（一）文化主题公园定义、分类与特征

文化主题公园是商业投资者围绕特定历史时期或者地区的历史文化为主题，通过对这些历史文化的整理、提炼与浓缩，将那些具备象征意义的历史与文化要素通过艺术形象、符号、行为、景观等形式打造出来，以吸引公众参与体验的、休闲式物理空间。文化主题公园作为文化产业投资的组成部分，在满足现代旅游者认识理解特定历史文化，享受休闲娱乐的同时，也要满足投资者的商业利益诉求。

文化主题公园一般分为两类：一类以真实的文化和历史故事为原型，通过提炼与浓缩，借助园林和技术等多种技巧，诉说历史故事、展现文化底蕴、生动再现历史盛况，这种主题公园具有保护文化与传扬文化双重要义。如西安大唐芙蓉园、深圳锦绣中华、杭州宋城等；另一类以著名的文学作品为原型，借助多种技巧和方法再现文学著作的典型场景。这种主题公园的建设灵活性较大，可以大胆发挥建设者的想象力，不拘泥于形式，没有真实的历史资料作为参照依据。如北京大观园、开封清明上河园、梁山水浒文化主题公园、宁波梁祝文化主题公园等。

文化主题公园建设的目的之一，就是让参观者在休闲中感受不受时空、思维限制的精神世界；利用和日常生活司空见惯的事物的极大不同，激起参观者的好奇心和探索欲。可以说，文化主题公园就是以超时空的距离、与生活世界的差异性为核心，将较为抽象和距离感的文化符号转化，进行具体的旅游产品设计，从而让参观者客观感受不同文化主题。此外，文化主题公园有别于传统公园的另一个目的就是，它在提升城市文化品位，普及历史与文化知识以培养公众历史与文化素养，推广与传播历史与文化精神的精髓同时，必须要考虑到投资者的回报，除了要收回前期投入的巨额成本，还要实现丰厚的盈利。投资者在完成核心主题的景观设计之后，会相应推出不同种类与其文化主题相关的衍生产品，如特色文创商品、特色饮食与住宿、相关个性化体验服务与演出等，以实现附加值变现。综上所述，文化主题公园是一种围绕特定历史文化主题而设计的人造景观，既要实现传播深厚历史文化这一社会效益，也要追求回报投资者的经济效益，两者必须兼顾。

（二）行业发展环境分析

在过去的20年里，中国的主题公园处于快速发展期，而且随着中产人群数的持续增长，国内交通基础设施的投入与改善，极大地刺激了主题娱乐的需求，为主题公园未来投资提供了必要的空间。根据中国旅游研究院（文化和旅游部数据中心）发布的《2018旅游经济运行盘点系列报告：旅游产业》数据显示，2018年仅国庆期间，超过90%的游客参加了文化活动，同比增长35%，其中文化类景区门票消费同比增长58%，文化展演吸引游客人次较去年同期增长12%。此外，根据2017年国内主题公园游客增幅20%，可以判断，文化主题公园的游客在2018年只会有增无减。可见，文化主题公园的发展环境整体向好。

1. 外部一般环境分析

（1）**经济方面**。2010年中国GDP超过日本，成为全球第二大经济体，2018年，中国GDP达到90万亿元，增速6.6%，超过年初政府报告预期的6.5%。据国家统计局最新发布的《2018年国民经济和社会发展统计公报》显示，2018年全国居民人均可支配收入28228元，比上年名义增长8.7%，扣除价格因素，实际增长6.5%。根据国家统计局公布的消费支出数据，2018年全国居民人均消费支出为19853元，同比增长8.4%。从消费支出构成可以看到，教育文化娱乐年平均支出2226元，占总支出的11.2%，交通通信2675元，占总支出13.5%。2019年国家实行个税改革，居民可支配收入将稳升不降。（图16－1）

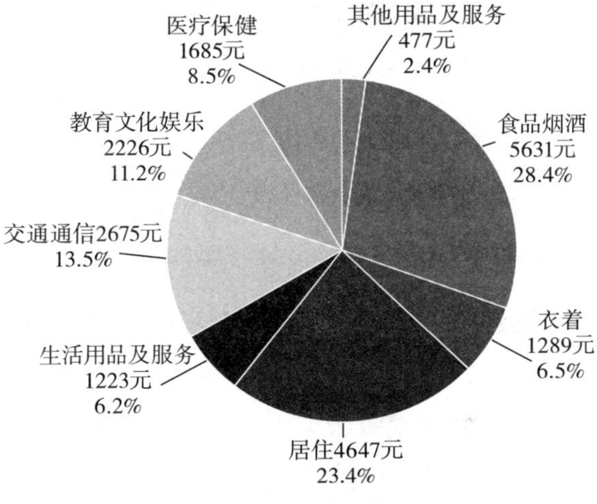

图16－1　2018年全国居民人均消费支出及构成

(2) **政策方面**。根据文化部2017年发布的《“十三五”时期文化产业发展规划》，大力发展文化产业顺应了人民群众精神追求多元化的时代特征，是提高人民群众幸福感和生活质量、推动中华优秀传统文化创新性发展和转化、社会主义核心价值观推广与中国梦顺利实现的重要载体与途径。在全球化的今天，大力发展文化产业也是中华文化走向世界、扩大国家文化软实力影响的重要渠道。而且，文化产业的向好发展也是培育国民经济发展的新动能，在实现经济结构转型升级、促进双创战略方面，意义重大。对于文化主题公园的投资主体，规划明确指出，要“尊重文化企业的市场主体地位，充分发挥市场在文化资源配置中的积极作用，更好发挥政府引导、调控和服务职能，建立健全现代文化市场体系”，以便营造各类文化市场主体公平竞争的发展环境。随着中国与“一带一路”沿线国家合作的不断升级，京津冀协同发展、长江经济带、粤港澳大湾区建设等国家重大战略的逐步实施，为文化建设提供了更广阔的空间。

(3) **社会需求方面**。根据马斯洛提出的需求理论，当人的物质生活得到满足以后，其需求必然升级，以满足精神方面这一更高层级的需求。根据文化和旅游部数据中心发布的《中国旅游消费大数据报告2018》数据显示，2018年国内旅游人数约为55.4亿人次，收入约5.13万亿元，分别比2017年增长10.76%和12.3%；出境游客约为1.48亿人次，比上年增长13.5%。而且，2018年国内居民出游力指数达到17.8%。国内居民出游力实现近三年持续增长，旅游逐渐成刚需。未来城市休闲娱乐游客数量将会继续保持高速增长，预计到2020年比重会升至36.9%；高净值游客人次也将提高，至2020年其预期比重将升至10.4%。随着国家对文化旅游的大力推进，假日期间丰富多彩的各类文化展览吸引了大量游客参与。2018年国庆，重点博物馆消费人次同比增长达28.1%。这份报告预测，2019年境内游人数会增至60亿人次，境内游收入将达到5.6亿元，分别较上年增长9.5%和10%。

2. 产业分析

由世界旅游城市联合会（WTCF）与中国社会科学院旅游研究中心（TRC－CASS）共同发布的《世界旅游经济趋势报告（2019）》显示，预计2019年全球旅游总人次将达到127.6亿人次，增速为5.5%，增速较2018年回升0.5个百分点，全球旅游总收入将达5.54万亿美元，相当于全球GDP的6.0%。报告预测，2019 年全球经济增长趋缓，但旅游经济将稳步上涨，其中亚洲增长、欧洲下滑，亚太旅游投资规模、增速均将位列各大洲前茅。亚太地区作为全球旅游的新星，其国内旅游与入境旅游呈现双增长的态势，旅游收入在本地区 GDP 中所占的比例从 7. 3% 提高到 10. 6%，名列全球首位。与此同时，国内旅游人次在亚太地区的增速也是遥遥领先。亚太地区接纳了全球 22. 7% 的入境游客，其入境旅游收入占全球比重节节攀升。可见，旅游产业的发展对亚太地区经济奉献越来越重要。

在这种情况下，中国主题公园的发展进入快速增长期，根据 AECOM 发布的《2018 中国主题公园项目发展预测》研究报告，目前拟建和在建的项目多集中在华东、华南等经济发达地区，整体来说是一种从北向南转移的走势。

据统计，在国内目前现有的主题公园中，无明显主题类公园占比 53%，主要由主打器械类骑乘设施的城市内的市民公园构成，有明显主题类公园占比 47%，其中文化主题公园占 13%。相比较而言，设计、建造和运营特定主题的公园更具挑战性。国际经验显示，具有明显主题的公园整体表现优于无明显主题的公园。（图 16 –2）

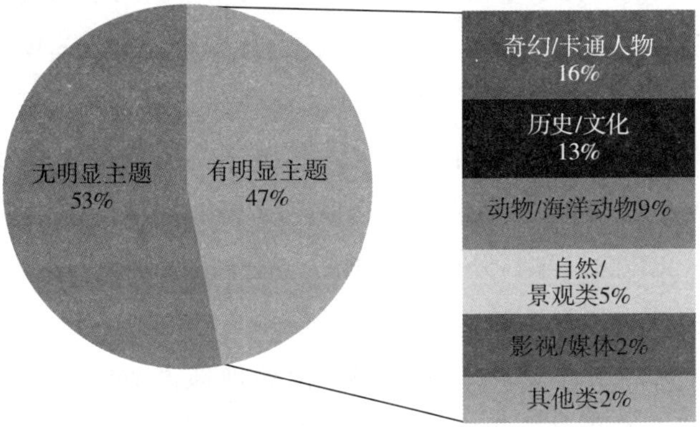

图 16 –2　文化主题公园占 13%

2018 年 3 月，根据国务院机构改革的方案，原文化部和国家旅游局整合，组建了文化旅游部，这对于打造超级文旅产业的 IP 意义重大，意味着未来旅游的开发与规划都会围绕一定的主题和文化开展，也是由于旅游商品具有季节呈现文化的特征，可以用看得见摸得着的感知方式，准确地将丰富的文化内涵传递给公众。可以预计，文化主题公园的建设与规划在这样的环境下，

“拥有文化 IP 的景区将成为旅游景区行业发展新引擎”。

（三）文化主题公园发展规模

根据 Aecom 公布的数据，目前中国国内有主题公园数量达 2500 个左右，历史文化类在其中占有率为 13%，以此推断文化主题类公园目前已经超过 300 个。主要集中在华东、华中、华南与西南地区。东北、华北与西北地区合起来占比超过 21%。华东地区集中在上海、浙江与江苏，华中地区主要集中于河南与湖北，华南地区主要集中于广东。西南地区则集中在以旅游产业占主导、少数民族聚集的云贵川。

目前国内运营的主题公园中，投资额在十亿元以下的超过一半，另一半基本集中在十一亿到三十亿之间，超过五十亿的只有长隆海洋王国和上海的迪士尼乐园。其中投资文化主题公园的龙头资本主要有华侨城集团、华强方特文化科技集团股份、杭州宋城集团。华侨城集团投资锦绣中华开辟了文化主题公园的先河，布局文化古城西安，以“周秦汉唐文化 + 现代化国际化大都市”为主线，打造“文化 + 旅游 + 城镇化”产业，大雁塔北广场、大唐芙蓉园、大明宫国家遗址公园等一批文化主题公园相继在西安亮相。杭州宋城集团以杭州宋城文化主题公园为起点，通过策划、推出与景区相关的文化演艺项目为核心竞争力，成功打造“宋城”“千古情”等品牌，先后在三亚、丽江、九寨、龙泉山等著名旅游区和主题公园进行文化产业投资。华强方特以“文化 + 科技”为经营理念，应用 VR、智能控制等技术将诸多传统文化 IP 打造成面向市场与游客的文化产品，其文化公园项目开始走出国门，在伊朗等国家与地区扎根。

除了以华侨城、华强方特、杭州宋城等为主体的资本集团投资、运作的文化主题公园之外，其余文化主题公园则由各地地方政府为主导，联合市场投资方投资建设，如开封市政府联合海南置地建设的清明上河园，以历史名画《清明上河图》为蓝本，将宋朝市井文化、风情民俗、古代娱乐、皇家园林重现，为游客提供了穿越时空的体验。其余的如梁山水浒文化主题公园、西藏文成公主文化主题公园、合肥历史文化主题公园等。

二、文化主题公园内部分析

文化主题公园的核心是“文化 + 旅游”，利用和挖掘特定的历史文化资源，以经营旅游产品的方式多方位的体现这些文化内涵，从而创造出具有鲜明特色的旅游文化。

（一）经营模式与运营管理

1. 打造完整产业链的运营方式

这是传统主题包括以文化为主题的公园常用的经营模式，主要盈利点是娱乐、餐饮、住宿等设施项目，门票收入只作为日常维护费用。主题公园的收入结构中，门票收入只占20%～30%，其他经营收入占大头，主要靠不断提升品牌知名度吸引游客，通过出售具备知识产权特点的旅游纪念品与相关衍生服务，获得二次盈利，又由于这些纪念品与衍生服务的发售进一步扩大品牌的影响力，这一运营模式最为常见，具备一种顽强的生命力。

2. “旅游演艺＋主题公园”融合的宋城模式

1996年，黄巧灵在杭州投资1.8亿建成中国最大的宋文化主题公园，次年他仿效美国迪士尼，将独创的文化表演引入宋文化主题公园，从此开创了影响深远的“旅游演艺＋主题公园”经营模式。由黄巧玲导演的《宋城千古情》采用现代声、光、电科技手段，以独特的方式呈现出良渚古人、宋皇宫、梁祝和白蛇许仙等意象，让观赏者深度浸染在由高科技呈现的烟雨江南氛围中，吸引众多游客前来体验，让巨额投资在建园3年以后就全部收回，取得巨大成功。从而被文化主题公园复制与模仿。所谓宋城模式，就是将文化的意义深入融合进主题公园的经营当中，即将区域特有的文化故事进行二次创作与开发，然后用多种演艺的方式将二次创作内容进行再现，从而实现文化附加值的变现。

3. “文化＋旅游＋城镇化”的曲江模式

西安曲江文化产业在西安投资文化产业所采用的运营方式是针对不同的区域分别采用了“文化＋旅游＋城镇化”“文化＋旅游＋大遗址”“文化＋旅游＋大秦岭”。通过大融资、大投入、大策划，践行着项目集群、成片开发、运营城市、自我平衡的开发总路线，先后建立大雁塔北广场、大唐芙蓉园文化公园、大明宫国家遗址公园，通过重大文化工程的建设、产业集群链条的完善，打造出重大城市文化景观，构建出古城西安独有的文化名片，从而让西安特有的历史文化价值最大化。

4. “文化＋科技”的华强方特模式

华强方特一直采用文化与科技深度融合的运营模式。2012年，方特开始打造“美丽中国三部曲”项目，以配合文化主题公园的运营。其中“方特东方神画”运用数字影像集成技术及微型模拟器、智能座椅、动感轨道车等高科技虚拟交互娱乐装备，创作开发了全息AR剧场《千古蝶恋》、AR Ride《女娲补天》、全景式动态穹幕项目《牛郎织女》、无轨寻迹式360°立体环幕剧场《魅力戏曲》等多个独具文化魅力的主题娱乐项目。将华夏五千年的悠久文化以多维视觉方式呈现给观众。

2018年8月主要展示东盟历史文化的南宁方特主题乐园投入运行，针对东盟不同国家的特点，利用高科技打造出了《塔銮盛典》《走进吴哥》《千岛之歌》等11个极具感染力的主题项目。

（二）项目品牌战略选择

急剧变幻的市场形势，使受众对信息的需求大大增加；互联网的快速发展为主题公园的市场营销提供了“线上+线下”联动的可能性。“线上+线下”多媒体联动带来全覆盖式整合传播。互联网+文化主题公园商业模式已经成为许多主题公园品牌商业营销模式的首选。

1. 运行方式

主题公园的成功运行一般需要两个非常重要的条件。首先是具有线下的文化吸引力。国内文化主题公园选择的一个能够让受众持续关注的方式就是强化主题公园的功能作用。之所以从功能性角度出发是因为历史/文化的确是目前游客在选择旅游产品时主要考虑的因素，然而这也最容易导致同质化。虽然功能性利益在吸引消费者选择方面发挥了重要作用，然而从主题公园长远发展的角度来看却不是保持消费者忠诚度和提高消费者重游率的长久之计。其次在具备吸引力的同时，必须形成长效机制，通过打造持续影响力形成权威品牌，从而培养目标受众的忠诚度。二者必须相互配合、相互作用，才能形成持续影响力。一些历史文化类的大型展演，比如《又见平遥》《印象丽江》《又见敦煌》等都是制造影响力的有效举措，这些活动的确为文化主题公园赢得了良好的品牌效应，但这些特别舞台剧起到的毕竟只是短期效应。针对行业内品牌定位缺乏差异化的问题，行业的先驱者在寻找突破口的时候开始尝试将感性的内容融入定位中从而形成差异化的定位。

传统的做法是，历史文化主题公园推广渠道的起点是主题公园产品生产者，终点是消费者，中间环节包括各种代理商、批发商、零售商等其他中介组织等。历史文化主题公园需要中间商发挥生产与消费“联结人”的作用，对于历史文化主题公园来说，其中间商是专门化的市场营销组织，市场接触面广，信息来源多，熟悉消费者并可实行规模化经营，因而历史文化主题公园经营者借助于旅游中间商，就可以使自己的产品打入广阔的市场，节约资金占用，提高营销效率和投资效益。但在互联网发展迅速的今天，生产者与消费者之间有更多可以直接沟通的渠道。生产者也更愿意跳过中间商获得消费者的直接反馈，这一点对生产者的创作至关重要。比如生产者在聆听到消费者的需求和想法后，可以将其融入产品的概念设计和服务理念中。这种消费者赋权的做法会更大程度激发消费者参与投入的热情。

2. 盈利模式

对于历史文化主题公园来说，首先要制定合理的门票价格。根据 AECOM 发布的《2018 中国主题公园项目发展预测》研究报告显示，中国现有主题公园成人票定价多在 150 元以上，且多在 200 ~ 250 元之间，平均价格为 200 元。儿童票定价普遍低于 150 元，平均价格则为 130 元。

历史文化主题公园的市场营销不仅是开发其旅游产品，并制定出合乎市场需求的价格占领市场，还必须同现实的、潜在的消费者进行沟通，承担起沟通与促销的职责。历史文化主题公园的促销方式有很多，但一般包括两大体系：一是请进来，如邀请记者、举办大型会议和节庆活动等。二是走出去，如设立旅游办事处、参加旅游展销会等。出版、参展、巡回促销、邀请媒体和客户、举办大型节日活动等都是传统的促销手段，然而市场是不断变化的，传统促销手段要适应消费者心理的不断变化，消费文化的不断改变，必需不断升级，以期在日趋激烈的市场竞争中赢得更多的市场份额。

2019 年 1 月 29 日，西安曲江文化旅游股份有限公司发布 2018 年度业绩预告显示，2018 年度实现归属于上市公司股东的净利润增加约 1300 万元 ~ 1500 万元，同比增加约 21% ~ 25%。曲江文旅表示，2018 年度公司业绩预增主要是由于报告期内公司收到政府补助等非经常性损益影响及主营业务有所增长所致，非经常性损益影响金额约为 2200 万元。据悉，扣除非经常性损益事项后，归属于上市公司股东的净利润同比增加约 0 ~ 5%。公告显示，2018 年度公司下属大唐芙蓉园景区管理分公司等业绩较去年同期的增加也是 2018 年度业绩预增的一大原因。

三、文化主题公园经营分析

(一)品牌经营模式

1. 品牌意识

对于我国主题公园的运营方而言，要实现品牌战略的升级和转型，首先运营观念转变，要扬弃传统以面向短期市场拉动的产品营销，而真正从品牌构筑的角度来实施其营销战略，在拉动市场的同时，为品牌资产的积累作长期投资。历史文化主题公园的开发经营者要着重树立公园品牌形象，打好历史文化牌，努力实现历史文化遗产向现实生产力的转变，以此加强公园产品的核心竞争能力，提升游客价值。其次在其品牌建设过程中，无论是现有产品的改造，还是新产品的开发和环境建设，都要注重体现其历史文化演绎的鲜明风格，保持全园建筑总体和谐的历史文化特色。再次还要注重历史文化主题公园旅游服务的特色与质量，这是历史文化主题公园旅游品牌的另一文化内涵。最后，历史文化主题公园要努力创造一个拥有自己文化特色的形象，开发代表自己企业的形象或标志。开发拥有自己文化特色的旅游商品，不但可以带来经济效益，还可以为自己的企业做广泛的宣传。

2. 品牌生命周期

延长文化主题公园生命周期最有效的办法就是，通过不断开发新产品和改造旧产品来带动客流的持续增长。这种创新既可增设全新的文化历史项目，也可以是在原有产品基础上进行升级改造的换代型产品，还可以是通过更新设计或者采用新的技术、工艺和材料对原有产品进行革新的改造型产品。文化主题公园在设计手法上一般可以分为三个层面：景观观赏型、表演欣赏型、主体参与型。历史文化主题公园在开发新产品时，要结合运用机械、建筑和声、光、电、计算机等现代高科技和数字化手段创造出传统旅游资源根本不可能达到的意境，增强产品的娱乐性和参与性，从而吸引旅游者。随着游览主题公园的次数增加，游客追求更好的体验、服务、设施的期望也将提高。主题公园必须从内容、体验、环境和服务等方面提升吸引力，方能在激烈的市场竞争中占据一席之地。

3. 品牌差异化战略

对于文化主题公园来说，采用差异化策略首先可以使企业避开恶性竞争和其他竞争者的简单模仿，培养消费者对品牌的信赖，提升本行业的进入门槛。如果行业新加入者参与竞争，则需要改变消费者对旧有主题公园的信赖和影响，从而很大程度上提高新进入者的进入难度。其次，差异化策略能为主题公园带来更高溢价，它不光能补偿因差异化造成成本提升，同时能够获得可观的经济利润。再次，通过差异化策略，对于主题公园所必需的众多的供应商来说，由于特殊的市场地位与处在产业链上游的优势，降低了供应商对价格的控制。另一方面，通过产品差异化使供应商承担一定的转换成本，能使其始终依赖该主题公园，而这些都为主题公园带来更大的竞争优势。

（二）价格策略实施

从历史数据来看，随着消费者购买力的增加，支付意愿增加以及主题公园的扩张和升级，中国主题公园门票价格上涨速度明显快于通货膨胀速度。主题公园的门票定价较为复杂，因为许多促销活动通常都有优惠价格，如团体票务销售、在线门票销售和季节性活动等。经营者需谨慎对待门票收益率，即平均门票价格与公布的成人门票价格之间的比率。根据季节性因素，运营商将调整门票价格以优化整体公园利用率和收入。随着越来越多的门票通过在线上销售或移动设备销售，实施收益管理解决方案的能力要求也在增加。历史文化主题公园在制定价格时要考虑到企业的投资成本、目标利润、市场份额，主要客源地的人均国内生产总值、人均消费水平以及对主题公园的需求深度，同行的竞争程度，把成本导向定价法和顾客导向定价法相结合，寻求一个供求双方都可接受的均衡价格，以达到游客与企业双赢的目的。目前我国大部分历史文化主题公园投资额较大，而且经营者又急于收回成本，因此多采取高价位的门票价格策略。这种策略，无论是对企业还是对整个行业来说都会造成客源市场狭小、重游率低等问题。历史文化主题公园产品往往不具备垄断性，而且价位高并不代表景观的品位和档次高。和国外一些主题公园的门票价格相比，我国国内各主题公园的票价明显偏高。历史文化主题公园经营者应在充分进行市场调研的情况下，采取灵活的经营方式和定价策略，如通过餐饮、购物和其他服务增加收入来源。

（三）叙事策略

从场景叙事入手，可以满足现在越来越多的受众寻求更加沉浸式的文化体验。

如何利用线上—线下联动打造权威品牌，更好地沉浸叙事，成了文化主题公园营销传播的目标之一。在皮尔斯（Peirce）的符号框架中，建议以下四种叙事条件为传播媒介：第一，虚构性作为基于第一性的叙事意义；第二，时空结构作为基于二次性的叙事意义；第三，符号表征作为基于第三性的叙事意义；第四，将上述三者结合起来，通过互动过程完成。具体而言，提高线下公园游客量可以通过场馆内的符号完成，比如文字、视觉和多模态叙事；然后借由技术，包括电子信息技术和广义的互联网媒介，展现线下的虚拟实境，创造消费者沉浸体验，同时为联动“线上—线下”创造可能性。多媒体平台的互动可以满足消费者多渠道获取信息的需求，跨媒体平台巧妙地制造很多文化叙事的媒体平台切入点，在各平台上的内容同时发展且互相串接联结，受众接触越多平台，就能越了解整个文化的故事。这两个条件集中表现在线上和线下的品牌价值共创上，诸如“服务主导逻辑”观点认为，服务不仅仅是一项活动和一种市场提供物，还是一种价值创造，这一过程是企业和消费者共同参与完成的。价值共创的核心是引导消费者参与。“消费者参与”可以被定义为“持续的，积极的，情感激励的满足状态”。进而形成基于媒体传递信息的以内容为导向的价值，基于与其他人的社交互动的面向关系的价值，以及基于个人的特殊需求的面向自我的价值。三种互动价值形成了物、人和社群的三位一体，共同指向消费者对品牌的忠诚。知名的主题公园品牌在市场竞争中体现出很强的优势，意味着高市场占有率。当公园品牌与游客的沟通达到个性层面时，它会在游客心目中形成极深刻的印象。

（四）未来发展存在的问题

中国的文化主题公园市场需求增长迅速，在可预见的未来仍将保持稳健成长的态势。现有公园将通过再投资和扩大规模以维持或提高游客量。同时，随着国际品牌和运营商陆续进入，文化主题公园数量会不断增加，市场竞争也将加剧。目前文化主题公园市场的情况是，各个公园在所谓差异化过程中，除主题公园名称、区域、价格等有区别外，内在要素存在很大程度的雷同，如主题设计、项目、价值传播、品牌定位以及客户体验均有明显的同质化现象。差异化仅限于文化主题公园营销的表面上，通常表现为对短期利润的追求，而缺乏长远的规划尤其是在文化、主题、体验、品牌、细节管理方面，更少有主题公园企业关注行业未来发展方向。

1. 网络新媒体与高科技应用相对滞后

面对国外主题公园以高精尖技术为特征的第三代高分辨率与高清晰度的4K技术、360°全息影像技术、4D、5D虚拟现实、void、Occulus Rif等全新技术手段融入各个主题活动，我国的项目技术创新仍然有很大的提升空间。

2. 网络新媒体整合运用不足

就国内而言，现阶段我国文化主题公园网站的主要功能仍停留在信息传递层面，还没有充分利用网络新媒体营销，包括电脑网络、移动互联端的新技术整合主题公园线上—线下营销，建立网络品牌。在网站建设和相关App开发、移动网络端应用上处于较为落后的位置。

3. 产业链不完善

我国文化主题公园从起步伊始就有房产模式烙印。在数年前我国文化核心竞争力仍然不足的状况下，“主题公园+房地产开发”一度是国内主题公园首选的运营模式。我国大型文化主题公园还面临着收入来源单一、业务缺乏创新的问题。国内文化主题公园运营除了单一的依靠房地产业，一直以来还因为过度依赖门票收入而饱受诟病。门票经济的单一营销的思维模式，限制了开发主题住宿、文化创意产品、文化表演、主题餐饮等多样化的品牌衍生产品，实现文化品牌溢价，推动价值提升目标。

4. 品牌价值传递与沟通落后

由于缺乏完善的盈利模式，从实际情况来看，我国文化主题公园使用较为极端竞争手段的现象普遍，打价格战、促销战。而价格战会越打越厉害，市场竞争扭曲，在很大程度上冲击国内主题公园品牌化的进程。未来经济的主题将是体验经济，而我国的文化主题公园管理者，忽视体验经济的作用，没有将注意力转移到消费者对产品的体验上面。

5. 文化自然资源利用率低

文化主题公园在文化创意产品品牌建设、品牌品质上远远落后，使得这些优质资源尚未得到有效开发利用，也没有很好地将主题项目与我国自然文化资源等有效地结合在一起，有效构建和传递自己的特色品牌，更不用提品牌价值保护和资源管理方面了。以我国曾经出现的众多“西游记宫”为例，全国共兴建了23个名称相似，内容相差无几的游乐园，“西游记宫”“封神演义宫”“三国城”。这些公园缺乏科学性、趣味性、艺术性，文化资源利用率低、主题有限、体验被动、节目无特色，多数勉强维持或是已经倒闭了。

四、前景预测与投资建议

根据 AECOM 发布的《2018 中国主题公园项目发展预测》研究报告显示，拟建公园的主题分类依旧以历史文化和奇幻卡通类项目占比最高，分别为 28% 和 27%（图 16－3），反映了市场的需求导向和游客偏好。随着竞争的加剧，主题公园运营商正在寻求创造独特且差异化的产品，以针对特定受众或人口特征。

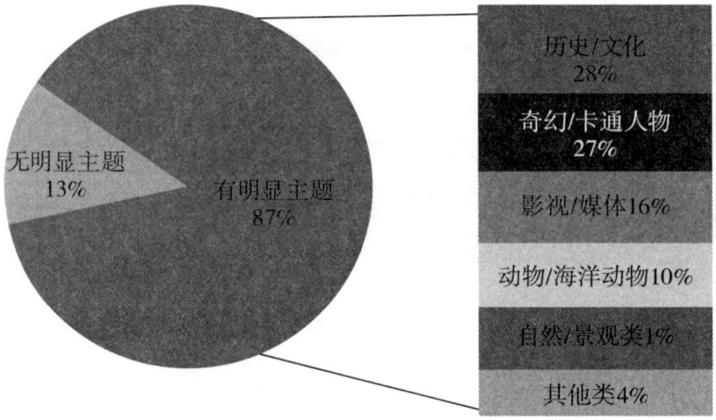

图 16－3　拟建公园项目的主题分类

2018—2020 年拟建主题公园的投资总额为 745 亿元。2021—2025 年的投资总额预计为 1300 亿元，平均投资额约为每座 29 亿元。这一投资水平明显高于过去几十年建造的主题公园。不断增长的投资额反映了现代主题公园更精细和复杂的主题故事线，骑乘设施和演艺活动的设计，也反映出了更好的景观设计和更高的游客量预期。文化产业是中国经济发展的重要驱动力之一，而主题公园作为文化产业重要的组成部分，应注重科学规划，理性开发，符合市场定位，实现可持续发展，以带动当地经济发展，创造就业，提升居民生活质量，促进消费及旅游文化事业的提升。

（一）增加新媒体科技应用，开拓蓝海市场

通过拓展新媒体营销的渠道跨越买方链，把目光集中在曾经忽视了的更广泛的潜在的市场和买方群体上，提升了商品和服务所蕴含的更高的效用价值。根据当今新媒体在行业中的应用现状，主要可以将主题公园应用的新媒体营销分为三类：网络营销、移动营销、微营销。具体如 APP 营销、社交网

络营销、社群营销、微媒体营销等。

（二）协调产业资源，创造特色产业链

积极扩大轻资产运营，运营成熟的主题公园还可以开拓出价值更高、成本更低、风险更小的模式，逐渐将产业中重资产向轻资产模式过渡，并通过由运营服务提供商向服务开发提供商角色的转换来寻求扩大产业价值链的上游价值开发。通过资本市场借助资本杠杆来降低资产运作风险，利用轻资产运作模式，输出专业化的管理，将项目进行托管，可以有效降低人工和工程建设成本，尽快回收资金，使主题公园不仅在短期获得回报更能够追求长期的稳定收益。

（三）优化财务绩效管理

采用轻资产财务战略运营的企业，或许其营业利润率比较低，但若是有比较高的资本收益率，那么它投入的资本（如研发支出、销售费用）并不一定少，因此严格控制好成本费用也显得十分重要。对于主题公园来说，应在扩大销售的同时，重视控制生产成本和众多期间费用以扩大公司利润增长空间。中国的主题公园要想提升资产周转率、资金周转速度需要加强对公司的投资模式管理，提高资金使用效率，健全应收账款管理，不断改善信用机制；改变单一依托房地产、门票收入状态，并且要提高固定资产使用水平，减少闲置资产、资金占用，合理确定资本结构；整合产业链，通过采取资产重组、置换、并购等多种手段开拓新的、有潜力的项目。

第十七章　中国文化旅游特色小镇投资报告

朱晓辉　曹梦婷

一、引论

现代旅游业已从传统单一的观光游发展为形式多样、内容精彩丰富、具有显著特色的体验游。近年来，特色小镇的建设成为我国经济发展的热点，各省市特色小镇的建设继续升温。文化旅游小镇作为集产业、文化、旅游和社区等多项功能于一体的特色小镇，能为旅游者提供更加适宜性、独特性的旅游产品和服务。而特色小镇在培育和开发建设中，因文化和休闲占据重要地位，因此，特色小镇一定意义上等同于文化旅游小镇。

文化旅游小镇包括以保护为主的中国传统村落和历史文化名镇，或以开发为主的面向当代生活的特色小镇。它依托相对独特的地理区位、乡镇机理和自然人文资源、特色产业并使之与其他相关产业、居住社区、其他旅游区（或风景区）发生交互关系的特定区域，是一个集社区功能、旅游文化与产业融合为一体的经济发展引擎。

文化旅游产业是特色小镇的主导产业或特色产业。据国家文化旅游部预计，我国文化旅游行业将形成10万亿级支柱产业。中国文化旅游特色小镇发展的时代已经到来。文化旅游特色小镇也不再是普通经济学概念或行政学概念。文化旅游小镇的培育和发展，使之成为目前社会资本较为关注的投资领域。文化旅游特色小镇的投资预示着特色旅游的投资窗口已经打开，其发展潜力应根据自身区位、相关产业、当地资源、所处环境及服务质量等方面的特殊因素进行科学地评价，进而为社会资本参与特色小镇建设提供决策依据。

二、中国文化旅游特色小镇发展现状

文化旅游特色小镇区别于传统的地产开发和社区打造，更加注重小镇的休闲发展、文化创意、美丽宜居。2016年，中央把创建特色小镇列为农村的重点工作，各部委和地方政府为支持特色小镇创建工作相继出台有关政策，自此，特色小镇的发展进入了国家层面推广的新阶段。同年7月，《关于开展特色小镇培育工作的通知》提出了要培育1000个左右的特色小镇，并指出特色小镇要发挥市场和政府的最大结合力，这也是首个支持“特色小镇建设”的国家层面政策。10月，住建部公布了第一批127个中国特色小镇名单，文化旅游业所占比例为57%。12月，《关于实施“千企千镇工程”推进美丽特色小（城）镇建设的通知》指出，通过政策、金融支持并引导社会资本投入特色小镇的建设。

2017年8月，住建部公布了第二批276个中国特色小镇名单，其中文化旅游业项目所占比例为30%。2018年3月13日，文化部与国家旅游局进行职责整合，合并组建文化和旅游部，成为国务院组成部门。文化和旅游部的设立意在增强和彰显文化自信，统筹文化事业、发展文化产业和开发旅游资源，进而提高国家文化的软实力以及扩大中华文化的影响力，进一步推动文化事业、文化产业与旅游业的融合发展。

从目前政策导向来看，国家对文化旅游特色小镇的支持力度特别大，无论是在政策导向、资金支持、贷款优惠等各方面都为各级政府发展文化旅游特色小镇提供了比较大的便利，同时中央从土地方面、财税方面和金融方面在经济上对文化旅游特色小镇的发展给予大力支持。在如此巨大的政策支持下，文化旅游特色小镇的市场也是同样激烈的，华侨城、华夏幸福基业、蓝城等知名地产商也纷纷投入到特色小镇的打造和建设市场中。华侨城的“文化+旅游+城镇化”创新发展模式成为行业投资文化旅游小镇的典型案例。

（一）中国文化旅游特色小镇特征

文化旅游特色小镇依托城镇及乡村的软资源，利用良好的生态环境、特色农副产品、特色民族风情及乡村历史文化等，合理规划和开发，形成吸引城里人和外地人，引导大批农民参与游客接待、旅游服务以及特色农副产品零售等相关行业的一个支点，带动当地农村富余的劳动力向非农领域转型，从而促进一、二、三产业的快速发展，形成一业带百业的联动效应。

文化旅游特色小镇特征有以下几方面。

1. 规模特征。规划面积控制在3～5平方公里左右（不大于10平方公里)；

2. 产业特征。文化旅游产业是特色小镇的核心产业、主导产业或特色产业，特色小镇可以同时兼有其他特色产业；

3. 形态特征。既可以是行政建制镇，也可以是具有明确边界的非镇非区非园的空间或者聚落空间、集聚区；

4. 功能特征。集“产业、文化、旅游、社区”于一体的复合型功能载体。

(二) 中国文化旅游特色小镇发展历程

2004 年以前，旅游者的旅游需求以观光体验为主，大理、丽江古城、平遥古城及江南古镇、磁器口等为代表的具有自然底蕴、文化魅力、历史气息的古城古镇观光游，可见文化旅游特色小镇的最初形态是观光型古城古镇。随着城市化的快速发展和人们可自由支配收入的增加，人们对文化旅游小镇的需求逐步升级为休闲度假游，原有的古城古镇观光游转向小镇休闲度假游，因此这个时期出现了彝人古镇、星河温泉小镇、袁家村等新建文化旅游小镇。2014 年，浙江省首次提出“特色小镇”，由此有了“文化旅游特色小镇”的概念，随后习近平总书记讲述特色小镇并提及梦想小镇和黄酒小镇等。2015 年以后，以古北水镇、拈花湾、魏集小镇等为代表的文化旅游特色小镇已建成投入运营，自此文化旅游特色小镇进入成型阶段。自 2016 年开始，国家层面及地方政府公布了培育特色小镇的规划目标，其中文化旅游特色小镇所占比例最多，据此文化旅游特色小镇处于高速发展期。

(三) 中国文化旅游特色小镇发展背景

1. 大众旅游时代推动文化旅游需求旺盛

根据文化与旅游部发布的数据，2018 年，国内旅游人数为 55. 39 亿人次，比 2017 年同期增长 10. 8%；全年旅游总收入为 5. 97 万亿元，同比增长 10. 5%。初步预算，2018 年国内旅游业对 GDP 的综合贡献为 9. 94 万亿元，占 GDP 总量的 11. 04%。随着人们生活和收入水平的不断提高，人们更加追求精神生活的体验和享受，旅游已经发展为普遍性、经常性的消费和生活方式。在大众旅游和全域旅游的带动下，我国游客对旅游品质的需求不断提高，文化体验式旅游成为人们最为热衷的出行旅游方式。

2. 文化旅游融合迎来发展的黄金时期

近年来，人们对旅游质量的要求不断提升，以展示自然资源为主的传统观光旅游已经远不能满足人民日益增长的旅游需求。全域旅游的推动和培育，促使文化体验旅游备受青睐。2018 年“文化与旅游部”的组建，更进一步促进了文化与旅游产业融合发展，文化旅游特色小镇俨然已经成为新消费时代下发展旅游的一片蓝海。

3. 文化旅游特色小镇建设成为破解城乡二元结构矛盾的重要举措

近年来，我国城镇化进程不断加快，特色小镇作为城乡产业融合的重要举措也在不断推进。根据国家统计局数据，2018 年末，我国常住人口城镇化率（城镇人口比重）为 59. 58%。据国务院发展研究中心预测，到 2020 年，我国城镇化率将为 60. 9%，届时约有 7. 7 亿人生活在城市。随着城镇化的发展，出现了城市之间城镇化率不均衡的问题，北上广深等一些发达的一二线城市城镇化率远超过中国整体城镇化率水平，三线及以下城市的却呈现较低的城镇化率。高速城镇化导致城乡二元结构矛盾越来越明显，大城市人口拥挤、交通拥堵、环境污染、房价上涨、生活成本增加、生态破坏等“大城市病”日益加剧，而乡村则面临宅基地废弃、人口大规模向城市集聚等问题。

文化旅游特色小镇一般建在城市与农村之间的地域，文化旅游特色小镇项目是绿色产业、幸福产业，文化旅游特色小镇不仅可以改善经济结构，还可以缓解社会矛盾。在此背景下，通过建设文化旅游特色小镇，带动城乡一体化发展，实现城乡产业融合已经成为新型城镇化的重要举措。

4. 地方政策促进文化旅游特色小镇发展

2015 年，浙江省政府出台了特色小镇规划建设的相关政策，并陆续公布了省级文化旅游特色小镇创建名单。2016 年，在中央政府推动特色小镇建设之后，各地区政府积极响应，明确本省市的特色小镇创建目标，相继推出特色小镇用地指标、资金支持等政策鼓励特色小镇建设。从各省的特色小镇培育方案来看，大多数省份都计划在 3 ~5 年内打造 100 个左右的文化旅游特色小镇。国家和地方针对特色小镇发布多项政策支持，文化旅游特色小镇建设深受重视。

（五）中国文化旅游特色小镇产业链结构

文化旅游特色小镇需要构建特色产业。在尊重市场需求前提下进行科学的产业选择；把握相关产业发展战略，合理规划；发展壮大核心支撑，培育龙头产业；强化产业的辐射带动作用，进而形成产业集群；打造产业文化和整体形象，塑造成功的产业品牌。

中国文化旅游特色小镇产业链结构分为上游开发投资、中游规划运营和下游产品分销三部分。上游开发投资包括开发商（房地产企业、旅游企业、影视公司、生态/产业运营商）和投资商（商业银行、国有投资公司、投资银行/信托机构、社会资本）；中游规划运营包括服务商（规划公司、承建商）和运营商（旅游企业、特色产业运营商、房地产企业、小镇运营商、景区运营商）；下游产品分销包括产品分销商（旅行社、特色产品分销商、旅游产品分销商、特色产品代理商、旅游产品代理商）和营销渠道（社交媒体、UGC、门户网站、搜索引擎、移动应用、其他渠道）。（图 17 －1）

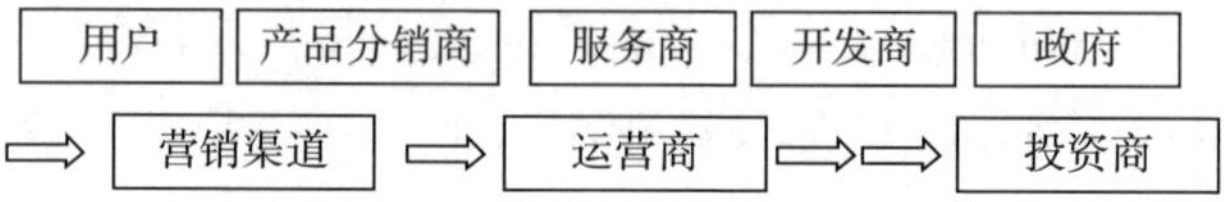

图 17 －1　中国文化旅游特色小镇产业链结构

（六）中国文化旅游特色小镇的开发流程

国家三大部委出台的政策提出，要求培育 1000 多个特色小镇，并注重特色小镇文化的培育，打造小镇文化旅游产品与文化产业和旅游产业之间的联系。文化旅游特色小镇一般开发流程为文化旅游策划与规划、财务判断、调整计划（资金成本过高时）、预估盈利、改（盈利不足时）、建设、运营等，该模式是用地产思维去打造特色小镇的传统模式，过于关注形态或某个产品。而旅游特色小镇的合理开发流程应为资金量评估、市场调研分析、业态比例研究、规划设计、产品设计、投资测算、建设、运营等，该模式更加关注的是流程。在不同阶段，政府、企业的角色定位成了整个文化旅游特色小镇开发流程的一个核心。

（七）中国文化旅游特色小镇数量

截至 2018 年 7 月，我国 22 个省份提出的特色小镇创建计划总量已经超过 1500 个，文化旅游特色小镇计划总量已超过 700 个。从文化旅游特色小镇地域分布来看，因经济水平、区位条件、旅游资源等因素的影响，西南地区和华东地区的小镇数量明显多于其他地区。区位是文化旅游特色小城镇最基础的发展因素。根据2018年发布的《国家特色小城镇投资发展潜力研究报告》显示，由于东部地区的经济发展水平较高，我国投资潜力较大的特色小镇主要分布于东部地区。在西部大开发和长江经济带等相关战略的推动下，中西部地区部分特色小镇迈入前百强。受经济区位因素的影响，东北地区特色小镇分布则较少。

住建部公布的第一、二批国家级特色小镇共计403个，其中属于文化旅游类的特色小镇有253个，所占比例为62.8%。初步预计，到2020年全国将有1200个文化旅游特色小镇。(图17－2)

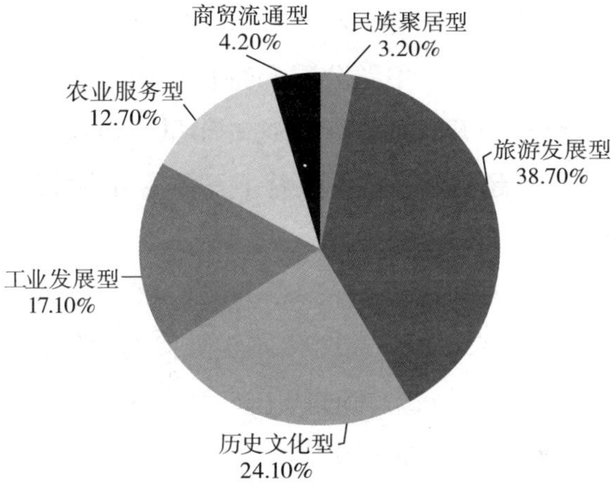

图17－2　第一批、第二批国家级特色小镇类型分布

资料来源：根据住建城乡建设部资料整理

三、中国文化旅游特色小镇投资现状

(一) 全国旅游投资基本情况

随着人们生活和收入水平的不断提高，在出行旅游时，游客的消费水平逐渐增长，因此旅游业受到资本市场的青睐。2015年全国旅游投资就已突破万亿元，2016年旅游投资已高达1.3万亿元，2017年民营企业积极投资旅游产业，占旅游投资总额的59%。2018年2月，财政部发布第四批政府和社会合作示范项目共396个，其中旅游示范项目共有27个，投资总额为349.17亿元，比第三批投资额增长64.2%。亚太地区成为旅游投资规模最大、增速最快的地区，中国旅游投资的高速发展尤其引人瞩目。旅游产业持续发展，成为拉动世界经济发展的重要动力。旅游市场的持续高速增长和游客高消费需求吸引了越来越多的投资。

1. 全国旅游投资特点

（1）民营企业青睐投资综合类文化旅游项目

政府、国有企业主要投资西部地区的旅游基础设施、公共服务设施和旅游村镇类型的项目。然而在全国旅游总投资额中民营企业所占比例最高，主要投向大型的综合类文化旅游项目。民营企业可作为推动文化旅游高质量发展的主力军。

（2）特色小镇建设全面展开

在目的地资源端，景区、主题公园和特色小镇位列投资总量前三。2018年，是我国特色小镇全面开花的一年，这一年里，通过新旅界研究院大数据跟踪的小镇项目总量已超两千余个，成就了一番生机盎然的“小镇图景”。

（3）旅游创新“中规中矩”

2018年我国旅游企业的创新“中规中矩”。然而，能在外部环境变化复杂的2018年顽强存活下来，能在新时代元年坚持连续创新、不忘初心、不断迭代，这本身可能就是中国旅游新时代下的创新特征，并将在第三次旅游企业创新浪潮中起到重要的承前启后作用。

总体来看，旅游业实际完成投资及项目总投资增幅有所下降，但增长态势依然迅猛，连续多年领跑宏观经济。旅游投资的特点表现为民间投资主体的地位稳固，多元投资的格局形成；景区投资占主导地位，旅游基础建设和乡村旅游投资占比较大；消费需求逐步升级，促进大型综合类项目数量逐步增多；全域旅游带动基础设施类项目快速发展；乡村振兴战略下，旅游扶贫加快区域旅游资源整合；PPP模式持续推进，撬动旅游产业发展的新功能；旅游业与高科技的结合，逐渐成为投资新方向；国内高铁网络高速发展，旅游目的地投资盈利性持续增强；线上线下加速整合，投资回归理性聚焦盈利。

2. 文化旅游特色小镇投资存在的问题

文化旅游特色小镇资金投入至少50亿元左右，开发建设时间至少3～5年，资金回报周期为30～50年，文化旅游特色小镇呈现出资金投入高、开发建设时间久、资金回报周期长的特点。文化旅游特色小镇的资金来源于国家及地方层面设立的特色小镇专项建设基金、银行出台支持特色小镇建设的金融产品以及社会资本对特色小镇的投资。文化旅游特色小镇开发前期需要大量的资金投入，开发建设中期也需要持续的资金投入。

当前文化旅游特色小镇的投资普遍存在区域投资发展不平衡及特色小镇地产化；旅游小镇 PPP 项目落地难、运营差；文化旅游产品开发相对滞后，盲目投资于重复的地产建设；旅游投资者盲目开发，导致小镇同质化现象严重；文化旅游特色小镇有效投资不足，未突出文化旅游小镇特色产业；特色产业投资额少，大量资金并未投入到实体经济，导致投资结构失衡等问题。应有效遏制只注重地产收益，轻视旅游发展的开发模式；控制旅游开发项目杠杆，防止地方债务风险；文化旅游特色小镇发展应注重实绩，警惕旅游“套路”化等。

目前文化旅游特色小镇发展的痛点表现为建设资金支撑后劲不足，导致文化旅游特色小镇面临债务风险和不可持续发展问题，资金来源的持续性和稳定性是文化旅游特色小镇发展的关键，因此需要选择适宜的融资模式；商业银行收紧政府类项目的融资政策，导致文化旅游特色小镇建设融资困难，各商业银行不接受来自财政渠道的资金作为资金还款来源；社会资本进入不足，进而陷入了资金瓶颈期，导致文化旅游特色小镇被动发展。

3. 文化旅游特色小镇发展趋势

在巨大的旅游市场需求推动下，未来文化旅游特色小镇投资规模将继续保持稳步增长的态势，旅游投资将实现从高速到高质量的转变，各类特色小镇建设的整体品质和技术含量将不断提升，新型文化旅游新业态成为特色小镇投资热点和最具潜力的投资领域。衡量文化旅游特色小镇建设及运营，主要从特色小镇高端要素的集聚程度、投资情况、独具特色的打造等方面进行考量，同时应重视非政府投资在投资结构中所占比例情况。发展文化旅游特色小镇应吸引多元化投资主体（如政府资金、社会资本和金融机构三方融资渠道）。同时，为缓解政府财政压力以及提高文化旅游特色小镇的建设效率，社会资本应发挥其主体作用，拓宽民营企业的投资渠道，从而实现各投资方共同获益的良性循环。

4. 文化旅游重点投资领域

近年来，旅游业一直成为投资热点。原国家旅游局发布的《2018 年全国旅游业投资报白皮书》数据显示，2017 年全国旅游业完成 14.97 万亿元投资额，预期到2020年旅游直接投资年均增长14%以上。未来旅游投资政策环境向好，旅游投资空间与投资领域不断扩张。在“扶贫攻坚”“乡村振兴”“一带一路”等国家战略下，推进全域旅游、文化旅游特色小镇旅游、乡村休闲旅游的发展。在十九大报告中，政府将“乡村振兴”提升到国家战略层面，政府更加重视特色小镇的发展建设，特色小镇如今已成为旅游投资中的热门领域。随着旅游基础设施和公共服务设施的不断完善，西部地区成为投资者关注的新领域。

（二）文化旅游产业及特色小镇投资模式

中国文化旅游强势发展的时代已经到来，吸引了各行各业的资本进入。近几年来，中国国旅、携程集团、中青旅、华侨城集团等多家旅游企业已经投资1500亿元，跨界投资的互联网企业旅游的前10名，其中有9家投资于旅游，5年内投资额累计为350亿元。我国旅游业经过40年的发展，资本市场已经摆脱了“重硬轻软”的传统思维阶段，旅游项目的持续大投资已经无法确保旅游项目的成功和投资者的收益。如今，在资本、资源和资产不短缺的背景下，缺少的是高规格的规划理念、资源整合和建设运营，这也在客观上要求投资者选择适合自身发展的投资模式。主要投资模式有以下几种：

1. 轻资产的旅游IP投资模式

轻资产的旅游IP投资模式是指围绕一个主导功能，打造一个独立的IP资源。其特点在于体量小、轻资产、新内容。主要适用于资金实力一般的投资者或者文化旅游特色小镇开发的启动期。依托投入小、轻资产的旅游项目构建文化旅游特色小镇的核心吸引物，通过定制个性化的旅游产品和内容实现价值的提升，初步集聚休闲娱乐产品，快速引爆人气，实现前期造势、盈亏平衡。

2. 中资产的单核功能叠加模式

中资产的单核功能叠加模式是指围绕主导功能，完善配套多种旅游要素。其特点是高性价比产品入市，推进项目发展。适用于资金实力较强的投资主体或文化旅游特色小镇的区域价值与配套实质转化期。根据主导功能，引入“吃、住、行、游、购、娱”等消费服务业态，换取现金流，提升文化旅游特色小镇综合价值。

3. 重资产的多核运营模式

重资产的多核运营模式是指搭建一个平台，将多个具有独立运营能力的主体进行整合，形成系列延伸单体产品。该模式具有产品持续发力、区域综合开发、获取高额利润等特点。主要适用于资金实力雄厚的投资主体或文化旅游特色小镇开发的成熟期。联合不同功能和不同品牌的运营主体，促使文化旅游特色小镇土地增值、政策聚焦、资产溢价，最终实现文化旅游特色小镇产业规模化、产品多样化、运营模式专业化，从而达到多方共赢的目的。

该模式在投资开发过程中强调以文化旅游核心为中心运营平台的整合，通过同行业之间的有效合作以及行业之间的跨界合作，形成较大规模的文化旅游特色小镇消费平台和体系，创造多元化的收益路径，从而发挥“1 +1 >2”的效应。

四、中国文化旅游特色小镇投资格局

（一）中国文化旅游特色小镇市场规模

未来10年，预计国内文化旅游市场规模将高达30万亿～50万亿元，是2015年67.67万亿元GDP的73%。数据显示，国内旅游总收入由2015年的3.43万亿元，增长到2016年的3.9万亿元，2017年的5.3万亿元，2018年的5.97万亿元。2018年，我国国内旅游达55.39亿人次，比上年同期增长10.8%。全年实现旅游总收入5.97万亿元人民币，同比增长10.5%。旅游业成为中国经济增长的新引擎，初步预算，2018年全国旅游业对GDP的综合贡献率为9.94万亿元，占GDP总量的11.04%。这些让旅游人鼓舞的数字背后，是旅游业全产业链所有企业的共同努力。

目前，文化旅游特色小镇市场规模渗透率不到1%，为社会投资机构和市场主体留下广阔空间。现阶段，大部分文化旅游特色小镇处于规划和建设阶段，仅有一小部分处于运营状态或者初具规模。根据国家及各省市公布的特色小镇培育计划来看，大部分文化旅游特色小镇的建设—培育期在3～5年。随着新型城镇化的持续推进和国民大众休闲度假需求的快速增长，在多数文化旅游特色小镇建成后，其营收规模会出现高速增长态势。

（二）文化旅游特色小镇的开发投资格局

根据初步的数据统计来看，一个特色小镇建设的投资额平均为50亿～60

亿元。住建部规划的1000个特色小镇将投资5万亿~6万亿元，占全国总GDP的7%；按全国31个省市规划的2400多个特色小镇将投资12万亿~15万亿元，将为经济增长提供强大的助推力。

1. 多家企业共同布局文化旅游特色小镇

文化旅游特色小镇必须具备一个核心投资主体，可以是村镇股份制企业、当地龙头企业或外来投资企业。文化旅游特色小镇的建设关键在于投资企业是否有动力、市场投资是否有热情，是否在政府正确引导下，充分发挥投资企业的主体作用，并坚持市场化运作。

商业地产企业因自身具备较强的品牌效应与小镇的落地性，其开发运营的小镇具有较强的品牌影响力。商业地产企业开发建设文化旅游特色小镇的典型案例有：建设理想小镇的绿城集团、开发文化旅游产业小镇的华侨城集团和建设冰雪小镇的万达集团等。除房地产企业之外，旅游企业、影视公司、特色产业运营商等企业也陆续进军文化旅游小镇，主要是将企业自身特点作为特色产业进而开发文化旅游小镇，典型案例有华谊兄弟打造的电影小镇、棕榈股份运营的生态小镇等。对于发展文化旅游特色小镇，开发主体必须首先明确文化旅游特色小镇的目标定位和选择，促进特色小镇实现宜游、宜居、宜业的目标，推动产业和城镇的融合发展，这才是成功开发特色小镇的关键所在。

在各省份陆续公布特色小镇创建计划的同时，旅行社、影视公司、房地产商等企业积极参与文旅特色小镇的开发建设，其中尤以房地产企业参与程度最深，如华侨城计划投建百座民俗文化小镇、绿城集团计划十年内造100个小镇，实现一万亿的销售额等。从各类企业的特色小镇布局来看，大部分文旅特色小镇都是基于一二线核心城市及周边三四线城市深耕区域及当地文化旅游资源来开展的。

2. 文化旅游特色小镇不同开发主体优势各异

2018年，全国旅游投资形成以民营资本为主、政府投资和国有企业为辅的多元主体投资格局。文化旅游特色小镇可以通过招商引资的形式，将企业引入到小镇项目进行投资、建设和运营，也可以根据自身情况采取参股等方式，进而增强社会资本方投资的积极性。文化旅游特色小镇PPP项目的综合开发项目公司是PPP项目的投资主体，通过结构化设计可以实现文化旅游特色小镇的投资结构安排。

随着我国逐步进入大众化旅游时代，旅游消费者的需求随之提升。虽然文旅特色小镇市场主体众多，并形成了从以政府为主导的上游投资开发，到中游规划运营，到下游产品分销，再到用户的完整产业链。但不管是以华侨城为代表的房地产企业，还是以巅峰智业为代表的规划类公司以及其他运营商、旅游产品分销商和营销渠道等主题，在产业链各环节内及整个产业链间都尚未形成明显竞争格局，大家在不同主体的差异优势下，共同开发文化旅游特色小镇是发展大势。

五、文化旅游特色小镇投资趋势

文化旅游特色小镇以生态文化保护为前提，以文化旅游融合为依托，深挖文化基因，提炼文化元素，深度整合当地特色自然资源、人文资源和产业资源。其投资项目具有较强的公益性，保持文化、旅游、产业为一体，实现产业和城镇的融合发展。未来几年，文化旅游特色小镇依然是文化旅游行业最为追捧的投资项目类型。

（一）文化复合式旅游特色小镇成投资焦点

目前，单一功能的旅游景区已经无法满足人们精神方面的追求和享受。越来越多的投资企业以文化旅游为核心，将文化旅游概念融入整个特色小镇的建设中，深挖特色小镇项目所在地的传统历史文化内涵，选取具有代表性的建筑风貌，满足游客对传统历史文化的向往，满足游客的住宿、休闲娱乐等方面的需求。提供一个集住宿、文化、旅游、休闲度假、投资于一体的大型文化复合式旅游特色小镇。

（二）文创产品成特色小镇投资新方向

文化旅游特色小镇的建设为文化产业拓宽推广渠道，加大消费市场份额，为文化旅游小镇寻求到产品生产的源头。据此，文化企业与旅游企业可以布局产业、生产衍生文化产品。活化文化项目、创造旅游 IP 与文化传承将成为文化旅游特色小镇的重要投资领域。

（三）工业文化旅游特色小镇迎来投资新机遇

随着我国工业化的快速发展和旅游业的蓬勃发展，工业旅游逐渐成为游客出行旅游的最优选择之一。2018 年 11 月，《国家工业遗产管理暂行办法》

显示：支持利用工业旅游项目，完善旅游基础设施和配套公共服务设施，打造具有地域特色和行业特色的工业旅游线路。随着利好政策的不断出台，工业园区明确产业定位、凸显文化内涵、挖掘旅游特色，以工业文化为主体的特色小镇正快速发展，工业旅游将迎来企业投资新机遇。

（四）红色文化旅游成为特色小镇投资新视角

在国家政策引导下、游客消费市场需求驱动下，红色旅游已经成为旅游业一支新芽并蓬勃发展。红色旅游具有政治色彩、经济功能、文化底蕴，游客对革命历史人物、英雄事迹和革命精神等有迫切的了解欲望。投资企业瞄准红色文化旅游小镇，加大对基础设施、交通、餐饮、住宿及相关配套设施服务的投入，带动革命老区当地经济的快速发展，从红色文化旅游小镇投资中获取相当利益。

（五）PPP 合作模式呈上升趋势

由于文化旅游特色小镇的开发建设涉及大量的基础设施、公共服务设施以及改造旅游风景区的工作，持续稳定的资金来源是文化旅游特色小镇发展的关键，社会资本可以通过政府和社会资本合作的方式进行文化旅游特色小镇项目的开发。与其他融资模式相比，PPP 模式具备开拓文化旅游特色小镇建设融资渠道、减轻财政压力以及平衡各主体利益等方面的优势。借助 PPP 投融资项目转化管理运营模式，可以促进特色小镇旅游产业的可持续发展。

专题篇

第十八章　中国传媒上市报告

周立华　龚婉　林云娟　占玉晗　金妍君

一、中国传媒上市公司发展环境分析

（一）促进创新、融合、规范发展的政策环境

2018 年，加强党的集中领导，促进传媒创新发展、融合发展、规范发展是管理机构调整、相关政策出台的目标。

为加强党对新闻舆论工作的集中统一领导，牢牢掌握党对意识形态工作的领导权，2018 年 3 月，中共中央印发《深化党和国家机构改革方案》，对新闻出版、广播电视、电影等领域的管理机构进行重要调整，即在国家新闻出版广电总局广播电视管理职责的基础上组建国家广播电视总局，将新闻出版与电影管理等职责划入中央宣传部，中央宣传部对外加挂国家新闻出版署（国家版权局）、国家电影局的牌子，不再保留国家新闻出版广电总局。

2018 年 1 月 12 日，为贯彻落实中央关于加快传统媒体与新兴媒体融合发展的战略部署，指导和规范广播电视台融合媒体互动技术平台建设，原国家新闻出版广电总局发布了《广播电视台融合媒体互动技术平台白皮书》；3 月 30 日，中央网信办和中国证监会联合印发《关于推动资本市场服务网络强国建设的指导意见》，提出通过加强政策引导与组织保障、充分发挥资本市场作用，规范和促进网信企业创新发展，推进网络强国建设；5 月 2 日，工业和信息化部下发《关于贯彻落实〈推进互联网协议第六版（IPV6）规模部署行动计划〉》的通知，以贯彻落实党中央、国务院关于建设网络强国的战略部署，促进互联网升级与融合创新发展；5 月 3 日，工业和信息化部印发《关于推进网络扶贫的实施方案（2018—2020 年）》，要求“进一步聚焦深度贫困地区，更好发挥宽带网络优势，助力打好精准脱贫攻坚战”。

2018年2月6日，中共中央办公厅、国务院办公厅印发《关于加强知识产权审判领域改革创新若干问题的意见》，以"强化知识产权创造、保护、运用"，"优化科技创新法治环境，推动实施创新驱动发展战略"，为实现"建设知识产权强国、世界科技强国提供有力司法保障"。2月13日，国家新闻出版广电总局改革办公室印发《新闻出版广播影视企业版权资产管理工作指引（试行）》，要求重视并做好版权资产管理，促进版权资产成为企业优质资产。这对加快新闻出版广播影视行业供给侧结构性改革，推动新闻出版广播影视企业创新驱动发展有着重要作用。3月29日，国务院办公厅印发《知识产权对外转让有关工作办法（试行）》，规定了知识产权对外转让的审查范围、审查内容、审查机制和其他事项，对规范知识产权对外转让秩序，强化知识产权创造、保护与运用，加快知识产权强国建设意义重大。8月31日，《中华人民共和国电子商务法》经十三届全国人大常委会第五次会议表决通过，自2019年1月1日起施行，这是电子商务领域的第一部法律，对网络消费领域法律法规的进一步完善意义重大。

2018年1月6日，原国家新闻出版广电总局发布《进一步加强广播电视节目备案管理和违规处理的通知》；2月2日，国家互联网信息办公室发布《微博客信息服务管理规定》，旨在促进微博客信息服务健康有序发展，保护公民、法人和其他组织的合法权益，维护国家安全和公共利益。2月8日，中共中央宣传部、中央网信办、工业和信息化部、教育部、公安部、文化部、国家工商总局、原国家新闻出版广电总局联合印发《关于严格规范网络游戏市场管理的意见》，部署对网络游戏违法违规行为和不良内容进行集中整治；国家新闻出版广电总局还发布了《加强网络直播答题节目管理的通知》（2月14日）与《国家新闻出版广电总局办公厅关于进一步规范网络视听节目传播秩序的通知》（3月16日），以进一步规范网络视听节目的传播秩序，维护健康清朗的网络空间。

2018年2月26日，财政部和中共中央宣传部联合发布《中央文化企业公司制改制工作实施方案》，着力推进中央文化企业完成公司制改制；11月8日，为进一步弘扬和传承优秀电影文化，丰富电影市场产品供给，规范和完善电影复映管理，国家电影局印发了《国产电影复映暂行规定》；12月11日，国家电影局印发《关于加快电影院建设，促进电影市场繁荣发展的意见》，以促进电影市场繁荣发展，为实现电影强国提供坚实支撑。

（二）发展升级、结构进一步优化的经济环境

2018年，虽然国际环境复杂严峻、改革发展任务艰巨繁重，但是在以习近平同志为核心的党中央坚强领导下，“供给侧结构性改革深入推进，新动能持续发展壮大，脱贫攻坚成效显著”，经济发展环境不断优化，经济建设成就喜人。国家统计局《中华人民共和国2018年国民经济和社会发展统计公报》显示，2018年国内生产总值900309亿元，比上年增长6.6%。其中，第一产业增加值64734亿元（增长3.5%），占国内生产总值比重为7.2%；第二产业增加值366001亿元（增长5.8%），占比为40.7%；第三产业增加值469575亿元（增长7.6%），占比为52.2%。人均国内生产总值64644元，比上年增长6.1%。国民总收入896915亿元，比上年增长6.5%。全国万元国内生产总值能耗比上年下降3.1%。全员劳动生产率为107327元/人，比上年提高6.6%。

2018年，民生保障持续改善，消费结构继续优化。全年全国居民人均可支配收入28228元，比上年增长8.7%，扣除价格因素，实际增长6.5%。全年最终消费支出对国内生产总值增长的贡献率为76.2%，全国居民人均消费支出19853元，比上年增长8.4%，扣除价格因素，实际增长6.2%。全国居民恩格尔系数从2017年的29.3%降为28.4%，下降0.9个百分点，居民消费结构在不断改善。比如，旅游方面，全年国内游客55.4亿人次，比上年增长10.8%；国内旅游收入51278亿元，增长12.3%；居民出境旅游达16199万人次，增长13.5%。文化方面，全国规模以上文化及相关产业企业达6万家，实现营业收入89257亿元，增长8.2%；全国票房达到609.76亿元，同比增长9.06%，国产电影票房占比62.15%。教育方面，2018年高校毕业生813.7万人，研究生、普通本专科招生876.8万人，在学研究生、在校普通本专科生共3104.1万人，全世界在校大学生的20%以上在中国。

（三）互联网市场规模不断扩大，互联网产业持续移动化发展

CNNIC第43次《中国互联网络发展状况统计报告》显示，截至2018年12月，我国网民规模为8.29亿，其中手机网民8.17亿，全年新增网民5653万人，较2017年末增加3.8%，互联网普及率达59.6%；有互联网上市企业120家，比2017年底增长17.6%，互联网上市企业总市值达7.89万亿。2018

年，互联网产业稳步增长，电子商务产业、网络零售额第六年居于世界第一，电子商务平台收入3667亿元，同比增长13.1%；网络游戏（含客户端游戏、手机游戏、网页游戏）业务收入1948亿元，同比增长17.8%；网络广告市场规模达3717亿元，同比增长25.7%，保持着较高的增长速度。

在互联网市场规模不断扩大的同时，还呈现出移动化发展态势。2018年，移动网民在网民中的占比达到98.6%，使用手机上网的比例比2017年末提升了1.1个百分点；而使用台式计算机上网的比例则为48.0%，比2017年下降5.0个百分点。另外，使用笔记本电脑、电视上网的比例分别为35.9%。近年来，互联网产业的移动化发展明显，预计2019年仍将保持高速增长。（见表18－1）

表18－1　2015－2019年PC网络和移动网络经济营收规模比较

年份	PC网络营收规模（亿元）	移动网络营收规模（亿元）
2015	6941.7	4503.2
2016	6799.5	7907.4
2017	7946.1	10487.7
2018	9330.7	13288.7
2019（预计）	10019.5	16071.2

资料来源：根据艾瑞咨询的报告整理

（四）增速明显放缓但仍持续发展的游戏市场

2018年，中国游戏用户规模达6.26亿人，增长率为7.3%，游戏市场实际销售收入2144.4亿元，增长率为5.3%。中国游戏市场销售收入占全球游戏市场比例约23.6%。2018年，移动游戏市场实际销售收入为1339.6亿元（占全球移动游戏市场比例约为30.8%），同比增长15.4%，份额持续增至62.5%；客户端游戏市场实际销售收入619.6亿元，同比下降4.5%，份额减少至28.9%；网页游戏市场实际销售收入126.5亿元，同比下降18.9%，份额大幅下降至5.9%；家庭游戏机市场实际销售收入10.5亿元，份额仅为0.5%。比较而言，电子竞技游戏市场（销售收入834.4亿元）、二次元移动游戏市场（销售收入190.9亿元），同比增速较快，分别为14.2%、19.5%；游戏直播市场（销售收入74.4亿元）同比增长最快，达107.2%。此外，知识产权IP已成为游戏产业的关键元素，游戏领域对其深度挖掘能力也不断增强。比如，在移动游戏市场，客户端游戏 IP 改编游戏占 60%，2018 年出口收入前 50 的移动游戏，原创 IP 游戏收入占比高达 82.2%。因此，中国自主研发的网络游戏在海外市场表现不错，实际销售收入为 95.9 亿美元，同比增长达 15.8%。

综合来看，自 2008 年以来，中国游戏市场经过近十年的高速、蓬勃发展，2017 年游戏用户渗透率达到 67.9%。2018 年，游戏市场增速明显趋缓，十年来首次进入个位数的增长，增速仅有 2017 年的四分之一。究其原因，一是渗透率达到一定程度后，上行空间有限，二是游戏市场存在研发技术更新慢、产品同质化与用户体验不足等方面的问题，玩家对游戏质量的要求也越来越高了；三是国家近年对游戏市场加强了监管，要求对游戏产业进行优化改革，对网络游戏实行"总量调控"，强调游戏企业的社会责任考量。2018 年初，中共中央宣传部还同有关部门联合印发《关于严格规范网络游戏市场管理的意见》，部署对网络游戏违法违规行为和不良内容进行集中整治。所以，在多种因素下，2018 年国内游戏产业增幅明显收窄。(见表 18－2)

表 18—2　2008—2018 年我国游戏市场销售收入及增长情况

年份	游戏收入值（亿元）	增速（%）
2008	185.6	—
2009	262.8	41.6
2010	333.0	26.7
2011	446.1	34.0
2012	602.8	35.1
2013	831.7	38.0
2014	1144.8	37.7
2015	1407	22.9
2016	1655.7	17.7
2017	2036.1	23.0
2018	2144.4	5.30

资料来源：根据游戏工委、CNG：《2018 年中国游戏产业报告》及历年报告资料整理

（五）广告市场持续发展，分化格局拉大

广告行业既是反映经济发展的一面镜子，同时，作为重要的服务业和创

意经济产业，广告行业在服务生产、引导消费并推动经济增长等方面有着重要作用。近年来，我国经济发展步入“调结构稳增长”的新常态，经济结构的战略性调整，消费需求的持续增长，供给侧结构性改革的深入推进，新动能的发展壮大，使广告业发展动力大为增强。同时，传媒技术及其社会应用变革，推动着新的传播渠道快速发展，不断拓宽广告服务领域，也为广告业的发展提供了更大的空间。互联网经济发展迅速，网络广告也取得了长足的发展，网络广告不断扩展边界和形式，营销服务链不断延伸，规模也在不断扩大，现在已远超传统媒体的市场份额。2018 年，我国互联网广告市场规模超过 3717 亿元，同比增长 25.7%，是 2013 年的 3.39 倍，是 2010 年的 11.69 倍。虽然近几年增速放缓，但依然保持在 20% 以上。（见表 18 –3）

表 18 –3　2010—2018 年网络广告市场规模与增速

年份	网络广告市场规模（亿元）	增长率（%）
2010	318	58.1
2011	505	59.1
2012	769	52.3
2013	1096	42.5
2014	1507	37.5
2015	1897	25.9
2016	2295	21.0
2017	2957	28.8
2018	3717	25.7

资料来源：CNNIC 第 43 次《中国互联网络发展状况统计报告》、艾瑞咨询报告

在互联网产业的移动化发展中，移动端平台成为了广告投放的重要渠道，移动网络广告成为网络广告的排头兵。近年来，移动互联网广告与大数据、人工智能（AI）紧密结合，通过精准营销把用户“标签化”，通过算法推荐提升广告投放回报率，从而带来了更为可观的广告红利，移动网络广告迅速增长。从 2014 年起，移动广告市场规模逐年递增，2018 年已超过 3000 亿元，达 3315.6 亿元，在网络广告中所占份额，也从 2014 年的 18.3% 增至 2018 年的 89.2%。（见表 18 –4）

表 18 -4　2014—2018 年移动广告市场规模及增速

年份	广告额（亿元）	增长率（%）
2014	275.6	—
2015	592.5	115.0
2016	1340.8	126.3
2017	2234.5	66.7
2018	3315.7	48.4

资料来源：根据艾媒咨询的报告整理

近几年，广告市场与传媒市场一样，发生了翻天覆地的变化，一方面是互联网广告的风生水起，另一方面是传统媒体广告市场的式微。两者之间的差距不断拉大。2018 年，互联网广告收入达到广播电视、报纸杂志四类传统媒体广告总收入的近三倍。在广告市场规模上，互联网成为主导，与传统媒体广告收入继续下滑趋势相比，互联网广告仍然保持着高速增长的势头。（见表 18 -5）

表 18 -5　互联网广告收入和传统媒体广告收入比较表　　单位：亿元

	2016 年	2017 年	2018 年
互联网广告收入	2295	2957	3717
电视广告收入	1004.9	975.8	963.1
报纸广告收入	201.6	159.3	125.8
广播广告收入	145.8	145.4	144.8
杂志广告收入	36.1	32.5	29.2
传统媒体广告总收入	1388.4	1313.0	1262.9

资料来源：根据《中国互联网络发展状况统计报告》、国家广电总局与 CTR、艾瑞的相关数据整理

二、中国传媒上市公司发展分析

2018 年 IPO 审核被称“史上最严”，通过率创十年新低，通过数量仅有 2017 年的约四分之一，共 111 家，其中传媒行业首发家数为零。A 股 IPO 企业数量仅为 103 家，创下自 2014 年以来的最低记录，IPO 合计募集资金 1362.03 亿元，亦创下 2015 年以来新低。

本报告按传媒上市公司属性及上市公司主营构成实际，将 139 家传媒上

市公司分成互联网、广告、网络游戏、出版发行、报刊、影视、广电网络、教育服务、营销及其他十个板块分类讨论。

（一）互联网上市公司基本情况

2018 年互联网上市公司 7 家，财报显示，进入“千亿元俱乐部”的公司有 3 家，依次为腾讯、阿里巴巴和百度。其中，阿里巴巴营业收入 2502.7 亿元，同比增长 58.12%，增速最快。腾讯前三季度营业收入达 2277.98 亿元，预计全年营业收入将达 3037.3 亿元，增速为 27.75%。百度由于聚焦核心业务，加大 AI 驱动型业务投入，加快推进 AI 技术，商业应用不断落地，“搜索 + 信息流”双引擎持续发力，业务不断夯实，业绩表现良好，2018 年营业收入首次过千亿达 1023 亿元，同比增长 20.6%。从净利润来看，百度的增速最高，达 50.66%。腾讯的利润额最高，前三季度净利润即达 644.90 亿元，同比增长 27.17%。阿里巴巴 2018 财年净利润 640.90 亿元，同比增加 46.75%，增速相当可观，原因主要是电商行业发展迅猛，用户增速加快。2018 年凤凰新媒体营业收入是负增长，为 −22.76%，原因是运营成本、销售税金和相关附加费用增长，市场竞争激烈，移动流量获取费用增长等。（见表 18 −6）。

表 18 −6　2018 年互联网上市公司发展情况

序号	公司	营业收入			净利润		
		2017 年	2018 年	增速（%）	2017 年	2018 年	增速（%）
1	腾讯控股（亿元）	2377.60	3037.30	27.75	507.13	644.90	27.17
2	阿里巴巴（亿元）	1582.73	2502.7	58.12	436.8	640.9	46.75
3	百度（亿元）	848.1	1023.0	20.60	183.0	275.7	50.66
4	网易（亿元）	541.0	671.6	24.13	107.1	61.52	−42.54
5	搜狐（亿美元）	18.6	18.8	1.19	−5.5	−1.6	71.13
6	新浪（亿美元）	15.8	21.1	33.54	3.88	4.67	20.17
7	凤凰新媒体（亿元）	4.26	3.29	−22.76	−0.17	—	—

注：腾讯控股根据前三季度数据测算，新浪、凤凰新媒体营业收入与净利润均为前三季度数据

（二）广告上市公司基本情况

2018 年 18 家主要广告上市公司中，蓝色光标与分众传媒营业收入和总资产均超过 100 亿元，蓝色光标营业收入 247.30 亿元位居榜首，其次是分众传

媒149.68亿元，省广集团以132.89亿元位列第三。分众传媒市值最高，达814亿元，其主营获利能力稳步增长。紫天科技、深大通营业收入增比均高达90%以上。

紫天科技净利润增幅最高，公司的主要业绩来自广告服务业务。2018年，公司实现营业收入7.17亿元，同比增长98.17%，净利润0.78亿元，同比增长1625.21%。而佳云科技则受经济下行与行业变革的影响，加上前期并购金源互动、微赢互动与云时空等产生的商誉减值现象，导致利润下滑至-12.52亿元，增速为-121.77%。(见表18-7)

表18-7　2018年广告上市公司发展情况　　单位：亿元,%

序号	公司简称	营业收入		归属上市公司股东的净利润		总资产		市值
		值	同比增速	值	同比增速	值	同比增速	
1	蓝色光标	247.30	62.37	4.00	80.08	164.35	-1.77	97
2	分众传媒	149.68	24.59	58.28	-2.94	192.03	23.46	814
3	省广集团	132.89	17.65	1.90	203.30	91.93	-8.36	52
4	华扬联众	110.25	34.18	2.42	90.73	58.00	21.77	30
5	思美传媒	58.24	39.09	2.35	1.52	51.06	-0.58	36
6	佳云科技	56.09	107.28	-12.52	-121.77	21.13	-23.40	27
7	万润科技	45.85	50.70	-9.75	-45.06	45.91	6.59	37
8	北巴传媒	47.34	15.78	0.82	-20.58	48.08	27.48	29
9	引力传媒	43.36	67.92	1.11	66.46	41.13	101.71	23
10	联创互联	41.31	49.27	17.26	364.59	41.72	-31.25	28
11	深大通	29.65	96.32	2.96	-17.42	59.48	3.06	67
12	广博股份	22.78	-4.22	6.79	507.23	20.61	-22.32	24
13	腾信股份	15.11	-7.00	0.20	114.80	14.97	-4.47	27
14	龙韵股份	15.07	21.93	0.54	29.77	20.33	76.46	14
15	新文化	7.58	-38.54	0.30	-87.67	48.04	-6.33	37
16	紫天科技	7.17	98.17	0.78	1625.21	22.02	105.90	47
17	国旅联合	3.40	18.26	-0.12	-136.14	8.53	-2.55	18

续表

序号	公司简称	营业收入		归属上市公司股东的净利润		总资产		市值
		值	同比增速	值	同比增速	值	同比增速	
18	青海春天	3.26	-30.74	1.07	-65.83	25.73	5.91	35

注：①腾信股份、紫天科技、思美传媒、分众传媒、联创互联、新文化、蓝色光标、广博股份、佳云科技、省广集团、万润科技的净利润、总资产根据2018年年度业绩快报整理；②其余数据根据上年财报与2018年前三季度财报测算；③市值为2019年1月10日收市时市值。

（三）网络游戏类上市公司基本情况

随着移动互联时代的深入发展，中国移动游戏市场规模呈爆炸式增长态势，不但品类丰富，而且产品性能与画面等不断实现突破，一度成为市场核心竞争点。数据显示，2017年腾讯游戏首次超过千亿，也是全球范围内第一家当年营收破千亿的游戏公司。2018年，虽然腾讯游戏营收暂未披露，但根据其2018年发展势头与前三季度财报数据测算，今年腾讯游戏将继续保持上升趋势，稳坐国内游戏行业龙头老大宝座。网易游戏营收仅次于腾讯，2018年其在线游戏收入达401.9亿元，同比增长10.78%。畅游公司2017年网络游戏收入3.9亿美元，与去年相比下滑13.33%。（见表18-8）

表18-8　网络游戏类上市公司收入及增速　　单位：亿元

公司	2014年	2015年	2016年	2017年	2018年	2018年同比增速（%）
腾讯	447.56	565.87	708.44	1179	—	—
网易	98.15	173.1	279.8	362.8	401.9	10.78
畅游	6.52	6.37	3.96	4.50	3.90	-13.33

注：①畅游公司数据以亿美元计算。

资料来源：根据上市公司财报整理

除了腾讯、网易这两大游戏巨头，在营业收入方面，2018年33家主要游戏上市公司中智度股份、巨人网络、天舟文化、三七互娱、掌趣科技、聚力文化、宝通科技的营业收入都呈现出较大幅度增长。盛讯达的营业收入增速居于榜首，同比增长94.13%。智度股份营业收入最高，达81.34亿元。从净利润看，完美世界达17.03亿元，同比增长13.16%。智度股份的净利润同比增速最高，达75.86 %。在总资产方面，完美世界、巨人网路、浙数文化等都超过了100亿元，吉比特同

比增速最高，达25.83%，其次是盛讯达，为20.04%。(见表18－9)

表18－9　2018年网络游戏上市公司发展情况表　　单位：亿元，%

序号	公司简称	营业收入		归属上市公司股东的净利润		总资产		市值
		值	同比增速	值	同比增速	值	同比增速	
1	智度股份	81.34	27.62	9.27	75.86	74.20	5.59	91
2	完美世界	79.14	－0.20	17.03	13.16	158.09	－4.68	345
3	三七互娱	76.73	23.98	10.48	－35.35	84.89	－7.33	212
4	聚力文化	44.60	45.61	－22.77	－514.63	40.77	－32.08	40
5	巨人网络	40.85	40.54	12.02	－6.87	108.12	－15.77	398
6	游族网络	34.88	7.79	10.17	55.12	73.21	10.32	172
7	昆仑万维	34.32	－0.13	10.01	0.19	90.02	－25.37	151
8	星辉娱乐	29.82	8.20	2.38	3.66	59.68	－0.20	42
9	奥飞娱乐	29.32	－19.51	－16.13	－1889.19	67.13	－19.74	80
10	恺英网络	25.96	－17.18	1.65	－89.75	61.17	0.20	82
11	天神娱乐	25.90	－16.48	－75.22	－837.67	82.11	－42.98	51
12	掌趣科技	21.87	23.69	－31.68	－1300.49	58.01	－41.31	99
13	宝通科技	20.88	32.20	2.77	25.11	32.48	1.33	52
14	浙数文化	18.46	13.47	4.27	－74.25	101.16	2.32	110
15	吉比特	15.68	8.90	6.97	14.30	39.56	25.83	109
16	天舟文化	12.42	32.69	－10.77	－903.51	38.20	－19.99	39
17	艾格拉斯	9.50	12.40	7.33	77.15	72.84	5.10	65
18	瀚叶股份	9.48	－28.02	2.53	－3.02	56.33	3.29	95
19	美盛文化	8.28	－9.29	1.36	－28.86	44.63	－2.72	51
20	*ST富控	7.73	－4.04	－3.05	－764.66	51.92	－8.21	15
21	天润数娱	6.89	234.38	－3.67	－6908.87	27.88	－12.41	63
22	凯撒文化	6.69	－4.90	2.96	16.11	48.07	5.84	48
23	祥源文化	6.69	－15.48	0.85	－7.13	20.95	0.47	27
24	盛讯达	4.72	94.13	0.12	－81.79	17.74	20.04	21
25	电魂网络	4.40	－11.94	1.02	－37.71	19.70	2.88	40

续表

序号	公司简称	营业收入		归属上市公司股东的净利润		总资产		市值
		值	同比增速	值	同比增速	值	同比增速	
26	晨鑫科技	3.61	-7.87	-6.26	-330.50	19.96	-27.35	42
27	冰川网络	2.68	-9.60	0.97	0.12	18.10	4.58	32
28	大晟文化	2.58	-17.81	0.25	-91.74	27.47	-1.60	48
29	北纬科技	2.43	-57.36	0.42	-67.80	12.77	-5.99	36
30	三五互联	2.31	-29.00	-4.21	-724.58	10.08	-33.86	23
31	骅威文化	1.50	-79.36	-12.04	-429.73	24.91	-33.75	37
32	长城动漫	1.42	-51.22	-0.72	-156.59	15.50	0.62	14
33	游久游戏	1.08	-38.77	-0.47	-88.83	15.75	-22.13	33

注：①智度股份、浙数文化、吉比特、瀚叶股份、*ST富控、祥源文化、电魂网络、大晟文化、长城动漫、游久游戏的净利润与总资产据上年财报与2018年前三季度财报测算，其余均据2018年年度业绩快报整理；②市值为2019年1月10日收市时市值。

（四）出版发行类上市公司基本情况

2018年，出版发行类上市公司主要有21家，中文传媒、长江传媒、凤凰传媒、皖新传媒营业收入与总资产均超过100亿元。中文传媒营业收入133.03亿元位居榜首，其次是长江传媒，128.81亿元，凤凰传媒以117.88亿元位列第三。

平治信息、中国出版、凤凰传媒、中国科传净利润同比增速较高，其中平治信息净利润同比增速最高，达121.85%。中文在线则不太乐观，净利润同比增速下滑1883.33%。中南传媒、读者传媒的营业收入与净利润均明显下滑。（见表18-10）

表18-10　2018年出版发行类上市公司发展情况表　　单位：亿元，%

序号	公司简称	营业收入		归属上市公司股东的净利润		总资产		市值
		值	同比增速	值	同比增速	值	同比增速	
1	中文传媒	133.03	-0.02	15.90	9.56	232.69	13.62	174
2	长江传媒	128.81	14.68	7.45	21.41	107.98	7.59	81
3	凤凰传媒	117.88	6.68	14.73	26.37	220.89	7.35	194

续表

序号	公司简称	营业收入		归属上市公司股东的净利润		总资产		市值
		值	同比增速	值	同比增速	值	同比增速	
4	皖新传媒	100.80	15.74	11.77	5.38	134.88	9.77	139
5	山东出版	92.41	3.82	15.87	16.26	177.48	32.64	171
6	中南传媒	90.97	-12.19	12.38	-18.19	202.16	2.76	225
7	中原传媒	88.34	8.07	7.36	6.17	117.11	6.81	80
8	新华文轩	80.29	9.29	8.20	-11.25	133.63	8.76	123
9	时代出版	60.34	-8.66	3.12	3.97	62.71	-6.98	44
10	中国出版	54.72	16.51	8.34	57.08	121.00	10.70	82
11	南方传媒	54.45	3.69	6.63	8.43	97.74	7.39	80
12	广弘控股	24.96	8.22	1.67	7.62	21.08	3.20	27
13	城市传媒	22.43	13.88	3.47	5.38	40.38	14.42	48
14	中国科传	21.95	9.19	4.54	22.24	50.34	10.84	74
15	出版传媒	21.66	12.19	1.79	11.06	35.18	4.37	30
16	掌阅科技	19.24	15.39	1.46	17.91	16.02	18.53	73
17	中文在线	8.90	24.13	-14.69	-1883.33	26.45	-10.76	39
18	平治信息	9.71	6.71	2.17	121.85	8.78	22.70	49
19	新经典	9.20	-2.56	2.45	5.45	20.52	15.05	89
20	读者传媒	7.07	-10.42	0.44	-41.80	20.36	2.63	29
21	世纪天鸿	4.05	6.26	0.33	5.90	6.39	0.32	19

注：①广弘控股、中南传媒、世纪天鸿、中原传媒、平治信息、中文在线的净利润与总资产据2018年年度业绩快报整理，其余均据上市公司上年财报与2018年前三季度财报测算；②市值为2019年1月10日收市时市值。

（五）报刊类上市公司基本情况

持续受新媒体冲击及整体经济下行的影响，报刊类上市公司整体业绩呈现全面下滑态势。其中，新华传媒、粤传媒、博瑞传播、北青传媒的营业收入和净利润仍呈下降的趋势，2018年降幅最大的是博瑞传播和北青传媒，分别下滑30.76%和17.83%。值得注意的是，一直以来经营状况表现良好的华闻传媒和华媒控股也出现较大的波动。华闻传媒的营业收入和净利润继去年呈双下滑之后，今年净利润的下滑幅度高达94.70%。华媒控股下降虽没有华闻传媒那么严重，上涨趋势也陷于停滞，2018年营业收入下滑2.93%，归属于上市公司股东的净利润下滑32.61%，这在前几年是没有的。这种业绩分化减弱的趋势释放出一个清晰的信号——在新媒体冲击下，传统报业唯有转型融合才能走出困境。（见表18－11）

表18－11　2018年报刊类上市公司发展情况表　　单位：亿元，%

序号	公司简称	营业收入		归属上市公司股东的净利润		总资产		市值
		值	同比增速	值	同比增速	值	同比增速	
1	华闻传媒	24.35	8.40	0.23	－94.70	190.78	20.51	64
2	博瑞传播	4.24	－30.76	0.23	154.79	40.63	－3.02	42
3	新华传媒	8.44	－12.31	0.35	－21.48	38.60	－0.90	57
4	粤传媒	7.97	－10.83	0.55	－24.82	44.05	2.32	56
5	华媒控股	11.75	－2.93	0.61	－32.61	31.38	1.74	43
6	北青传媒	1.63	－17.83	－2.25	－468.94	11.32	－20.49	3.95

注：①粤传媒数据根据2018年年度业绩快报整理；②北青传媒2018年营业总收入及增速为半年度报数据，其余数据根据上年财报与2018年前三季度财报测算；③市值为2019年3月4日退市时市值，单位为亿港元。

（六）影视类上市公司基本情况

2018年，恰逢中国改革开放40周年，我国的政治、经济环境都逐渐趋于稳定，并保持良好发展势头，从而带动中国影视行业快速发展。在该背景下，22家影视类上市公司2018年业绩总体表现较优异。其中芒果超媒、中国电影、万达电影的发展更为突出。万达电影的营业收入高达141.64亿，居于首位。紧随其后的是芒果超媒，营业收入为102.95亿。光线传媒、金逸影视、文投控股、ST中南、华录百纳的营业收入都呈下降趋势。当代东方的净利润同比增速最高，达到238.03%。相比之下，华录百纳的净利润增速比大幅度降低。在总资产方面，万达电影的总资产位居榜首，高达231.23亿，但其同比增速下降，为－0.08%。第二位是华谊兄弟，总资产为185.41亿。（见表18－12）

表 18－12　2018 年影视类上市公司发展情况表　　单位：亿元，%

序号	公司简称	营业收入		归属上市公司股东的净利润		总资产		市值
		值	同比增速	值	同比增速	值	同比增速	
1	万达电影	141.64	7.06	12.93	－14.72	231.23	－0.08	387
2	芒果超媒	102.95	245.04	8.93	9.56	121.43	433.95	374
3	中国电影	93.14	3.62	17.70	83.37	160.70	5.00	276
4	华策影视	75.22	43.40	2.13	－66.44	128.32	2.33	138
5	华谊兄弟	51.93	31.58	－9.86	－219.00	185.41	－8.00	128
6	慈文传媒	39.40	136.57	－10.84	－365.48	31.42	－41.74	41
7	当代明诚	29.69	225.58	3.33	160.03	116.34	126.94	41
8	横店影视	28.69	13.97	3.50	5.92	32.53	6.75	99
9	金逸影视	20.79	－5.12	1.59	－24.64	29.27	－3.62	36
10	文投控股	20.15	－11.51	0.29	－93.34	108.10	2.96	87
11	北京文化	19.26	45.80	3.27	5.51	66.03	17.07	80
12	欢瑞世纪	19.13	22.08	－35.49	－940.94	60.45	47.26	47
13	幸福蓝海	19.04	25.52	－5.33	－573.97	23.69	－29.47	32
14	长城影视	16.15	29.72	－3.55	－309.08	30.46	－18.55	25
15	光线传媒	15.29	－17.05	14.10	72.93	110.77	－6.80	242
16	唐德影视	13.70	16.07	－5.65	－393.11	29.68	－9.08	27
17	ST 中南	13.09	－14.17	－22.29	－861.22	47.49	－38.34	28
18	上海电影	11.26	0.34	1.68	－34.60	30.24	1.22	47
19	当代东方	8.37	2.03	3.71	238.03	41.39	12.87	38
20	华录百纳	6.25	－72.20	－33.69	－3162.7	33.70	－53.42	38
21	印纪传媒	5.43	－75.20	－20.06	－360.93	31.53	－32.00	53
22	中广天择	3.16	－19.59	0.23	－63.70	6.56	0.43	14

注：①北京文化、ST 中南、光线传媒、华策影视、金逸影视、慈文传媒、长城影视、幸福蓝海、华录百纳的净利润与总资产据 2018 年年度业绩快报整理，其余均据上年财报与 2018 年前三季度财报测算；②市值为 2019 年 1 月 10 日收市时市值。

（七）广电网络上市公司基本情况

总体看来，2018 年广电网络上市公司整体表现欠佳。10 家广电上市公司，50%的营业收入下滑，下滑最严重的是东方明珠，下滑23.92%；净利润上，60%的广电上市公司是下滑的，下滑最多的是江苏有线，50%的电广传媒都是呈两位数的下滑趋势。广电上市中，电广传媒营业收入、净利润同比增长最高，净利润增速高达223.1%；东方明珠净利润增速位居第二，湖北广电总资产增幅最大。江苏有线受到互联网视频、IPTV、OTT等竞争影响，公司有线网络业务用户量有所下滑，导致净利润缩减21.75%。吉视传媒、天威视讯、湖北广电、歌华有线的净利润也都不同程度地下滑。（见表18－13）

表18－13　2018年广电网络上市公司发展情况表　单位：亿元，%

序号	公司简称	营业收入		归属上市公司股东的净利润		总资产		市值
		值	同比增速	值	同比增速	值	同比增速	
1	东方明珠	123.72	－23.92	33.38	49.22	397.88	6.58	410
2	电广传媒	109.52	25.29	5.72	223.10	246.93	3.98	130
3	江苏有线	79.23	－2.12	8.15	－21.75	340.24	5.65	244
4	华数传媒	34.19	6.52	6.55	2.18	147.50	2.29	152
5	广电网络	31.07	8.90	1.69	－3.86	87.31	20.66	53
6	湖北广电	28.42	8.80	2.82	－15.98	119.66	26.51	58
7	歌华有线	26.80	－0.69	6.53	－14.18	158.36	3.32	163
8	吉视传媒	19.92	－2.72	3.12	－16.88	141.22	21.93	86
9	天威视讯	15.54	－2.31	1.96	－16.67	39.32	1.26	51
10	视觉中国	9.85	20.97	3.94	35.31	45.40	10.75	169

注：①天威视讯的净利润、总资产根据2018年年度业绩快报整理，其余数据根据上年财报与2018年前三季度财报测算；②市值为2019年3月4日收市时市值。

（八）教育服务上市公司基本情况

2018年，从9家主要教育服务上市公司来看，整体的发展趋于平稳。紫光学大营业收入最高，达到28.86亿元，同比增速为2.64%。昂立教育、开元股份、创业黑马、博通股份的净利润同比增速都呈现负增长趋势。勤上股份和拓维信息公司为提高办学水平，与海外名校建立联系，率先探索国际课程，加强国际交流与合作，加强教育业务布局，实现“1＋1＞2”的效果，净利润增速显著，分别为1513.51%、1856.63%。另外，勤上股份的总资产居于首位，高达

51.99 亿元。凯文教育位于第二，总资产为38.08 亿元。(见表18－14)

表18－14 2018年教育服务上市公司基本情况表 单位：亿元,%

序号	公司简称	营业收入		归属上市公司股东的净利润		总资产		市值
		值	同比增速	值	同比增速	值	同比增速	
1	紫光学大	28.86	2.64	0.26	7.31	36.32	1.30	17
2	昂立教育	20.88	21.13	0.99	－19.75	35.60	12.70	57
3	开元股份	16.46	67.78	1.11	－30.76	29.97	－0.60	25
4	勤上股份	13.11	－18.54	13.59	1513.51	51.99	－26.57	41
5	拓维信息	11.25	0.57	12.98	1856.63	32.43	－25.75	52
6	全通教育	7.03	－31.78	6.21	837.51	21.70	－24.17	39
7	创业黑马	3.30	79.07	0.12	－74.43	4.66	1.18	26
8	凯文教育	2.17	－64.98	0.98	321.14	38.08	21.09	38
9	博通股份	1.73	11.97	0.03	－31.06	7.14	4.52	14

注：①凯文教育、全通教育、勤上股份、开元股份、拓维信息、创业黑马的净利润、总资产根据2018年年度业绩快报整理，其余数据根据上年财报与2018年前三季度财报测算；②市值为2019年1月10日收市时市值。

（九）营销上市公司基本情况

2018年营销上市公司主要有11家，据其财报显示，发展得比较好的是科达股份和天龙集团。科达股份的营业收入是154.36亿元，同比增长63%。天龙集团营业收入合计达83.93亿元，超过上年总营收（68.76亿）近15亿，预计2019年营业收入达到100亿。科达股份在净利润方面，根据测算2018年度净利润达6.47亿元，同比增长40%；天龙集团2018年净利润为－8.63亿元，比上年增长179%。(见表18－15)

表18－15 2018年营销上市公司发展情况 单位：亿元,%

序号	公司简称	营业收入		归属上市公司股东的净利润		总资产		市值
		值	同比增速	值	同比增速	值	同比增速	
1	科达股份	154.36	63	6.47	40	118.61	11	58
2	天龙集团	83.93	22	－8.63	179	25.43	－28	24

续表

序号	公司简称	营业收入		归属上市公司股东的净利润		总资产		市值
		值	同比增速	值	同比增速	值	同比增速	
3	利欧股份	78.14	-26	-15.85	-476	143.88	8	89
4	数知科技	51.22	86	7.13	46	134.23	11	114
5	联建光电	40.94	4	-28.06	-2791	47.80	-43	35
6	中昌数据	31.78	49	1.29	9	45.94	49	95
7	华谊嘉信	30.64	-13	-7.72	179	28.18	-24	28
8	麦达数字	11.97	28	-3.93	-622	16.41	-21	41
9	元隆雅图	9.68	18	0.93	31	8.28	16	33
10	宣亚国际	4.49	-11	0.21	-72	5.01	-19	25
11	恒大高新	3.72	44	-0.56	-481	1.48	-2	21

注：①营业收入、净利润、总资产根据上年财报与2018年前三季度财报测算；②市值为2019年1月10日收市时市值。

资料来源：根据上市公司财报与2018年年度业绩快报整理。

（十）其他上市公司基本情况

除了经营内容分明、有明确分类的传媒上市公司外，还有些业务范围较广的传媒上市公司，本章将其归为“其他”，主要有3家，这些公司大体上发展态势一般，其中东方网络营业收入、净利润、总资产的同比增速均呈明显下滑。安妮股份的净利润为0.79亿元，同比下降121.57%。（见表18－16）

表18－16　2018年其他上市公司基本情况表　　单位：亿元 %

序号	公司简称	营业收入		归属上市公司股东的净利润		总资产		市值
		值	同比增速	值	同比增速	值	同比增速	
1	安妮股份	7.09	7.66	0.79	-121.57	26.04	4.31	34
2	恒信东方	7.05	70.19	2.27	141.64	32.57	37.93	48
3	东方网络	1.53	-62.83	-4.47	-64.32	17.24	-19.24	25

注：①营业收入、净利润与总资产，据上市公司财报与2018年年度业绩快报整理；②市值为2019年1月10日收市时市值。

三、传媒上市公司发展特点与趋势

(一) IPO 审核趋严，市场监管加强

2018 年，IPO 审核更趋严格，市场监管也更加强化，以促进股市健康、有序发展，发挥其积极的经济促进作用。2018 年的 IPO 审核为“史上最严”，通过率创 10 年来新低，通过率约 60%，通过数量仅约为 2017 年的约四分之一，共 111 家，其中传媒行业首发家数为零。传媒产业上市公司阵营变动不大。

为加强党对意识形态工作的领导，促进传媒融合创新、规范发展，中央印发《深化党和国家机构改革的方案》，对新闻出版、广播电视、电影等领域的管理机构和职能重新进行合理化调整。同时不断推出促进发展的政策或规范市场的法律法令，如推动资本市场服务网络强国建设的指导意见、推动媒体融合的白皮书、关于知识产权对外转让的试行办法、规范消费领域的电子商务法等。特别是关于网络市场规范、加强广电节目备案管理、加强微博信息服务管理等方面，不断出台相关法律法规和政策。这些政策的出台，国家对游戏市场加强了监管，要求对游戏产业进行优化改革，对网络游戏实行“总量调控”，2018 年国内游戏产业增幅明显收窄。2018 年，游戏市场增速明显趋缓，十年来首次进入个位数的增长，增速仅及 2017 年的四分之一。

(二) 稳定发展，持续增长

2018 年，是中国改革开放的第五个十年的起始年，国家政治经济稳步发展，为传媒产业发展奠定了坚实基础，机构改革与机制创新也为传媒业的更新升级、创新发展创造了良好的条件。从本章统计的 139 家传媒上市公司来看，营业收入为正增长的有 88 家，占 63. 3%；净利润为正值的有 75 家，占 54. 0%；业绩增速超过 50% 的有 21 家，占 15. 1%；业绩下滑超过 30% 的有 15 家，占 10. 8%。总体来看，是一种发展的态势。

我国经济现已进入“调结构稳增长”的新常态，经济结构的战略性调整，供给侧结构性改革的深化，新动能的发展壮大，传媒技术及其应用变革，居民消费水平的提高，文化传媒消费需求的持续增长，大大增加了互联网产业、广告产业、游戏产业、电影产业等的发展动力，从而促进了传媒行业的大发展。如互联网产业，我国网民规模已达 8. 29 亿，普及率达到 59. 6%，互联网

上市企业120家，总市值达到7.89万亿元；电子商务平台收入3667亿元，同比增长13.1%；网络游戏收入1948亿元，同比增长17.8%；网络广告3717亿元，同比增长25.7%。互联网产业还呈现出移动化发展态势，移动网民在网民中的占比达98.8%。2018年，移动网络经济规模已超过PC网络经济规模42.4%。正如媒体人的评说，互联网重构了传媒产业，使产业边界不断延展，产业规模快速增长，传媒业未来五年预计还将保持两位数增长，预计2020年有望突破3万亿。

（三）市场分化格局明显

2018年传媒市场的发展，还有一个特点就是市场分化加剧，而且这种分化还有强化的趋势。这种分化有两方面的表现，一是行业或市场分化，如传统媒体范畴的报刊杂志、广播电视总体都在走下坡路，报刊上市公司中业绩呈全面下滑态势，广电上市公司整体表现欠佳。另一方面，则是游戏产业、广告业的快速发展。2018年游戏市场收入2144.4亿元，虽然十年来第一次进入个位数的增长速度，但稳定增长的势头不减，而且在一些领域仍然增速可观，如移动游戏市场销售收入增长15.4%，二次元移动游戏增速为19.5%。形成鲜明对比的是网页游戏下降了18.9%，这也是分化市场的一种表现。广告业持续增长，特别是网络广告仍然有25.7%的增长速度。就广告业而言，也是分化发展的势头，传统媒体广告与网络广告的差距不断拉开，2018年报纸杂志、广播电视这四类传统媒体广告总量仅为互联网广告的三分之一略多一些。而且传统媒体继续下滑的趋势明显，互联网广告则仍保持着高速增长的势头。在网络广告中，移动互联网广告所占份额已增至89.2%，形成了绝对优势。

市场分化的另一种表现，就是个股的分化。在互联网上市公司中，强者恒强，弱者愈弱的发展局势最明显。如互联网上市公司的三巨头依次是腾讯控股、阿里巴巴、百度，他们的营业收入都在千亿元之上，他们的营收之和是6563亿元，而其他公司如网易、搜狐、新浪、凤凰新媒体等营收总和也不过是835.69亿元，还不及三巨头中营收最低的一家。网络游戏上市公司中，这种分化局面也很明显，排第一位的腾讯2018年营收一千多亿元，排第二位的网易也有400多亿。其他公司，营收最高的只有网易的四分之一。

第十九章　中国传媒产业并购报告

向志强　马艺菲　吴楠

2018年是传媒产业回归理性的一年，在监管政策趋严和宏观经济下行的双重压力下，传媒产业面临“四荒”局面：扶持政策荒、流量收割荒、精品内容荒和商业变现荒。在影视政策持续收紧、游戏流量增长升至天花板、互联网龙头大力收割的背景下，传媒业也在困境中力求转型，多元化布局打造产业闭环，造船出海寻找新的盈利增长点。十九大以来文化自觉与文化繁荣成为传媒业的奋斗风向标，2018年底证监会释放出放松并购重组审核的信号，这意味着寒冬即将归去，传媒业回暖在即。

一、传媒业并购态势

（一）总体态势

2018年文化传媒并购市场持续降温，并购数量和并购金额双双走低，并购市场在供给结构趋近饱和下面临着新一轮的整合与重塑。根据Wind数据，2018年中国传媒产业并购重组事件共391起，和2017年中国传媒产业并购重组事件498起相比，下跌了27%；2018年中国传媒产业并购金额为929亿元，明显著低于2017年传媒产业并购金额的1840亿元和2016年的2888亿元。2018年传媒行业并购失败和未通过的案例为5起，远低于2017年的16起与2016年的21起。

从2018年中国传媒产业并购市场各季度交易数量（表19－1所示）来看，第一季度并购事件最少，只有87起，规模金额为122.69亿元；第二季度有所增长，共101起，交易额显著提升至399.1亿元；第三季度并购事件数量最多，达112起，但规模略有下降，为342.29亿元；第四季度为89起，回落至年初交易数量，交易规模为四季度最低，仅64.34亿元。

表 19－1　2018 年传媒产业各季度并购规模

季度	交易额（亿元）
第一季度	122.69
第二季度	399.10
第三季度	342.29
第四季度	64.34

数据来源：根据 wind 数据整理

从披露的交易金额来看，2018 年中国传媒行业重大并购事件如表 19－2 所示。其中，本年度并购前三甲分别是腾讯旗下阅文集团收购新丽传媒，阿里巴巴收购分众传媒，阿里巴巴旗下杭州臻希收购万达电影，主要集中于影视与广告业。3 月 12 日阅文集团发布公告，宣布以 33 亿人民币收购新丽传媒 27.64% 股权，8 月 13 日阅文集团宣布拟以不超过 155 亿元的价格，收购新丽传媒 100% 股权，这成为 2018 年传媒并购市场规模最大事件；7 月 19 日分众传媒公告称阿里巴巴共出资约 150 亿元收购 10.32% 股权；2 月 5 日，万达电影公告阿里巴巴旗下臻希投资以 77.94 亿元收购万达电影 12.77% 股权。在分行业方面各传媒子行业布局均衡，电影娱乐、游戏、广告和出版业均凭借大体量并购事件上榜，其中标的方为上市企业的有 13 件，涉及阿里影业、华策影视、万达电影等多家头部公司。

表 19－2　2018 年中国传媒行业重大并购案例

标的企业	CV 行业	买方企业	交易金额（万元）	交易股权
新丽传媒	电影与娱乐	阅文集团	1 550 000.00	100%
分众传媒	广告营销	阿里巴巴	1 500 000.00	10.32%
万达电影	电影与娱乐	杭州臻希	779 400.00	12.77%
点点互动	游戏娱乐	世纪华通	693 900.00	100%
完美世界	游戏娱乐	恒泰稳增	258 394.68	6.99%
华谊嘉信	广告制作	开域信息	240 000.00	5%
华录百纳	电影与娱乐	盈峰控股	180 000.53	17.55%
印纪传媒	广告制作	安信信托	136 063.92	6.03%
亿家传媒	广告制作	南通锻压	92 400.00	100%
中文传媒	图书出版	厦门枫沐	87 579.43	5.02%

资料来源：根据 Wind 数据整理

从交易数额分布来看（见图19－1），2018年文化娱乐业并购规模体量较往年有所减少。大部分集聚在0～1亿元区间，以中小企业或小规模股权置换为主。50亿元以上并购事件的买方企业主要是互联网龙头，分别为腾讯旗下阅文集团斥155亿元收购影视制作公司新丽传媒全部股权，阿里巴巴收购户外广告公司分众传媒10.32%的股权，阿里巴巴旗下臻希集团收购万达电影12.77%股权，融创地产收购万达文化管理75%的股权。并购行业景气度在受宏观经济控制的同时，也深受买方企业规模影响，强者恒强。

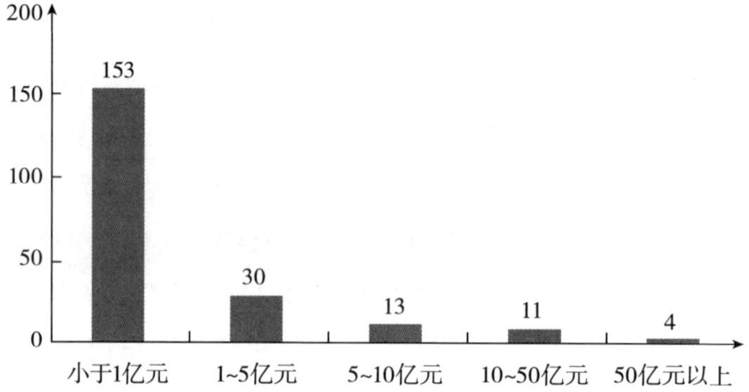

图19－1　2018年并购事件交易数额统计

数据来源：根据Wind数据整理

从并购目的来看，2018年文化娱乐业以横向整合为主，各形式间差异较大。其中横向整合谋求规模经济优势占第一位，达242起；多元化战略达140起；垂直整合9起（见图19－2）。与2017年、2016年相比，垂直整合有所回落，多元化整合日益增多。横向并购易产生组织结构冲突和企业文化的碰撞，而纵向并购市场近年来已被各子行业巨头瓜分殆尽，范围经济回报小。因此相比横向整合和垂直整合，多元化整合有助于传媒企业规避单行业的政策风险，利好平台方和制作方的磨合重塑，可获得更大发展区位空间，因此未来传媒业并购驱动力因素中，多元化战略有望持续上扬。

从并购进度来看，2018年和2017年相比进度持平，其中交易失败和正进行比重降低，说明2018年以来证监会大量松绑并购重组系列政策落地推行有所成效，失败和未通过数量仅为5例，相比2017年减少近3倍（见图19－3）。2018年证监会分别通过了《关于并购重组“小额快速”审核适用情形的相关问题与解答》《上市公司重大资产重组管理办法》和《上市公司收购管

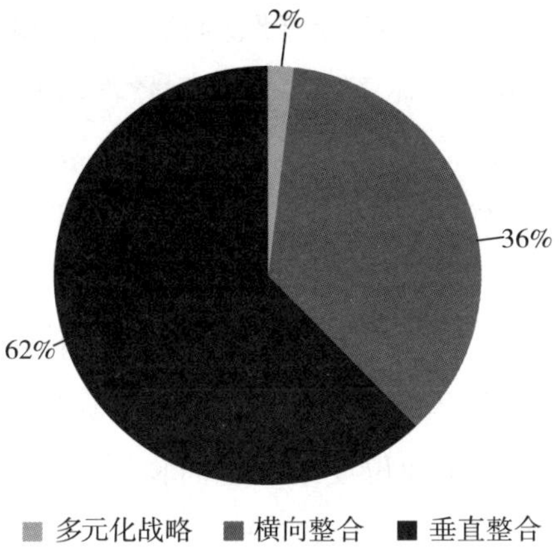

图 19－2　2018 年并购目的交易统计

数据来源：根据 Wind 数据整理

理办法》等相关文件，未来传媒业并购监管有放缓趋势，并购进度将持续加快。

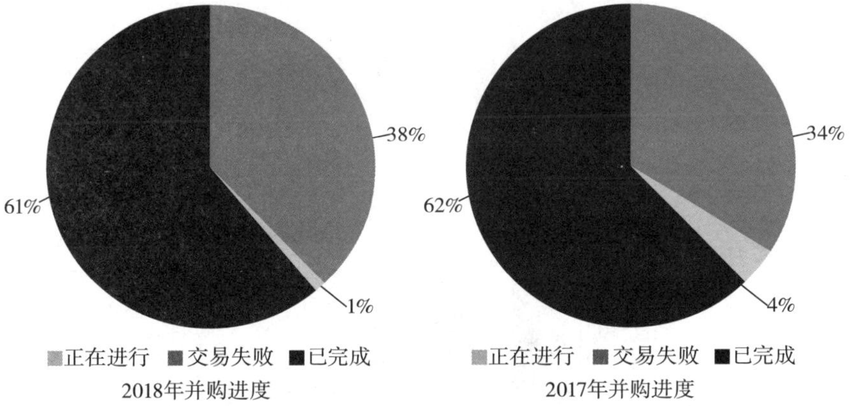

图 19－3　并购进度交易统计年度对比

数据来源：根据 Wind 数据整理

（二）各传媒业并购态势

2018 年，各传媒行业及互联网服务业均有并购交易，其中互联网软件与服务业并购事件数量最多，达 225 件；电影娱乐业紧随其后，以 137 件位于第二；广告业并购数量为 82 件，位居第三；传统媒体行业继续降温，2018 年度图书出版并购数量为 32 起，有线和卫星电视 6 件，广播 2 件（见图 19－4）。在并购规模方面，各传媒子行业均处于低位运行状态，电影娱乐行业年度并购金额为113亿，较2017年暴跌两倍，有线和卫星电视年度并购金额为5.3亿，较2017年更是明显下跌，互联网软件与服务业并购金额为225亿，图书出版并购额为50.9亿，广告并购额为140.8亿，值得一提的是，广播业无论在数量还是金额上都打破2017年“零的诅咒”（见表19－3）。与2017年相比，在各子行业并购数量持续跌落的大环境下，图书出版行业逆势上扬，数量上涨（见图19－5），体现了“全民阅读”政策和数字技术领跑合力下的升温。互联网媒体并购中马太效应明显，强者恒强，但随着今日头条系的追赶和疯狂扩张，互联网龙头地位在未来也面临新一轮洗牌的可能。

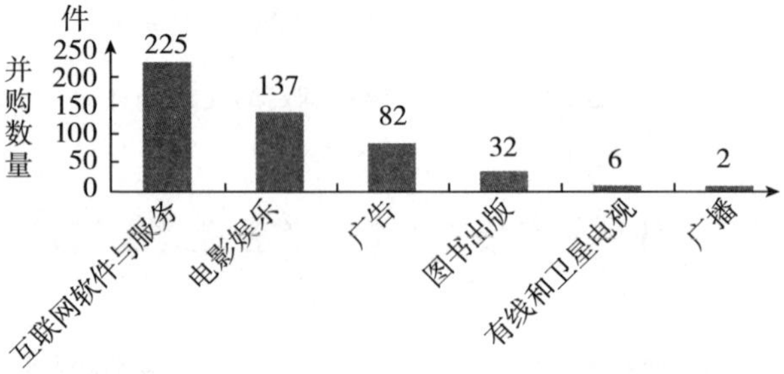

图19－4　2018年传媒各子行业并购分布

数据来源：根据Wind数据整理

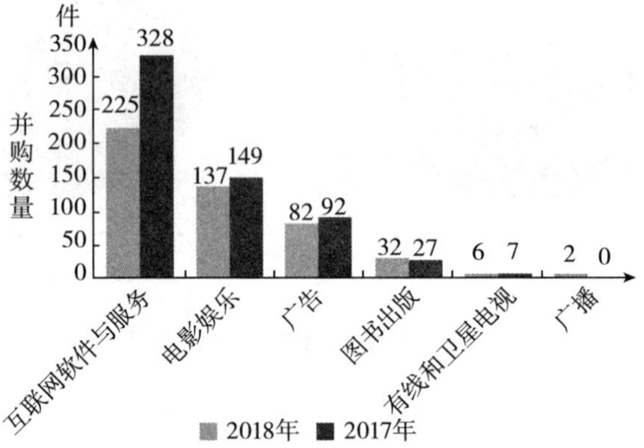

图19－5　传媒各子行业并购分布对比

数据来源：根据Wind数据整理

表 19－3 传媒各子行业并购金额年度对比　　单位：亿元

时间	电影娱乐	广播	图书出版	广告	有线和卫星电视	互联网软件与服务
2018 年	113.5546	10.7108	50.9369	140.8307	5.3047	225
2017 年	389.2539	0	84.5312	144.8378	97.5879	386

数据来源：根据 Wind 数据整理

1. 影视并购下滑，市场布局渐趋完整

2018 年影视市场洗牌加快，行业整合明显，产业迭代加速。2018 年全国电影总票房虽突破业界期待已久的 600 亿大关，为 609.76 亿元，但票房增幅为近三年最低值，后劲不足。从市场表现来看，影视业板块持续下跌，根据 Wind 数据，近一年电影板块下跌 33.57%，影院板块下跌 39.14%。行业趋冷也使影视并购回归理性，2018 年电影娱乐业共发生并购事件 137 件，较 2017 年减少 12 例，并购规模为 113.55 亿，较 2017 年暴跌两倍。2013～2015 年，电影娱乐行业并购浪潮不断高涨，自 2016 年起，影视并购开始冷缩，2017 年证监会严格控制影视业并购资格审批，2018 年以来高片酬、“阴阳合同”和逃税漏税成为影视业的关键词，证监会、文化部、广电总局和国税局不断出台下发相关规范政策。在消化高估值和厘清政策的危机下，影视业停滞不前，行业活跃度下沉。在严监管下，2018 年度影视业并购各方较为谨慎，回归理性，成功率较高，目前仅有澄湖文商旅宣布收购东方网络部分股权案失败。具体来说，2018 年影视业并购市场呈现出两大特征。

第一是明星资本红利被反噬，标的评估重回理性。自 2016 年以来影视业并购市场明星资本纷纷涌入，掀起了通过个人身价抬高无形资产标的评估价值的浪潮。如今变局已至，2018 年 2 月第 10 次并购重组委会议上，证监会否决了长城影视以 10.59 亿元高价收购首映时代 87.50% 股权的交易，首映时代背后的股东以顾长卫夫妇和马思纯等明星资本为代表，这宣告着明星背后的资本价值泡沫不断挤出，未来影视业并购将继续回归理性，向规范化精品化迈进。

第二是市场布局渐趋完整，IP 价值充分释放。纵观 2018 年中国电影与娱乐行业部分并购案例（见表 19－4），今年标的行业以买方行业呈现互为补充的态势：1 月 29 日游戏公司完美世界披露以 16.64 亿元收购旗下影城院线的全部股份；2 月 6 日文投控股宣布以 77.9 亿元收购万达电影 12.77% 股份；3

月 12 日腾讯宣布以 33 亿收购新丽传媒 27.64% 股份，最终以 155 亿元高价收购全部股份。可见均是内容制作行业与院线播放公司、产品发行企业展开战略合作，除此之外，腾讯和阿里巴巴也竞相入局拓展其文娱产业闭环。未来随着税改政策持续落地，艺人片酬回归理性成本值，内容制作方和播放方将成为电影与娱乐业交易标的争夺的热点。

表 19－4　2018 年中国电影与娱乐行业部分并购案例

首次披露日	交易标的	交易买方	标的方所在行业	交易总价值（万元）	最新进度
2018－01－29	完美院线 100% 股权；今典文化 100% 股权；完美影城 100% 股权等	完美世界北京	电影与娱乐	166491.27	签署转让协议
2018－02－06	万达电影 12.77% 股权	文投控股（600715.SH）；杭州臻希	电影与娱乐	779 400.00	进行中
2018－03－12	新丽传媒 27.6420% 股份	腾讯	电影与娱乐	331 704.00	董事会预案
2018－03－22	华录百纳 17.55% 股权	宁波普罗非投资管理有限公司；盈峰控股 HKS)	电影与娱乐	180 000.53	完成
2018－03－27	成都润运文化传播 5% 股权	厦门时代合牛股权投资管理合伙企业（有限合伙）	电影与娱乐	100 000.00	董事会预案
2018－07－04	欢喜传媒 15% 股权	猫眼文化	电影与娱乐	95 000.00（港币）	完成
2018－07－12	新中侨 100% 股份	招商公路（001965.SZ）	电影与娱乐	228 000.00	完成
2018－08－13	新丽传媒 100% 股份	阅文集团（0772.HK）	电影与娱乐	1 550 000.00	完成

续表

首次披露日	交易标的	交易买方	标的方所在行业	交易总价值（万元）	最新进度
2018－09－04	谦玛网络 60% 股权	元隆雅图（002878. SZ）	电影与娱乐	1 550 000. 00	完成
2018－12－10	阿里影业 1. 92% 股权	阿里巴巴（BABA. N）	电影与娱乐	125 000. 00（港币）	进行中

数据来源：根据 Wind 数据整理

2. 游戏与动漫聚拢，争夺移动端口

2018 年，影视与游戏受政策影响双双入冬。3 月初游戏版号停发，意味着游戏市场出现长达 10 个月的停牌，12 月游戏道德委员会的设立标志着过去游戏行业“道德真空，野蛮生长”的扩张黄金期已停摆趋缓。未来游戏并购市场将告别高增长时期，进入深耕存量时代。根据 Wind 数据，2018 年游戏业共发生并购事件 33 件，人口红利逐渐消失殆尽，加之政策的严监管，游戏行业不确定性持续增长。2018 年游戏行业并购市场有几大亮点（见表 19－5 所示）：1 月 31 日，世纪华通以 69. 39 亿元收购游戏开发商点点互动（Funplus），成为 2018 年游戏业海外并购规模的霸主，这起收购也为世纪华通布局海外游戏开发营销提供新的营收增长点；2 月 8 日腾讯以 30 亿元收购盛大游戏部分股权，这也使腾讯进一步掌握了游戏运营产业的话语霸主地位。

随着 PC 游戏接入增长率逐渐接近天花板，未来游戏行业并购市场有两大方向，第一是依靠社交裂变和 BAT 收购来提升存量价值，典型案例就是腾讯收购盛大案。随着移动智能终端的普及和支付技术的便捷，依靠社交传播和接入用户关系网来提高网民对游戏的使用度和认同感已成为提高打开率和付费率的重要手段之一。第二是由单一游戏业向动漫业聚拢，打造“泛游戏”并购市场。2018 年中国的泛二次元用户规模将近 3. 5 亿，因此游戏公司和动漫公司互为买方和标的进行收购，拓展营业版图是“Z 世代”的游戏业趋势。

表 19－5　2018 年游戏行业重大并购事件

时间	事　件	交易额（万元）
2018－01－22	长城影视集团收购长城动漫 5% 股权	14 260. 71
2018－01－31	世纪华通收购点点互动 100% 股权	693 900. 00
2018－02－08	腾讯收购盛大游戏部分股权	300 000. 00
2018－04－19	延安文娱收购量子体育 14. 35% 股权	52 700. 00
2018－04－21	人众投资收购黑蚁游戏 16. 67% 股权	1 093. 11
2018－06－22	吉比特（603444. SHN，603444. SH）、杭州播播、厦门游力信息科技有限公司、心动网络收购易玩网络部分股权	20 000. 00
2018－08－21	宁波保税区永谐国际贸易有限公司收购游族网络 6% 股权	70 526. 58
2018－11－06	大洲娱乐收购长城动漫 3. 06% 股权	4 268. 00

数据来源：Wind

3. 广告出版蓝海变红海，结构持续优化

相比 2016 年、2017 年广告营收业绩，2018 年广告业的表现不尽人意。户外广告股价跌幅最为严重，达49. 61%，广告代理跌幅达42. 4%，向移动端倾斜的趋势更加明显。2018 年广告业共发生并购事件 82 件，较 2017 年减少 10 件，并购规模为 140. 8 亿元，与 2017 年持平。在 2018 年广告业重大并购事件中（见表 19－6），业界较为关注的有 1 月 31 日安信信托以 13. 6 亿元收购印记传媒 6. 03% 股权；7 月 14 日华扬联众以 18. 9 亿收购龙帆广告 100% 股权；7 月 30 日联美控股以 23 亿元收购兆讯传媒 100% 股权。

其中最引人注意的是，7 月 19 日阿里巴巴以 150 亿元收购户外电梯广告巨擘——分众传媒 10. 32% 股权，阿里巴巴在提出“新零售”概念后便一直在追求线下广告公司进行合作，此次并购将是其打通 O2O 的重要一环。在电视广告和平面广告供给饱和后，广告业并购市场结构持续优化，从产品上将向移动广告倾斜，从主体来看将有更多互联网新生力量打破 BAT 的头部壁垒。

表 19－6 2018 年广告行业重大并购事件

首次披露日	交易标的	交易买方	标的方所在行业	交易总价值（万元）	最新进度
2018－01－31	印纪传媒 6.03%股权	安信信托（600816.SH）	广告	136 063.92	完成
2018－06－06	现代传播 100%股权；公交传媒 70%股权	博瑞传播（600880.SH）	广告	82 009.93	发审委未通过
2018－07－10	迪岸双赢 51%股权	联络互动（002280.SZ）	广告	138 975.00	进行中
2018－07－14	龙帆广告 100%股权	华扬联众（603825.SH）	广告	189 000.00	失败
2018－07－19	分众传媒 10.32%股权	阿里巴巴	广告	1 500 000.00	完成
2018－07－30	兆讯传媒 100%股权	联美控股（600167.SH）	广告	230 000.00	完成
2018－12－10	华谊嘉信 5%股权	开域信息	广告	240 000.00	签署转让协议

数据来源：Wind

出版行业深陷红海已久，因媒介形态的技术更迭和用户阅读方式的变革，出版行业面临一轮又一轮的价值危机，缺乏新的盈利增长点，2018 年出版业表现同样乏善可陈，根据 Wind 数据，2018 年图书行业板块同比下跌 23.86%。在图书行业略显沉寂时，数字出版将伴随支付技术的便捷和付费阅读意识的普及而得到广阔发展空间，行业结构优化势在必行。2018 年图书出版业共发生并购事件 32 件，较 2017 年增加 5 件，并购规模为 50.93 亿元，较 2017 年下跌 34 亿元（表 19－7）。在传统出版业，中信投资收购中信出版 10%股权，凤凰集团收购新华印务全部股权，继续深耕图书期刊出版。

在数字出版方面，2018 年 6 月 26 日厦门枫沐为打通数字制作，获得技术支持，以 8.75 亿收购中文传媒 5.02%股权；8 月 24 日光一科技以 2.86 亿收购数字制作发行公司龙源数媒大部分股权。未来，出版业将进一步向内容服务和文化传播转型，兼备制作与营销的出版公司将成为热门并购标的。

表 19－7　2018 年出版行业重大并购事件

首次披露日	交易标的	交易买方	标的方所在行业	交易总价值（万元）	最新进度
2018－03－02	国广东方 35%股权	中国广播电视网	图书出版	46 025.00	签署转让协议
2018－04－28	新华印务 100.00%股权；数码印务 93.76%股权	凤凰集团	图书出版	41 570.40	董事会预案
2018－05－10	奇遇天下 72%股权	天舟文化（300148.SZ）	图书出版	21 600.00	董事会预案
2018－06－26	中文传媒 5.02%股权	厦门枫沐	图书出版	87 579.43	完成
2018－08－24	龙源数媒 80.4071%股权	光一科技（300356.SZ）	图书出版	28 624.93	股东大会通过
2018－09－01	中信出版 10%股权	中信投资	图书出版	—	完成

数据来源：Wind

4. 互联网龙头并购加码，头部效应明显

2018 年并购主体仍为互联网行业，目前互联网企业正加速对传统媒体的盘活收割，并加快与影视、游戏、广告业的战略合作。腾讯与阿里巴巴近两年“你方唱罢我登场”，不断将资本输入文娱行业，加大投融资力度和战略合作，完善旗下文娱产业生态圈。在 BAT 仍奠基行业龙头地位时，JTMD 也持续发力，不断冲击头部地位。2018 年，今日头条在教育、金融和视频领域疯狂扩张，投资动画制片公司“声影动漫”、在线教育平台“一起作业”、办公软件“石墨文档”，并启动 IPO 相关工作。

其中今日头条在 2018 年 2 月以 19 亿元收购自拍 APP“FaceU 激萌”，并收购二次元垂直社区“半次元”，6 月收购北京华夏保险经纪有限公司 100%股权，8 月收购金美林投资顾问有限公司。而相比之下，表现最为亮眼的仍是阿里巴巴和腾讯两大头部公司，两者分别以收购分众传媒和新丽传媒部分股权占据 2018 传媒并购榜前两位（见表 19－8）。可以预计的是，未来互联网并购行业将持续升温，头部红利将继续释放。

表 19 -8　2018 年互联网行业收购部分媒体事件

首次披露日	交易标的	交易买方	标的方所在行业	交易总价值（万元）	最新进度
2018 -08 -13	新丽传媒 100% 股权	阅文集团（0772. HK）	电影与娱乐	1 550 000. 00	完成
2018 -07 -19	分众传媒 7. 99% 股权	阿里巴巴（中国）网络技术有限公司；AIL； New Retail	广告	1 165 359. 04	完成
2018 -07 -02	天图广告 100% 股权	众应互联（002464. SZ）	广告	74 000. 00	失败
2018 -08 -11	创动空间 11. 74% 股权	快手	电影与娱乐	2 999. 99	完成
2018 -06 -04	正在上演 15% 股权	梦网集团（002123. SZ）	电影与娱乐	1 500. 00	签署转让协议

数据来源：Wind

尽管如此，2018 年互联网传媒业并购中也存在不少失败事件，表 19 -9 为 2018 年中国互联网业并购失败的典型案例。2018 年中国传媒业并购失败事件产生的原因主要为资产评估不合理、商誉增值过高和缺乏完整的商业模式。因此即使互联网传媒业并购进程在不断加速，也应理性评估资产和布局产业链，并考虑并购后的组织结构与商业运行，避免停摆现象出现。

表 19 -9　2018 年互联网传媒并购部分失败事件

首次披露日	交易标的	交易买方	标的方所在行业	交易总价值（万元）	最新进度
2018 -05 -05	梵雅文化 94. 4046% 股权	梦舟股份（600255. SH）	广告	41 538. 02	失败
2018 -05 -14	东方网络部分股权	澄湖文商旅	电影与娱乐	—	失败
2018 -06 -06	现代传播 100% 股权；公交传媒 70% 股权	博瑞传播（600880. SH）	广告	82 009. 93	发审委未通过

续表

首次披露日	交易标的	交易买方	标的方所在行业	交易总价值（万元）	最新进度
2018－07－02	天图广告100%股权	众应互联（002464. SZ）	广告	74 000. 00	失败
2018－07－06	哪吒互娱100%股权	出版传媒（601999. SH）	家庭娱乐软件	35 000. 00	失败
2018－07－14	龙帆广告100%股权	华扬联众（603825. SH）	广告	189 000. 00	失败
2018－09－12	苏州梦嘉75%股权	利欧股份（002131. SZ）	互联网软件与服务	234 000. 00	失败
2018－09－29	旭航网络100%股权	骅威文化（002502. SZ）	互联网软件与服务	150 000. 00	失败

数据来源：根据Wind数据整理

二、传媒业并购特征

（一）监管政策持续落地，商誉减值恐有爆雷风险

在流动性紧缩的大环境下，2018年中国各行业并购呈低位运行态势。据Wind数据，2018年国内整体并购数量为12167件。从监管层面来看，广电总局的政策文件和证监会的管理举措，依然延续了2016年以来积极审慎的态势：导向明确，政策趋严。在21世纪初的前五年，传媒资本行业处于新生蓬勃期，监管政策以下调资本准入门槛、推行版权保护制度、鼓励投融资上市为主；在2006－2015年期间，互联网和移动智能终端的普及，为传媒行业的发展提供了新的加速剂，此时政策转向鼓励网络文娱，推动小微私人投融资和税收优惠。

2016年之后行业红利释放速度趋缓，热度下退，内容与资本趋向饱和，监管层开始集中加强价值观导向，提高舆论引导控制力、资本安全、股权稳定上。从2016年起，证监会多次对受资本市场青睐的影视、互联网服务、游戏等热钱涌动范畴行业下发相关公告，采取多种措施来规范寄希望于通过并购来实现外延式扩张、谋求新市场龙头地位、规避创新和IPO风险的企业。并购监管常态化提高了商业战略和盈利增长的不确定性，也降低了投资预期。风险成本的上扬也促使部分企业放弃并购重组扩展自身商业版图，获得协同

效应，转而投身 IPO 和融资市场。

2018 年 2 月证监会规定：如 IPO 失败，三年内不得借壳。当前资本市场处于收窄借壳的风口，因此不少传媒企业选择寻求并购来规避政策风险，做大做强。然而并购的政策利好形式也不容乐观，2016 年 9 月证监会公布了《上市公司重大资产重组管理办法》，2017 年 2 月再融资新规发布，2017 年 7 月，监管层开始调整标的企业对并购重组的高业绩承诺，传媒并购在高压政策下出现颓势，活跃度降低。2018 年媒体业四季度并购规模分别同比下降 42.75%、22.96%、70.06%、58.32%，处于资本投资风口的互联网软件服务业也于 2018 年第一、四季度分别同比下降 28.80%、95.10%。

为放缓并购重组行业紧绷趋势，2018 年证监会分别通过了《关于并购重组"小额快速"审核适用情形的相关问题与解答》《关于 IPO 被否企业作为标的资产参与上市公司重组交易的相关问题与解答》《上市公司重大资产重组管理办法》和《上市公司收购管理办法》等相关文件，加快并购重组系列政策的落地推行，助力"放管服"市场化改革与区域化行业化落地，这有利于并购市场的活跃度上调和快速回暖。据 Wind 数据，2018 年传媒行业并购失败和未通过的案例为 5 件，远低于 2017 年的 16 件与 2016 年的 21 件。

近年传媒业迎接股市发展浪潮，快速占领市场份额，集体发力扎堆进入 A 股市场和新三板。因上市难度的加大，以及海外融资风险的不确定性，传媒业纷纷掀起一股"并购热潮"，与此同时高溢价、高估价与并行的高业绩承诺等也随之而来。作为"轻资产"运作的传媒业，与一般"重资产"企业的区别主要在于标的资产的结构与定价上，而流动资产和无形资产的商誉在很大程度上影响标的估价和未来利润承诺。据 Wind 数据，目前传媒板块的总商誉价值位于全行业第一位，商誉占净资产比重也居全体第二位，资本市场和 IP 化的火热，资产评估方式的不科学，也加速了高溢价现象的频发。因此，高估值和高溢价成为传媒业并购的关键词之一，与此同时带来的高风险也成为悬在购买方和标的企业头上的达摩克利斯之剑。

2018 年 3 月 7 日，引力传媒公告称公司计划以现金 1.92 亿元人民币收购上海致趣广告有限公司 40% 股份。此前引力传媒已以 559.43% 的高溢价率收购其 60% 股份，这导致市场对引力传媒的信任度暴跌，股价下跌 30%。2018 年 2 月第 10 次并购重组委会议上，证监会否决了长城影视以 10.59 亿元高价收购首映时代 87.50% 股权的交易，9 月 8 日长城影视发布公告称终止收购首映时代。此次长城影视并购失败，既与明星资本价值信誉下行、持续盈利能力不确定性有关，更与当今影视文化娱乐业标的商誉溢价过高有关。首映时代净资产账面值为 4130.74 万元，估值 12.1 亿元，增值率高达 2951.22%。根据并购预案，首映时代需保证在 2018—2020 年净利润分别不低于 9000 万元、1.18 亿元、1.56 亿元，而根据首映时代的历史业绩来看，未来三年其净利润很难达到目标值，一旦首映时代未能兑现高收益承诺，商誉迅速跌落的恶果将由长城影视和股民收割。(图 19 - 6)

传媒业在很大程度上以高估值、高溢价并购来谋求资产飞跃，美化财务报表，完成业务跨界。受高业绩承诺的影响，商誉往往在多次估值和多重并购后暴涨，然而在商誉暴增背后往往蕴藏着巨大的爆雷风险，一旦业绩承诺不达标，商誉即大幅下跌，从而影响收购方的净利润与股价，甚至导致部分上市传媒企业停摆退市。当前传媒行业整治力度加大，并购市场整体趋于理性，因此在传媒行业景气度整体下滑的背景下，未来两年需要密切关注并时刻警惕商誉泡沫的产生，防范并购战略失误产生重大风险。

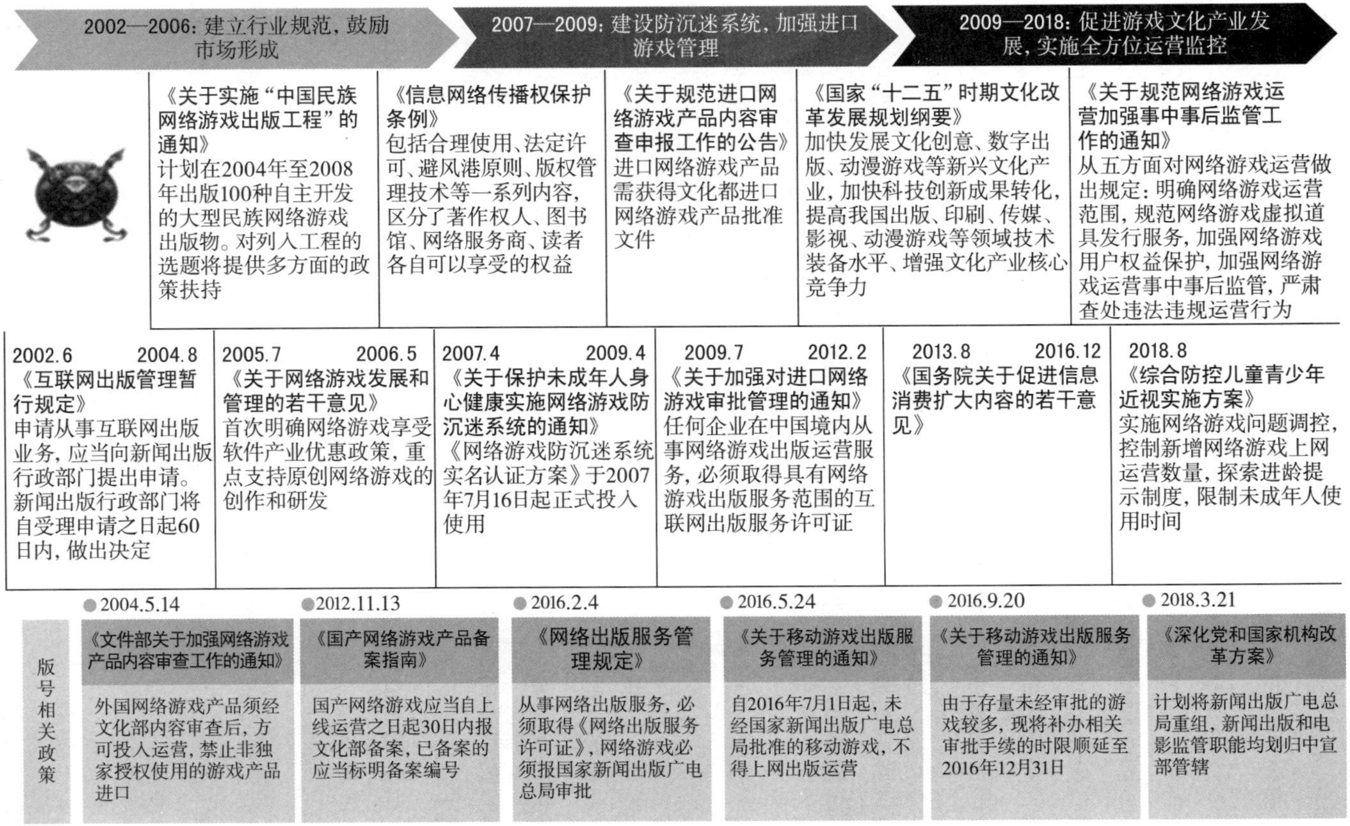

图 19－6　2002－2018 年传媒业部分政策

（二）互联网龙头战加剧，“TOB”临近与行业洗牌

尽管2018年互联网资本适逢“凛冬”，股市跌宕起伏，裁员传言频出，但以阿里、腾讯和百度为首的BAT互联网巨头和后继而上的JTMD仍在深耕自身的生态闭环圈，打造横向、纵向、多元一体的投资并购产业版图。互联网企业和传统传媒行业在资产结构中趋同，均为轻资产企业，流动比例高，业务覆盖广，因此相比收益和净利润的追逐，互联网企业更注重抢占用户流量入口，通过扩张平台渠道，填补产业链和生态圈空白，挤占泛娱乐传媒生态位，谋求行业垄断地位，以此获得企业内部资产、管理和人员，以及外部产业上下游的协同效应。互联网传媒业与传统媒体的差异，主要在于对用户数据的追逐度上，譬如先行的BAT和后起的JTMD均是在占据母公司分行业领域垄断地位后，挖掘用户流量，争夺社交入口，提升用户使用黏性和忠诚度，从而达成流量变现，创造品牌效应，提升IPO估值的目的。

BAT三者的核心战略资源各不相同，如百度占据搜索龙头、阿里巴巴享有电商流量、腾讯则抢攻社交入口，因而三者能在一定时间内凭借默契的“合谋”攻占各自优势市场端。并购浪潮袭来后，阿里巴巴和腾讯纷纷大手笔购入影视、媒体、广告、科技等TMT公司，而百度则略显踌躇步履缓慢。在股市认同度和市场气候不明朗情况下，2018年BAT间分化更为明显，阿里巴巴和腾讯各有亮点，而百度则暂时掉队，泛娱乐行业洗牌加速。

在从互联网到移动互联网的商业转型中，腾讯凭借在PC端累计的用户流量迅速克服了水土不服挑战。根据施拉姆的媒介信息选择或然率公式：选择的或然率=报偿的保证/费力的程度，由于用户在不同产品段中进行切换较为费力且机会成本高昂，因此腾讯在并购传媒产品后将旗下的社交账号（如微信、QQ数据）作为登录入口，由此大大降低新生用户注册与登录难度。社交作为人的自我实现需求，为腾讯收割了巨大的用户流量，并助力腾讯在O2O和TOB端布局生态闭环。2018年以来腾讯进行投资并购的领域主要集中于移动游戏、互联网金融电商、媒体社交以及移动视频与服务业务。2018年腾讯陆续投资快手、喜马拉雅、哔哩哔哩、华人文化、梨视频等42家文化娱乐企业和盛大游戏、VSPN等8家游戏公司，在互联网行业龙头中无论是数量还是体量都处于优势地位。

据Wind数据（见表19－10），2018年腾讯在互联网传媒行业并购披露数

量为6起，1月30日以12.75亿元收购永辉云创部分股权，2月7日以700万元收购速宝科技3.5%股权，3月12日以33亿元收购新丽传媒27.64%股权，3月29日以400万元收购畅游新媒10%股权，8月8日以6100万元收购安畅网络部分股权，12月1日以3166万元收购青藤文化10%股权。在这6起并购事件中，尤以收购新丽传媒最为引人注目，3月12日腾讯旗下阅文集团发布公告，宣布以33亿元收购新丽传媒27.64%股权，8月13日阅文集团宣布拟以不超过155亿元的价格，收购影视制作公司新丽传媒100%股权，同时新丽传播未来三年的利润要分别达到5亿元、7亿元、9亿元共计21亿元。

作为国内最大的电商平台，阿里巴巴的核心资源是消费流量和云技术，但在移动智能终端时代，电子商务的支付场景发生了巨大变化，移动支付和流量社交的重要性凸显，迫使阿里巴巴收割线上流量入口，开拓线下移动生活形式和新零售业，并且在并购方式上以全资收购为主，以便获得更多股份控制权服务于核心主业，巩固其互联网巨头地位。

表19-10　2018年腾讯部分并购事件

首次披露日	交易标的	交易买方	标的方所在行业	交易总价值（万元）	最新进度
2018-01-30	永辉云创部分股权	永辉超市（601933.SH）；林芝腾讯科技有限公司	互联网软件与服务	127 500.00	董事会预案
2018-02-07	速宝科技3.5%股权	深圳腾讯创业；吕一闻	互联网软件与服务	700.00	进行中
2018-03-12	新丽传媒27.6420%股份	林芝腾讯科技有限公司	电影与娱乐	331 704.00	董事会预案
2018-03-29	畅游新媒10%股权	深圳腾讯创业	广告	400.00	董事会预案
2018-08-08	安畅网络部分股权	林芝腾讯科技有限公司	互联网软件与服务	6 100.74	完成
2018-12-01	青藤文化10%股权	深圳腾讯创业	有线和卫星电视	3 166.60	完成

数据来源：根据Wind数据整理

2018年阿里巴巴陆续投资万达电影、华人文化、今日头条灿星制作等9

家文化传媒企业，据 Wind 数据（见表 19－11），2018 年阿里巴巴在互联网传媒行业并购披露数量为 3 起，7 月 19 日以 116 亿元收购分众传媒 7.99% 股权，7 月 26 日以 4000 万元收购龙图信息部分股权，12 月 10 日 12.5 亿元收购阿里影业 1.92% 股权。2018 年 4 月阿里巴巴以 95 亿美元收购饿了么全部股权，成为今年互联网并购案例中的最豪气一掷，另外对分众传媒收购是今年阿里巴巴在文化传媒领域最亮眼的事件；7 月 19 日分众传媒发布公告称阿里巴巴共出资约 151 亿元，占股超过 10%，成为分众传媒第二大股东。分众传媒主营户外广告业务，是阿里巴巴扩张流量和新零售营销网中的重要一环，阿里巴巴在历经收购传统媒体后转向户外线下流量入口，也暗藏打通 O2O 全流量，争夺 TOB 端龙头的野心。

表 19－11　2018 年阿里巴巴部分并购事件

首次披露日	交易标的	交易买方	标的方所在行业	交易总价值（万元）	最新进度
2018－04－02	饿了么部分股权	阿里巴巴（BABA. N）	互联网软件与服务	950 000.00（美元）	完成
2018－04－03	乐动力 100% 股权	阿里体育	互联网软件与服务	—	完成
2018－07－19	分众传媒 7.99% 股权	阿里巴巴（中国）网络技术有限公司；AIL； New Retail	广告	1 165 359.04	完成
2018－07－26	龙图信息部分股权	阿里创投	互联网软件与服务	3 999.65	完成
2018－12－10	阿里影业 1.92% 股权	阿里巴巴（BABA. N）	电影与娱乐	125 000.00（港币）	进行中

数据来源：根据 Wind 数据整理

2018 年，百度在传媒业布局格外缓慢，在传统互联网时代，百度掌握着巨大的搜索流量，但移动互联网时代的用户更多依靠社交媒体和其他移动细分应用进行搜索，因此百度的在线流量日益枯竭，并转型布局 AI 和线下入口。2018 年百度在文化传媒领域仅向新潮传媒、网易云音乐、百度视频和梨视频进行投资，无并购进展。除 BAT 外，2018 年 2 月 23 日移动社交公司陌陌宣布以现金＋股权方式，以 6.8 亿美元收购探探 100% 股权，陌陌和探探分居陌生社交排名第一、第二，此次聚拢将有助于陌陌巩固和拓展用户流量，拓宽行业多元化社交场景，寻求多种变现形式，实现泛娱乐行业的合作共赢。

在互联网传媒行业龙头战由“三足鼎立”向“二强争霸”推进时，“TOB”大潮也随之临近。同C端注重用户需求不同，B端更强调产品闭环，在人口红利持续跌退下，“两超多强”市场格局，重回产品端布局全产业链打造生态闭环将是传媒业并购趋势。

（三）影视游戏遭遇寒冬，ACG表现亮眼

2018年传媒产业并购市场面临比往年更严峻的扩张压力和交易阻力。对于意识形态色彩更为强烈的影视行业，以及使用消费大众化的游戏业来说，无疑更是在政策和实绩上遭遇寒冬，如履薄冰。实际上2016年、2017年广电总局、文化部和证监会对影视游戏业的监管政策不断，因此在重拳整治下，两大行业并购数量增速放缓，明显已由增量扩大转向盘活存量，市场洗牌明显加速。与影视游戏业的寒冬相反，基于传统动漫和移动智能终端嫁接而生的ACG文化在今年表现亮眼，成为“Z世代”消费场景下投资并购新趋势。

2018年影视热点频出，影视行业在经历了两年盘活存量调整期后，依旧跌幅明显，发展停滞。受“阴阳合同”、偷税漏税补税持续发酵和艺人高片酬等问题的影响，影视板块的景气度依旧沉滞。其最大表现之一是产业结构震荡收缩，中小公司与头部公司的产能和资源差距进一步拉大，倒逼精品内容耕耘成长期趋势。宏观经济下降、明星资本化风险上扬、资源扩张的短板限制了影视行业的投融资并购步伐和行业整体工业化升级。

2018年2月6日万达集团公告披露称阿里巴巴旗下臻希投资拟以77.9亿元购入万达影业12.77%股权，3月22日普罗非公告披露以18亿人民币购入华录百纳17.55%股权，7月4日猫眼文化以9.5亿港币收购欢喜传媒15%股权，8月1日嘉凯城以5.95亿元收购时代影院100%股权和艾美影院100%股权，8月13日文集团宣布拟以不超过155亿元的价格，收购新丽传媒100%股权，9月29日快乐购公告称以115.5亿元并购芒果系资产（快乐阳光、天娱传媒、芒果娱乐、芒果影视、芒果互娱）并更名为芒果超媒。

尤其值得关注的是快乐购100%收购芒果系资产案，通过整合芒果系内容、广告、影视、艺人、营销渠道，在形成文娱产业矩阵，提高网络视频市场竞争力的同时，又可依托小屏带大屏的平台优势提升湖南卫视作为传统电

视业主流媒体的收视份额与广告号召力，连通线上线下打造垂直化内容生态网络。整体来看，今年影视业并购以横向为主，政策趋紧，从长期来看，相关政策的收紧将提高企业拓展上下游资源成本，加快市场出清，利好行业细分，并有利于影视市场整体工业化升级。

游戏业在经过2016年、2017年的主业加码和行业细化后成为高估值板块，但在2018年也迎来了寒冰时代。受新用户人口红利殆尽、游戏版号停发等政策性因素影响，游戏行业估值回落，投资显著下滑，利润增速趋缓。2018年3月起，广电总局暂停游戏版号审批，直到12月底才逐渐恢复。监管机构中止新游戏的审批流程，意味着国家开始控制游戏版号申请与总量结构，对游戏的价值观导向偏差、金钱充值泛滥、防沉迷限制不足和文化内涵缺失等问题逐渐重视，这在很大程度使新游戏上线受限。2018年12月7日网络游戏道德委员会成立，证监会也规定称募资原则上不得跨界投资影视或游戏，这也在一定程度上导致游戏行业整体增速放缓，存量游戏在封闭市场内厮杀重重。

2018年前三季度国内上市游戏公司中，42%的公司净利润出现下滑，腾讯11月发布的财报显示前三季度游戏收入占总收入的比重下降至32.03%，为2015年以来的最低值，公司市值蒸发超过2000亿美元。受此影响，2018年度游戏行业并购态势并不亮眼，略显平淡，主要驱动力仍是头部游戏公司。2018年1月29日帝龙文化披露以2.37亿元人民币收购深圳米趣玩科技有限公司100%股权，为帝龙文化在游戏研发和发行的布局上产生积极影响；1月31日世纪华通以69亿元收购海外游戏公司点点互动全部股权；2月8日，腾讯以30亿元入股盛大游戏；5月8日科达股份公告拟以6.14亿元收购移动游戏代理发行公司鲸旗天下67.5%股权来拓宽其游戏推广业务；7月17日爱奇艺以20亿元收购天象互动100%股权，12月18日掌趣为提高资源配置能力，拟以3亿元收购天马时空20%股权，收购完成后，掌趣持有天马时空100%股权。在游戏版号入局重启后，内容加持和挖掘海外流量红利将成为游戏行业过冬的主要驱动力。

ACG是指动画、漫画、游戏和轻小说组成的文化圈，据伽马数据，2018年中国二次元用户规模达3.7亿，ACG目前正成为影视业、出版业和动漫业聚拢后新的传媒业跨界风口。2018年6月5日，快手以7.5亿元收购AcFun

（A 站）100%股权，快手用户群集中于二三线城市，年龄层次布局均衡，创作传播热情高，A 站用户集中于一线及新一线城市且以年轻人为主，社群连接能力强，付费意愿高，对新潮文化接受能力强。因此收购 A 站可帮助快手覆盖外围年轻用户圈层，提高流量变现能力，共谋市场战略布局。10 月 3 日腾讯对哔哩哔哩（B 站）投资 3.176 亿美元，持股比例将增至约 12%，12 月 12 日 B 站宣布收购网易漫画的主要资产，目前 B 站的 ACG 市场布局已遍布内容创作、游戏开发、线下展示以及内容化商品化和销售等数十家公司。ACG 用户的年轻化、强付费意愿与文娱产业的高契合度有助于传统动漫和影视游戏公司打造泛娱乐生态链闭环，也吸引腾讯和阿里巴巴等重量级巨头的资本入局。

游戏版号恢复审批只是上一个风口的结束，未来影视游戏业将会面临更多的监管措施。因此游戏行业并购的破局之路要由吸引流量转向变现流量，专注存量运营。可以预见，未来资本运营和流量红利都将更趋向 IP 链闭环头部公司，上游内容创作专业化、中游作品传播垂直化和下游产品销售场景化将成为未来选择并购标的的重点考量方向。

（四）供给侧改革促行业理性，跨境并购成未来趋势

2018 年传媒业并购仍处于消化高估值阶段，在经历政策波动和市价阵痛期后，竞争焦点将回归到内容精品化上，对高增长和多并购的关注度与活跃度将持续走低，开发内生成长的持续驱动力和产品的长线竞争价值成为热点。未来传媒业产能将进一步收缩，原创精品内容成估值焦点。随着监督和产业创新进入瓶颈期，国内传媒业并购将进一步开拓海外布局，以获得规模效应和协同效应。

供给侧改革催生传媒并购新生态，产品供给受产品质量和政策动向影响，产能有效供给的不足和行业成本结构的政策收紧促使精品化趋势逐步确立。相比 2016 年、2017 年的大规模纵向并购，2018 年传媒并购态势更多以横向和多元化为主，因此利好精品内容行业龙头。供给侧改革短期将使产品增量断崖式下跌，加速行业出清，并购浪潮风光不再，但从长期来看传媒业将重回理性，优势内容制作公司取得头部地位，优质内容向平台聚集，文化自觉与文化自信成为主潮流。

以阅文集团收购新丽传媒为例，新丽传媒作为影视制作的龙头公司，除

借力团队人力和资源经验优势外，依靠的是上游 IP 端的作品孵化势能。背靠阅文和腾讯集团，新丽传媒可在精品内容争夺战中赢得大量头部 IP 资源，取得内部资源的协同效应。2018 年 3 月 22 日普罗非公告披露以 18 亿元购入华录百纳 17.55% 股权的行为也并非盲目扩张，而是为满足其从投资和科技业跨足影视行业的多元化战略，谋求外部产业多元化协同效应的发展需求。在监管趋严和宏观经济下行压力的推动下，内容价值的回归是并购市场的可期之选。

2018 年全球贸易环境可谓是“稳中有变”，一方面中国与欧亚等国的联系日益紧密，另一方面美国的贸易保护主义也为跨国贸易蒙上变局，全球化趋势势不可挡，未来传媒业并购的驱动力和地域方向将会由国内第一级用户渠道市场转向第二级全球蓝海流量市场，头部企业也将由瓜分内部残余企业转向海外新用户收割与流量分发。

从总量看，据 Wind 数据（见表 19－12），在全球市场对国内出境并购审核政策收紧和传媒业监管趋严的大环境下，2018 年全行业跨境并购（含入境、出境、境外并购）共 1019 件，较 2017 年上升 433 件，传媒业跨境并购为 21 件，较 2017 年上升 5 件；尽管境外传媒业活跃度同样降温，但依然难掩国内传媒业出海的热情。从方向上看，2018 年传媒业出境并购 11 件，境外并购 9 件，入境并购和 2017 年相同，均为 0 件。从行业看，2018 年传媒业跨境并购仍集中于电影与娱乐行业，达 14 件，广告业居次，为 6 件，这和两大行业在整个传媒业中的发展态势和规模地位相对称，强者恒强，弱者恒弱。但从整个行业的长远增量空间看，游戏业有望后来居上，成为传媒行业海外并购版图新的引擎。

2018 年 1 月 31 日，世纪华通以 69 亿元收购海外游戏公司点点互动全部股权，成为世纪华通出海扩张，拓展业务板块布局的重要一环。至此世纪华通获得菁尧国际、华聪国际、华毓国际、点点互动（北京）科技有限公司 100% 股权，并通过境外子公司现金支付方式购买点点开曼 40% 股权。据 Wind 数据，世纪华通以总市值 480 亿元超过完美世界的 380 亿元，跻身 A 股网游前三甲；另外，腾讯、三七互娱、完美世界等游戏公司出海成绩也格外亮眼。

表 19-12　2018 年传媒业跨境并购事件

首次披露日	交易标的	交易买方	标的方所在行业	交易总价值（万元）	最新进度
2018-02-15	Opera AS 14.7% 股权	昆仑万维（300418.SZ）	互联网软件与服务	59 274.24	股东大会通过
2018-03-22	分众传媒 7.99% 股权	阿里巴巴（中国）网络技术有限公司；AIL；New Retail	广告	1 165 359.04	完成
2018-03-27	成都润运文化传播 5% 股权	厦门时代合牛股权投资管理合伙企业（有限合伙）	电影与娱乐	100 000.00	董事会预案
2018-04-02	寰宇娱乐文化 27.77% 股权	Pioneer Entertainment	电影与娱乐	12 839.00（港币）	完成
2018-07-04	欢喜传媒 15% 股权	猫眼文化	电影与娱乐	95 000.00（港币）	完成
2018-08-13	新丽传媒 100% 股权	阅文集团（0772.HK）	电影与娱乐	1 550 000.00	完成
2018-09-12	Fun-Media 部分股权	哔哩哔哩	电影与娱乐	—	完成
2018-10-29	万达文化管理 75% 股权，万达 BVI 文创 100% 股权	融创地产	特殊消费者服务，电影与娱乐	628 100.00	签署转让协议

数据来源：根据 Wind 数据整理

从跨境并购的动因来看，由于互联网新接入用户涨幅逐渐消退，人口红利即将丧失的行业成熟期中，用户对产品的质量水平、操作设施、使用成本和报偿都提出了较高的要求，因此在开发成本周期难以和利润回流周期对接的情况下，国内传媒企业常面临资金链短缺。尤其受 2018 年游戏版号停发的影响，游戏市场出现了长达 10 个月的产品迭代空白，新的盈利增长点的缺失以及资金链无法正常循环，致使不少中小游戏公司均遭到灭顶之灾。因此造船出海成为不少文化传媒公司和互联网公司拓展边际、布局海外的新思路。

三、2019年中国传媒业并购展望

2018年文化传媒并购市场持续降温，并购数量颓势依旧，并购规模大幅萎缩。行业龙头争夺战加剧，整治力度进一步加大，传媒子行业外延式并购将逐渐转回内生式生长。传媒业是社会生态系统的重要一环，达尔文的自然选择理论同样适用于并购市场。物竞天择，在经历行业阵痛期和监管常态化后，传媒并购的第一个发展浪潮已悄然退去，行业区分度将更加明显，洗牌速度加快；但适者生存，在流量红利触顶、后劲不足的情况下，未来内容的规范化和精品化趋势决定了传媒业的转型方向：资本加持内容价值，释放文化潜能。十八大以来文化自觉和文化繁荣指明了传媒业并购的前进主基调，在瓶颈一一突破后，未来的传媒并购市场将出现良币驱逐劣币的下一个浪潮，并购市场重回理性是大势所趋。

（一）游戏：版号发审恢复，内容端将迎来改善

2019年版号通道开放，将驱动2019年游戏业更快成长。2018年12月21日，中宣部出版局副局长冯士新在2018游戏产业年会上表示，游戏行业审批已经重启，随后2018年12月底国家公布了第一批80个游戏板块获批（包含4款上市公司的游戏产品），其中移动游戏67款，客户端游戏6款，网页游戏6款，PS4游戏机1款。目前，几大主要游戏厂商均有多款爆款游戏在等待版号落地，其中包括《使命召唤》《海岛纪元》《完美世界手游》《大天使之剑手游》和《权利的游戏：凛冬将至》等。多款游戏有望在2019年登陆市场，从而推动游戏市场多点开花。总之，尽管2018年整个游戏行业笼罩在巨大的政策风险中，特别是游戏市场供给受限，但用户对游戏的需求依旧旺盛，推动整个市场实现微增长。应该说游戏市场最悲观的时点已过，因此预计2019年游戏行业有望触底回升，驱动游戏板块估值和业绩双提升。

（二）电影：政策推动行业洗牌，龙头并购整合优势明显

2018年12月13日，国家电影局下发《关于加快电影院建设促进电影市场繁荣发展的意见》要求，“到2020年，全国加入城市电影院线的电影院银幕总数达到8万块以上，鼓励电影院线公司依法依规并购重组。”同时还提出“成立电影院线公司须控股影院数量不少于50家或银幕数量不少于300块；一年度合计票房收入不低于5亿元。”这一政策主要强调对影院的集中管理以及抬高院线设立门槛，从而抑制行业的无序扩张，进而提高影院资产效率，

由此将推动行业整合的进程。目前对于头部企业来说，具有更强的规模效应。以平均票价、场均人次以及上座率作为评价指标，并结合艺恩数据库，发现在主要的院线中，有67%的院线和89%的影投在资产效率上高于行业平均水平。同时，近几年院线资产收购多集中在资金实力雄厚，资产效率较高的头部影视公司，譬如万达电影收购澳大利亚 Hoyts、中影集团收购大连华臣等。因此，在政策的推动下，电影行业并购有望在2019年进一步加速，而头部公司具有较高的资产效率和整合能力，整合优势更加明显。

（三）动画：资本趋于理性，聚焦全产业链运营

进入21世纪，政府意识到动画产业对于国家软实力的重要性，因此采取一系列政策措施来支持与推动动画业发展。近二十年来，在政策、资本、新媒体和受众等多重驱动下，中国动画业产值持续快速增长。据 Choice 终端、企业调研及鲸准洞见信息统计数据显示，2017年中国动画行业产值达到1560亿元。实际上自2015年以来，动画业已受资本市场密切关注，许多动画公司纷纷成立，但现有商业模式能使动画产业整体呈现盈利，因此预测2019年，部分动画公司将面临并购整合，动画业将趋于理性；特别是在2019年将有越来越多的动画企业构建 IP 品牌，进行全产业链运营，通过 IP 资源进行综合内容开发，丰富企业业务类型。

（四）图书：影视化延伸图书产业链，头部作品马太效应增强

改编模式成为影视作品的创作主流，IP 的流量吸引作用明显。目前，IP 改编基本成为影视剧的主要内容来源。在2017年热播的影视剧中，热度前三的影视剧均是由 IP 改编而成；在2018年前三季度的热播剧中，有4部 IP 改编影视剧进入前十。这是由于 IP 文学作品本身就具有一定的读者积累，在改编为影视剧后，能够迅速引起原有读者的关注，迅速为其带来观众流量。头部作品销售份额不断增加，图书市场马太效应逐步增强。由于与影视作品的联动逐步加强，图书作品逐步展示出影视作品的特性。据2018年最新数据，TOP 10000 品种的单品种码洋为338.54万元，而行业平均的单品种码洋仅为2.14万元，头部作品基本贡献了行业的主要收入。图书行业的“马太效应”越来越强，并带动精品畅销书成为各大出版公司追逐和重视的目标。预计2019年，图书行业的并购重组热点是拥有优质内容的图书出版公司与实力较强的影视公司之间的融合合作。

第二十章　中国海外传媒投资报告

陈秋云　于忻田

一、中国海外传媒投资的特点

2018年，尽管面临复杂严峻的外部投资环境，中国对外投资总体上还是保持了平稳有序的发展。据商务部数据显示，2018年，中国全行业对外直接投资1298.3亿美元，同比增长4.2%。其中，对外金融类直接投资93.3亿美元，同比增长105.1%；对外非金融类直接投资1205亿美元，同比增长0.3%。

2018年，中国海外传媒投资呈现以下几个特点。

（一）地方企业和民营经济对外投资活跃

2018年，地方企业对外直接投资834.3亿美元，同比增长11.3%，占同期总额的69.2%。非公有经济控股主体对外投资554.2亿美元，占57.4%，较2017年提高8.4个百分点。以阿里巴巴和腾讯为代表的互联网公司继续表现抢眼，是中国企业海外投资的一支主力军。同时其他的民营资本也积极参与海外传媒投资。

（二）投资目的地仍以欧美国家为主

欧美发达国家以其优良的投资环境和政策，继续吸引着很多中国企业前去投资。美国继续成为最受中国资本欢迎的的国家。但是与2017年相比，美国公司获投的事件大幅下降。2018年总共82起，涉及美国的有21起，占26%，比2017年下降20个百分点。

（三）“一带一路”沿线国家持续吸引中国企业

中国企业对“一带一路”沿线的56个国家实现非金融类直接投资156.4亿美元，同比增长8.9%，占同期总额的13%。在“一带一路”沿线的63个国家对外承包工程完成营业额 893.3 亿美元，占同期总额的52%。印度作为“一带一路”沿线的重要国家，市场发展潜力大，是中国资本密切关注的区域。另外，新加坡、越南、韩国、马来西亚、印度尼西亚、泰国等地也成为中国资本重点布局的国家。

（四）中国对外投资继续趋于理性

2018 年，对外投资结构持续多元，对外投资方式不断创新。虽然世界经济的不确定因素增加，但企业和政府积极应对。企业对外投资并购活跃，境外融资比例高，流向第三产业的对外直接投资 842.5 亿美元，同比增长3.6%，占69.9%。娱乐业对外投资没有新增项目，非理性投资继续得到有效遏制。

二、中国海外传媒投资领域分析

2018 年中国海外传媒投资事件主要有 82 件，涉及金额超过 109 亿美元，投资事件数与 2017 年基本持平，但总投资金额却大幅下降。投资领域主要涉及企业服务、电子商务、游戏动漫、泛娱乐、影视、出版、AR/VR、新媒体等。

（一）企业服务/技术领域

表 20－1　2018 年投资企业服务/技术领域事件一览

序号	投资方	标的方	地区	时间	金额	轮次	其他投资方
1	滴滴出行	Brazil's 99	巴西	2018 年 1 月	10 亿美元	收购	
2	平安全球领航基金	StartUp Health	美国	2018 年 1 月	1930 万美元	战略投资	
3	红杉中国	Canva	澳大利亚	2018 年 1 月	4000 万美元	未披露	Blackbird Ventures、Felicis Ventures
4	百度风投	lightelligence	美国	2018 年 2 月	1000 万美元	种子轮	
5	火币网	WXY	新加坡	2018 年 2 月	149 万美元	战略投资	
6	阿里巴巴	GetLinks	泰国	2018 年 4 月	未披露	战略投资	Seek Group

续表

序号	投资方	标的方	地区	时间	金额	轮次	其他投资方
7	阿里巴巴	SQream	以色列	2018 年 5 月	2640 万美元	B 轮融资	World Trade Ventures, Paradiso Ventures 等
8	红杉中国	Viva Republica	韩国	2018 年 6 月	4000 万美元	D 轮	GIC
9	阿里巴巴	Smartrac	荷兰	2018 年 7 月	未披露	天使轮	
10	分布式资本	Jarvis +	美国	2018 年 7 月	未披露	战略投资	
11	曜为资本	Athlier	美国	2018 年 7 月	未披露	天使轮	
12	清华紫光	Linxens	法国	2018 年 7 月	26 亿美元	收购	
13	石基信息	StayNTouch	美国	2018 年 9 月	未披露	收购	
14	科达洁能	ICF & Welko	意大利	2018 年 9 月	1.9 亿美元	收购	
15	金沙江创投	CherryHome	美国	2018 年 12 月	520 万美元	战略投资	

资料来源：根据钛媒体等网站提供的数据整理而成

由表 20－1 可以看出，2018 年投资企业服务/技术领域事件主要有 15 件，涉及金额超过 39 亿美元。其中，阿里巴巴集团投资项目最多，共有 3 件。而已知投资金额最多的是清华紫光以 26 亿美元收购法国芯片制造商 Linxens，滴滴出行斥资 10 亿美元收购巴西 Brazil's 99。从轮次上看，本年度该领域的收购和战略投资比重有所上升，而其余的投资事件多集中在早期项目。

（二）电子商务领域

表 20－2 2018 年投资电子商务领域事件一览

序号	投资方	标的方	地区	时间	金额	轮次	其他投资方
1	京东	Tiki. vn	越南	2018 年 1 月	未透露	战略投资	VNG Group
2	大杨创世	InStitchu	澳大利亚	2018 年 2 月	250 万美元	战略投资	
3	赛富基金	Urban Ladder	印度	2018 年 3 月	1200 万美元	E1 轮	Sequoia Capital（红杉海外）、Steadview Capital、Kalaari Capital 投资
4	戈壁创投	AVANA	马来西亚	2018 年 3 月	100 万美元	Pre－A 轮	Cradle Seed Ventures、TH Capital
5	蓝池资本（阿里巴巴）	Rent The Runway	美国	2018 年 3 月	2000 万美元	战略投资	
6	阿里巴巴	Lazada	新加坡	2018 年 3 月	20 亿美元	战略投资	
7	阿里巴巴	Paytm Mall	印度	2018 年 4 月	4. 45 亿美元	B 轮	软银集团等
8	阿里巴巴	ORDRE. com	法国	2018 年 5 月	2000 万美元	战略投资	
9	华创资本	Ezbuy	新加坡	2018 年 5 月	1760 万美元	C 轮	IDG 资本、Ventech China 银泰资本、云九资本等
10	阿里巴巴	Daraz	巴基斯坦	2018 年 5 月	未透露	全资收购	
11	赛富基金	Meesho	印度	2018 年 6 月	1150 万美元	B 轮	红杉海外、Y Combinator、Venture Highway

续表

序号	投资方	标的方	地区	时间	金额	轮次	其他投资方
12	拉夏贝尔	Naf Naf	法国	2018 年 6 月	5876 万美元	战略投资	Star Platinum、East Links
13	中华开发	Boxed	美国	2018 年 8 月	1.11 亿美元	D 轮	Alpha Square Group、Gabriel Naouri 等
14	兰亭集势	Ezbuy	新加坡	2018 年 11 月	8555 万美元	收购	
15	顺为资本	Meesho	印度	2018 年 11 月	5000 万美元	C 轮	DST Partners、RPS Ventures 等
16	阿里巴巴	Tokopedia	印度尼西亚	2018 年 12 月	11 亿美元	战略投资	软银愿景基金
17	赛富基金	High Street Essentials	印度	2018 年 12 月	850 万美元	B 轮	Indian Angel Network

资料来源：根据 IT 桔子等网站提供的数据整理而成

由表 20－2 可以看出，2018 年度电子商务领域投资持续回暖，总投资金额超过 39 亿美元。其中阿里巴巴集团投资事件最多，且投资金额占比最大；其次是赛富基金、顺为资本等活跃度较高的投资集团。从投资对象来看，2018 年国内许多有实力的投资集团纷纷将目光投向印度、印度尼西亚等一带一路沿线国家市场，且投资金额较大。如阿里巴巴集团数额最大的两次投资分别斥资 20 亿美元和 11 亿美元投资东南亚最大的电商平台 Lazada 和印尼最大的电商平台 Tokopedia；而赛富基金本年度的三次投资也皆是投资印度电商 High Street Essentials、Meesho 和 Urban Ladder。

（三）文化艺术及相关服务等领域

表 20－3　2018 年文化艺术及相关服务等领域投资事件一览

序号	投资方	标的方	地区	时间	金额	轮次	其他投资方
1	巨人网络	Playtika	以色列	2018 年 11 月	4545 万美元	并购	
2	腾讯	Ubisoft 育碧	法国	2018 月 3 月	4.52 亿美元	战略投资	
3	浙江世纪华通集团股份有限公司	Kakao Games	韩国	2018 年 4 月	1768 万美元	战略投资	Actoz soft
4	腾讯	Grinding Gear Games	新西兰	2018 年 5 月	未披露	收购	
5	网易	Bungie	美国	2018 年 6 月	1 亿美元	战略投资	
6	峰瑞资本	EON Protocol	美国	2018 年 7 月	数百万美元	天使轮	BGOGO、裂变资本等
7	网易	Jumpship	英国	2018 年 7 月	数百万美元	战略投资	
8	腾讯	Bluehole Studio	韩国	2018 年 8 月	4.47 亿美元	战略投资	
9	腾讯	Dream11	印度	2018 年 9 月	1 亿美元	D 轮	
10	盖娅互娱	BHVR	加拿大	2018 年 10 月	未透露	战略投资	
11	腾讯	Discord	美国	2018 年 12 月	1.5 亿美元	E 轮	Greenoaks Capital Management、Index Ventures 等
12	真格基金	CastBox	美国	2018 年 4 月	1350 万美元	B 轮	SIG 海纳亚洲、IDG 资本等

续表

序号	投资方	标的方	地区	时间	金额	轮次	其他投资方
13	腾讯	Sound Hound	美国	2018 年 5 月	1 亿美元	战略投资	Daimier, Hyubdai Motor Company, Media Group, Orange
14	小米	Share Chat	印度	2018 年 6 月	1 亿美元	战略投资	
15	小米	Share Chat	印度	2018 年 1 月	1820 万美元	B 轮	顺为资本
16	小米	Samosa Labs	印度	2018 年 8 月	700 万美元	战略投资	红杉资本
17	顺为资本	Vokal	印度	2018 年 7 月	500 万美元	A 轮	Accel Partners、Blume Ventures 等
18	元璟资本	NewsDog	印度	2018 年 8 月	5000 万美元	C 轮	丹华资本、君联资本等
19	启明创投	WebComics	美国	2018 年 11 月	数百万美元	Pre - A 轮	
20	世像传媒	Dark Horse Comics	美国	2018 年 11 月	未透露	并购	

数据来源：根据 IT 桔子等网站提供的数据整理而成

由表 20 - 3 可以看出，投资游戏领域的事件主要有 11 件，涉及金额超过 13 亿美元。其中腾讯是游戏领域的投资领头羊，共投资 5 件，占游戏投资的一半，总投资金额超过 11 亿美元，占总投资金额的 85% 。最大的一笔投资是以 4.52 亿美元收购育碧 5% 的股份，并与育碧达成战略合作。腾讯在本年度的投资对象包括音乐识别软件 SoundHound、新西兰游戏工作室 Grinding Gear Games、韩国游戏开发公司 Bluehole Studio、印度运动游戏开发运营公司 Dream11 和美国语音交流网站 Discord。网易共有 2 件投资事件，分别以 1 亿美元和数百万美元投资美国网络游戏开发公司 Bungie 和英国游戏开发商 Jumpship。与 2017 年相比，2018 年游戏领域的投资总额有大幅上升。许多投资商开始放眼海外市场，希望借“出海”来保持竞争力。

2018 年其他泛娱乐投资事件有 9 件，投资金额将近 3 亿美元。从已有投资事件可以看出，在 2018 年该领域的投资较热，各大巨头公司和个人纷纷将目光投向文创，且投资金额较大。而投资对象也颇为广泛，包括音乐软件、漫画、语言社交、知识共享、新闻资讯等。

（四）影视领域

表 20－4　2018 年影视投资事件一览

序号	投资方	标的方	地区	时间	金额	轮次	其他投资方
1	阿里巴巴	NewTV	美国	2018 年 8 月	10 亿美元	天使轮	迪士尼、NBC 环球
2	腾讯	Skydance Media	美国	2018 年 1 月	未透露	战略投资	
3	挚信资本	三橙传媒	美国	2018 年 11 月	700 万美元	A 轮	

数据来源：根据凤凰网科技、IT 桔子等网站提供的数据整理而成

由表 20－4 可以看出，在 2018 年，内地电影票房首次突破 600 亿大关，但国产电影的海外票房成绩不容乐观，2018 年度内地票房冠军《红海行动》和亚军《唐人街探案 2》北美票房分别为 154 万美元（约 1042 万人民币）和 198 万美元（约 1340 万人民币）。中国的影视海外投资较 2017 年没有明显改变，依然处于保守状态。主要投资事件有 3 件，涉及金额超 10 亿美元。第一个是阿里巴巴、迪士尼和 NBC 环球等投资者完成对 NewTV 的 10 亿美元的天使投资，该新视频流媒体服务平台旨在打造高质量的媒体内容；第二个是腾讯完成对 Skydance Media 的战略投资，具体资金未透露。通过此次投资，腾讯可以共同投资 Skydance 的电影，并参与这些电影在中国市场的营销、发行和推广；第三个是挚信资本以 700 万美元完成对三橙传媒的 A 轮融资，助力三橙继续在纪录片领域加大投入，同时致力打造具有国际影响力的海外双语内容平台。

2018 年，国内影视圈成为多事之地，针对阴阳合同、天价片酬、税收罚款等事件，广电总局、国家税务总局等国家主管部门制定和出台了多条规定来规范行业的发展，整治乱象。重拳之下，影视公司风光不再，影视股股价受挫是最直观可见的影响，如 2018 年上半年，华视娱乐、新丽传媒、开心麻花和力辰

光四家影视公司纷纷中止 IPO，嘉行传媒和乐华娱乐也从新三板摘牌。国内影视公司普遍的融资困难和从严的政策监管使得投资者在海外领域更为谨慎。

（五）出版领域

表 20－5　2018 年出版领域投资事件一览

序号	投资方	标的方	地区	时间	其他投资方
1	北京师范大学出版集团	SHU	巴西	2018 年 1 月	东进出版社
2	五洲传播出版社	中国书架	阿根廷	2018 年 1 月	阿根廷国会大学
3	中译出版社	国际编辑部	秘鲁	2018 年 1 月	秘鲁文学驿站出版社
4	中国图书进出口（集团）总公司	法亚德·哈米斯书店	古巴	2018 年 2 月	
5	五洲传播出版社	中国书架	土耳其	2018 年 3 月	土耳其－中国经济匹配中心、伊斯坦布尔晔地特派大学孔子学院
6	外研社	中国主题编辑部	匈牙利	2018 年 4 月	科苏特出版集团
7	中国社会科学文献出版社	中马一带一路出版中心	马来西亚	2018 年 4 月	马来西亚汉文化中心
8	外研社	波兰对话学术出版社	波兰	2018 年 5 月	
9	外研社	外研社·法国中国主题编辑部	法国	2018 年 5 月	法国映象文库出版社
10	五洲传播出版社	中国书架	法国	2018 年 5 月	外研社、法国映像出版社、法国蔚蓝海岸孔子学院
11	中国山东教育出版社	中国主题图书编辑部	罗马尼亚	2018 年 6 月	罗马尼亚欧洲思想出版社
12	中国人民大学出版社	意大利中国馆	意大利	2018 年 6 月	
13	中国图书进出口（集团）总公司	中国书架	泰国	2018 年 7 月	泰国南美有限公司

续表

序号	投资方	标的方	地区	时间	其他投资方
14	浙江出版联合集团	海外中小学移动数字图书馆	马来西亚	2018 年 8 月	咪咕数媒
15	商务印书馆	国际编辑部	英国	2018 年 8 月	牛津大学出版社
16	中译出版社	国际编辑部	越南	2018 年 8 月	越南丽芝版权代理公司
17	中译出版社	国际编辑部	孟加拉	2018 年 8 月	孟加拉安卡出版社
18	五洲传播出版社	中国书架	西班牙	2018 年 11 月	中国图书进出口（集团）总公司

数据来源：新华网、外研社、中国日报社等网站数据整理而成

由表 20－5 可以看出，2018 年我国出版业“走出去”的步伐持续加快，许多出版机构都举办了书展平台、建立国际分支机构平台，同时也更加积极地探索“走出去”的新模式，创建更多的平台助力中外文明的交流以及相互借鉴。

2018 年，中国图书进出口（集团）总公司和五洲传播出版社先后在阿根廷、古巴、土耳其、法国、泰国、西班牙设立“中国书架”项目。该项目于 2015 年启动，通过与国内外优秀企业合作，让国内图书进入外国市场，推广中国文化，增强国内外人民的相互理解。而在接下来的几年中，该项目也将持续开展，建立“五洲”格局，实现四海书香。

同时，在继 2017 年与土耳其加齐大学共建“中国馆”后，中国人民大学于 2018 年 6 月与路易斯大学共建意大利“中国馆”，为意大利青年学生及广大民众打开了一个认识、了解中国的窗口。2018 年，各大出版社也加快了与各国共建国际编辑部的步伐：中译出版社先后与秘鲁文化驿站出版社、越南丽芝版权代理公司、孟加拉安卡出版社成立国际编辑部；外研社与匈牙利科苏特出版集团、波兰对话学术出版社、法国映象文库出版社成立外研社中国主题编辑部；中国山东教育出版社与罗马尼亚欧洲思想出版社成立中国主题图书编辑部，通过在海外市场开展本土化运作来展开更有针对性的合作。2018 年，北京师范大学出版集团与东进出版社合资推出图书品牌“SHU”，浙江出版联合集团所属浙江数字传媒公司与咪咕数媒在马来西亚创立的海外中小学移动数字图书馆，力求在新媒体方面进一步推动中国出版业“走出去”。

综合来看，2018 年在出版业方面，不仅有许多优秀的项目在持续稳定地

发展，同时一些新的平台也不断加入，通过不同的渠道和媒介与外国同行和读者进行交流。可以说，2018 年中国出版行业投资的发展增强了中国出版人加快“走出去”步伐的决心，也提振了行业的信心，为更好地向世界讲好中国故事打下了坚实基础。

（六）VR 、AR、新媒体领域

表 20 -6　2018 年 VR 、AR、新媒体领域投资事件一览

	序号	投资方	标的方	地区	时间	金额	轮次	其他投资方
VR、AR、新媒体	1	腾讯	Skydance media	美国	2018 年 1 月	未公布	战略投资	
	2	阿里巴巴	Ordre	法国	2018 年 5 月	2000 万美元	战略投资	
	3	网易	Improbable	英国	2018 年 7 月	5000 万美元		
	4	华登风险投资有限公司	Avegant	美国	2018 年 8 月	1200 万美元	C 轮	Walden SKT Venture Fund
	5	阿里巴巴	WayRay	瑞士	2018 年 9 月	8000 万美元	C 轮	保时捷领投，韩国现代、中国招商局资本、日本 JVC Kenwood 和主权财富基金联盟（JBIC 及合作伙伴）
	6	歌尔股份	WaveOptics	英国	2018 年 12 月	2600 万美元	C 轮	Octopus Ventures、Gobi Partners 等
新媒体	7	焦点科技	Red Cube	美国	2018 年 4 月	数百万美元	Pre－A 轮	
	8	欢聚时代	Bigo Inc	新加坡	2018 年 6 月	2. 72 亿美元	D 轮	
	9	维京资本	NewSaKu	印尼	2018 年 10 月	数百万美元	天使轮	

数据来源：根据凤凰网科技、IT 桔子等网站提供的数据整理而成

由表 20 －6 可以看出，在 AR/VR 方面的海外投资事件主要有 6 件，与 2017 年的大举投资相比，2018 年 VR/AR 方面的中国海外投资有所降温，已公开的涉及金额接近 2 亿美元，其中阿里巴巴投资为 2 件，阿里巴巴于 5 月斥

资2000万美元投资一家数字奢侈品批发公司Ordre，这对于2017年8月刚推出奢侈品平台的天猫来说，可进一步提高其全球时尚产业地位及消费互动技术。8月，阿里巴巴继2017年投资Wayray后又投资全息增强现实（AR）和硬件开发商WayRay，该项目由保时捷领投，韩国现代、中国招商局资本、日本JVC Kenwood和主权财富基金联盟（JBIC及合作伙伴）参与，这将有利于智能城市和智能建筑的增强现实等平台的建设。2018年1月，腾讯入股好莱坞制作公司Skydance Media，双方并未透露具体投资金额，但据知情人士透露，腾讯购入该公司近10%的股份，协议条款对该公司估值约15亿美元。除了影视业务，双方还将在交互娱乐与虚拟现实等方面展开合作。网易于2月与英国VR公司Improbable达成战略合作，共投资5000万美元，双方将在VR游戏领域展开更广泛的合作。该领域的投资还有中国华登风险投资有限公司投资Avegant，歌尔股份投资WaveOptics。

在新媒体领域，主要投资事件为3件，涉及金额近3亿美元。其中，最大的一起投资事件为视频直播平台欢聚时代于6月作为领头方认购Bigo Inc的D轮融资中2.72亿美元的优先股，并由此成为该公司的第一大股东。Bigo Inc为一家全球视频社交媒体平台，在东南亚、南亚和中东等新兴市场有强大的影响力。这一投资将进一步巩固欢聚时代在视频直播领域的地位，为其全球扩张奠定了基础。第二起是维京资本于10月斥资数百万美元投资NewSaku，该公司为目前东南亚最大的基于区块链的新闻资讯平台。第三起为焦点科技于4月以数百万美元投资Red cube，主要为中国企业在北美地区的品牌落地服务。

三、2018年中国海外传媒投资领域和区域分布

2018年中国海外传媒投资事件主要有82件，其中企业服务/技术类15件，电子商务17件，游戏领域11件，泛娱乐9件，影视3件，出版18件，VR、AR领域6件、新媒体领域3件。用百分比表示如图20－1所示。

由图20－1可知，电子商务和出版是2018年海外投资或合作事件占比最大的领域。企业服务类投资事件占18%，与2017年相比，企业服务/技术领域下降了14个百分点，而出版领域则上升了7个百分点。这反映出中国出版业走出去的步伐逐渐加快，其海外投资正持续稳步前进。另外值得注意的是，

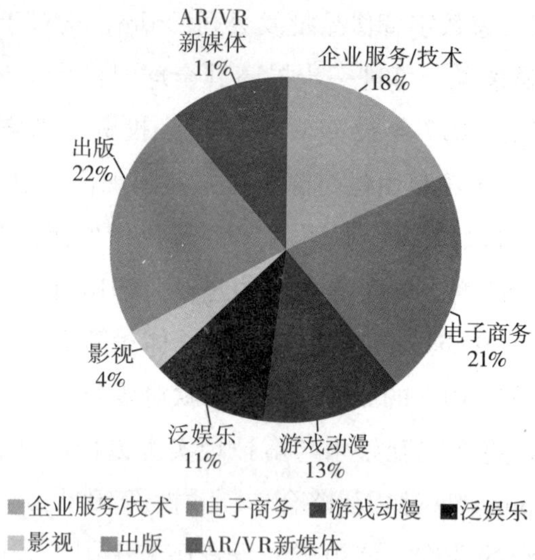

图 20－1　2018 年中国海外投资领域分布（按投资事件数）

影视领域的海外投资仅占比 3%，虽与 2017 年的 2% 相比略有回升，但仍远远落后于 2016 年的 22%。而泛娱乐领域也严重缩水，由 2017 年的 27% 下降至 2018 年的 11%。

尽管有些投资事件没有透露具体交易金额，但从公开的数据来看，我们仍可以从总体上把握各个领域的投资总额。具体如图 20－2 所示。

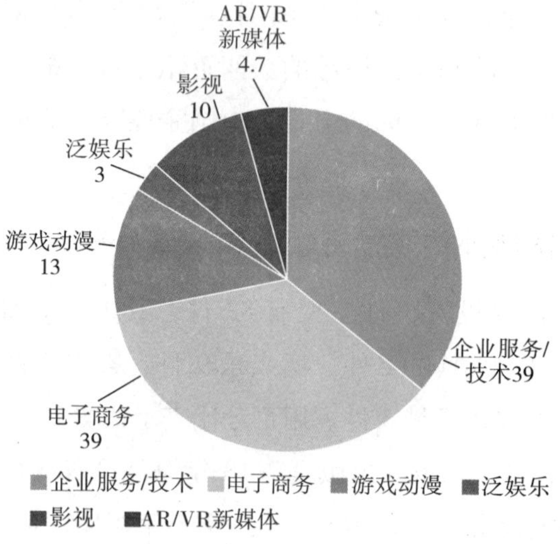

图 20－2　2018 年中国海外传媒投资各领域总额（单位：亿美元）

从图 20－2 可看出，企业服务/技术和电子商务领域的投资金额相当，并远远大于其他领域。电子商务领域和企业服务/技术领域虽远超其他领域的投资总额，但与 2017 年相比缩水较为严重。电子商务领域的投资由 2017 年的 52 亿美元减少到 39 亿美元。企业服务/技术领域由 2017 年的 130 亿美元的交易额，下降到 2018 年的 39 亿美元，几乎缩水至 2017 年交易额的 1/3。泛娱乐领域也缩水严重，由 2017 年的 30 亿美元缩水至 3 亿美元交易额。

2018 年，中国海外传媒投资对象涉及国家 28 个，具体如图 20－3 所示。

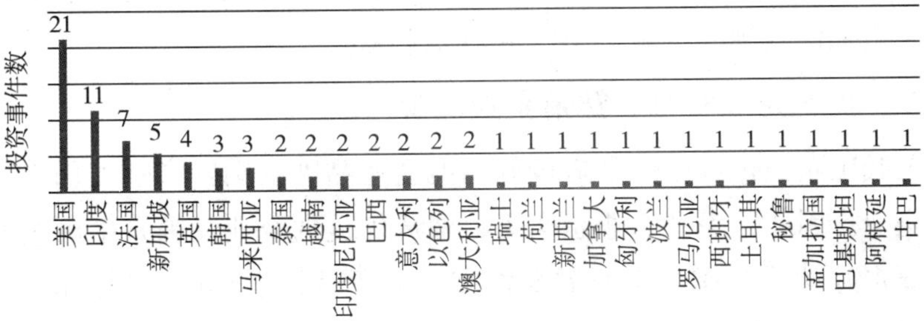

图 20－3　2018 年中国海外传媒投资地域分布

2018 年，在所梳理的 82 件中国海外传媒投资事件中，美国仍是排名第一的受资地域，共有 21 件投资。虽受 2018 年中美贸易摩擦等影响，使得其与 2017 年的 40 件相差较大，但仍超出第二名印度 10 件之多。印度在 2018 年仍是投资的热点区域，共有 11 件，与 2017 年基本持平。而法国以 7 件投资事件，成为第三名。此外，2018 年中国海外传媒投资目的国有 28 个，是自 2016 年起地域分布最广的一年。这也反映出中国企业在“一带一路”等战略的推进下，逐步加快了走出去的步伐。

四、中国海外传媒投资建议

随着近几年来“一带一路”战略的实施，越来越多的企业加入到海外投资的队伍，相应地对“一带一路”沿线国家的投资项目也不断增多。有报告表明“一带一路”倡议引领的中国对外投资已经迈入了新阶段。习近平总书记在博鳌亚洲论坛 2018 年年会开幕式上的主旨演讲中明确指出“中国开放的大门不会关闭，只会越来越大。”但综合 2018 年中国海外传媒投资，中国企业仍需在今后的海外投资中注意以下几点。

（一）中国企业海外投资需准备把握海外环境变化

部分企业在寻求海外投资发展时碰壁，或因投资战略失误受重创，或因投资不合投资目的地法律规章受重罚。其中部分原因是这些企业对海外环境认识不够。企业在海外投资需要具备国际视野，了解国际标准和规则规范，在此基础上方可大显身手。同时，对于投资对象国的国情也要有所了解，摸清企业投资所面临的文化障碍、价值观差异、政治风险、法律差异等问题，充分做好前期准备。只有认清海外形式，适应海外环境，企业才能更加理性地投资，更加深入到“一带一路”的建设中去。

（二）提升企业实力，塑造企业品牌

目前我国企业投资海外形势较好，但企业品牌的国际影响力仍不敌发达国家的企业。因此，提升企业总实力，塑造优良的企业品牌是中国企业走出去必须要走好的一步棋。企业需要提高产品质量，增强产品的国际认可度，推动我国经济从高速发展到高质量发展的转变；加强企业品牌管理，组建优良的管理团队，学习借鉴海外有效的企业管理模式，完善投资的手段和方式，避免依赖心理；学习继承中国传统文化的精华，树立文化自信和企业自信；增强创新意识和创新精神，努力塑造自主经营的理念，探索传统与创新的平衡。

（三）寻求多元化投资发展道路

在“一带一路”战略的推动下，中国企业的海外投资已逐步形成规模。但在投资的多元化方面仍显不足。首先，中国的海外投资区域仍然较为集中，海外投资区域还有待扩展。这种密集的投资可以形成规模效应，但同时也造成部分海外市场逐渐饱和，且不利于中国企业走向更广阔的海外投资市场。其次，海外投资的产品和项目仍有待于更多元化的发展。有报告认为，我国海外投资结构略显不均衡，对于高端的技术产业和服务行业投资较少，且投资手段较为单一。在接下来的发展中，需更加努力探索“走出去”的新模式和新道路，充分发挥国家政策和平台优势，寻求多元化投资发展的道路。

第二十一章　中国文化产业园区投资报告

王擎　安可馨　闫媛媛　王子聪

一、新调整，高要求，好机遇——2018 中国文化产业园区投资基本研判

改革开放 40 年来，我国的文化产业发展迅速。根据国家统计局公开的数据显示，2018 年中国 GDP 为 900309 亿元，同比增长 6.6%。全国规模以上文化及相关产业企业实现营业收入 89257 亿元，比上年增长 8.2%。2019 年 2 月 19 日，国家发改委印发了《加大力度推动社会领域公共服务补短板强弱项提质量　促进形成强大国内市场的行动方案》（以下简称《方案》）。该《方案》明确指出了文化产业将在 2020 年成为国民经济支柱性产业。同时值得关注的是，在 2018 年旅游经济对国民经济的综合贡献度达到 12%。集空间区域、文化内涵、经济效益为一体的文化产业园区对我国经济结构的调整、经济速度的增长以及文化自信的提升都具有这重大意义。

（一）中国文化产业园区，在探索中成长

文化产业园区致力于集群文化的体系，文化生产者通过与他人形成丰富的关系，挖掘更大的发展机会，进行文化商业创造性发展，创造文化生产的经济价值。

目前，美国和韩国的发展模式较成熟，分别形成了以市场为主导和以政府为主导的两种不同模式。同样，起步较早，得益于文化产业园区的发展带来巨大经济利益的还有英国，由文化管理机构独立经营，但受其国会的监督和委托。文化产业园区在各国各地区都有不同程度的发展，但目前并无统一的模式，且类型多样。我国文化产业园区发展起步晚，且与其他国家形式不同。在我国，有工业、艺术、休闲娱乐、地方特色等多种类型。

本章对我国国家级和34个省级行政区中的（省、自治区和直辖市）的文化产业示范园区进行了搜集和梳理。其中不包含中国台湾、香港和澳门特别行政区。

1. 省级文化产业示范园区数量众多

我国各省也基本按照批次进行了省级文化产业示范园区的选拔，但进展不一。其中浙江、陕西和海南省的评选工作还停留在首批阶段，而甘肃、贵州、安徽、福建和江西省的评选工作也未实现连续性的开展，只进行了一次年度的命名。例如，江西省只在2013年命名了17家省级文化产业示范园区后就再无进展。

从表21－1中可以看出，广东（37）、河北（35）和湖北（29）位居前三。根据国家统计局2018年全国规模以上文化及相关产业企业营业收入调查显示，东部地区规模以上文化及相关产业企业实现营业收入68688亿元，占全国77.0%；中部和西部占全国比重分别为13.4%和8.5%，东北地区只占1.1%。我国的省级文化产业示范园区发展的整体趋势也与此相同，为东高西低、南高北低的态势。

表21－1 各省文化产业示范园区数量

省份	数量	省份	数量
河北	35	海南	2
湖北	29	浙江	5
山东	19	江苏	18
广东	37	吉林	15
河南	5	辽宁	11
湖南	19	甘肃	3
江西	17	陕西	7
安徽	10	云南	25
四川	5	贵州	10
福建	13	安徽	10

注：山西、黑龙江、青海省无明确相关信息

2. 直辖市文化产业建设突出

截至2017年，北京市已评选文化创意产业园区共30家、天津已评选市级文化产业示范园区共 28 家、重庆已评选市级文化产业示范园区共 17 家，上海已评选市级文化创意产业示范园区共 10 家。根据国家统计局 2018 年公布的数据显示，2017 年我国文化产业实现增加值 35462 亿元，各直辖市的文化产业增加值处在全国领先地位。（见图 21－1）

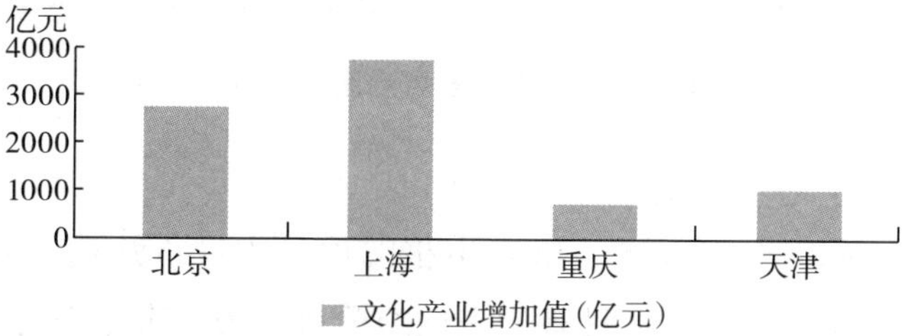

图 21－1　直辖市 2017 年文化产业增加值

注：此处天津市文化产业增加值为估算值

其中作为全国的经济、文化和政治中心，2018 年，北京市于 6 月开展了首批文化创意产业园区的认定工作，并在 12 月依据其发布的《北京市文化创意产业园区认定及规范管理办法（试行）》和《关于加快市级文化创意产业示范园区建设发展的意见》将认定的园区进行了公示公告。此举措将符合条件的园区纳入了市级管理范畴，并且每年定期进行的考核评估。这将促进园区向“高精尖”方向发展；上海市设立了“上海文化产业发展投资基金”促进文化产业园区的建设；天津市则进行了首次文化产业示范园区、基地考核评估及优秀奖励，创新了管理措施；重庆市出台了《关于推动文化产业高质量发展的意见》，明确每年三亿元市级专项资金扶持文化产业发展。

3. “文旅”结合为自治区文化产业带来发展新热点

我国内蒙古自治区、宁夏回族自治区、新疆维吾尔自治区、西藏自治区、广西壮族自治区的文化产业示范园区的数量都为个位数，分别为：7、4、2、3 和 9。自治区对发展文化产业园区在经济、人才、基础设施建设等方面存在一定劣势，但是其文化特色突出、旅游资源丰富，有很大的提升空间。拥有 35 家省级示范园区的河北省 2018 年接待的旅游人数为 6.8 亿人次，从图 21－2我们可以看出，自治区的旅游业发展水平良好。推进旅游与文化产业融合已成为新的增长点。文化产业化、旅游文化产业化，通过资源到产业的延伸、融合、发展，相信自治区的文化产业建设将得到更进一步的完善。

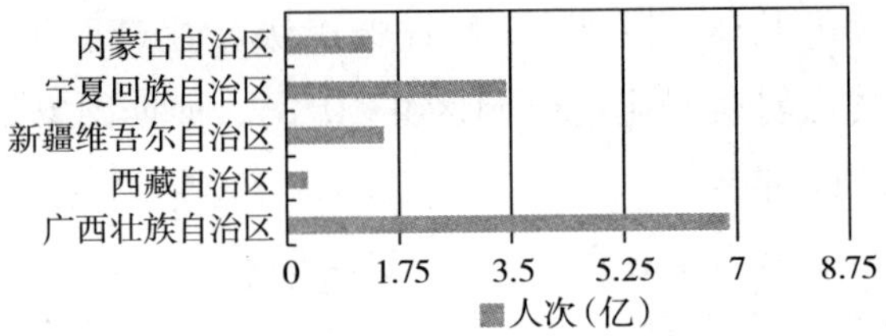

图 21－2　2018 年各自治区接待旅游人数

自 2005 年以来，文化和旅游部文化产业司每年都会发布《文化产业项目手册》，从全国 31 个省（区、市）申报的项目中进行筛选。最终收集出在文化内涵的体现和商业模式上具有代表性的项目。2018 年，该手册从 1450 个项目中，收录了 492 个精品项目。五个自治区共有 58 个项目入选，占 11.7%。

从表 21－2 中我们可以看出，越来越多的金融支持进入各区的文化产业建设中。一是政府的政策引导和财政扶持的利好，吸引了大批民间资本涌入。例如新疆的《自治区文化产业发展专项规划（2016—2020）》就专门设立了新疆特色文化产业扶持资金。二是文化消费升级，百姓对美好生活的向往对文化产业的发展起到了推动作用。

表 21－2　自治区入选手册的项目规模

自治区	数量	最高项目投资总额（万元）	最低项目投资总额（万元）	总投资额（万元）
内蒙古自治区	6	457600	1500	633545
宁夏回族自治区	14	273000	1500	566679
新疆维吾尔自治区	18	100000	520	374245
西藏自治区	4	500000	1000	513981
广西壮族自治区	16	600000	500	1139163

（二）国家级文化产业示范园区命名机制有变化，释放发展升级信号

2000 年，第十五届中央委员会第五次会议通过了《中共中央关于制定国民经济和社会发展第十个五年计划的建议》，第一次提出了发展文化产业的意见；2007 年文化部启动了国家文化产业示范园区评选命名工作；2009 年《文化产业振兴规划》出台；2011 年，十七届六中全会中首次提出文化强国的目

标；2013 年，党的十八届三中全会提出建立健全现代文化市场体系；2016 年，在国务院印发的《“十三五”国家战略性新兴产业发展规划》明确把发展数字创意产业上升到国家战略高度；2017 年《国家“十三五”时期文化发展改革规划纲要》颁布，再次为文化产业发展指明了方向。

文化部自 2007 年评选第一批国家级文化产业示范园区后，又分别于 2008 年、2011 年、2012 年、2014 年评选了第二至第五批。（见图 21－3）

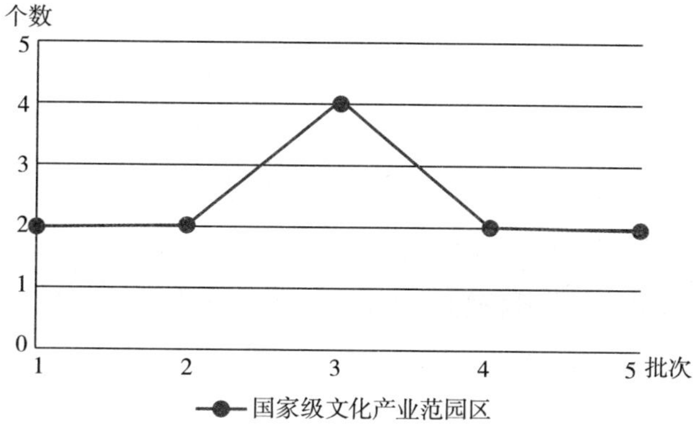

图 21－3　国家级文化产业示范图区数量变化

截至目前，国家级文化产业园区共 12 家，分别是第一批的西安曲江新区和华侨城集团公司；第二批的沈阳棋盘山开发区和曲阜新区文化产业园；第三批的广州北岸文化码头、黑龙江（大庆）文化创意产业园、中国曲阳雕塑文化产业园和开封宋都古城文化产业园区；第四批的四川省成都青羊绿舟文化产业园区和湖南省长沙天心文化产业园区；第五批的甘肃省敦煌文化产业园和安徽省蚌埠大禹文化产业示范园区。12 家国家级文化产业园区覆盖 11 个省，广东省有两家。国家级文化产业示范园区命名的数量放缓，为文化产业园区升级发出了信号。

为贯彻落实《规划纲要》，2017 年文化部进一步完善了国家级文化产业示范园区的评选命名机制。不再进行直接命名，而是对符合条件的文化产业园区先给予创建资格，三年创建期满验收合格的才能获得国家级文化产业示范园区称号。2017 年 10 月，文化部公布了我国第一批拥有创建资格的国家级文化产业示范园区，共 10 家。

国家级文化产业示范园区评选命名机制的变化，为文化产业园区的规范、认定标准的提升，退出机制的完善起到了促进作用。从全国范围来看，各省文化产业正快速发展。但是宏观上，与发达国家相比差距较大，我们的文化产业发展历史短起点低，在经济总量中占比还不高。同时，我国文化产业园区还存在基本概念混乱，口径不统一这一基本问题。有示范园区、试验园区、集聚区、实验区，代表性文化产业园区、重点文化产业园区等。本次投资报告前期在对文化产业示范园区进行统计时，各行政区（省、市、自治区）对文化创意产业园区、文化产业园区、文化产业示范园区和文化产业示范基地的概念也没有明确区别，甚至出现“园区（基地）”这样的标注情况。

十九大报告指出，人民日益增长的美好生活需要和不平衡不充分的发展之间的矛盾是我国社会的主要矛盾。并且对坚定文化自信、建设社会主义文化强国做出了新的部署。随着现代文化产业体系和市场体系的不断健全、文化经济政策的完善、科技的不断进步，我国文化产业园区将会有更好的发展。

二、中国文化产业园区在发展中面临的现实困境

（一）各地区文化产业园区发展仍不平衡，发展模式亟待升级

文化产业园区的发展与其所处的地区息息相关，北上广等经济基础较好的城市，在政府政策支持和规划引导下，能够充分利用本地区的文化、资本、社会等资源，文化产业园区能够取得较好的发展，带动区域经济的增长。例如2018年被评为上海文化企业十强称号的德必文化创意产业集团就有力地推动了上海经济的发展，该集团一直致力于为文化创意企业发展提供最好的服务，目前已在上海、北京、成都、德国、法国等成功签约80个文化创意产业集聚区，吸引了众多优秀的文化创意企业入驻，实现了产业集聚。在经济转型与文化产业大发展背景下，北上广等发达地区文化产业园区的发展模式也在逐步升级改造。以北京郎园文化产业园区为例，其在发展方向上已经完全抛弃“瓦片经济”的模式，而是举办更多的社会文化活动，扩大自己的社会服务功能，将文化品牌融进自己的企业。例如该园区在2017年创办了朗园park无边界公益服务平台，该平台以郎园为线下空间载体，提倡“无边界、不设限”，为了使让公益理念能更好地深入人心，让民众从关注公益到投身公益。公益服务平台将成为郎园品牌继“金融服务、艺术服务、会员服务、生活服务、线上服务”等八大服务平台之后的第九大服务板块，对于延伸朗园

品牌服务平台具有重要作用。相反，西部一些经济落后的地区，不仅文化园区的数量较少，且发展质量也不容乐观。以西藏自治区为例，文化产业示范园区共3家，其发展状况也存在问题。例如西藏民族文化产业园区本来能够凭借其清晰的定位、高质量的产品、优质的服务打造出精品文化产业园区，但由于缺少品牌竞争意识、创新意识、市场意识，再加上园区内企业融资能力弱，使得园区内大多企业都陷入停滞或者亏损状态。

（二）文化产业园区定位不明晰，同质化现象较为严重

这几年我国文化产业园区的发展速度是有目共睹的，各地区文化产业园区数量急剧增加，尤其是经济发达的城市。但在其发展过程中，往往是老园区发展还不成熟，新园区又层出不穷。而有些地区过多追求经济效益，缺乏长远目光，对一些示范性园区盲目模仿，不能结合自身特色文化产业，导致其园区定位不明晰，同质化现象严重。例如各省市创办的主题公园缺少创新性，千篇一律，多数是大型器械的堆砌。应该借助现代科技AR/VR等视觉体验技术，打造场景化、沉浸式体验。另外，有些园区缺乏协同发展的意识，引发恶性竞争。例如湖北随州和湖南株洲的“炎帝故里”之争。湖北随州自称是炎帝故里，倾力打造的“鄂西生态文化旅游圈”，主要项目是“炎帝神农故里名胜风景区”，而湖南株洲也倾力打造“以炎帝陵为代表的历史人文旅游品牌”，打造省级精品旅游路线——长沙—株洲（炎帝陵）—南岳—永州（舜帝陵）的寻根祭祖旅游线。两者正是因为缺少协同发展的意识，导致其定位一样，产生同质化竞争。

甚至有的园区举办的活动与园区定位不符，表里不一。例如浙江温州的“智慧谷”文化产业园区，原本定位高技术软件产业园区，但园区却少见高技术企业，反倒成为手工、特色小吃、周末儿童游玩的去处，“智慧园”大有变成“儿童园”的趋势。

（三）文化产业园区的聚集效应较弱，产业链不完善

近年来，各地区日益重视文化产业的发展，纷纷将文化产业园区作为文化产业发展的“领头羊”，这些园区虽然在一定程度上发挥了经济效益，推动了地区文化产业的发展。但由于缺乏合理的规划、科学的指导使得园区内的聚集效应不明显。同时园区内的企业之间缺乏内在关联，未能形成优势互补、

利益共享的经济共同体，使得大多数文化产业园区成为空有其名的地理空间，而不是产业高度集聚、拥有完整产业链的经济组织。例如河北省文化产业园区，有的地区依托当地丰富的自然景观发展旅游业，但仅停留在旅游观光层面，产业链太短，缺乏对精品旅游资源和旅游纪念品的挖掘；有的地区依托当地民俗文化建设文化产业园区，但规模效应不明显、文化层次发展较低、未能形成完整的特色文化产业链。

三、加快推进我国文化产业园区发展的有效途径

（一）创新发展理念，探索文化产业园区新发展模式

2018 年中国文化及相关产业增加值突破 4 万亿元，发展迅速。不论是过去“只见大楼不见文化”“只见硬件不见内容”的发展模式，还是企业协作通力打造完整产业链，似乎都已经无法满足时代需要。新时期呼唤新的发展模式。首先加强科技的投入，比如建设“众创空间”、聚集高新技术企业、培育科技型中小微型企业，引入和扶持各类基金等。其次增强创新意识，构建创新生态体系，激活区域的创新活力。例如深圳华强文化科技集团股份有限公司原来是一家以电子元器件为主业的科技企业，通过不断创新与探索走出了一条“以文化为核心，以科技为依托”的文化科技产业发展新道路，提出规模化、多元化、国际化的发展战略，打造“创、研、产、销”一体化的文化科技产业链，公司形成了以创意设计为核心产业，以电影、动漫、文化科技主题公园等为主要内容的相互融合的产业链。经过多年的经验积累和市场探索，熟练掌握了上述多个领域的关键技术，自身拥有了强大的国际竞争力。

（二）打造特色产业，精准定位文化产业园区产业

纵览国际上具有影响力的文化产业园区，美国的硅谷、中国的中关村、英国剑桥科学园、日本筑波科学城等都是高科技的地标；好莱坞、宝莱坞代表着电影工业，伦敦南岸艺术区、纽约苏荷区、东京立川公共艺术区、北京 798 艺术区是艺术产业园区的名片。我们不难发现这些广为人知的文化产业园区有着共同的特点——精准化的定位。产业园区能否成功，建设前要科学规划，明确园区建成后主要做什么产业，打造自身特色，形成品牌效益。例如：上海德必文化创意产业集团推出德必 WE 系列品牌计划。“WE”是 West & East 的缩写，代表东西方的共创。上海是一个国际化都市，就像一道连接国

内外企业的桥梁，“WE”无论是在软件服务还是硬件上，都将采取双方优势，超越国际标准。该品牌秉持“相爱、领军、国际”的理念，探索全新创意办公方式，打破了传统办公载体和创意产业园区循规蹈矩、一成不变、枯燥乏味的办公场景，将国际化的共创、休闲、时尚、文化、艺术等融为一体，在推动“上海文化”品牌方面做出了很大的努力。

（三）利用大数据，延伸文化产业园区产业链

每个文化产业园区都要打造自身的特色产业，找到核心价值要素，不断吸引相关产业入驻园区，完善或者延长产业链。如今大数据被广泛应用于某些领域，其实文化产园区的发展也可以利用大数据技术。大数据精细化开发与整合、加工和利用，不仅可以延长产业链，扩大文化产业集群化，而且可以从生产模式和营销模式方面帮助文化产业园区实现智能化升级。随着人们生活水平的提高，90 后和 00 后为代表的新生消费群体的价值观和生活方式呈现出个性化的特点。一是追求个性，标新立异，使得小众化的产品和服务受到广泛的关注和喜爱。二是对服务类的产品购买意愿大幅提升，更好、更快、更细致的服务成为产品市场中不可或缺的重要组成部分。大数据技术可以充分获取到这些信息，加以分析，进行精准定义、定位和定价，促使文化产业园区在今后的发展中找到方向和领域。以智能化为特色的大数据分析和云计算服务通过构建集群内各主体间信息汇集和共享机制，将进一步整合和挖掘数据信息的内在价值，从而推动多种创新要素在产业链及集群内外流动，实现以市场为导向产业集群系统内部智能化的自主协同，进而释放更大的规模优势和协同效应。

四、2019 年中国文化产业园区发展趋势

（一）突破规模战略，重视品牌建设

2018 年 12 月 14 日，北京市文化创意产业促进中心公布了首批北京市文化创意产业园区名单，34 家园区入选。据不完全数据显示，2018 年全国范围内（除香港、澳门、台湾地区）命名的省级文化产业示范园区达 37 家，文化产业园区呈现出良好的发展态势。党的十九大报告指出了我国新时代文化建设的基本方略，强调推进文化产业的发展，这为我国文化产业园区的进一步发展提供了新的政策机遇和市场机遇。

作为文化产业发展的空间载体，文化产业园区以产生集聚效应、实现规模经济为目的，着重提高文化企业的核心竞争力，实现文化产业的价值增值。随着我国各类文化产业园区的建立、完善，以及文化产业研究取得的诸多进展，品牌建设及运营对于园区发展的重要性逐渐得到了业界的认可。

一方面，位于特定区域的文化产业园区受到地域文化特色的影响，因而具有独特的文化底蕴。另一方面，提炼文化产业园区的精神内核从而形成独特品牌形象，有利于提升园区及园区内企业的知名度和美誉度，提升市场份额。

近年来，我国出现了“文化产业园区热”，大量园区陷入了同质化泥沼，难以产生良好的效益。唯有树立起良好的品牌形象，文化产业园区才能形成独特的竞争优势。园区品牌的发展需要经过萌芽、成长和成熟三个阶段。目前，诸如西安曲江新城、深圳华侨城、开封宋都古城等文化产业园区已经形成品牌意识，能够有意识的统筹园区企业协调发展，形成具有分工合作的产业链，打造园区整体品牌形象。包括迪士尼在内的多家跨国集团便是依托其鲜明的品牌形象，在各地本土化发展的同时兼顾品牌内核，使公司产品生产一次投入多次产出，一个品牌开拓多个市场，由此延伸出庞大的产业链。

未来，我国文化产业园区将不断突破规模战略，转向品牌战略。依靠统筹园区内的景观、产品及服务，打造园区的品牌功能形象；凝练园区及园区内企业的文化内涵和品牌个性，塑造品牌意象；最终依托视觉化的品牌符号，形成园区发展与品牌建构相互促进的良性关系。通过讲好园区故事、打造集群品牌，文化产业园区可以打破区域内的资源限制，吸引企业、资金及人才的聚集，在产业链的不断优化中提升综合竞争力，实现以园区带动规模经济、促进文化产业发展的目的。

（二）融合聚集模式，实现企业有机共生

随着我国文化体制改革的不断深入及文化产业政策的不断完善，我国文化产业发展迅速，各省市纷纷投入到文化产业园区的建设中，以期待产业集聚发展所带来的集聚效应和孵化功能。文化产业园区以区域文化资源为基础，通过市场及行政手段，将各类企业、中介及人才聚集到特定地理区域中，从而降低成本、提高资源要素配置，最终提高文化产业竞争力，实现经济效益和社会效益的双丰收。

目前国内部分较为成熟的产业园区已经突破传统工业园区的方式，使园

区内的企业在物理空间上聚集的同时产生化学反应。该类文化产业园区突破企业聚集的传统模式，实现企业聚集、项目聚集和要素聚集的融合发展，园区打造完整的产业链体系。

以往同质化企业的集聚未能实现企业的共生关系。该类园区商业模式单一，对房租收入极具依赖性，限制了园区集合效应的发挥。新型文化产业园区营造整体氛围的同时重视园区内产业链条的完善，因此企业能够形成有机的共生关系，从而生成化学反应，释放更强劲的文化发展动力。

面对更加激烈的市场竞争与同质化困境，文化产业园区面临着战略转型及管理升级的巨大难题。部分国家级文化产业示范园区已经开始整合园区内部资源，根据园区内企业集群及园区品牌特点建设园区内部的生态体系，从而形成良好的产业发展环境氛围。由此，园区内的企业相互联系、互为支撑，从而充分发挥集聚效应。

此外，以大型文化企业为核心的文化产业园区应发挥龙头企业的引领作用，建立以龙头企业为主导、以中小企业为支撑的分工有序的文化产业生态环境，利用大型企业的资本、技术及人力资源优势，提高资源要素配置及综合竞争实力，形成优势互补的文化产业集群。文化产业园区内实现设计、生产、销售、服务等环节的分工协作，同时建立相互学习、资源共享的和谐共生关系，形成网络化格局，从而进一步提升产业集群所带来的规模经济效应。

（三）完善生活空间，增强人文关怀

完善的基础设施、良好的生活空间日渐成为衡量文化产业园区成熟度的重要标志，诸多文化产业园区逐渐实现由“服务生产”向“服务生产生活”理念的转变。该类园区注重打造多元化生产、生活性服务平台，通过构建文化休闲、主题餐饮、创意生活、创意市集、展览展示等创意生活产业体系，形成一批具有明确区域特色的文化空间，为驻园企业提供全方位多元化配套服务，在有限的地理区域创造无限的精神空间。

由于文化产业的创新性、前瞻性等特征，人力资本在文化产业集群中具有举足轻重的地位。作为文化活动开展的场所，以人为本、服务为人是文化产业园区最基本的要素。咖啡厅、茶室、人文景观等一系列生活化的配套服务设施有利于形成宽松舒适的工作及生活空间，营造活力、自由的环境氛围，而宽容的生活和工作环境则有更利于吸引人才入驻。因此园区加强对生活性

服务平台的打造，积极引进娱乐、餐饮企业，重视规划公共活动空间，完善治理体系，赋予环境统一的文化内涵，竭力增强归属感与认同感，实现空间内人群的精神凝聚，促进空间价值的进一步提升。

为聚集更多文化产业优秀人才，园区在保护和吸引人力资源的同时不忘打造人才培养方案。一些文化产业园区在园内规划人才培养空间，对接高校及人才市场，努力促进优秀人才的快速成长。园区提供人才培养方案和机遇，努力构建校企联动关系，促进理论与实践的融合，培育文化产业复合型人才，服务于文化产业日益发展的人才需求。

（四）衔接城乡发展，推进产地融合

文化产业园区通常要经历从文化产业开发区到文化产业园区，再到城市文化创意街区的过程。将文化产业园区的建立与城市社区及乡镇有机结合，将会促进文化产业从空间上的集聚向价值聚合层面转化，促进文化产业与地方发展协调并进。文化产业的发展有利于满足人们的物质和精神需求、满足人们对于美好生活的向往，因此文化产业园区的规划建设应当更好地融入人民生活。

在追求经济效益的同时，文化产业园区越来越注重社会效益。国内多家文化产业园区打通了与城市间的“围墙”，在与社区互动的同时成了城市公共文化服务的有效供给，并逐渐形成一种多方共赢的趋势。通过举办趣味性更强、社会联系更为广泛的社会活动，文化产业园区正在纵向介入地区的公共文化服务体系当中，促进文化产业对文化事业的有效补充。

随着移动互联技术的进一步发展，在电子商务的不断冲击下，传统商场面临着巨大的生存压力。因此催生了文化产业与商业间的融合。利用原有商场的建筑及商业优势建立的城市特色商业文化产业园区，在服务本地居民的同时亦能作为旅游资源带动城市消费，实现社会效益与经济效益的双丰收。文化产业园区与城市的发展变化密切相关。随着文化产业园区建设经验逐步增加，园区规划建设的同时也在更多地考虑城市空间的利用问题及环境风险。

随着城镇化发展，乡村开始得到资本青睐，一些小城镇和乡村依托地方特色，打造了一批聚集特色产业的文化小镇，将经济功能、文化功能与生活功能进行有机结合，实现区域文化产业的结构优化与升级，因地制宜发挥各地方的资源优势和文化特点，形成各具特色的文化产业园区差异化发展之路。

第二十二章　中国会展业投资与消费报告

孟书强

2018 年，我国会展业保持了近年来稳中有进，稳中向好的良好发展态势。在世界经济形势复杂多变，中美贸易摩擦升级、国内经济下行压力加大的外部环境下，会展业取得了不俗的成绩。各级政府扶持政策有序加大，市场和制度环境不断改善，境内外行业交流稳步推进，行业市场规模和经济产值持续增长，成为 2018 年我国经济发展的一道靓丽风景线。本章将主要总结 2018 年中国会展业发展的基本特征、存在的问题及挑战，并在此基础上展望 2019 年中国会展业发展的总体前景与投资机会。

一、2018 年中国会展业发展的基本特征

（一）会展业市场规模和经济产值持续稳定增长，行业整体态势向好

2018 年我国会展业办展数量和办展面积延续了近年来稳定快速增长的态势。根据不完全统计，2018 年我国境内举办各类经贸类展览 3793 个，同比增长 3.5%，举办展览总面积 12949 万平方米，同比增长 4.6%。在世界经济形势深刻调整，外部环境复杂多变的形势下，取得这样的成绩，实属不易。这一态势延续了近年来会展市场规模和经济产值稳定增长的态势。如表 22 – 1 所示，自经历了 2014 年短暂调整后，我国会展业一直保持了持续稳定的增长，办展数量和办展面积屡创新高，成为我国现代服务业和经济发展的重要支柱。对经济发展的支撑和带动作用日益彰显。

此外，一些大型展览中心建设扎实推进，也从一个侧面印证了展览业整体向好的发展态势。如位于大空港片区深圳机场以北深圳国际会展中心项目 2016 年开始建设，一期室内展览面积达 40 万平方米，二期建成后，室内展览

面积可达到50万平方米，届时将成为全球规模最大的会展中心。在2018年5月举办的项目说明会上主办方宣布，该项目将于2019年6月底全面竣工，2019年9月正式开业。投资70亿的太原国际会展中心也于2018年开工建设，建成后将成为山西省省内功能最全、规模最大的会展中心。

需要说明的是，关于我国会展业办展数量和面积的数据统计，由于不同统计机构统计时间和口径的不完全统一，不同部门发布的数据也不尽相同。但总体来看，都证明了会展业持续发展，办展数量和办展面积不断扩大的整体趋势。本处采用的中国国际贸易促进会历年发布的经贸类展览数据。选用这一数据主要是其发布数据相对权威、完整和透明，得到国内外的高度关注和认可。此外本文也参阅了商务部下属的中国会展经济研究会发布的相关数据。作为商务部下属机构，其数据统计也相对权威。

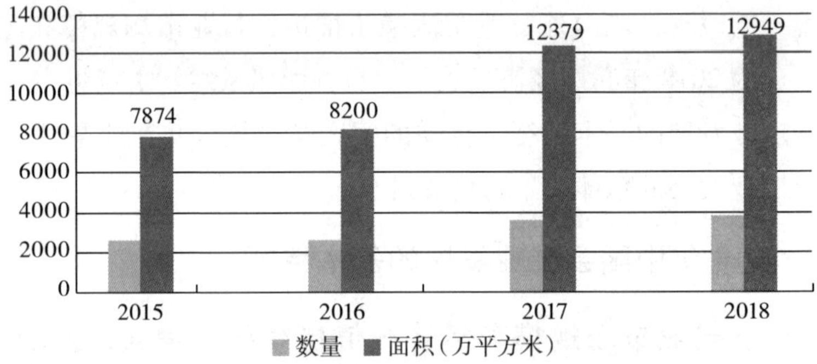

图22-1　2015年以来我国历年办展数量和面积（经贸类展览）

（二）出国参办展规模稳步上升，"一带一路"沿线国家和"金砖国家"成新热

截至2018年11月，全国92家组展单位赴66个国家参、办展1672项，比2017年增加123项，同比增长4.89%。其中，76个组展单位共赴33个"一带一路"沿线国家组织参、办展718项，占参办展项目总数的42.9%，同比增长14.3%，增长速度远高于总体平均增长速度。63个组展单位赴4个"金砖国家"组织参、办展310项，占出国参办展项目总数的18.5%，同比增长1%。

不过，在出展的"一带一路"沿线国家和"金砖国家"中，呈现出较强的区域集中化态势。在"一带一路"沿线国家中，参办展量最多的前10个国家，包括俄罗斯、印度、阿联酋、泰国和新加坡等，占据了全年出国参办展量的8成；在金砖四国中，俄罗斯和印度两个国家的参办展量超过中国赴金砖国家参办展数量的七成。

同时，值得注意的是，2018年中国赴北美地区参办展数量、面积和参办展企业都出现微量下降。其中，赴北美地区参办展273项，占总项目数的16.3%，同比下降3.2%；参办展面积为11.3万平方米，占出展总面积的13.6%，同比下降8.3%；参办展企业数8966家，占出国参办展企业总数量的15.3%，同比下降7.7%。这是中美贸易摩擦导致的短期现象，还是一种趋势性现象值得研究。随着新型市场国家会展业的发展和成熟，西欧、北美等国的会展业发展可能受到一定程度的影响和冲击。

（三）展会区域集约化程度明显，区域发展差距仍然较大

一直以来，北上广深等一线城市占据着国内会展业发展的龙头地位。根据商务部下属的中国会展经济研究会近三年来发布的“中国城市会展业竞争力指数”，上海、北京、广州一直稳居“中国最具竞争力会展城市”排行榜前三甲。深圳市2016年在该排行榜上居第四位，只是在2017年才被成都市反超，居第五位。

在中国会展经济研究会2018年发布的最新排行榜中，上海、北京、广州、成都、深圳、杭州等城市入选2018年度“中国最具竞争力会展城市（直辖市及副省级城市）”，长沙、郑州、苏州、昆明、无锡等城市入选2018年度“中国最具竞争力会展城市（省会城市及地级市）”。不难发现，在最具竞争力的“直辖市及副省级城市”中，除了成都外，都位于东部地区。不过，在最具竞争力的“省会城市及地级市”中，中西部城市开始崭露头角。

从具体的办展数量和办展面积分布来看，对这种区域发展差距的感觉则更为明显。2018年，华东、华北和华南办展数量和办展面积之和超过全国办展数量和面积的七成。据上海市会展行业协会统计，2018年上海共举办各种展会合计994场，办展总面积1906.31万平方米。办展数量同比增长了18.05%，办展面积同比增长8.04%。从办展总面积看，仅上海一地的办展面积就超过了全国办展总面积的十分之一。不过，中西部城市会展业的发展也展现出较快的增长势头，从上述的最具竞争力的“省会城市及地级市”会展城市分布就可见一斑。

(四) 二三线城市加快会展业布局，相继出台政策扶持措施

继前几年北上广深等国内一线城市发布支持会展业发展的相关意见和措施后，2018 年国内不少二三线城市从构建现代经济体系的高度出台了扶持会展业发展的相关意见和措施，从政策、资金、人才各方面全面布局城市会展业发展，成为 2018 年会展业发展的一个突出特征（见表 22 - 2）。例如，6 月，石家庄市人民政府办公厅发布《关于促进会展业快速发展的意见》，提出加大支持力度，发挥政策导向和资金杠杆作用，力争用 3 ~ 5 年，将石家庄市打造成面向国际、辐射京津冀、引领全省的区域性会展中心城市。8 月，杭州市政府发布《加快推进会展业发展三年行动计划（2018—2020 年）》，欲把杭州打造成“具有世界水准的国际会议目的地城市、会展之都”，并要求建立市会展业发展领导协调机制，定期研究市会展业发展的重大问题，将会展业发展纳入国民经济和社会发展规划，制定杭州市会展业发展专项规划。9 月，三亚市人民政府印发《三亚市会展业扶持专项资金管理办法》，提出每届展览展位数量在 200 个标准展位以上的，前三届展览政府将给予每届展览补贴金额 100 万元，后三届给予每届展览补贴金额 50 万元。对社会资本在三亚投资建设的展馆及现有展馆，每年按照展馆实际展区面积给予展馆设施维护及修缮补贴。洛阳市人民政府发布《关于促进会展业转型发展的实施意见》，提出市财政每年安排会展业发展专项资金，主要用于符合产业发展规划、对经济发展具有带动作用的重点展会的补贴和产业扶持，着力构建“中原会展名城”。

表 22 - 2　2018 年发布扶持会展业发展政策的城市名单（不完全统计）

城市	发布时间	发布文件名称
青岛	11 月 1 日	《关于支持会展业发展若干政策措施的意见》
杭州	8 月 21 日	《加快推进会展业发展三年行动计划（2018—2020 年）》
石家庄	6 月 28 日	《关于促进会展业快速发展的意见》
烟台	7 月 31 日	《关于加快全市会展业创新发展的意见》
沧州	5 月 25 日	《关于促进会展业改革发展的实施意见》
洛阳	5 月 9 日	《关于促进会展业转型发展的实施意见》
江门	10 月 24 日	《江门市会展业发展规划（2018—2025 年）》
合肥	7 月 13 日	《合肥市促进会展业规范发展办法》

续表

城市	发布时间	发布文件名称
淮南	3月12日	《淮南市加快展览业改革发展实施方案》
济南	4月2日	《济南市促进会展业发展若干措施》

（五）首届国际进口博览会成绩斐然，北京世园会筹办扎实推进

2018年11月5日－10日，以“新时代，共享未来”为主题的首届中国国际进口博览会在上海举办。作为世界上第一个以进口为主题的国家级博览会，展览总面积达30万平方米，吸引了172个国家、地区和国际组织参会，G20成员、金砖国家和上合组织成员国全部参展，58个“一带一路”沿线国家和35个最不发达国家的企业参加，超过40万名境内外采购商到会洽谈采购。无论是进口展览品的数量、还是金额，均创下了国内展会之最。根据商务部发布的数据，首次进入中国的展品多达5000余件。

中国北京世界园艺博览会（北京世园会）将于2019年4月29日至2019年10月7日在北京市延庆区举办。这是继云南昆明之后我国举办的第二个获得国际园艺生产者协会批准及国际展览局认证授权举办的A1级国际园艺博览会。自2014年启动筹办工作以来，各项工作扎实推进，截至2018年12月，已有86个国家、24个国际组织报名参展，创下A1类世园会国际参展方数量最多的纪录。

国务院新闻办公室举办的2019年北京世园会筹备情况发布会透露，目前北京世园会各项建设顺利收官，筹办工作迈向最后决胜阶段，有望成为迄今展出规模最大、参展方数量最多、影响力最广的一届世园会。

二、2018年中国会展业投资与消费的挑战与应对

（一）展馆使用率不高，展馆过剩隐忧升级

近年来，会展成为地方各级政府争相发展的优先产业，除了一二线城市外，一些三四线城市也加快布局发展会展经济，建成并投入了一批规模较大、规格较高的展馆。此外，目前安庆、常德、大同、驻马店、呼伦贝尔等也正在规划建设新展馆。2019年，随着一线城市展馆扩容，二三线城市展馆的生存空间有可能受到较大冲击。如比较著名的上海新国际博览中心，北京的国

家会议中心二期工程、中国国际展览中心二期工程，深圳的国际会展中心（一期）工程都计划在2019年进一步扩容或建成。

一般而言，展馆利用率达到50%～60%才可能发挥出较好的市场效益。根据统计数据，我国展馆中利用率能达到这个水平的屈指可数。主要是上海、北京、成都的几个具有一定品牌声誉的展览馆，如上海的世博展览中心、北京的中国国际展览中心（含顺义馆、朝阳馆）、成都的世纪城新国家会展中心等。

根据国际上的一般标准，展览场馆出租率低于15%，就表明展览场馆的利用水平较低，出现收不抵支的情况。根据我国权威部门的统计，在全国近350家展览场馆中，利用率能够达到15%以上的实际上只有不到十分之一。这与我国会展经济发展仍处于起步阶段有关，也同时反映出我国会展业发展的隐忧：不少地区尤其是一些二三线城市都在争相建设大型展览馆，但目前展馆的利用率使得展馆多久才能实现投资回报成为问题。根据新华社下属的《经济参考报》记者的调查，一些三四线城市展馆的利用率还不足5%。这就不仅仅是投资回报的问题，而是要考虑其机会成本的问题了。

这意味着加强对会展产业的科学规划、科学评估已经成为当务之急。对一些已经建成的低利用率展馆，要科学评估当地会展经济发展前景，甚至可以考虑展馆转型。对一些正在建设的大型展馆，建议由第三方科学评估其前景，避免投资浪费。

（二）高端专业人才匮乏成为会展业发展切肤之痛

专业人才不足，尤其是策划、管理和项目组织等高层次人才短缺一直是制约我国会展业发展的重要瓶颈。从人才培养和供给的角度来看，我国会展专业教育开展较晚，直到21世纪初才有部分高校开设会展及其相关专业。这造成当时我国不少会展专业就业人员多数都不是专业科班出身，这种状况近年来有所缓解，但并没有根本性改变。据不完全统计，目前，我国开设会展管理的本科院校100多所，开设会展策划的专科院校有200多所。全国高等院校会展专业在校生人数在5万人左右，每年毕业生在1万人左右。同时，高校人才培养与市场需求存在严重脱节。不少会展专业学生因未能满足市场需求转而向其他行业寻求就业机会，这进一步加剧了会展行业人才尤其是高端人才的短缺程度。近年来各地媒体经常报道会展专业人才缺失的新闻，成为当地政府的切肤之痛。以我国会展业“龙头”上海市为例，该市具有5～10年的实际工作经验的专业人才不足10%。这在很大制度上制约了会展经济的发展。

从会展经济的发展来看，自2015年国务院出台会展产业“顶层设计”以来，各地政府争相发展会展产业，一批新的较大规模的展馆拔地而起，对会展专业人才的需求可谓“求贤若渴”。在短时间内，会展人才供不应求的局面仍将持续。同时，今年会展专业人才供给也迎来了新的发展契机，从长远看，将有力缓解目前的巨大人才缺口。

会展专业人才一靠培育，二靠引进。2019年2月国务院印发的《国家职业教育改革实施方案》提出“到2022年，一大批普通本科高等学校向应用型转变。”新增高等教育招生计划主要向应用型、技术技能型人才培养倾斜。这为专业会展人才的培养提供了新的契机。目前我国开设会展专业的院校也呈现出集中化趋势，以上海、北京、广州最多。随着普通本科院校向应用型转变，一些二三线城市高校开设会展专业的条件将更加成熟。此外，随着2017年以来一大批便利港澳居民到内地就业的措施的出台和实施，尤其是《粤港澳大湾区发展规划纲要》的出台，将为港澳专业会展人才到内地就业提供便利。这也是短期内解决高层次会展人才缺口的新契机。

（三）区域发展不平衡，布局不合理的问题仍有待化解

长期以来，会展产业区域发展不平衡、布局不合理的问题比较突出。国务院2015年发布的《关于进一步促进展览业改革发展的若干意见》提出我国会展业近期发展目标是，到2020年基本建成结构优化、功能完善、基础扎实、布局合理、发展均衡的展览业体系。“布局合理、发展均衡”在很大程度上便是针对会展业长期以来存在的这一突出问题。

应该说，经过几年的发展，这一问题得到一定程度缓解，譬如成都、昆明等西部城市的会展业后来居上，展现出惊人的发展潜力。昆明市室内可租用展览面积已经达到36万平方米，仅次于上海和广州。成都2017年超过深圳，2018年仍然稳居“中国最具竞争力会展城市”第四的位置。以云贵川渝为代表的西部地区合计展览馆总面积达到141万平方米，与东南省份的差距继续缩小。

不过，如果说这一问题已经得到实质性缓解，也不符合实际。如前所述，

根据中国贸促会的统计，2018 年华东、华北和华南地区办展数量和办展面积之和超过全国办展数量和办展面积的七成。离 2020 年的目标只有不到两年了，套用一句足球界的流行语，应该说“留给中国会展业的时间不多了”。如何加大力度构建“布局合理、发展均衡”的会展业结构体系，将会成为我国会展业 2019 年发展面临的重要议题。

三、2019 年中国会展业投资与消费前景展望

会展经济已经成为一线城市的重要支柱产业。2017 年上海会展业带动相关产业收入超过 1200 亿元。北京市直接会展收入达 254 亿元。作为无污染的“经济助推器”，二三线城市也都在加紧布局会展产业。在政策和市场叠加利好的情况下，2019 年将成为会展业继续稳健发展的一年。《粤港澳大湾区规划纲要》的出台将为会展经济在大湾区的发展乃至促进港澳会展产业与内地会展产业的融合提供千载难逢的历史机遇。随着人工智能上升为国家战略，信息技术和人工智能技术的发展将深刻改变会展产业的形态和业态，带动会展产业进入智能时代。随着“一带一路”倡议的向纵深推进，“一带一路”沿线国家有望继续成为出国参办展的热点和重点地区。

（一）政策和制度环境持续优化，2019 年会展业将继续保持稳定增长

2015 年 4 月，国务院发布《关于进一步促进展览业改革发展的若干意见》，首次从国家层面对会展业的全面深化改革发展工作进行部署，对会展业在我国经济发展全局中的重要地位、目前发展存在的主要问题以及未来发展方向和目标。《意见》指出会展业“已经成为构建现代市场体系和开放型经济体系的重要平台，在我国经济社会发展中的作用日益凸显”。同时，会展业也存在“体制机制改革滞后，市场化程度发展迟缓，结构不合理、政策不完善、国际竞争力不强”等主要问题。《意见》要求会展业发展坚持专业化、国际化、品牌化、信息化方向，加快展览业转型升级，努力推动我国从展览业大国向展览业强国发展。到 2020 年，基本建成结构优化、功能完善、基础扎实、布局合理、发展均衡的展览业体系，更好地服务于国民经济和社会发展全局。

自中央有关会展业的顶层设计出台以来，不同地区、不同省份纷纷结合

当地实际出台了支持会展业发展的实施方案和中长期规划，开启了地方层面的会展业“顶层设计”。继一线城市之后，2018 年不少二三线城市相继出台会展业发展意见和支持措施，从资金、人才、制度上扶持会展业发展。随着政策优惠和制度环境的不断完善，在不远的未来可能产生一些新的区域性会展中心城市，成为支撑会展业持续稳定增长的有生力量。

不过，在看到推动会展业增长的新动能外，也要注意和防范个别地区不顾实际盲目发展会展业。从实际情况来看，一些较不发达城市，缺乏市场调研和规划，跟风上马建设新展馆，这些展馆利用率低下，有些利用率甚至不足 5%。不仅没有成为新的投资机会，拉动城市经济增长，反而成为城市经济发展和投资商的新负担。

（二）粤港澳大湾区会展业投资逢历史性机遇

建设粤港澳大湾区，是习近平总书记亲自谋划、亲自部署、亲自推动的国家战略，是新时代推动形成全面开放新格局的新举措，也是推动“一国两制”事业发展的新实践。2019 年 2 月 18 日，万众期盼的《粤港澳大湾区发展规划纲要》正式出台，粤港澳大湾区建设从搭梁建柱阶段转向纵深推进的阶段。这为粤港澳会展业投资以及开拓内地与香港在会展业的合作，推动内地会展业“走出去”提供了千载难逢的历史性机遇。

香港是全球闻名的“国际会展之都”，会展业起步早，发展成熟，是全球公认的最佳会展城市之一，拥有大量的专业会展人才。位于主要商业区的香港会议展览中心、毗邻香港国际机场的亚洲国际博览馆，以及位于九龙湾的国际展贸中心在全球享有盛名。不过，因为市场和空间的限制，在展览旺季香港会展业也存在展览面积短缺等问题，成为制约香港会展业发展的瓶颈。

澳门在会展业方面的表现也一直比较出色。尽管发展时间相对不长，但成绩不俗。国际展览业内最具代表性的协会之一——国际展览业协会（UFI）于 2018 年 9 月发布的第 14 版《亚洲贸易展年度行业报告》将澳门评为过去 5 年亚洲表现最出色的展览市场。澳门的净销售展览面积由 2013 年的 143000 平方米上升至 2017 年的 217500 平方米，升幅高达近 52.1%，为全亚洲升幅最高的地区。广东省则是内地展览大省，展馆数量约占全国的 13%，仅次于山东省。展览面积达到 154 万平方米，约占全国展览馆室内可租用面积的 16%，位居全国第一。深圳市则常年位居最具竞争力会展城市之列。2019 年全球规模最大的会展中心——深圳国际会展中心也将开馆。

2014 年，《关于内地在广东与香港基本实现服务贸易自由化的协议》签署，率先在广东对香港基本实现服务贸易自由化。2015 年 12 月，双方再签署《服务贸易协议》，把 2014 年《协议》的服务贸易自由化地域范围扩展至内地全境。根据协议，自 2016 年 6 月起对香港服务提供者及专业人员实施开放措施。香港服务提供者可以独资形式在内地提供会议及展览服务。香港服务提供者亦可在内地设立独资、合资或合作企业，经营到香港、澳门的展览业务。

随着《粤港澳大湾区发展规划纲要》提出的一系列措施的落地，如交通、网络等基础设施的互联互通，粤港澳手机长途和漫游费取消，粤港澳会展业合作和投资迎来巨大发展机遇。促进粤港澳三地会展业“错位发展、良性互动”，不仅有利于会展行业本身的发展，是实现粤港澳大湾区战略定位，建立内地与港澳深度合作示范区的需要，同时也是实现国务院《关于进一步促进展览业改革发展的若干意见》设定的 2020 年我国会展业发展目标的现实需要。我们认为，2019 年是粤港澳大湾区会展业发展历程中承上启下的关键一年。在国家战略推动下，利用好“一国两制”这一最大优势，有机结合港澳会展业专业人才优势、管理优势和广东省展馆多、展馆面积大的规模优势，大湾区会展业必将迎来政策扶持与市场利好叠加的难得机遇，值得投资者重点关注。

（三）信息技术和人工智能将深刻影响会展业的未来

信息技术正在深刻改变我们的生活方式，信息技术的最新形态人工智能技术已经上升为国家战略。中共十九大报告指出，将推动互联网、大数据、人工智能和实体经济深度融合。国务院发布的《新一代人工智能发展规划》提出“到 2030 年，使中国成为世界主要人工智能创新中心”。作为一项基础性技术，人工智能在不远的将来可能像电力、燃气、公路一样成为我们生活和工作不可或缺的基础设施，其对会展业的影响也正在逐步显现出来。一方面，信息技术和人工智能的发展为会展业带来新的题材和商机。另一方面，信息技术和人工智能正在并将继续深刻影响和改变会展业的形态和业态。

第一，信息技术和人工智能的发展为会展业带来新的题材和商机。信息技术和人工智能类会展成为会展业的重要组成部分。例如，5 月 10 日，2018 年全球人工智能产品应用博览会在苏州国际博览中心开幕；5 月 11 日，欧美同学会首届数字经济与人工智能大会在成都开幕；5月16～18日，第二届世界智能大会在天津举行；5月19～20日，2018年全球人工智能技术大会在北京国家会议中心开幕。8月，OFweek维科网和HTC高科会在上海主办了2018中国（上海）国际人工智能展览会。11月，由商务部、科技部、工信部、国家发改委等共同举办，素有“中国科技第一展”之称的第20届中国国际高新技术成果交易会（简称高交会）将国际人工智能展览会作为专题展。以“智慧科技·能创未来”为主题的第22届北京科博会——国际人工智能大会将于2019年10月在北京国际展览中心举办。第三届全球人工智能大会暨展览会将于2019年5月27－29日在上海·国家会展中心（虹桥）举办。随着信息技术和人工智能发展，相关题材的展会预计将成为未来会展市场的新亮点。

第二，信息技术和人工智能正在并将继续深刻影响会展业的形态和业态，推动会展业服务形态和消费形态转型升级。展前，信息技术的应用将有效提升主办方、参展方和观众的信息匹配，增加三方信息对称，提升会展的针对性和有效性。

第三，信息技术和人工智能技术将助力展会主办方全方位进行会场管理，推动会展智能化和自动化管理，助力参展商全方位展示产品，助力提升消费者现场体验等。展后，将有效推进线上交易、金融、物流服务，线上线下双驱动，在降低交易成本的同时把展会效果最大化。此外，大数据技术的应用也有利于对参展方、消费者和观众的深度分析，实现对客户和观众的跟踪化管理和服务。

（四）“一带一路”沿线国家有望继续成为出国参办展的热点和重点地区

自从2013年习近平总书记提出“一带一路”倡议以来，得到沿线国家的积极响应和全球瞩目。“一带一路”的“朋友圈”与日俱增。2018年1月，中拉双方共同发表《“一带一路”特别声明》，标志着“一带一路”倡议正式延伸至拉美地区。根据不完全统计，五年多来已经有100多个国家和国际组织与中国签署了共建“一带一路”政府间合作备忘录。

2018年“一带一路”沿线国家成为出国参办展的新热点地区，参办展项目占到出国参办展项目数量的四成还多。参办展数量增长率高出平均水平近10个百分点。在部分发达国家单边主义、保护主义和逆全球化思潮抬头的情况下，2019 年“一带一路”沿线国家有望继续成为出国参办展的热点和重点地区。

这也是“一带一路”倡议自身的目标所决定的。根据国家发展改革委、外交部、商务部联合发布的《推动共建丝绸之路经济带和 21 世纪海上丝绸之路的愿景与行动》，“一带一路”以政策沟通、设施联通、贸易畅通、资金融通、民心相通为主要内容。其中设施相通、贸易畅通与出国参办展直接相关。贸易畅通在一定程度上需要以会展为“中介”，而设施相通则会进一步为出国参办展提供便利和机会。

案例篇

第二十三章　芒果 TV：新时代媒体融合的主力军成功登陆 A 股开启资本新路

郭伟　殷檬楠[①]

一、发展背景

（一）新时代媒体融合趋势：融为一体、合而为一，向纵深发展

党的十八大以来，中国特色社会主义进入了新时代，新时代催生新思想，新思想引领新时代。2014 年 8 月 18 日，习近平总书记在中央深改小组第四次会议上提出“推动传统媒体和新兴媒体融合发展，强化互联网思维，坚持传统媒体和新兴媒体优势互补、一体发展，推动传统媒体和新兴媒体在内容、渠道、平台、经营、管理等方面的深度融合”。

习近平总书记在主持中共中央政治局第十二次集体学习时，聚焦全媒体时代和媒体融合发展，就推动媒体融合向纵深发展，巩固全党全国人民共同思想基础发表了重要讲话，他强调“推动媒体融合发展、建设全媒体成为我们面临的一项紧迫课题。要运用信息革命成果，推动媒体融合向纵深发展”，为媒体融合发展指明了前进方向，注入了强大动力，具有重大实践指导意义。

媒体融合是近年来传媒领域发生的一场革命，在移动互联网和用户消费习惯变化的共同作用下，催生了新媒体和传统媒体进一步融合。芒果 TV 以视听互动为核心，融网络特色与电视特色于一体，实现“多屏合一”的新媒体视听综合传播服务平台，成为新时代媒体融合的典范。

---

① 郭伟、殷檬楠：投中研究院分析师。

（二）网络视频行业新格局：市场规模不断增长，付费趋势日益明显

随着技术发展，网络视频行业日趋成熟，已经成为娱乐消费的重要方式，据 iResearch 数据显示，2018 年在线视频市场规模为 1104.6 亿元（见图 23 - 1），同比增长 22.6%，市场规模巨大并且正在高速发展。得益于网络渗透率的快速提升，互联网用户规模扩大带来网络视频用户持续增长，我国是目前网民数量规模最大的国家，网络视频用户规模也居世界首位。据 CNNIC 发布的《中国互联网络发展状况统计报告》数据显示，2018 年中国网络视频用户规模为 6.12 亿，与 2017 年末相比增长 3309 万人，占整体网民比例达到 73.9%。

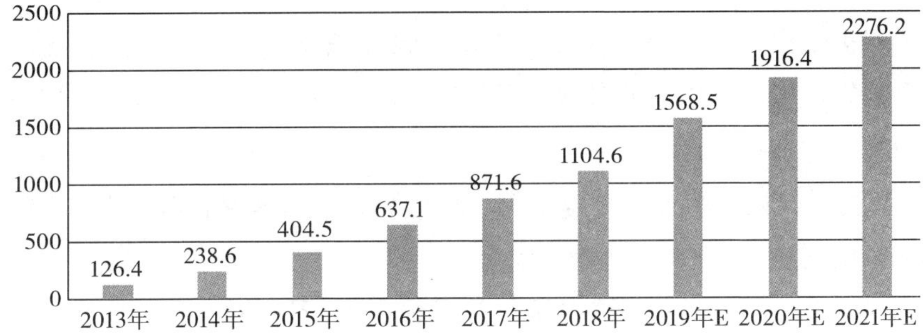

图 23 - 1　中国在线视频市场规模（亿元）

资料来源：iResearch、投中研究院

与此同时，随着用户消费习惯的改变，技术不断更新升级，中国视频行业快速迭代进化，更多优质内容不断涌现，运营模式呈现多样化，互联网用户对付费认可程度也越来越高，年轻群体付费趋势尤为明显。据公开资料显示，目前我国视频付费率仅为 14%，相比美国有线电视 50%、互联网视频 43% 的付费率，依然存在较大成长空间，芒果 TV 也将迎来巨大市场前景。

（三）行业回归理性向健康发展：监管趋严，内容竞争加剧

随着视频行业日趋回归理性，优质内容成为视频行业竞争的核心，各大平台从高价购买版权扩展精品头部内容到不断拓展自制内容，竞争不断加剧；同时，近年来国家不断出台相关政策，加大对创作、播出的管理，监管趋严也促使内容的高质量产生和视频行业的良性竞争及市场化健康发展。凭借芒果独播 + 优质精选 + 独特自制的视频定位，芒果 TV 在竞争中脱颖而出，走出

聚焦用户需求的差异化创新道路，成为业内最具青春号召力的平台。

二、成功登陆A股教科书式突围：率先盈利，差异化优势凸显

2004年，芒果TV的前身金鹰网由湖南广播影视集团建立，网站以推广宣传湖南卫视及其旗下各平台的电视节目为主，兼做观众的互动渠道，线上视频功能所占比例很小；2014年，融合金鹰网后的芒果TV转型升级，并于同年宣布实行独播制；2017年，芒果TV扭亏为盈，率先实现4.89亿元营收，成为全行业唯一实现盈利的综合视频平台。2018年6月，快乐购(300413.SZ)重大资产重组正式获批，芒果TV与芒果互娱、天娱传媒、芒果影视、芒果娱乐五家公司整体打包注入快乐购，正式成为国内A股首家国有控股的视频平台；2018年7月，快乐购正式更名为“芒果超媒”。

公司重组完成后，主营业务由媒体零售业务拓展至新媒体平台运营、新媒体互动娱乐内容制作及媒体零售全产业链，公司作为国有控股新型主流媒体产业集团，依托湖南卫视+芒果TV双平台融合发展的芒果生态，着力打造芒果TV互联网视频平台，充分发挥自身持续创新的内容制作优势，积极推进媒体融合发展。

芒果TV也成为广电系统中用户规模最大的新媒体，唯一能与BAT争阵地的国有先锋军，市场占有率仅次于爱奇艺、腾讯、优酷，位居行业第四。据芒果TV官方数据，截至2019年2月底，芒果TV移动APP安装激活用户超6.4亿，芒果TV全平台海外用户规模已超1620万，覆盖全球195个国家和地区。其中，湖南卫视芒果TV YouTube频道订阅总用户超470万（截至2019年3月），是YouTube平台订阅人数最多的第一华语视频官方频道。

（一）深厚根基：湖南广电“一体两翼、双核驱动”媒体融合战略，助力芒果TV扭亏为盈

湖南广电无疑是新时代媒体融合创新最坚决的实践者，紧跟趋势，果断改革。2014年8月，中央全面深化改革领导小组第四次会议审议通过了《关于推动传统媒体和新兴媒体融合发展的指导意见》，要全力推动传统媒体和新兴媒体融合发展。作为湖南广电集团旗下新媒体，芒果TV在湖南广电集团“一体两翼、双核驱动”基本战略指导下，从2014年起全面发力互联网视频业务，逐步形成了以芒果TV为主要品牌的新媒体产业格局，与湖南卫视一道

形成“双平台”带动、全媒体发展的新格局。

在各大视频平台以独播和自制内容为核心竞争的大背景下，湖南卫视的资源实力，强大的节目制作体系和节目制作能力，强有力的 IP 支持，大量的优质内容帮助芒果 TV 在发展初期迅速在行业内站稳脚跟，例如《快乐大本营》《歌手》等多档优质品牌综艺节目，不仅为湖南卫视带来了巨大的关注度和广告赞助，也为“独播”战略下的芒果 TV 带来了巨大流量。与此同时，芒果 TV 坚持以内容为王，不断提高自制能力，湖南广电强大的人才、资金、品牌等各种优势也助力芒果 TV 打造出具有独特效应的内容传播体系和诸多现象级节目。

随着芒果 TV 自制内容水平提升，也开始以精品节目、剧集反哺电视台，《我是大侦探》《火王》等优质综艺、剧集都完成了从芒果 TV 到湖南卫视的先网后台反哺之路。其中，《萌仔萌萌宅》登陆湖南卫视首播就在电视台拿下同时段收视第一，标志着芒果 TV 自制内容水平完成了质的飞跃。此外，芒果 TV 也积极主动与湖南经视、都市等兄弟频道建立起紧密合作，共同制作播出了一系列优秀的主旋律大片，先后受到中宣部、广电总局的点赞和各大主流媒体报道，并多次获奖。2019 年两会期间，“芒果新闻”应运而生，积极响应习近平总书记大力推进媒体融合向纵深发展，做大做强主流舆论的号召，以芒果 TV 为作业平台，以湖南都市频道为主要执行团队，聚合湖南广播电视台旗下各媒体优质资源，以“多种生成、多元传播、全方位覆盖”为架构，联动芒果 TV 新闻轮播、直播专区，“先网后台”，形成以“两会快递 ING”为主题的 2019 全国两会全媒体报道矩阵，打造全新的新闻融媒体平台。

湖南卫视与芒果 TV 在内容、渠道、平台、经营、管理等各个层面的深度融合升级，大大降低了成本，成为其盈利的重要基础。“芒果 TV 自制 + 双平台播出 + 版权分销”模式使内容的版权价值最大化。与此同时，芒果 TV 是首批获得互联网电视牌照方之一，也是全国七家“内容 + 播控”双牌照持有者之一。芒果 TV 凭借牌照优势，通过自有品牌，重建了包括软硬件、内容、营销、用户在内的一整套产品体系，构建“一云多屏”总平台，全面开创互联网视频、互联网电视、手机电视、IPTV、移动客户端等新兴网络视听业态，覆盖手机、PAD、PC、TV 等全终端体系，以“电视台 + 互联网 + 电视硬件”，形成无可比拟的全屏优势。

在2018年《中国500最具价值品牌》排行榜中，湖南广电凭借20多年在内容、人才和生态优势等方面的沉积和积累，品牌价值高达587.29亿元，稳居省级广电第一；芒果TV也凭借优异的营收数据、极具融合优势的生态布局和与日俱增的国际影响力，连续四年入选《世界媒体500强》榜单，在互联网新媒体领域位列亚洲前十。

（二）精准定位："青春文化"的平台特色带动盈利增长

1. 专注自制，有效增强用户忠诚度及付费转化效率

"青春文化"的平台特色和差异化定位有利于芒果TV在激烈的竞争中脱颖而出，芒果TV始终紧密拥抱年轻人，坚持以青春为平台定位，在充分运营现有资源的同时大力发展自制能力。根据芒果TV官方数据，芒果TV用户年龄结构更加趋向年轻化，24岁及以下用户占比67%，远高于整体视频行业24%的用户比例（见图23－2）。

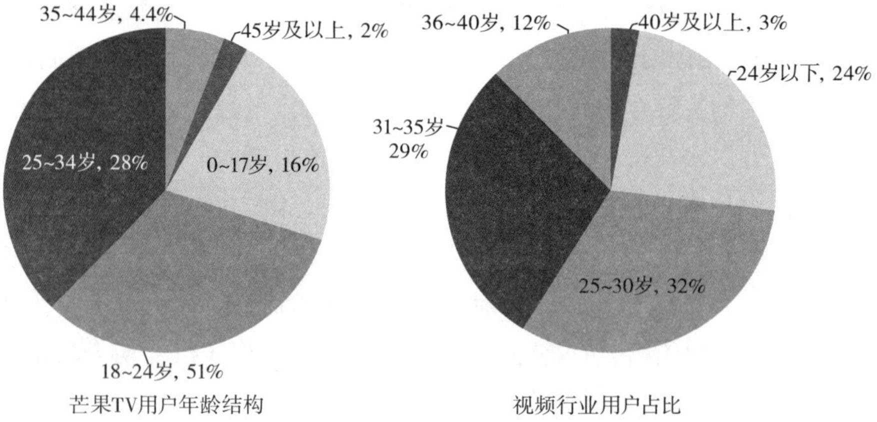

图23－2 芒果TV用户年龄结构及视频行业用户占比

资料来源：iResearch、投中研究院

芒果超媒总经理、芒果TV CEO蔡怀军曾表示："年轻就这么好看，这不只是一句口号更是态度和定位"。芒果TV定位年轻女性细分群体，以湖南卫视王牌综艺以及精品自制作为主打，实现了对目标客户群差异化内容输出的可持续发展，尤其是自制网生内容部分，受众群更年轻，根据实时有效的用户反馈和大数据，芒果TV开发出更具创意和符合网友习惯、喜好的内容，很好地提升了内容针对性，有效增强了用户的平台忠诚度及付费转化效率。据iResearch数据显示，芒果TV2018年自制综艺节目仅占全网总量的10%，但

在全网综艺视频播放时长排行榜 TOP10 和 TOP30 中分别占 40% 和 30%。

2. 传递青春正能量，实现经济效益与社会效益共赢

作为新型主流媒体，芒果 TV 在创新节目内容生产和传播同时，坚持正确的政治方向、舆论导向，引领年轻人的核心价值观，成为青年文化的引领者。同时，不断贴近年轻人真实生活，打造出兼具趣味与意义的原创内容，从而引起共鸣，不断传递青春正能量。2018 年以来，芒果 TV 陆续打造出以《妻子的浪漫旅行》《女儿们的恋爱》《放学别走》《真心大冒险》《童言有计》《青春芒果节》等为代表的青春 IP，实现经济效益与社会效益的共赢。

3. 基于用户需求的创新基因，不断带动盈利增长

基于“青春”的定位，超过 90% 的芒果 TV 用户年龄在 34 岁以下。近年来，这些用户接受信息的方式、渠道和习惯发生着巨大变化，年轻用户在赋予平台独特品牌价值的同时，也倒逼平台发力更贴近年轻群体的内容创意和 IP 研发，基于用户需求的创新基因也伴随着芒果 TV 不断发展。蔡怀军认为，创新能力就是芒果 TV 的核心竞争力，也是平台得以盈利的主要因素之一。

例如，《变形计》的公益行动、《明星大侦探》关注社会伦理道德、《我的青春在丝路》的年轻话语方式，让芒果 TV 的内容越来越倾向于观照社会现实、关爱青少年成长的创新题材；领跑线下赛道构建芒果生态会员体系也同样延续其创新基因，芒果 TV 围绕会员搭建成长体系，从品牌设计与管理、衍生品、线下活动、独特权益四方面进行整体规划，打造区别于“流量会员”的“1 +9”超能量会员权益体系，充分协同芒果生态资源，率先进入线下赛道，实现线上线下全方位立体联动；“青春芒果节”也开创了视频平台会员互动新时代，“会员开放日”让用户深入体验芒果青年文化。

（三）核心战略：构筑“独特”内容壁垒，打造芒果超媒生态，从新媒体到全媒体覆盖产业链

1. “独特”是芒果 TV 践行融合发展战略的关键

作为国有网络视听新媒体典型代表的芒果 TV，从基于内容优势的“芒果独播”战略起步，到朝向生态闭环的“独特模式”战略突围，快速实现用户规模和社会效益、经济效益大提升，秉承“融合发展”战略，形成强大的内容壁垒。

芒果 TV 的内容主要来源于湖南卫视王牌版权内容、芒果 TV 自制内容以及

外部视听引进内容。湖南卫视优质版权 IP 和芒果 TV 自制天然成就其独特性。综艺节目作为芒果 TV 的王牌，具有海量粉丝群体和强大的用户付费吸引力，强化主控式综艺自制，加速提升内容自制能力，不断释放内容创新潜能。在深耕卫视以《快男》《超女》《变形计》等为代表的台转网成熟 IP 的同时，芒果 TV 创新自制了以《哈哈农夫》《野生厨房》《萌仔萌萌宅》《火王》等多档爆款节目、剧集。2018 年，芒果 TV 推出了“亲子节目带”“悬疑智力节目带”“芒果系综艺带”“酷文化”节目带、“新型情感节目带”“广告定制节目带”等六大黄金综艺带，形成芒果自制综艺生态环为垂直用户提供充足的精品内容。

就外部内容的引进而言，芒果 TV 积极与全球优质内容制造平台，与华纳、派拉蒙、迪斯尼、环球、福克斯等六大好莱坞电影公司及韩国 KBS、MBC、香港 TVB、米拉麦克斯、狮门等影视制作机构达成合作，引入《欧洲歌唱大赛》《奥斯卡金像奖》《格莱美颁奖礼》等为代表的全球行业盛典。

2. 超媒生态赋能，加大产业链上下游延伸，拓宽生态护城河

芒果超媒大生态以视频内容为核心，加大产业链上下游延伸，构筑生态护城河，持续打造以芒果 TV 为核心，涵盖 IP 孵化、艺人经纪、终端渠道，到广告、电商、衍生开发等全产业链维度开发，进一步加强 IP 商业价值的货币化能力、货币化空间，增加用户黏性、提升用户忠诚度。快乐购、天娱传媒、芒果娱乐、芒果影视、芒果互娱、快乐通宝也聚焦产业链相关环节发力，创新发展模式，取得了良好经济效益。见图 23－2 所示。

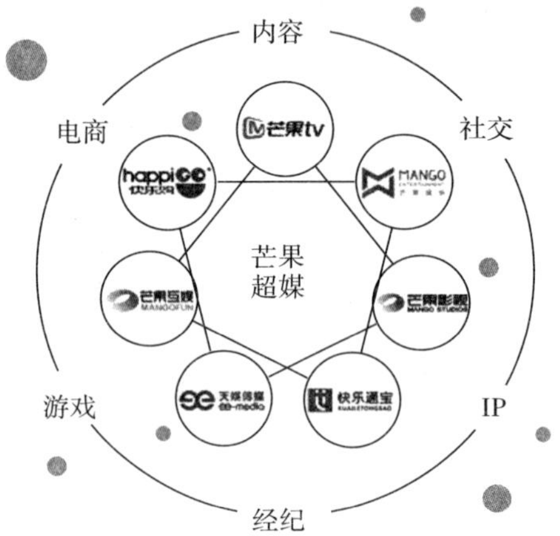

图 23－3　芒果超媒生态矩阵

资料来源：公司官网

3. 全方位开放合作，打造共赢新模式

2018 年，随着芒果超媒将优势资源全部打通，健康的内容创作、传播生态愈发立体成熟之后，芒果 TV 启动“超芒计划”全面进军网络大电影市场，联合内容生产者进行超级 IP 的孵化与开发，构建动漫、网综、网剧、网络大电影联动互通的网生内容体系，实现内容 IP 价值的最大化，同时，打造结构稳定和层次丰富的艺人梯队，实现艺人经纪与影视娱乐内容生产和运营的协同发展。

“超芒计划”是芒果 TV 以芒果超媒这一全新生命体为引擎，在网生内容领域加速创新发展、实现开疆拓域的新布局。芒果 TV 从开放 IP、开放平台、资源整合、生态赋能四个方面实施“超芒计划”：第一，超级 IP 的开放，坚持以内容为驱动，秉承价值导向、审美导向，开放芒果 TV 的头部综艺 IP、自有优质 IP，并联合内容生产者进行超级 IP 的孵化与开发。第二，超级平台的开放，为内容合作方打造开放平台，提供涵盖内容运营、粉丝管理、数据反馈等在内的一体化服务，实现内容创作者、平台、用户的互联互通。第三，超强资源的整合，整合芒果生态内的艺人资源、制作团队资源、宣传推广资源，从制作、艺人、推广、孵化扶植等多方面激励网生内容创新与升级。第四，超芒生态的赋能，立足芒果超媒的生态布局，从 IP 孵化、艺人经纪、终端渠道，到广告、电商、衍生开发等全产业链维度，为芒果 TV 网生内容合作方赋能，构筑“内容驱动、生态护航、价值变现”的网生内容体系。

图 23-4　芒果 TV 华为合作协议签署仪式

资料来源：公司官网

在不断开放合作，打造大生态的进程中，芒果 TV 更是携手华为，强强联手，围绕视频内容、会员及联合营销、大数据推荐、应用推广、IPTV 产品和华为云 CDN 服务六大板块展开深度紧密合作，实现三大共享，全面提升双方在各自领域的核心竞争力，并开创了共享收益的内容生态合作模式，为用户带来更多优质的视频内容和极致的视听体验。未来，双方也将充分发挥各自独特优势，以最大合力谋求最大效力。在未来移动视频行业，芒果 TV 还将与华为在 AI 技术研发方面寻求更多合作，共同推动视频业务的发展。芒果 TV 华为合作协议签署仪式如图 23 -4 所示。

（四）关键路径：控制成本，构建多元盈利模式

作为具有国有背景的视频平台，芒果 TV 在政治站位、导向把握、责任担当上始终“守正”，主动承担主流媒体的责任和使命，对国有资产负责，做到广告与会员业务、IPTV 与 OTT 并重，在版权业务方面注重优化投入产出比，强化“内容运营 + 技术产品”，用自制、自营、自控实现网站的垂直化领域拓展、精细化运营，达到小步快跑的发展目标。芒果 TV 不断前移产业链站位：一方面，以自制内容控制风险；另一方面，在投资项目中前置介入、全面参与，通过对演员、剧本、IP 的充分把关，大大降低采购成本，打造内容精品。2018 年，芒果 TV 通过改革管理机制、改良收入与利润模型平衡、多元开拓商业变现方式，推动广告、版权、运营商、OTT、会员等业务营收全面提升，多元盈利模式成效显著，主营业务收入也越来越稳健。

通过独特的内容运营与多渠道商业化建设，芒果 TV 于 2017 年实现盈利 4.89 亿，成为国内主流视频市场中第一个实现盈利的综合性视频平台。据芒果超媒（300413）2019 年 2 月 28 日发布的业绩快报，其 2018 年营业收入为 96.58 亿元，同比增长 16.76%；净利润 8.93 亿元，同比增长 24.95%；基本每股收益 0.95 元，其中芒果 TV 在收入占比中占主体地位。见表 23 -1。

表 23 -1　芒果超媒业绩快报

单位：万元

项目	本报告期	上年同期	增减变动幅度（%）
营业总收入	965 752.19	827 100.51	16.76
营业利润	99 373.54	79 898.54	24.37
利润总额	97 612.58	80 861.64	20.72
归属于上市公司股东的净利润	89 334.58	71 499.06	24.95

续表

项目	本报告期	上年同期	增减变动幅度（%）
基本每股收益（元）	0.95	0.79	20.25
加权平均净资产收益率	17.94%	18.33%	-0.39
	本报告期	本报告期初	增减变动幅度（%）
总资产	1 214 345.78	957 695.56	26.80
归属于上市公司股东的所有者权益	566 715.06	430 397.82	31.67
股本	99 002.35	40 100.00	146.89
归属于上市公司股东的每股净资产(元)	5.72	10.73	-46.69

注：本表数据为公司合并财务报表数据

资料来源：公司公告

（五）资本运作：引资改制，战略布局大生态，实现资本和业务共赢

1. 引资改制

从传统媒体到全媒体融合的创新发展中，湖南广电多次引领行业革新，进行国有传媒资本化的不断探索，芒果TV战略地选择以市场化的形式进行资本运作，用资本力量推动产业发展，构建芒果大生态。在拓展资金渠道及来源的同时，积极进行公司规范化治理，引入市场化人才机制，大大提升其竞争力。

据CVSource投中数据显示，2015年6月，芒果TV完成A轮融资，融资金额超5亿元，其引发资本方追逐的原因主要是芒果TV拥有国内仅有的7张互联网电视牌照以及湖南卫视的品牌背书，优质内容的独家供给。由于国有属性，排除外资背景的资本方后，芒果TV最终引入6家投资者。

作为芒果A轮投资方之一，联新资本成立于2008年，管理资产总额逾100亿元，主要投资方向包括科技/传媒、医疗健康、能源/环保等领域，至今已完成近60项投资，其中在境内外IPO/挂牌的企业已达20余家，培育了一批行业龙头。联新资本认为，芒果TV选择引入联新资本，一方面，由于联新资本长期投资互联网传媒领域，并在国企改制运作方面拥有丰富经验，除了财务之外，还能为芒果TV提供战略、资源、机制等各方面支持；另一方面，联新资本团队拥有强大的技术背景团队，以技术为切入点融合媒体为重要投资逻辑，能够帮助芒果TV在互联网视频、云点播技术等方面快速发展。视频付费趋势日益明显，未来整个行业具有广阔的市场空间；芒果TV作为湖南广

电的“双核”之一，背靠芒果大生态，内容运作不断成熟，在激烈的竞争中优势日益凸显；同时，芒果TV也成为整个广电体系国企改制的典型案例，在国有传媒和互联网融合方面都具有代表性意义。

据CVSource投中数据显示，2016年6月，芒果TV完成B轮融资，募集资金近15亿元。本轮融资主要用于解决资本、人才等问题，并进行“一云多屏”在硬件、OS领域开拓。最终，除原有股东之外，新进入的股东包括深圳光大新娱产业基金合伙企业（有限合伙）、广州越秀立创三号实业投资合伙企业（有限合伙）、芒果文创（上海）股权投资基金合伙企业（有限合伙）、建投华文投资有限责任公司、上海骏勇投资管理有限公司、北京中核鼎元股权投资管理中心（有限合伙）。此外，A轮股东中湖南文化旅游创业投资基金企业（有限合伙）、厦门建发新兴产业股权投资合伙企业（有限合伙）也参与了增资。

在B轮的投资方中，拥有芒果传媒背景的芒果文创基金，由芒果传媒联合中南文化、易泽资本、厦门建发等共同发起成立，由易泽资本负责管理。易泽资本执行董事李哲认为作为芒果生态中的投资标的，芒果TV拥有稀缺的平台属性，头部化内容能力和成本结构优势是芒果大生态赋予芒果TV竞争力的杀手锏；同时芒果TV也成为链接湖南卫视既有广电收视人群和互联网用户人群之间的桥梁纽带，实现播出时长和用户价值的全覆盖，极大拓展了与用户之间的交互界面；另外，对于政策监管，芒果TV的国资背景也有益于其对主流媒体价值观的准确把握。

据CVSource投中数据显示，2018年6月，湖南广电旗下上市公司快乐购发布公告重大资产重组及20亿元的配套募资方案正式获批，湖南广电旗下的快乐阳光（芒果TV实质运营机构）、芒果互娱、天娱传媒、芒果影视和芒果娱乐五家公司整体115亿元注入快乐购。2018年7月，快乐购正式更名为“芒果超媒”，芒果TV正式成为国内A股首家国有控股视频平台。

重组完成后，五家标的（后加入“快乐通宝”，现为六家）形成“上游艺人经纪业务、中游内容制作、下游新媒体平台分发，及下游版权运营、IP价值挖掘”的完整新媒体产业链，其中新媒体平台业务统一以“芒果TV”品牌运营，其他上下游业务以“芒果TV”为核心运营。从“媒体零售平台”向“国有新型主流媒体集团”全面转型升级，“芒果超媒”的上市也意味着湖南广电开启其在资本市场的全新征程。芒果 TV 重组上市交易情况见表 23-2。

表 23-2 芒果 TV 重组上市交易情况

单位：亿元

标的公司	交易对方	购买股权比例	标的资产价格	支付方式
快乐阳光	芒果传媒等 12 名交易对方	100%	95.30	发行股份
芒果互娱	芒果传媒等 6 名交易对方	100%	5.08	发行股份
天娱传媒	芒果传媒	100%	5.03	发行股份
芒果影视	芒果传媒	100%	5.40	发行股份
芒果娱乐	芒果传媒	100%	4.68	发行股份
合计			115.51	

资料来源：公司公告，CVSource 投中数据

芒果超媒成军后，通过进一步布局前端产业、完善芒果生态构建，形成协同优势，同时继续加大内容自制投入、扩建内容版权库、巩固内容优势，将在品牌形象、产业链打造、技术优势、付费会员转化等方面全面发力，实现国有资产保值增值，同时也以更开放的姿态迎接社会资本，进行资本合作，实现资本和业务的共赢。

2. 战略投资

湖南广电不断进行战略投资布局，构建内部机制合理、外部风险可控的芒果生态布局。这个生态圈不仅有观达、柠萌、上象、派乐、颖立、华传等强大的内容提供方，也有花椒、映客等平台合作方。同时，还跨界延伸到智能硬件、体育、音乐、游戏、电商、金融等多个行业领域。

例如，2015 年，以 OTT 为战略发展方向，直投国内领先的智能微投企业极米科技，目前，极米已实现 5000 万以上的净利润，市值已经翻了 6 倍，位居智能投影电视垂直行业第一，芒果 TV“软”的内容也通过极米“硬”的渠道，进入新兴的智能投影传播领域；2017 年 2 月，芒果 TV 联手创维、国美、光大瑞华发布了“爱芒果”品牌互联网电视机，正式进军硬件市场，集合“硬件 + 内容 + 系统平台 + 服务 + 伙伴/渠道”于一体，2018 年 7 月，芒果 TV 投资自主研发 OTT 智能硬件产品“牛奶盒子”及 Nunai OS 系统，深受用户的喜爱与好评。

（六）人才战略：整合资源，提升效率，可持续化发展

1. 打造可持续化、高成长性且面向未来的“芒果人才库”

芒果 TV 作为从传统媒体到互联网企业的先行进化者，引入行业市场规

则，通过实施绩效及薪酬改革，充分激发人才的创造力与积极性。通过“一线城市招聘，一线城市安排”“校园招聘”“猎头直聘”等多样化人才引进渠道，打通内部晋升渠道，建立了可持续化、高成长性，覆盖内容、技术、创意、硬件、投资、财务等各领域，面向未来的“芒果人才库”，这些人才不仅仅为芒果TV所用，更服务于湖南广电整体战略的实现。

例如，芒果TV大力推行工作室制度，工作室的配置、流程、人事财务完全独立，但创新风险则由平台兜底。目前，芒果TV的“头部内容”中有相当数量正来自这样的工作室，例如何忱工作室的《明星大侦探》系列，李甜工作室的《妻子的浪漫旅行》，彭丹工作室的漫改剧集《火王》等。

不仅如此，公司内部还成立“青年CEO俱乐部”并提供项目孵化基金，鼓励年轻员工把自己当成CEO来思考公司的发展问题并提出建议。近两年，芒果TV的很多品牌推广方案、衍生品都是由年轻人提出来的，比如“青春芒果节”的诞生就来源于年轻人。

2. 打通人才共享机制，降低成本提升效率

在湖南广电集团“一体两翼、双核驱动”基本战略下，芒果TV与各频道不断促进人才共通共享，在技术研发、平台建设、内容制作、管理模式等方面不断学习发展壮大。

湖南卫视和台内其他兄弟频道工作室及其他专业人才输血并融入芒果TV的广阔平台，芒果TV的互联网人才补足传统广电发展短板，实现广电整体价值利益的科学最大化，湖南广电体系制作人才共享不但保证自制内容质量，也降低了人工成本。

3. 依托马栏山生态，整合优质人才资源

芒果TV依托马栏山生态和湖南广电周边百家影视，生态圈向外，利用行业内顶尖设计、创意服务人才资源，通过项目合作、劳务派遣等多种形式，在确保平台战略顺利实施的前提下，通过沟通和体制上的突破，不断整合有利于业态开拓的人才资源。

三、坚定“主力军”的资本新路：秉承主流媒体责任，战略布局全球

（一）坚守主流价值阵地，优质内容IP传播青春正能量

习近平总书记在党的十九大报告中要求我们“要深化文化体制改革，完

善文化管理体制，加快构建把社会效益放在首位、社会效益和经济效益相统一的体制机制”。芒果超媒作为国有控股的媒体集团，具有与生俱来的红色基因，以守正创新为指导，主动承担主流媒体的责任和使命，在“举旗帜、聚民心、育新人、兴文化、展形象”等方面主动担当，不断追求社会效益、经济效益双效合一，尤其是在行业、市场上不断突飞猛进的同时，始终坚守主流媒体责任，通过优质内容 IP 传播青春正能量，充分传递社会主义主流价值观。

2018 年是网络自制综艺的爆发年，在选秀类节目争夺流量的拉锯大战中，芒果 TV 作为国内年轻观众占比最高的网络视频平台，依然将更多精力放在主流价值观的引导上，深挖年轻人喜欢的表达方式，传递青春和正能量，同时挖掘节目深层次的社会和文化价值。

与此同时，芒果 TV 不断贯彻台网融合战略，与湖南卫视以及地面频道紧密合作，从内容采买到联合制播，实现线上线下优势互补，用立体化传播矩阵推出《中国出了个毛泽东·故园长歌》《我爱你，中国》《我的青春在丝路》《四十年四十村》《赶考路上》《不负青春不负村》等新时代“新闻大片”，获得中宣部、广电总局、湖南省委主要领导以及《人民日报》《光明日报》等主流媒体的高度肯定。

其中，由湖南省委网信办指导，芒果 TV、湖南广播电视台都市频道、人民日报客户端联合出品的新时代主旋律大片《我爱你，中国》（见图 23 - 5）节目紧扣时代脉搏，呼应国家需要，聚焦对祖国有深厚感情的特定群体，展现英雄式的普通人背后赤诚的家国情怀，是新时代传播正能量、弘扬主旋律的精品力作。节目播出后，中宣部《新闻阅评》刊发专报，高度肯定《我爱你，中国》以“中国梦”“强军梦”为主题，高举信仰旗帜、以情讴歌英雄，开创了多方位融媒的范例。光明日报亦发表评论文章称：节目表达了主流作品的“情感书写”。

图 23－5　《我爱你中国》宣传海报

资料来源：公司官网

（二）战略思维布局全球，文化走出去唱响“青春中国梦”

十九大报告中提出“坚定文化自信，推动社会主义文化繁荣兴盛”的新时代命题，文化产业的发展和外宣平台的建设是最为重要和关键的一环。习近平总书记也强调“加强中外人文交流，以我为主，兼收并蓄。推进国际传播能力建设，讲好中国故事，展现真实、立体、全面的中国，提高国家文化软实力”。作为行业第一阵营唯一国有网络视听新媒体平台，芒果 TV 一直致力于优质华语视频内容的海外传播，打造有全球影响力的“中华文化走出去平台”，让重大新闻宣传主题和“青春中国梦”特色内容落地五大洲，对海外年轻受众形成强力的正向拉动，构建起具有跨国覆盖力、影响力的特殊战略资源媒介，快乐阳光（芒果 TV 实质运营机构）连续十年入选《国家文化出口重点企业和重点项目名单》。

芒果 TV 海外业务不断取得突破性进展，其国际业务部集内容运营、版权销售、平台运营、项目合作、活动推广、产业开发于一体，独家拥有湖南卫视、芒果 TV 海量自制综艺节目和优秀影视剧集的海外版权发行，与全球多家运营商、OTT 服务商、通讯运营商和硬件厂商建立良好的合作往来。截至目前，芒果 TV 的海外用户已经覆盖全球 195 个国家和地区，也对海外年轻一代华人树立爱国文化归属心和增强民族精神认同感产生深远影响。

1. 发挥内容优势版权有效覆盖海外，积极开展文化交流

芒果 TV 以自制剧集和热门爆款综艺节目的海外发行为突破口，打通海外落地渠道，实现了芒果版权内容海外有效覆盖，通过当地媒体集团本土渠道

和影响力拓展芒果系内容，包括《歌手》《我想和你唱》《中餐厅》《真心大冒险》《亲爱的客栈》《半妖倾城》等在内的优质IP现已落地全球各地，芒果TV自制剧集也成功打包发行至欧洲、美洲、澳洲、印度等多个国家和地区，进一步拓展出海区域。随着全球视频播放行业竞争的白热化，海外不断涌现出全新的新媒体平台，经过芒果TV与湖南卫视多年海外发行经验和口碑的积累，“芒果内容”已成为各海外平台采购内容的首选窗口。同时，芒果TV立足自身内容优势，通过定制内容积极促进国际青年文化交流，传递中国声音，讲好中国故事，例如，推出主旋律大片《我的青春在丝路》，讲述中国青年在丝路沿线国家的奋斗岁月，中国文化再度以青年表达链接世界。

在“一带一路”政策的大背景下，芒果TV与中阿卫视达成战略合作（见图23－6），全方位助力中国文化“走出去”，通过两个平台的相互融通，最大程度整合双方在内容和传播渠道上的优势资源，芒果内容通过中阿卫视成功落地阿拉伯世界；芒果TV还促成湖南卫视优质IP《歌手》落地哈萨克斯坦，以优质华语内容为纽带促进中哈文化交流，连接中哈人民友谊。

图23－6　芒果TV与中阿卫视战略合作签约仪式

资料来源：公司官网

2018年，芒果TV首次代表湖南广电领衔湖南省影视文化企业团，亮相中国香港国际影视展，集中展现“互联网＋文化”等产品业态创新，并在影展上首次对外发布“芒果TV国际APP”，加强文化传播与交流，这也成为芒果内容走出去的有效渠道。2019年，芒果TV再次参加中国香港国际影视展，并于湖南馆展区举行了“《功夫学徒》推介会”（见图23－7），向全球隆重推介最新企划打造的国内首档大型职业类综艺真人秀——《功夫学徒》，这也是Discovery首次牵手湖南广电，向全球展示中国文化与其他各国文化的相互碰撞。不仅如此，适逢“芒果TV国际APP上线一周年”，芒果TV在影展上还宣布最新的芒果TV国际APP代言人，进一步加码海外传播。此外，芒果TV还在积极拓展航空、游轮等新型业务，构建芒果海外生态圈，实现了芒果内容海陆空的全球覆盖。

图23－7　芒果TV、Discovery《功夫学徒》推介会现场

资料来源：公司官网

2. 全球主流视频网站及社交网站运营，全方位加深国际影响力

芒果TV通过平台运营等方式建立芒果频道、芒果专区，在全球范围内促成电视直播+新媒体点播、PC+移动端、付费+免费、基础包+增值包等多种模式，以丰富内容强化品牌，构建To B+To C的良性循环生态。芒果TV重点针对“一带一路”沿线国家和区域进行海外业务布局。作为第一个在YouTube平台上建立频道的视频播放平台，芒果TV牢牢把握先发优势，针对海外用户积极开展粉丝互动与内容运营，密切关注海外用户收视喜好，提升粉丝体验与黏性，并积极与当地机构合作，进行用户导流，进一步提升视频频道和新媒体的国际影响力。

3. 上线芒果TV国际APP，打造华语内容国际传播典范

芒果TV国际APP于2018年3月在海外苹果商城（AppStore）、安卓应用商城（Google Play）正式上线，成为芒果TV打造内外一体、协调联动、差异互补海外融合传播体系的一大创新尝试。芒果TV国际APP结合海外用户观看和使

用习惯，精简页面和排版设计，极大提升观看体验，也为湖南广电优质内容输出开辟出一个走向世界的文化展示窗口，目前已覆盖全球60余个国家和地区，未来将首先在东南亚、北美及“一带一路”沿线国家进行重点推广。

芒果TV将充分整合自身资源优势，搭乘十九大的东风，立足于已打通的市场渠道，加快拓展芒果内容全球市场的全面落地和有效渗透，承担起作为主流媒体布局国际业务的排头兵角色，力争实现海外用户规模的稳步增长，品牌影响力和市场号召力双丰收，让芒果TV成为中华文化“走出去”华语内容国际传播的全新经典案例，共同促进海外华语影视节目的大繁荣。

四、2019发展战略

2019年芒果TV将以视听内容为核心平台，将超强生态矩阵价值最大化，运用内容、技术、人才、资本合力，打通上下游产业链，打造一网联结、多点联动的大芒果生态体系。

（一）内容创新

在2019年综艺编排中，芒果TV携“脑力开发系列”“心智成长系列“新型婚恋系列”“代际情感系列”“关爱社会系列”“美好生活系列”“人文品德系列”“大型活动系列”八大系列重磅出击，创新提出：独创青春、景观综艺、社交体综艺、少年感综艺，聚焦青少年群体、宣扬年轻态度、坚持创新自制，做出具有青春世界观的内容是芒果TV的独特优势。

除此之外，芒果TV还计划在芒果金融、网生内容、短视频、文学阅读、知识付费、游戏以及App产品矩阵上进行分步骤拓展，基于兴趣拉动“留存”，实现从“看”到“玩”内容消费升级，寻求价值、流量变现全新增长点。

（二）技术升级

目前，芒果TV成立创新研究院，积极对5G、AI、VR等前沿技术前瞻布局，用技术融合提升生态矩阵的整体生产力。

（三）人才融合

芒果超媒以集团化改革为契机，大胆推行传统电视和互联网人才的齿轮型配置。目前芒果TV已经有16支内容制作团队，覆盖内容、技术、创意、硬件、投资、财务等各领域，核心人才流失率远低于行业平均水平，在未来持续保证优秀的原创内容不断诞生。

附录

2018年中国文化传媒投资大事记

万宇航　关乐宁

1月

1月8日，头条号下线“粉丝必见”功能。1月9日，趣店成为映客旗下在线答题产品芝士超人的首位广告主，广告费为1亿元。

1月10日，上海网信办点名批评热搜产业链，并用微信官方号发布文章《必须严厉打击微博热搜产业链——“紫光阁地沟油”操控舆论的模式+闹剧不能一笑而过》。

1月11日，针对相关手机应用软件存在侵犯用户个人隐私的问题，工信部信息通信管理局约谈了百度、支付宝、今日头条。

1月12日，今日头条针对“今日头条通过麦克风窃取用户隐私”的消息发布声明称，今日头条旗下所有产品，都不存在未经用户许可、擅自获取用户隐私的行为。

1月12日，微博云剪发布2.0版本，突显云剪辑、云素材、云媒资三大核心功能。微博云剪是微博和亿幕联合推出的PGC短视频一站式在线服务平台，是微博在短视频领域服务于机构用户的主要平台。

1月14日，针对“百万赢家”答题问题，北京市网信办约谈花椒直播相关负责人，责令全面整改。

1月15日，搜狗诉自媒体土妖侵犯名誉权，索赔50万。

1月19日，今日头条正式将旗下汽车板块更名为懂车帝。

1月25日，今日头条号宣布开始内测头条账号矩阵“母子号”功能。

1月25日，百度和今日头条掀起一轮公关暗战，互指对方“黑公关”。

1月27日，国家互联网信息办公室指导北京市互联网信息办公室针对新浪微博对用户发布违法违规信息未尽到审查义务，持续传播炒作导向错误、低俗色情、民族歧视等违法违规有害信息的严重问题约谈该企业负责人，责令其立即自查自纠，全面深入整改。

1 月 31 日，今日头条以不正当竞争为由将百度诉至法院，要求判令百度赔偿 500 万。

2 月

2 月 1 日，凤凰号正式改名为大风号。

2 月 1 日，国家艺术基金 2018 年度资助项目经过为期半年的申报、审核与专家评审工作，近日顺利完成。

2 月 2 日，针对近期有关媒体曝光的恶搞《黄河大合唱》等红色经典及英雄人物视频的问题，文化部高度重视，立即部署查处工作，排查清理有关恶搞视频，要求互联网文化单位自觉抵制恶搞红色经典及英雄人物的互联网文化产品，传播社会主义先进文化。

2 月 3 日，微博热搜榜回归。

2 月 12 日，中央宣传部、中央网信办、文化部、国家新闻出版广电总局、全国“扫黄打非”工作小组办公室近日作出部署，2 月上旬至 4 月下旬进一步开展针对网络直播平台传播低俗色情暴力等违法有害信息和儿童“邪典”动漫游戏视频的集中整治行动。

2 月 13 日，国家新闻出版广电总局下发《关于开展 2018 年全民阅读工作的通知》（以下简称《通知》）。

2 月 14 日，为进一步规范网络表演市场经营秩序，促进网络表演行业健康发展，文化部决定从 2 月 14 日起至 4 月底，在全国范围内开展网络表演市场专项规范整治行动。

2 月 23 日，2018“世界最美的书”评选结果在德国莱比锡揭晓，由上海市新闻出版局、“中国最美的书”评委会选送的两部作品《园冶注释》和《茶典》分别荣获“世界最美的书”银奖和荣誉奖，这两部中国作品均是“古书新作”。

2 月 24 日，中国文化艺术政府奖第三届动漫奖评奖工作领导办公室公布了本届获奖名单。《大鱼海棠》《社会主义核心价值观绘本》等 11 部动漫作品获得最佳动漫作品奖，华强方特（深圳）动漫有限公司等3家公司获得最佳动漫创作者或团队奖，吉林美术学院于中国美术学院获得最佳动漫教育机构奖，《超级飞侠》获得最佳动漫国际市场开拓奖，手机（移动终端）动漫国际标准（ITU－T.621）获得最佳动漫技术奖，阿狸与小鸡彩虹获得最佳动漫形象奖。

2月26日，广电局、北京市文化市场行政执法总队联合约谈新浪微博、新浪视频、凤凰网、秒拍、百思不得姐、水木社区6家网站，依法查处上述网站未持有《信息网络视听节目许可证》，擅自从事互联网视听节目服务，涉嫌传播违反《互联网视听节目服务管理规定》第十六条规定的节目，责令上述6家网站限期整改。

3月

3月2日，人民网、腾讯公司、歌华有线（含其基金）宣布将成立视频合资公司，共同发力直播和短视频领域。

3月2日，知乎APP因平台因管理不严、传播违法违规信息被各应用商店下架七天。

3月5日，国家总理代表国务院在十三届全国人大一次会议上作《政府工作报告》。关于旅游业，政府工作报告在“对2018年政府工作的建议”部分，提到2018年要“深化国家公园体制改革试点”，“创建全域旅游示范区”以及“降低重点国有景区门票价格”。

3月13日，国务院机构改革方案提请十三届全国人大一次会议审议，方案正文显示：“在国家新闻出版广电总局广播电视管理职责的基础上组建国家广播电视总局，作为国务院直属机构。”

3月13日，国务院机构改革方案出台，根据该方案，国家旅游局与文化部合并，组建文化和旅游部，作为国务院组成部门。不再保留原文化部、国家旅游局。新诞生的文化和旅游部的主要职责是，贯彻落实党的宣传文化工作方针政策，研究拟订文化和旅游工作政策措施，统筹规划文化事业、文化产业、旅游业发展，深入实施文化惠民工程，组织实施文化资源普查、挖掘和保护工作，维护各类文化市场包括旅游市场秩序，加强对外文化交流，推动中华文化走出去等。

2018年3月，中共中央印发《深化党和国家机构改革方案》（以下简称《方案》），3月21日，新华社刊发《方案》全文，其中几个部分涉及传媒领域的机构改革内容：优化中央网信办职责、中宣部统一管理新闻出版及电影工作、组建国家广播电视总局、组建中央广播电视总台等。

3月21日，中央人民广播电台、中央电视台、中国国际广播电台召开中层干部大会，宣布中央关于组建中央广播电视总台和领导班子任职的决定，三台合一的格局由此形成。

3月22日，国务院办公厅印发《关于促进全域旅游发展的指导意见》，就加快推动旅游业转型升级、提质增效，全面优化旅游发展环境，走全域旅游发展的新路子作出部署。

3月27日，头条号发布公告表示将下线“头条号指数”。

3月28日，被称为“二次元文化集散地”的哔哩哔哩弹幕网迎来了纳斯达克敲钟时刻。

3月29日，爱奇艺正式在美国纳斯达克挂牌上市。

3月29日，央视揭露头条广告二条玄机。

3月31日，央视报道靠低龄怀孕炒作的网红。

4月

4月3日，快手CEO就“孕妇炒作”事件发布长文《接受批评，重整前行》向公众道歉。

4月3日，国家广播电视总局宣传司司长高长力在广播电视节目创新创优培训班上结合广播电视工作实际，提出了“小成本、大情怀、正能量”的自主创新方向。高长力指出，今后广播电视节目必须继续遵循“小、大、正”的自主创新原则，不讲排场、比阔气、拼明星，不沉溺于个人主义的浅吟低唱、自娱自乐。

4月4日，国家广播电视总局会同属地管理部门约谈了“今日头条”“快手”两家网站主要负责人。

4月8日，新组建的文化和旅游部正式挂牌，文化和旅游深度融合进入新阶段。

4月9日，今日头条、凤凰新闻、网易新闻和天天快报四款新闻资讯类

APP 被勒令下架。

4 月 10 日，广电总局责令今日头条关停内涵段子客户端软件及公众号，并要求该公司举一反三，全面清理类似视听节目产品。对此，今日头条公司 CEO 张一鸣发出公开信致歉。经过近几年的野蛮生长后，以今日头条为代表的移动互联网资讯或视频平台迎来了更加严格的监管要求。

4 月 12 日，今日头条旗下短视频平台西瓜视频停止移动端视频上传，直播、弹幕等产品功能也暂时关闭。

4 月 13 日，小程序“快手 APP”由于违反《即时通信工具公众信息服务发展管理暂行规定》，被暂停服务。

4 月 18 日，针对“抖音”短视频平台涉嫌发布售假视频的舆情报道，北京市工商局海淀分局约谈该平台经营主体北京微播视界科技有限公司。

4 月 19 日，新组建的中央广播电视总台正式揭牌亮相。根据《方案》，整合中央电视台（中国国际电视台）、中央人民广播电台、中国国际广播电台，组建中央广播电视总台，作为国务院直属事业单位，归口中宣部领导。对内保留原呼号，对外统一呼号为“中国之声”。

4 月 19 日，百度和梨视频举办战略合作启动仪式，梨视频将内容全线向百家号开放同步，同时平台账号将与百家号打通。

4 月 24 日，头条更名为“字节跳动”。

5 月

5 月 4 日，一点资讯上线辟谣功能，可通过机器判断、人工编辑复审方式向内容造谣池和辟谣池输送相应内容，对看过谣言内容的人群定向 push 相关辟谣文章。

5 月 9 日，中国记协网发布“关于印发《中国新闻奖媒体融合奖项评选办法》的通知”称，为顺应传统媒体和新兴媒体融合发展趋势，更好贯彻落实中央关于推动媒体融合发展的决策部署，充分发挥中国新闻奖对加快推进媒体融合发展的示范导向作用，中国新闻奖自今年起增设媒体融合奖项，设立 6 个评选项目，分别为短视频新闻、移动直播、新媒体创意互动、新媒体品牌栏目、新媒体报道界面和融合创新。

5 月 12 日，“二更食堂”发文讨论空姐遇害案，言论不当引众怒，公号被暂停访问。

5月16日，头条将slogan由“你关心的，才是头条”改名为“信息创造价值”。

5月18日，百度宣布百度集团总裁兼首席运营官陆奇将不再全职担任百度公司职务。

5月24日，“二更食堂”公众号进入自主注销冻结期。

5月27日，今日头条发文，承认西瓜视频没有及时排查新型的博彩视频，确有失职。

5月25日，腾讯上线“下饭视频”。主打PGC和PUGC，聚焦1~5分钟的短视频。

5月29日，陌陌发布2018财年第一季度业绩报告：用户达1.03亿，付费用户810万。

5月29日，百度百科悄然上链，利用区块链不可篡改特性保持百科历史版本准确存留。

5月30日，由于头条全网推送《要多少文件腾讯才肯收手》，腾讯以侵犯名誉为由起诉头条，并要求赔礼道歉，索赔1元。

5月31日，俄罗斯联邦总统普京在莫斯科克里姆林宫接受了中国中央广播电视总台台长慎海雄的独家专访，这是普京就任新一届总统后首次接受国外媒体专访，也是中国中央广播电视总台台长第一次以记者身份对国家领导人进行采访。

6月

6月2日，美图公司创始人兼CEO吴欣鸿公开发布题为《积极整改，共建清朗网络》的致歉信，称“美拍上出现了不符合社会主义核心价值观的内容和现象”，并决定于当天开始，主动对美拍热门频道内容停止更新30天、直播频道内容停止更新15天、安卓与IOS应用商店下架30天，下线并关闭美拍“校园”频道。

6月2日，今日头条以“腾讯QQ空间拦截、屏蔽头条网页链接”“腾讯安全管家作为安全软件拦截、屏蔽头条网页链接”为由，起诉腾讯，并要求赔偿9000万。

6月5日，人民日报推出全国移动新媒体信息聚合系统“人民号”，并邀请全国媒体、机构和优质自媒体入驻。

6月5日，短视频网站快手全资收购视频弹幕网站AcFun。

6月6日，今日头条就搜索引擎广告出现对英烈不敬内容，向公众和英烈遗属致歉。

6月6日，北京市网信办、市工商局针对抖音在搜狗搜索引擎投放的广告中出现侮辱英烈内容问题，约谈查处抖音、搜狗，责令网站立即清除相关违法违规内容并进行严肃整改。

6月15日，人民日报创刊70周年，中共中央总书记习近平发信祝贺。在贺信中指出，70年来，在党中央坚强领导下，人民日报坚持政治家办报和党性原则，与党和人民同心同德，深入宣传党的理论和路线方针政策，热情报道人民的伟大实践，在革命、建设、改革各个历史时期发挥了十分重要的作用，创造了光荣历史。

6月19日，papi酱正式担任百度APP首席内容官。

6月26日，百度起诉前员工违反“竞业协议”，加入今日头条关联公司，索要竞业限制补偿金返还及违约金共计140余万元。

6月27日，中央宣传部、文化和旅游部、国家税务总局、国家广播电视总局、国家电影局等联合印发《通知》，要求加强对影视行业天价片酬、“阴阳合同”、偷逃税等问题的治理，控制不合理片酬，推进依法纳税，促进影视业健康发展。

6月28日，有赞、快手宣布达成合作，推出“短视频电商导购”。

7月

7月1日，《新疆日报》主管主办的子报《新疆都市报》宣布停刊，乌鲁木齐报业整合由此走入了公众视野。11月24日，今日新疆杂志社、新疆经济报社、天山网并入新疆日报社，组建一报、一网、一刊，新疆日报社下设新疆新媒体中心、今日新疆杂志社。

7月1日，深茂铁路江茂段正式开通运营，粤西阳江、茂名共同进入了动车时代。

7月2日，联合国教科文组织世界遗产委员会审议通过将梵净山列入《世界遗产名录》。梵净山成为我国第53处世界遗产、第13处世界自然遗产，贵州第4处世界自然遗产地，是贵州省首个独立申报的世界自然遗产项目。

7月4日，百度AI开发者大会（Baidu Create 2018）上，在7000余名开发者的面前，李彦宏兑现了自己一年前“吹的牛”：全球首款L4级量产自动驾驶巴士“阿波龙”正式量产下线。量产的“阿波龙”将发往北京、雄安、深圳、福建平潭、湖北武汉、日本东京等地开展商业化运营。

7月5日，泰国普吉海域三艘船只返回普吉岛途中，突遇特大暴风雨，其中两艘载有127名中国游客的船只分别在泰国普吉府珊瑚岛和梅通岛发生翻船事故，不幸的是，47名中国游客命丧大海。普吉岛沉船事故发生后，中国赴泰游客明显减少。12月，泰国对包括中国在内的21个国家和地区的游客实施为期两个月免收落地签证费措施。

7月9日，小米公司在港交所正式敲钟上市。从手机行业入手，小米只用了不到三年的时间就做到了中国第一。而后，靠小米生态链发展起了新零售链条。雷军更是公开表示小米是全球罕见的一个公司，市值应当等于苹果+腾讯。

7月9日，《大庆市第五批市级非物质文化遗产名录》正式公布，最终认定肇源那日汗公主陵的传说、蒙古族沙嘎游艺、马头琴音乐、老街基白酒传统酿造工艺、大庆版画、茂兴湖冬网捕鱼祭祀湖神习俗等17项非物质文化遗产纳入市级名录，大庆市非物质文化遗产累计已达71项。

7月12日，美国商务部表示取消了对中兴的“封杀”，中兴向美国支付4亿保证金后即可恢复运营。在此之前，美国商务部在美国东部时间4月16日宣布，中兴违反了美国限制向伊朗出售美国技术的相关条款，将禁止美国向中兴销售商品、技术和软件长达7年。

7月13日，有关机票退改签费用过高的问题，引起消费者的关注。多家航企和代理平台对机票“退改”收费没有统一标准，有的消费者反映，改签费用比重新买票还高，针对退改签乱象，民航局发布《关于改进民航票务服务工作的通知》，分别对航空公司、OTA平台（在线旅行社平台）和销售代理企业等在规范制度、改进服务方面提出具体要求。

7月19日，辽宁广播电视集团（辽宁广播电视台）、新组建的辽宁报刊传媒集团（辽宁日报社）分别举行挂牌仪式，这标志着辽宁媒体融合道路上又迈出了新的征程。辽宁广播电视集团（辽宁广播电视台）整合了省新闻出版广电局所属的7家事业单位。

7月20号，共青团中央以及多家官方媒体，就最近选秀热潮之后随之而来的粉丝接机问题发布微博，称“粉丝大量聚集可能造成过度拥挤，甚至踩踏事件”。一些过激的粉丝更会霸占安检通道以及登机口，这会严重影响机场秩序，甚至造成航班延误。

在此之前，六月腾讯《创造101》成团之夜结束，11位少女脱颖而出组成火箭少女101。出道当月几乎霸屏微博热搜榜，选手杨超越创下一天带不同的7个话题上热搜的纪录。火箭少女决赛上千万的集资也引起热议。能不能带给粉丝正面的影响，并经受住市场的考验，是当下选秀艺人及其公司目前都该思考的问题。

7月20—23日，由海峡两岸旅游交流协会台北办事处和台湾旅游交流协会首次共同主办的“2018海峡两岸台北夏季旅展”在台北世贸中心展览馆成功举办。

“P2P”应该是今夏最令人谈之色变的词了。六月以来，一场波及广、时间长、影响大的爆雷潮席卷整个P2P行业。

截至7月20日，50天之内，全国P2P网贷爆雷252家，其中229家倒闭，23家出现提现困难。

短短两个月，两百多家P2P平台集体爆雷，这意味着成百上千万投资人或将血本无归。

7月27日，中国记协新媒体专业委员会在京成立。新媒体专业委员会将以习近平新时代中国特色社会主义思想为指导，按照“四向四做”的要求，延伸服务手臂，拓展服务范围，团结引领新媒体及其从业人员唱响主旋律、传播正能量，在新时代展现新气象新作为，为党的新闻事业做出新的更大贡献。

7月28日，在太原市成功举办了2018年港澳青少年山西长城游学推广活动暨内地游学联盟大会。活动现场，内地游学联盟发布了《2017—2018游学联盟年度报告》，山西省旅游发展委员会发布了《2018—2019游学联盟年度计划》。

7月，国家广电总局公布了纪念改革开放四十周年第一批电视剧推荐参考剧目。其中包括《归去来》《大江大河》《青春抛物线》等三十部作品入围。这些剧目表现了人们在改革开放大潮下努力创造美好生活的故事，揭示了中国坚持走改革开放之路的历史趋势。

7月，海南航空在官网发布公告，建议旅客通过海航官方渠道（包括海航官方网站、海南航空 APP、官方微信公众号）办理提前选座、网络值机，或直接前往海航指定值机柜台现场办理选座、值机等业务。早在之前，南航、国航也相继发布公告，目的为规范第三方值机平台。

中国电子商务研究中心分析师陈礼腾表示，在航空公司互联网转型升级的背景下，航空公司开始加强对旅客行程体验的控制权，OTA 平台的生存空间进一步缩减。

7月31日12时许，@江苏网警 称接网友举报，@斗鱼直播平台 主播@陈一发儿 在早年直播中公然调侃民族伤痕，戏称游戏人物动作为“参拜靖国神社”。@江苏网及对此发表评论，“网络主播在直播过程中，应以身作则，切勿挑战道德底线、僭越法律红线，平台方也应加强管理，切莫因管理不当、放任自流而引火烧身!”

2018年7月，一封省电视媒体资深编导的公开信在网上广泛传播，信中主要内容指出自己在电视台工作18年，因“没有完成创收任务”收到台里解聘通知。创收持续下降，收视下滑，发不了工资，成了很多电视台面临的严峻问题。全员搞创收是很多媒体不得不饮鸩止渴的求生之路。

8月

8月，六部门联合发文，明确规定直播平台需要落实用户实名制。文件强调，“对网络接入服务提供者、应用商店未尽到许可、备案手续审核及监管义务造成有害信息传播的，有关主管部门将按照相关法律法规严肃查处”。

有业内人士指出，直播行业是和游戏挂钩的，今年直播市场规模约在300亿，2020年可能增长到800亿，涨幅约30%。预计直播将成为除游戏外第二大娱乐市场，超过中国电影市场。

据中国产业信息网数据，中国直播市场复合年增长率高达104.4%，预计到2022年将增至1100亿元。

8月8日，知乎在北京发布了面向用户和内容创作者的“海盐计划”。发布会最后，创始人兼 CEO 周源通过视频正式宣布知乎已完成 2.7 亿美元 E 轮融资，将加大在内容生态、AI 技术、知识服务和商业化等多个维度的投入。同时，知乎上线创作者中心，首期将提供八大权益，让创作者体面地获得收益。据悉，2.7 亿美元是知乎史上最大的一笔融资。

8 月 12 日，第十一届中国国际青年艺术周在天津开幕。这是青年周这一国家级中外青年文化交流平台首次在北京以外的城市设立主会场。第十一届中国国际青年艺术周以天津为主会场，以“丝路联四海・天津正青春”为主题，主要形式包括国际性演出、展览、论坛等。

8 月 21—22 日，习近平同志在全国宣传思想工作会议上指出，“要扎实抓好县级融媒体中心建设，更好地引导群众、服务群众”。

8 月 25 日，为期三个月的第六期“少林功夫非洲学员班”圆满结束。本期非洲班由来自中非、乍得、喀麦隆、布隆迪、马里、尼日尔、吉布提 7 国的 22 位学员组成。

8 月 29 日，大连新闻传媒集团正式揭牌。这个“巨无霸”，由大连报业集团、大连广播电视台、大连京剧院、大连舞美设计中心、团市委宣传教育中心等 11 家单位融合而成，为市委直属事业单位，负责全市新闻事业和传媒产业发展。

8 月，文化和旅游部部署开展专项查处工作，依法从重查处部分内容违规网络文化经营单位，组织开展网络音乐市场、网络动漫市场集中执法检查，27 家主要网络动漫、网络音乐网站被列入检查对象名单，要求 11 家主要网络动漫经营单位加强内容自审，开展自查清理，下线违规网络动漫产品，下线涉嫌违规漫画 167 部、动漫视频 977 条。

9 月

9 月，《射雕英雄传》的监制、《刀锋 1937》和《铁梨花》的导演郭靖宇，怒斥电视剧行业内存在极其恶劣的收视造假现象。郭靖宇爆料，电视剧《娘道》的播出平台要求他向指定公司购买假播出收视率。爆料引起行业内人士的震惊，把行业内隐藏数年的肮脏顽疾，公告天下。

9 月，患者通过百度搜“复旦大学附属医院”，而出现的是“复大医院”，这是一种彻头彻尾的虚假广告。百度的关键字广告门引起全社会的怒愤，也是百度继魏则西事件后同类型的广告门事件。关键词搜索出现虚假广告引发全社会对互联网广告的深恶痛绝，广告行业的诚信度被再次无端挥霍。

9 月，今日头条向外透露，2018 年的广告创收有望突破 290 亿，这将超过所有省级电视媒体全年创收之和。2018 年第二季度，腾讯的网络广告收入为 141. 10 亿元，社交及其他广告收入为 93. 80 亿元，媒体广告收入为 47. 30 亿元。

9 月 4 日，中央政法委召开的政法网络新媒体建设工作会议，再次研究部署政法网络新媒体创新发展工作。陈一新在会上概括提炼出加快政法网络新媒体创新发展，要坚持“八种理念”、实现“八个转变”。

9 月 10 日，据北京互联网法院消息，随着北京互联网法院在前一日挂牌成立，该院电子诉讼平台正式对社会公众开放。据统计，截至 9 月 10 日 18 时，该平台注册用户 586 人，总访问量达 20. 73 万次，接到网上立案申请共计 207 件。“抖音短视频”诉“伙拍小视频”信息网络传播权纠纷成为北京互联网法院受理的第一案。

9 月 14 日，移动内容聚合平台趣头条在美国纳斯达克证券交易所挂牌，股票代码为“QTT”。本次 IPO 的主承销商为花旗银行、德意志银行、瑞银集团、招证国际，IPO 的最终定价为 7 美元/ADS，不含绿鞋发行 1200 万股美国存托凭证，融资额为 8400 万美元，对应市值约 21 亿美元。

9 月 17 日上午，武汉极意网络科技有限公司官微@ 极验 发布了一篇题为《网易，请把 LOGO 还给我们》的投诉文章，文中指控网易占用其官方 logo、以技术交流为借口照搬极意产品文案，套团队的干货等行为。

9 月 19 日，海航科技发布公告称，公司董事会决议将终止拟收购北京当当与当当科文 100% 股权的重大资产重组事项。这笔历时 5 个多月、金额高达 75 亿元的交易正式宣告终止。

9 月 20—21 日，中宣部在浙江省湖州市长兴县召开县级融媒体中心建设现场推进会，对在全国范围推进县级融媒体中心建设作出部署安排，要求在 2020 年底基本实现全国全覆盖，2018 年启动 600 个县级融媒体中心先行建设。

9 月 23 日，广深港高铁香港段正式运营，这意味着内地旅客可以从全国 44 个车站直达香港。

9月26日，2018中国（曲阜）国际孔子文化节在山东曲阜开幕。本届文化节包括开幕式、孔子教育奖颁奖典礼、祭孔大典、尼山世界文明论坛等活动。尼山世界文明论坛以“同命同运 相融相通：文明的相融与人类命运共同体”为主题，邀请了包括儒学、国际政治等领域中外学者出席。

10月

10月，北京字节跳动科技有限公司（以下简称“字节跳动公司”）上诉现代快报一案被法院驳回。江苏省高级法院民事判决书显示，根据一审判决，今日头条（属字节跳动公司）因未经授权转载现代快报4篇稿件，被判赔偿经济损失10万元及相关合理费用1.01万元。

崔永元揭发范冰冰偷逃税款事件引发社会关注，这一事件也引起税务总局对影视行业的彻底清查。经查实，范冰冰被责令按期缴纳税款、滞纳金、罚款8.8亿元人民币，由此，影视行业的税改风顺势刮起。

10月2日，国家税务总局下发通知，部署开展规范影视行业税收秩序工作。

10月，马蜂窝1800万假点评事件，再次引起了社会愤怒，也震惊了资本市场。马蜂窝8月份被曝计划融资3亿美元，估值或达25亿美元。

10月12—26日，21场精彩的音乐盛宴如期登场，音乐节第三个“十年”正式开启。陈士争的新国剧《霸王别姬》作为开幕演出在北京保利剧院为第二十一届北京国际音乐节拉开帷幕。

从10月20日起，有关部门已依法规全网处置9800多个自媒体账号。同时，国家网信办又依法约谈腾讯微信、新浪微博等自媒体平台，对其主体责任缺失，缺乏管理，放任其野蛮生长，造成种种乱象，提出严重警告。

10月20—22日，《新民周刊》连续三天刊发调查报道揭批自媒体黑幕，其中22日刊发的《独家调查　地产自媒体敲诈勒索触目惊心：有公众号年入千万》引爆舆论热潮。接着，人民网从10月23—26日连发4篇言论批评“自媒体账号乱象”，指出自媒体“脏臭黑”、没底线、唯利是图，呼吁让自媒体空间回归健康有序。

新华社10月23—25日刊发三篇文章揭露了自媒体地下“洗稿”产业链、保险自媒体“割韭菜”、自媒体“黑公关”。其他中央级媒体也纷纷加入揭批行列。

10 月 25 日，《法制日报》发文《打击自媒体洗稿不能只靠技术》。

10 月 26 日，《北京日报》发文《岂能放任自媒体“以谣生利”》。

11 月 10 日，央视《焦点访谈》《新闻联播》报道，自媒体存在低俗色情、标题党、谣言、黑公关、刷量、伪原创等六大问题。

11 月 13 日，《中国纪检监察报》发文《要让自行其是的自媒体付出应有代价》。

10 月 23 日，世界上最长的跨海大桥——港珠澳大桥举行了开通仪式，并于 24 日早上 9 时正式通车。港珠澳大桥集桥梁、隧道和人工岛于一体，建设难度之大为世界所震惊。大桥的开通令粤港澳大湾区进一步发展融合。

10 月 29 日，著名主持人李咏的妻子哈文在微博发文宣布李咏去世。佳人飘逝，明星殒落，媒体人在光环的背后，还有哪些不为人知的苦楚？李咏死于癌症，更是在事业的征途中，透支了生命。李咏之后，我们应对那些正在青春中孜孜不倦的媒体人道一声，保重身体。

10 月 30 日，94 岁的武侠小说泰斗、香港《明报》创刊人金庸因病逝世。15 部小说，1427 个人物，约 1000 万字，金庸一手打造了一个庞大的武侠江湖，他在其中讲述“情不知所起，一往情深”，讲述“侠之大者，为国为民”，讲述“人就是江湖”。金庸先生生前给自己拟过这样一个墓志铭：“这里躺着一个人，在二十世纪、二十一世纪，他写过几十部武侠小说，这些小说为几亿人喜欢。”

10 月 31 日，北京市委常委、宣传部长杜飞进在全新的新京报 APP 上线发布仪式上表示，将加快推进新京报、北京晨报、千龙网三家媒体深度整合工作，整合方案经北京市委深改组会议审议通过并于 8 月份印发，目前正在快速推进中。

10 月 31 日，瀚叶股份发布公告称，终止对主营微信公众号的量子云公司的收购。

11 月

11 月，国家网信办会同有关部门，针对自媒体账号存在的一系列乱象问题，开展了集中清理整治专项行动，9800 多个自媒体账号被依法依规处置。

11 月 2 日，第二十八届中国新闻奖评选结果揭晓。人民网《两会进行时》成为第二十八届中国新闻奖 5 件特别奖中唯一的融媒直播项目。

11 月 2—5 日，第十一届海峡两岸（厦门）文化产业博览交易会在福建厦门举行。文化和旅游部党组成员、副部长张旭，青海省人民政府副省长张黎，福建省人民政府副省长杨贤金，福建省委常委、秘书长、宣传部部长梁建勇等与观众一同参观展览。

11 月 3 日，由王思聪投资的电竞战队 iG（Invictus Gaming）以 3∶0 的成绩代表中国拿下 2018 年英雄联盟全球总决赛冠军。等待 7 年，中国大陆赛区 LPL（英雄联盟职业联赛）迎来第一个冠军。一夜之间，iG 战队与王思聪刷屏各大社交媒体。中国电竞迎来新节点，LOL（英雄联盟）价值攀升，电竞产业出现新生态。电竞在今年被列入了奥运项目，电竞的相关产业链也得到了更大的发展。

11 月 9 日，国家广播电视总局发布了《关于进一步加强广播电视和网络视听艺术文化节目管理的通知》，要求加大对网络的管理力度并严格控制综艺节目嘉宾的薪酬，要求坚决遏制追星炒星、泛娱乐化等不良倾向，坚决打击收视率（点击率）造假行为。

11 月 13 日，天津海河传媒中心正式宣布成立。根据天津市机构改革实施方案，将天津日报社（天津日报报业集团）、天津广播电视台、今晚报社（今晚传媒集团）职责整合，组建天津海河传媒中心为市委直属事业单位。

11 月 14 日，中央全面深化改革委员会第五次会议审议通过了《关于加强县级融媒体中心建设的意见》。《意见》指出，组建县级融媒体中心，有利于整合县级媒体资源、巩固壮大主流思想舆论。要深化机构、财政、人事、薪酬等方面改革，优化媒体布局，推进融合发展，不断提高县级媒体传播力、影响力、引导力。

11 月 14 日，博主“花总丢了金箍棒”发布视频《杯子的秘密》，揭露了酒店卫生方面的秘密，引发热议。网友希望这种监督能推动酒店行业进行彻底整改。

11 月 16 日，微信团队发布公告，即日起个人主体注册公众号数量上限由 2 个调整为 1 个，企业类主体注册公众号数量上限由 5 个调整为 2 个。微信公众号的“供给侧改革”拉开大幕，对于此前宣布终止收购微信号公司的利欧股份等上市公司来讲是一则好消息。此前利欧股份曾想收购主营微信自媒体的内容营销公司苏州梦嘉75%的股权。

11月，对于中国围棋的改革方向，林建超在接受人民体育专访时用“五化”来总结，即：社会化、市场化、大众化、多样化、国际化。这些都是为了“两家”即“国家和大家”。中国围棋正以坚实的步伐迈向深化改革的路上……中国围棋协会换届，围棋改革迈出坚实步伐。

11月，第20届农心杯世界围棋团体锦标赛第二阶段结束。中国队先锋范廷钰继第18届农心杯后，第二次创造七连胜神话，震惊世界棋坛，本届农心杯中国队势在必得、剑指冠军。

11月，“阆中古城杯”首届中国女子围棋名人战开幕，该赛事填补了中国围棋赛事体系的空白，为女棋手增添了高端赛事平台，在中国女子围棋面临严峻挑战的时期，女子名人战的举办显得意义非凡。

11月，国家信息中心分享经济研究中心正式发布了《共享住宿服务规范》，针对目前行业中存在的和社会公众关注的热点问题，如城市民宿社区关系、入住身份核实登记、卫生服务标准、房源信息审核机制、黑名单共享机制、用户信息保护体系、智能安全设备的使用等，提出了具体的内容规范。这是我国共享住宿领域的首个行业自律标准。没有强制力的《规范》，即使上升为国家标准，目前也恐难解决市场准入的问题。

11月28日，“藏医药浴法——中国藏族有关生命健康和疾病防治的知识与实践”被列入联合国教科文组织人类非物质文化遗产代表作名录。

12月

12月1日报道，“伟大的变革——庆祝改革开放40周年大型展览”网上展馆在中央广播电视总台央视网全面上线。

12月3日，为庆祝中国和南非高级别人文交流机制第二次会议召开暨中国与南非建交20周年，中国文化和旅游部、南非艺术与文化部共同主办了“中国南非相知相亲——庆祝中南高级别人文交流机制第二次会议暨中南建交20周年文艺晚会”，晚会在中国国家博物馆剧场举办。

12月6日，正在塞内加尔访问的文化和旅游部长雒树刚应邀出席黑人文明博物馆开馆仪式暨开馆展览开幕式。雒树刚在致辞中表示，黑人文明博物馆作为塞内加尔重要的文化工程，始终得到两国领导人的关怀，凝聚着中塞两国建设者、设计者的心血，是中塞全面战略合作伙伴关系的重要象征，也是塞内加尔非洲文化大国地位的重要象征。

12月7日，网络游戏道德委员会在中宣部指导下正式成立，对首批20款存在道德风险的网络游戏进行评议。经对评议结果进行认真研究，网络游戏主管部门对11款游戏责成相关出版运营单位认真修改，消除道德风险；对9款游戏作出不予批准的决定。

12月8日，中国青年新闻记者学会（简称“青记”）历史陈列馆揭牌仪式在武汉举行。中国记协党组书记胡孝汉、湖北省委宣传部常务副部长张海明、武汉市记协主席何伟出席开馆仪式并致辞。

12月18日，在北京人民大会堂举行的庆祝改革开放40周年大会上，公布了100名改革开放杰出贡献表彰对象。其中，李谷一、李雪健、施光南、蒋子龙、谢晋、路遥、樊锦诗七位文艺界人士获得改革先锋奖章。颁奖曲目为《春天的故事》。

12月18日，文化和旅游部长雒树刚在京会见台湾旅游交流协会理事长赖瑟珍一行。雒树刚欢迎赖瑟珍一行来访，并指出，自2008年开放大陆赴台旅游以来，两岸双向旅游成为两岸民间交往的主渠道，为两岸民众带来了福祉。

2018年，为庆祝改革开放40周年，出版界紧扣改革开放40年历程，精心重点规划选题出版工作，推出一批艺术性、思想性、可读性俱佳的精品力作。全国百家书城还开展了主题图书集中展示展销活动，组织了形式多样的推广活动，进一步扩大优秀作品社会影响力，为庆祝改革开放40周年营造良好的文化氛围。

12月，在第23届三星车险杯世界围棋大师赛三番棋决赛中，中国棋手柯洁2:1战胜韩国棋手安国炫，第三次夺得三星杯冠军，同时，柯洁也成为了目前最年轻的世界围棋大赛“六冠王”。

12月21日，2018中国游戏产业年会上，中宣部出版局副局长冯士新透露，通过相关部门的紧张工作，首批部分游戏已经完成审核，正在抓紧核发版号。不过，由于存量大，消化需要时间，需要行业保持耐心。

截至12月25日，2018年中国电影票房累计达到595亿元，无论今年能否迈过600亿元大关，国产片的占比都将创造历史。《红海行动》《唐人街探案2》《我不是药神》等国产电影票房都突破了30亿元，稳居今年内地电影票房的前三位，爆米花加映前广告的非票房收入也节节攀升。

面对十几亿人口的巨大文化需求，影视、出版、游戏、教育、广告、大数据服务等文化行业，即使寒冬仍在，但春天不会太远了。

12月26日举行的文化和旅游部第四季度新闻发布会上，发言人表示，截至10月，各地已有981个景区实施免费开放或降价措施（免费开放74个，降价907个），其中5A级景区159个，4A级景区534个。降价的907个景区中，降幅超过20%的达491个，降幅超过30%的214个。

12月26日，一艘载有20名广东游客的游船在越南芽庄市附近海域发生翻船事故，一名来自广东韶关始兴的男子遇难。据羊城派报道，有去过当地旅行的广东游客陈女士向记者反映，曾遇到过出海的船只不给游客备救生衣的情况。

在今年双十一、双十二，旅游业继续推出优惠大促。旅行社 、OTA、航空公司、酒店等，均提供大手笔让利优惠。而今年“双11”还有一个显著的特点：消费升级、品质升级成为主旋律，80后90后的年轻人囤起旅行好货来毫不手软。年底的“双12”更打造成了“网上旅游节”，多家旅游电商投入数千万至数亿巨资暗战年末旅游市场，为消费者提供折扣盛宴。

12月，杭黄高铁、济青高铁、哈牡高铁、青盐铁路开通运营，全国高铁网络进一步完善，高铁正成为游客们短期出游的最佳选择。随着高铁路网规模的快速扩张，拥有优质旅游资源的县城、村镇旅游消费迎来高速增长，“最美高铁”越来越多，已经成为一个全新的旅游品类。

2018年，抖音超车快手，实现了独占短视频鳌头的野心。抖音、快手、火山等短视频应用的迅速崛起成为2018年非常显著的一个现象，11月28日发布的《2018中国网络视听发展研究报告》称，截至6月，短视频用户规模达5.94亿，占网络视频用户的97.5%。

后　记

《中国文化传媒投资发展报告（2019）》终于要付梓出版了，这是一件值得庆贺的事，这是连续出版了四年的《中国传媒投资发展报告》的升级版。早在2015年，我和张向东先生主编了国内第一部全面反映中国传媒业投融资的报告——《中国传媒投资发展报告（2015）》，随后每年出版一本“传媒投资”报告，一直延续至2018年。随着传媒产业及其文化与旅游产业的新发展，传媒产业和文旅产业的投融资发生了一些新变化，我们的研究团队也一直跟踪着这些新变化。于是，从2019年开始，我们的报告不但直接标明“中国文化传媒投资蓝皮书”，意在表明我们的研究报告，由过去单纯研究传媒投融资，而升级、扩充至研究包含传媒产业、文化与旅游产业在内的大“文化传媒”类的投融资，而且本报告是中央财经大学新闻系第一次与投中研究院合作的产物，同时，本报告首次由社科文献出版社转由中国经济出版社出版。

本报告既保持了《中国传媒投资报告》（2015、2016、2017、2018卷）的整体框架体系和优良传统，又有所创新和深化，不仅新增加了“文旅篇”专论文化、旅游产业的投融资，而且对投资案例进行了特别甄选，宁缺毋滥，这是《中国文化传媒投资发展报告（2019年）》的突出亮点。本报告的核心关键词是“文化传媒投资”，报告既要对2018年度文化（含旅游）传媒投资现象、现状进行全面、深入的描述和分析，也通过这些现象的描述和分析，勾勒出中国文化（含旅游）传媒投资的特点、规律、发展方向和投资动向，从而总结经验，预测未来，把握机遇，为中国的文化传媒业投融资出谋划策，点石成金；同时通过文化传媒投资经典案例的分析总结，举一反三，为文化传媒投资，提供借鉴和启示。

本报告依然像往年一样，采取主编负责，各章节分别由不同作者撰写的分工合作制，全书的具体分工情况如下：

第一章　中国文化艺术类投资现状与前瞻报告由戴俊骋撰写；

第二章　中国文化传媒类投资现状与前瞻报告由陈端撰写；

第三章　中国报刊业投资发展报告由周根红、周亮撰写；

第四章　中国广电与网络视听产业投资报告由朱新梅、唐琳撰写；

第五章　中国出版业投资报告由刘建华、邸昂撰写；

第六章　中国网络媒体投资报告由谭云明、王凯撰写；

第七章　中国移动媒体投资报告由邓倩、王迪撰写；

第八章　互联网金融投资发展报告由欧阳日辉、孟红霞撰写；

第九章　中国电视剧投资报告由谭云明、黄瑜娜撰写；

第十章　中国电影业投资报告由高利玲、吴振海撰写；

第十一章　中国游戏产业投资报告由陈京炜、陈贝先撰写；

第十二章　中国书店零售业投资报告由潘佳宝撰写；

第十三章　中国文化创意产业投资报告由谭云明、韩晓琪撰写；

第十四章　中国文博产业投资报告由吴玉兰、曾怡然撰写；

第十五章　中国文旅地产投资报告由吴玉兰、黄钟灵撰写；

第十六章　中国文化类主题公园投资报告由罗红、秦莹撰写；

第十七章　中国文化旅游特色小镇投资报告由朱晓辉、曹梦婷撰写；

第十八章　中国传媒上市报告由周立华、龚婉、林云娟、占玉晗、金妍君撰写；

第十九章　中国传媒产业并购报告由向志强、马艺菲、吴楠撰写；

第二十章　中国海外传媒投资报告由陈秋云、于忻田撰写；

第二十一章　中国文化产业园区投资报告由王擎、安可馨、闫媛媛、王子聪撰写；

第二十二章　中国会展业投资与消费报告由孟书强撰写；

第二十三章　芒果 TV：新时代媒体融合的主力军成功登陆 A 股开启资本新路由郭伟、殷檬楠撰写；

2018 年中国文化传媒投资大事记由万宇航、关乐宁整理，英文摘要由杨丽、卢钰鸿校对。

在稿件统筹过程中，由于作者的数据来源和统计方法不同，同一投资现象的数字或许有出入，但本着文责自负的精神，我们尊重作者的劳动成果，并未统一数字口径，请读者在阅读和引用过程中注意斟酌。

至此，作为主编，要真诚地感谢上述专家学者对本报告撰写的大力支持和帮助！正是有了他们的勤奋努力和智慧思考，才成就了《中国文化传媒投资发展报告（2019）》的顺利出版。同时，还要特别感谢投中研究院院长国立波先生，投中信息品牌市场部高级总监喻淑姝女士！国院长和喻总从投资业界的视角为本报告的策划、撰写提出了极其宝贵的意见和建议。不仅如此，国院长还亲自担任了本报告的主编，为本报告的顺利出版，尽心尽力。此外，还要特别感谢中国经济出版社的伏建全主任、赵立颖编辑，他们在极短的时间内，细致编辑，精心设计，其敬业精神和工匠意识令人感佩。

党的十九大报告指出，我国经济已由高速增长阶段转向高质量发展阶段，我国正处在转变发展方式、优化经济结构、转换增长动力的攻关期。文化传媒产业作为拉动中国经济健康稳定增长的重要拉动力，在“新时代”背景下，如何创新投融资方式，使文化传媒产业得到更大、更好发展，必将是一个永恒的话题。“路漫漫其修远兮，吾将上下而求索”！期待与每一位关注文化传媒产业发展的朋友共勉。

谭云明

2019 年 4 月于北京